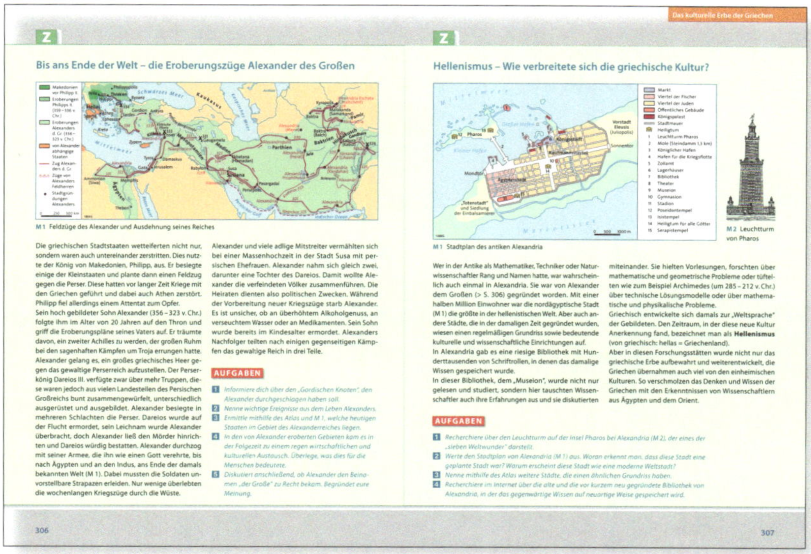

Zusatzseiten

Vielleicht möchtet ihr manchmal das Gelernte noch vertiefen oder euer Wissen erweitern. Der Hinweis **Z** zeigt euch, bei welchen Themen dies spannend sein könnte.

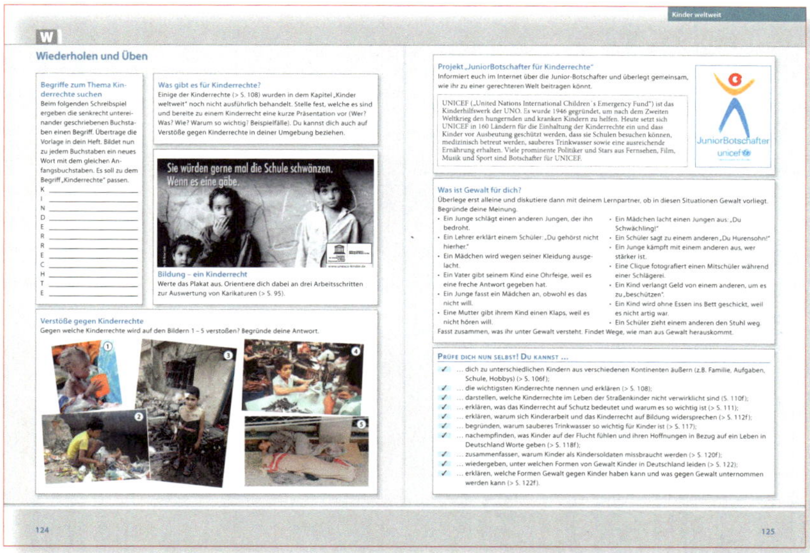

Wiederholen-und-Üben-Seiten

Zum Abschluss der Hauptkapitel findet ihr auf den mit **W** gekennzeichneten „Wissens-Seiten" Hilfen und Anregungen, Gelerntes zu wiederholen, einzuüben und zu verknüpfen.

Mithilfe der Box „Prüfe dich nun selbst" könnt ihr prüfen, ob ihr den Lernstoff des Kapitels verstanden habt. Wenn ihr merkt, dass ihr dazu nochmals etwas nachlesen müsst, dann findet ihr hier einen Verweis auf die geeigneten Buchseiten.

Mithilfe der **Aufgaben** am Ende jedes Einzelkapitels könnt ihr euer Wissen überprüfen. Die Aufgaben schulen eure Sachkompetenz, Analysekompetenz, Urteilskompetenz, Handlungskompetenz und Methodenkompetenz.

1 Die Aufgaben in blauer Schrift unterstützen euch beim Erreichen des Grundwissens. Diese Aufgaben sollte jeder von euch bearbeiten können.

1* Bei Aufgaben in roter Schrift und mit einem Stern (*) findet ihr eine Starthilfe am Ende des Buches (Seite 310 – 314). Versucht aber immer zuerst, die Aufgaben ohne Hilfe zu bearbeiten!

1 Durch die Aufgaben in grüner Schrift könnt ihr euer Wissen erweitern. Die Fragen sind zum Selbstinformieren, Grübeln, Diskutieren. Meist braucht ihr dazu zusätzliche Informationen, z. B. aus dem Atlas oder Internet.

Wenn ihr selbstständig mit dem Buch arbeitet, dann ist das „Trio-Lexikon" eine Hilfe für euch. Denn ihr findet auf den Seiten 315 – 317 Erläuterungen sowie Seitenverweise zu den wichtigen Grundbegriffen.

Viel Freude beim Lernen mit dem Buch!

Eure Autoren

trio 1

GESELLSCHAFTSLEHRE

HESSEN

Autorinnen und Autoren

Christa Forster, Hofheim
Nicole Kirsch da Silva, Frankfurt
Egbert Klöckner, Wiesbaden
Annegret Müller, Lich
Monique Schlegel, Budenheim
Sven Weinhold, Lich
Hartmann Wunderer, Wiesbaden

Schroedel®

Mit Beiträgen von:

Thomas Braun, Ulrike Busching, Bernd Dieffenbacher, Joachim Dietz, Nadja Drabinski, Stephanie Fürstenberg, Anne-Rose Finke, Evelyn Kuchler, Harald Mertins, Frank Rüther, Andreas Schatz, Heiner Schlußnus, Dirk Schöning, Astrid Senft, Jürgen Spanger, Josef Thalmeier, Herbert Wagner, Klaus Witzigmann, Dagmar Wolf

Druck A [1]/Jahr 2015
Alle Drucke der Serie A sind inhaltlich unverändert.

Redaktion: Matthias Meinel
Karten: Freier Redaktionsdienst Güttler, Berlin, Bildungshaus Kartographie
Grafiken: Karto-Grafik-Heidolph, Dachau
Satz: Ines Nové, Silke Albrecht, Leipzig
Druck und Bindung: westermann druck GmbH, Braunschweig

ISBN 978-3-507-**36185**-0

1 Zusammenleben in der Schule

2 Orientierung in Nah und Fern

5 Frühe Kulturen

6 Ägypten – eine frühe Hochkultur

7 Räumliches Orientierungswissen

8 Nachhaltig leben

9 Leben an der Nordseeküste und in den Alpen

10 Leben in der Stadt und auf dem Land

11 Die antike Welt der Griechen

Gesellschaftslehre – mein neues Lieblingsfach?

M1 Die Saalburg – ein ehemaliges römisches Militärlager (Kastell) bei Bad Homburg..

Gerade hat Markus die Grundschule erfolgreich hinter sich gebracht. Nun freut er sich auf die Ferien. Dabei will er auch Zeit mit seiner älteren Cousine Steffi verbringen. Doch diese hat andere Pläne: „Ich möchte zur Saalburg! Wir haben im Unterricht über sie gesprochen und nun will ich sie auch in echt sehen."

Markus ist verwundert: „Wie meinst du das? In welchem Fach habt ihr darüber gesprochen?" Steffi lacht: „Na, in GL natürlich." Markus macht große Augen. „GL? Was macht man in diesem Fach? Ist das schwer? Muss wohl sein, wenn du sogar in den Ferien dafür Zeit opferst, oder?"

Steffi lacht. „Keine Angst, GL, also Gesellschaftslehre, ist sogar mein Lieblingsfach. Dort geht's um ähnliche Themen wie im Sachunterricht der Grundschule. Aufgrund vieler Schnittpunkte werden in GL drei Fachgebiete gemeinsam unterrichtet: Geschichte, Erdkunde sowie Politik und Wirtschaft. Ich erkläre es dir kurz."

M2 Die Porta Nigra in Trier – auch ein römisches Bauwerk

In **Geschichte** geht es um die Vergangenheit der Menschen. Dort lernst du, wie und wo Menschen früher gelebt und gearbeitet haben und welche Kulturen und Gesellschaften es gab. Du beschäftigst dich aber auch mit den Gründen, warum die Menschen so gelebt und gehandelt haben. Daraus lassen sich Rückschlüsse auf unser heutiges Leben ziehen.

In Geschichte lernst du beispielsweise etwas über die Römer, die Erbauer der Saalburg. Dabei ergeben sich interessante Fragen: Warum haben sie so gelebt? Was haben sie bei uns in Hessen gemacht? Haben wir etwas von ihnen gelernt?
Um Antworten auf diese Fragen zu erhalten, arbeitest du mit Texten, Karten und Bildern. Auch Besuche in Museen oder Besichtigungen vor Ort gehören dazu.

In **Erdkunde** (Geographie) geht es um die Erde, um ihre natürlichen Gegebenheiten und ihre Entwicklung. Du lernst über die verschiedenen Kontinente, die Umwelt und über unterschiedliche Lebensbedingungen in den jeweiligen Gebieten. Dabei lernst du, wo und warum sich dort Menschen niedergelassen haben und wie sie leben.

Man kann sich auch mit geographischen Details beschäftigen: Warum haben die Römer die Saalburg genau hier errichtet? Wo lagen weitere römische Festungen oder Städte in Hessen, wo verlief der Limes? Wie machten sich die Römer die natürlichen Gegebenheiten rund um die Saalburg zunutze? Haben sie dadurch ihre Umwelt beeinflusst?

Dazu geht es um Fragen wie: Warum gibt es Klimaveränderungen und Naturkatastrophen? Aus den Forschungsergebnissen und den Erfahrungen der Menschen können wir lernen. Die nötigen Informationen gewinnst du aus Texten, aber auch aus der Arbeit mit Karten, Diagrammen und Statistiken.

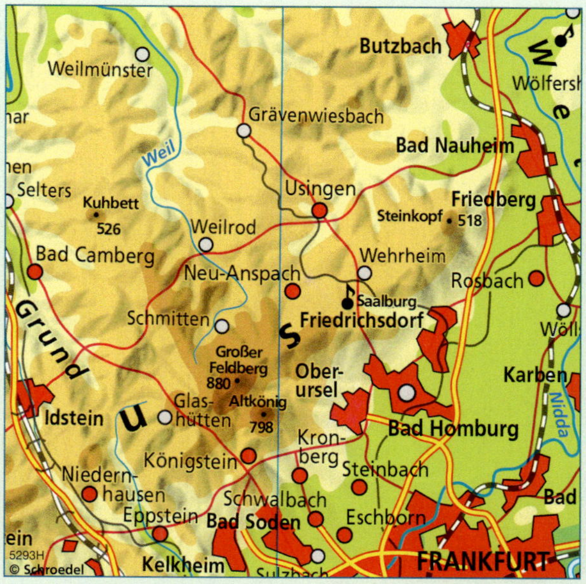

M 3 Kartenausschnitt des Taunus

M 4 Das Reichstagsgebäude, der Sitz des deutschen Parlaments

In **Politik und Wirtschaft** geht es um unser Zusammenleben. Dabei geht es nicht nur um Inhalte wie Wahlen oder Steuern. Wichtig ist auch, dass du eine eigene Meinung vertrittst. Politik kommt vom griechischen Wort „polis", das steht für Stadt oder Gemeinschaft.

Damit ein friedliches Zusammenleben möglich ist, werden in einer Gemeinschaft Regeln und Pflichten erlassen. Du lernst, warum es bestimmte Regeln gibt, wie du mitreden und mitentscheiden kannst und welche Rechte du hast.

Es gibt zu allen Themen verschiedene Meinungen und ständige Veränderungen. So können neue Probleme entstehen: Rechtsradikalismus oder finanzielle Krisen sind Beispiele dafür. Die Politik versucht, mit den Beteiligten Kompromisse und Lösungen zu finden.
So haben bereits die Römer darum gestritten, wie man das Reich führen oder wie man den Wohlstand steigern könnte. Viele hatten dazu Ideen und wollten mitreden. Von diesen Erfahrungen können wir heute profitieren.

Das fängt schon bei dir selbst an, denn auch in der Schule muss das Zusammenleben organisiert werden: Welche Rechte und Pflichten hast du? Wie kannst du deine Meinung einbringen? Wie lassen sich Veränderungen erreichen?

Auch dazu findest du in den genannten Quellen Informationen, ebenso in Zeitungen oder im Internet.

1 Zusammenleben in der Schule

M 1 Schulhof einer integrierten Gesamtschule mit Oberstufe

M2 In der Schule geht es um gemeinsames Lernen.

M3 Mitreden, mitdiskutieren, seine Meinung vertreten

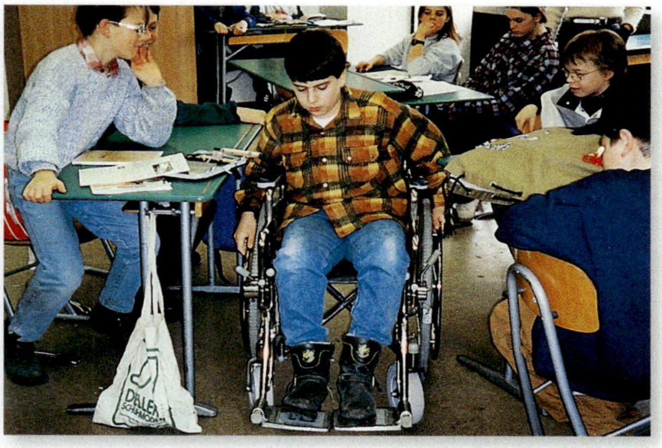

M4 Jeder hat Recht auf Bildung und muss integriert werden.

- **Wie finde ich mich in der neuen Schule zurecht?**
- **Schule – ein Ort der Regeln und Pflichten?**
- **Wie kann ich die Schule mitgestalten?**
- **Wie können wir in der Schule ein gutes Lern- und Arbeitsklima schaffen?**
- **Mobbing – eine Form von Streiten?**
- **Darf man Jungs doof finden – auch wenn sie im Rollstuhl sitzen?**

Meine neue Klasse

M 1 Die neue Klasse von Markus

In den Ferien blieb Markus viel Zeit zum Spielen, für Ausflüge mit der Familie und zum Faulenzen. Doch ausgelöst durch das Gespräch mit seiner Cousine, beginnt schließlich ein Kribbeln: Denn nach den Ferien wird er die Gesamtschule besuchen. Dort wird er seine neue Klasse kennen lernen. Einerseits freut sich Markus darauf, andererseits beunruhigt es ihn auch ein wenig.

Er fragt sich:
- Wie viele Kinder werde ich schon aus der Grundschule kennen?
- Werde ich mit den neuen Kindern und den neuen Lehrerinnen und Lehrern auskommen?
- Wo fährt eigentlich mein Schulbus ab? …

M

Wir lernen uns kennen: das Ballonspiel

Viele neue Gesichter, doch wer ist wer? Zum besseren Kennenlernen schlägt der Klassenlehrer ein Spiel vor.

Jeder in der Klasse erhält einen aufgeblasenen Ballon, der mit dem eigenen Namen beschriftet wird. Anschließend bewegen sich alle so lange zu Musik tanzend durch den Raum, bis die Musik gestoppt wird. Genau in dem Moment wirft jeder seinen Ballon in die Menge und versucht gleichzeitig, einen neuen Ballon zu fangen.
Hat dies jeder geschafft, dann muss man sich zu der Person durchfragen, die zum Ballon gehört. Schon beim Durchfragen stellt sich jeder mit seinem Namen vor. Die befragte Person nennt ebenfalls ihren Namen. Haben sich alle Paare gefunden, stellt die Lehrerin/der Lehrer eine Aufgabe, z. B.: „Findet drei gemeinsame Hobbys" oder „Macht gemeinsam fünf Kniebeugen". Dieses wird beliebig oft und mit verschiedenen Fragen wiederholt.

Den Abschluss bildet ein Quiz: Alle setzen sich wieder auf ihren Platz. Nun versucht jeder, mithilfe eines Sitzplans möglichst viele Mitschüler mit Namen zu benennen. Wer die meisten Namen richtig kennt, gewinnt. Ihr könnt euch auch vorher eine Siegprämie überlegen.

AUFGABEN

1 *Notiere eigene Gefühle (z. B. Freuden, Ängste) vom ersten Schultag in der neuen Schule und beschreibe diese.*

2 *Nenne Gründe, warum man sich auf seine neue Klasse/Schule freuen kann.*

3 *Verschaffe dir mithilfe einer Grundrissskizze (> S. 14 und M 3) einen Überblick über euren neuen Klassenraum.*

4* *Sammelt in Kleingruppen eigene Ideen zur Verschönerung des Klassenraums. (Berücksichtigt dabei den Grundriss.) Tauscht eure Ideen aus, benennt die Vor- und Nachteile und entscheidet euch gemeinsam für einen Vorschlag.*

5 *Fertige nach der Idee von Sina (M 2) ein eigenes Vorstellungs-Plakat an. Erstelle zur Sammlung von Inhalten vorab eine einfache Mindmap (> S. 13 unten).*

M2 Persönliche Vorstellung durch ein Plakat

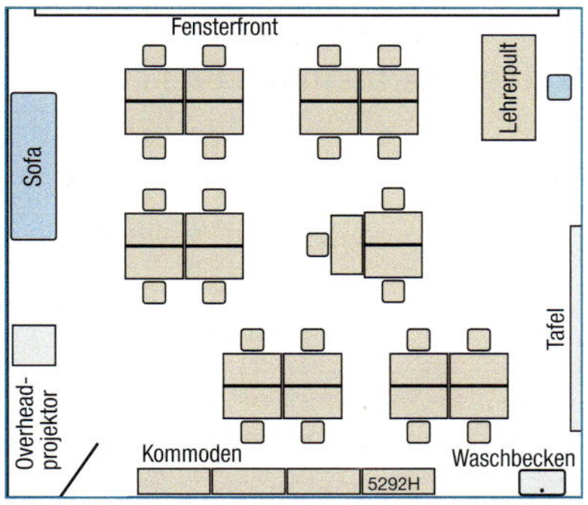

M3 Skizze eines Klassenraums

Der neue Klassenraum – das erste gemeinsame Projekt

Neben Markus besucht auch Sina die neue Klasse. Auch sie kennt die meisten Mitschüler noch nicht. Da sie in ihrer Freizeit gerne malt, schlägt sie vor, den Raum mit selbstgestalteten Plakaten zu versehen. Zum besseren Kennenlernen könnte sich darauf jeder selbst beschreiben.

Anne wünscht sich mehr Natur im Klassenzimmer. Sie schlägt vor, Blumentöpfe aufzustellen. Michi geht noch einen Schritt weiter: Er würde am liebsten ein Terrarium mit einer „Klassenmaus" einrichten.

M4 und 5 Beispiele für einen selbst gestalteten Klassenraum: Blumentöpfe und Terrarium

M

Informationsnetz (einfache Mindmap)

Eine Mindmap ist eine Gedankenkarte zu einem bestimmten Thema oder Begriff. Sie hilft dir, deine Gedanken zu ordnen und gibt einen Überblick über die Bestandteile des Themas und wie diese zusammengehören. Notiere zunächst den zentralen Begriff in die Mitte eines Blattes. Verbinde dann die dazugehörigen Begriffe wie in einem Spinnennetz mit Linien. Entscheide selbst, wie viele Unterpunkte und dazugehörige Gedanken es gibt und wie sie auch mit anderen Unterpunkten zusammenhängen (> S. 255).

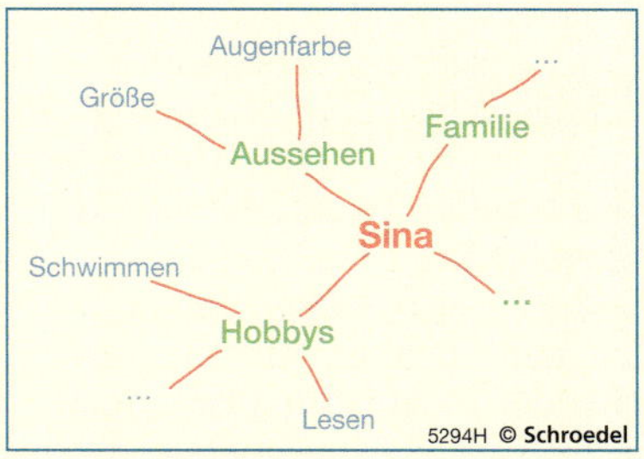

M6 Mindmap

Wir lernen unsere neue Schule kennen

Markus ist begeistert. Der neue Klassenraum ist kaum wiederzuerkennen. Was noch fehlt, sind eine Packung Kreide und ein neuer Schwamm. Da bisher noch keiner für diese Dienste eingeteilt wurde, soll Markus zusammen mit Carina alles in der Pause beim Hausmeister sowie im Schulsekretariat besorgen.
Doch als die Pause beginnt, blicken sich die beiden fragend an. Keiner weiß, wo sie nun genau hin müssen. „Ich weiß ja noch nicht mal, wo die Toilette ist!", ruft Carina. Der Klassenlehrer kann aber helfen: „Heute werden wir die Schule erkunden. Wir müssen uns nur entscheiden, wie wir das machen wollen."

M 1 Außenansicht der Adolf-Reichwein-Schule

Variante 1 der Schulerkundung: das klassische Suchspiel (erweiterbar zur „Schatzsuche")

Bei einer Erkundung könnt ihr eure Schule mithilfe von gezielten Fragen kennen lernen. Bildet zunächst Kleingruppen. Diese überlegen sich Fragen rund um die Schule.

Notiert die Fragen auf einem Zettel. Mischt dann alle Zettel und verteilt sie neu. Im Anschluss versucht jede Gruppe, alle Fragen so schnell wie möglich zu beantworten. Besprecht am Ende alle Antworten gemeinsam. Die schnellste Gruppe wird mit einem Preis belohnt. Alternativ kann jede Gruppe einen Schatz „verstecken". Dieser ist nur zu finden, wenn alle Fragen richtig beantwortet werden (z. B. durch ein Lösungswort).

M 2 Bei der Schulerkundung

Tipp: Meist findet ihr interessante Informationen auch auf der Internetseite eurer Schule. Baut diese Informationen bei eurer Erkundung mit ein.

Der Grundriss

Unter einem Grundriss versteht man die Zeichnung eines Raumes oder Gebäudes. Dabei ist das jeweilige Objekt in all seinen Abmessungen so dargestellt, als würdest du von oben drauf schauen.
Eine Grundrissskizze eurer Schule ist also eine Zeichnung eurer Schule mit ihren Gebäuden und Schulhöfen, auf die man von oben blickt.
So lassen sich Abmessungen leichter erkennen. Mit entsprechender Beschriftung kann man sich so leichter orientieren.

M 3 Was ist eine Grundrissskizze?

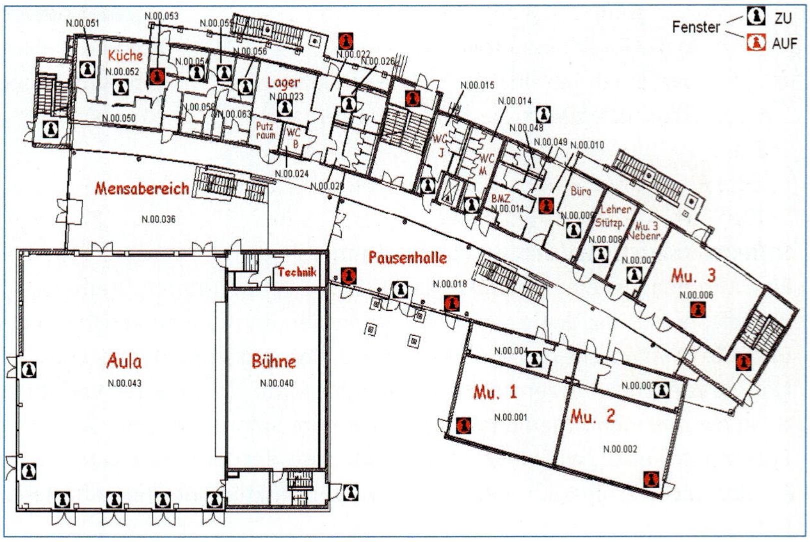

M 4 Grundriss einer Schule

Variante 2 der Schulerkundung: das Fotosuchspiel

Bei dieser Erkundung fotografiert ihr wichtige Stellen auf dem Schulgelände. Damit nicht zu viel verraten wird, sollten die Fotos nur kleine Ausschnitte zeigen. Formuliert dann zu den Fotos Fragen, z. B.: Welche wichtigen Räume befinden sich hinter diesem Schild? Wer hat hier sein Büro?

Erstellt nach diesem Prinzip eigene Fotosuchspiele und tauscht diese untereinander aus. Im weiteren Ablauf könnt ihr wie bei Variante 1 verfahren: Tauscht die Fragen und Bilder aus und sucht schnellstmöglich die jeweiligen Antworten.

Tipp: Beide Varianten könnt ihr auch anderen Klassen zur Verfügung stellen.

M 5 Motiv aus dem Suchspiel

Eine Woche nach der Schulerkundung kommt Björn als neuer Schüler in die Klasse von Markus. Damit er sich rasch zurechtfindet, schlägt der Klassenlehrer vor, eine Expertenbefragung durchzuführen. Dabei soll Björn herausbekommen, was jeder über seine Schule wissen sollte. Die ganze Klasse hilft bei der Befragung.

M

Ein Interview oder eine Befragung durchführen (Einfache Expertenbefragung)

Oft wollt ihr euch zu einem Thema genauer informieren. In so einem Fall könnt ihr Personen befragen, die sich bei diesem Thema gut auskennen. In unserem Fall bieten sich als Gesprächspartner Lehrerinnen und Lehrer oder Schulsekretärinnen an.

Geht bei der Befragung wie folgt vor:

1. Überlegt euch zuerst, was ihr wissen möchtet.
2. Verfasst dazu passende Fragen und haltet diese schriftlich fest. Achtet darauf, dass auf dem Fragenblatt genug Platz für die Antworten bleibt.
3. Überlegt euch, wer als Gesprächspartner infrage kommt. Er sollte aufgrund seiner Tätigkeit und Erfahrung die Fragen beantworten können.
4. Vereinbart einen Termin oder informiert euch vorab über mögliche Sprechzeiten.
5. Bleibt während des Gesprächs immer höflich. Stellt eure Fragen der Reihe nach und notiert jeweils die Antworten. Prüft, ob alles beantwortet wurde.
6. Bedankt euch zum Schluss für das Gespräch.

Mögliche Fragen zum Thema „Meine Schule“:

- Hat die Schule einen Namensgeber? Wer war diese Person? Warum wurde sie als Namensgeber ausgewählt?
- Gibt es eine Infowand oder eine Infomappe, durch die man alle an der Schule tätigen Personen und ihre jeweilige Funktion kennen lernen kann?
- An wen wende ich mich, wenn ich mich verletzt habe? Wen frage ich, wenn ich meine Klasse oder einen Raum nicht finde?
- Wo befinden sich das Sekretariat, wo die Cafeteria, wo die Toiletten, wo die Schulbibliothek?
- Wo darf ich mich in den Pausen aufhalten und wo kann ich einen Fuß- oder Basketball ausleihen?
- ...

Tipp: Auch hier kann die Internetseite der Schule hilfreich sein. Dort findet ihr nicht nur die Namen von eventuellen Gesprächspartnern, sondern meistens auch Grundsatzinformationen zur Schule. Diese können einige Fragen vorab klären und ermöglichen euch eine noch genauere Befragung.

AUFGABEN

1 * *Sammelt in der Klasse wichtige Daten zu eurer neuen Schule. Entscheidet dann gemeinsam, ob eine ausführliche Schulerkundung nötig ist. Alternativ könnt ihr ein Interview durchführen.*

2 *Sprecht über Vor- und Nachteile der dargestellten Möglichkeiten zur Erkundung eurer Schule.*

3 *Entwickelt mithilfe der Informationen aus der Schulerkundung eine Grundrissskizze eurer Schule. Tragt darauf alle für euch wichtigen Orte ein (M 3 und M 4).*

Regeln für ein gemeinsames Zusammenleben

M 1 Diskussion der Klassenordnung

Bereits nach wenigen Schultagen kennt Markus viele nette Mitschüler in der neuen Klasse. Doch manchmal beobachtet er Situationen, die ihm nicht gefallen: So schreit Erik herum, während sich Selin ständig über andere lustig macht. Es kommt daher immer wieder zu Unstimmigkeiten. Dies erkennt auch der Klassenlehrer. So bittet er alle zu einem klärenden Gespräch.
Dabei erinnert sich Markus an das Gespräch mit seiner Cousine Steffi. Diese hatte von Regeln für das Zusammenleben berichtet. „Das ist die Lösung", ruft Markus laut. „Wir stellen gemeinsam eine **Klassenordnung** mit bestimmten Klassenregeln auf!"

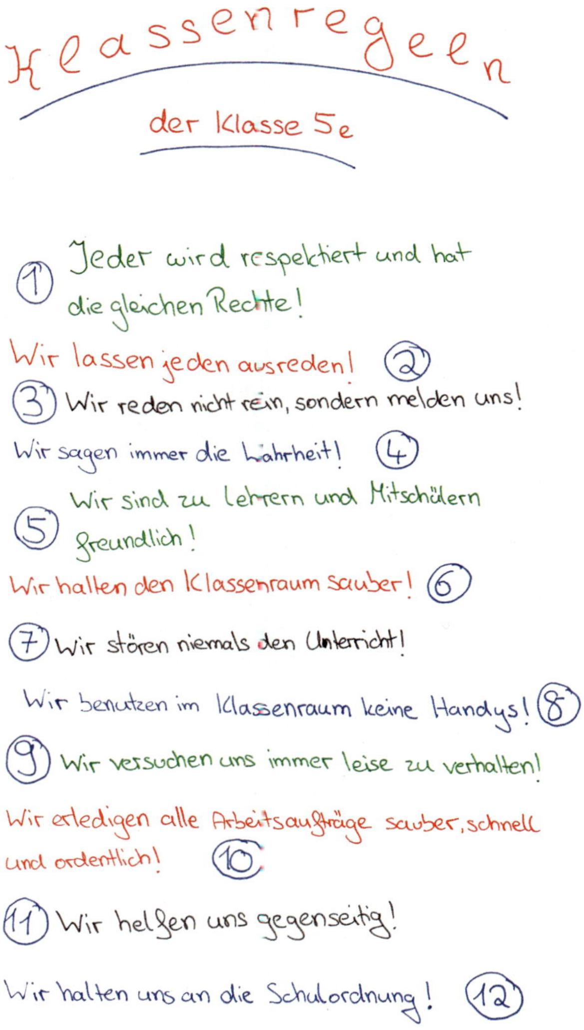

M 2 Eine eigene Klassenordnung im Klassenzimmer

Projekt Klassendienste

In jeder Klassengemeinschaft müssen gewisse Aufgaben erledigt werden. Doch wie legt ihr fest, wer diese Dienste übernimmt? Wie erinnert ihr diese Personen an ihre Aufgaben?

Wie findet ihr überhaupt heraus, wer für welche Aufgabe vorgesehen ist? Hier kann ein Klassendienstplan helfen.

Geht dabei wie folgt vor:

1. Klärt gemeinsam, welche Ämter oder Aufgaben es in eurer Klasse gibt (zum Beispiel der Klassenbuchdienst, das Auffüllen der Kreide usw.).

2. Entwerft entsprechende Ämterkarten. Auf diesen könnt ihr kreativ darstellen, um welches Amt es geht.

3. Lost mit Hilfe der Karten aus, wer welches Amt für wie lange übernimmt. Nach Ablauf der Zeit wird dann neu gelost, wobei zuerst immer die Kinder drankommen, die noch kein Amt innehatten.

4. Bringt die Karten gut sichtbar im Klassenraum an. Mithilfe von beschrifteten Klebezetteln oder bemalten Wäscheklammern lässt sich verdeutlichen, wer gerade für das jeweilige Amt zuständig ist.

Tipp: Im Internet finden sich kostenlose Vorlagen (z. B. http://www.eduhi.at/dl/klassenaemter_2010.pdf)

M 3 Projekt Klassendienste

Die Schülerinnen und Schüler haben inzwischen die Klassendienste festgelegt. Aber was soll passieren, wenn jemand gegen die Regeln verstößt oder sein Amt nicht ausführt? Gemeinsam diskutieren sie, welche Maßnahmen gelten sollen: Sie entscheiden sich zum Beispiel für das Kuchenbacken bei Verstößen gegen die Klassenregeln (M 4).
Alle in der Klasse sind einverstanden. Daher wird ein gemeinsamer Klassenvertrag unterschrieben und gut sichtbar in der Klasse aufgehängt. Da meldet sich Maike: „Wie überprüfen wir, ob sich dran gehalten wird?" Der Klassenlehrer lacht: „Kein Problem. Nach einiger Zeit erhaltet ihr alle einen Bogen zur Selbstkontrolle. Dort kreuzt ihr an, wie gut ihr euch an die Regeln haltet. So finden wir schnell heraus, ob es klappt."

M 4 Maßnahmen beim Nicht-Einhalten von Regeln

Halte ich mich an die Klassenregeln?

☺ → **Halte ich ein.** 😐 → **Halte ich meistens ein.** ☹ → **Hier muss ich mich verbessern.**

1) Ich lache niemanden aus.	☺	😐	☹
2) Ich helfe anderen bei Schwierigkeiten im Unterricht.	☺	😐	☹
3) Ich helfe anderen bei Streitigkeiten.	☺	😐	☹
4) Ich fange selbst keinen Streit an.	☺	😐	☹
5) Ich lasse andere ausreden.	☺	😐	☹
6) Ich ärgere niemand.	☺	😐	☹
7) Ich bin zu niemand unhöflich.	☺	😐	☹
8) Ich störe den Unterricht nicht.	☺	😐	☹
9) Ich petze nicht.	☺	😐	☹
10) Ich gehe mit fremden Sachen sorgfältig um.	☺	😐	☹
11) Ich schreibe nicht ab.	☺	😐	☹
12) ...			

Tipp Nr. 1: Natürlich lässt sich diese Liste beliebig mit eigenen Regeln ergänzen. Sprecht gemeinsam darüber.
Tipp Nr. 2: Man kann die Fragen auch in Partnerarbeit bearbeiten.
Variante a) Die Arbeitspartner füllen den Bogen jeweils für den anderen aus, auf Grundlage ihrer eigenen Beobachtungen.
Variante b) Die Arbeitspartner begutachten den ausgefüllten Plan des jeweils anderen und geben anschließend eine Rückmeldung.

M 5 Selbstüberprüfung zu den Klassenregeln

AUFGABEN

1 * *Sammelt Punkte, die euch in der neuen Klasse stören. Einigt euch dann gemeinsam auf eine entsprechende Klassenordnung und haltet diese in Form eines Vertrages fest (M 2).*

2 * *Erarbeitet gemeinsam ein Vorgehen für die Klassendienste (M 3).*

3 *Sprecht gemeinsam über mögliche Maßnahmen bei Verstößen gegen die Klassendienste (M 4).*

4 *Du ertappst jemanden aus der Klasse beim Bruch einer Regel. Begründe, wie du dich verhalten wirst.*

Wer wird die Klasse vertreten? Die Wahl des Klassensprechers

M1 Das Amt des Klassensprechers

Nach der Pause trifft Markus die aufgebrachte Regine. Sie erklärt ihm den Grund: In der Pause wollte sie mit dem Handy ihre Mutter anrufen. Diese sollte sie nach der 5. Stunde abholen. Gerade als sie wählte, kam der Schulleiter um die Ecke. Er nahm ihr das Handy ab und nannte als Grund das geltende Handyverbot.
Den Ärger von Regine kann Arne gut verstehen. Auch er hatte erst kürzlich Ärger mit einer Lehrerin: Obwohl er am Mittwoch krank war und keine Hausaufgaben machen konnte, war ihm die Lehrerin böse. Zu einer Klärung sei es bisher nicht gekommen.
Alle Schülerinnen und Schüler sind sich schnell einig: So kann es nicht weitergehen. Wir brauchen jemanden, der sich für uns einsetzt, einen Klassensprecher! Doch wer sollte dieses Amt erhalten? Sofort bieten sich drei Schüler an und kurze Zeit später stellen sie sich vor.

Kandidat 1:
Der freche Jonathan ist aufgeweckt und hilfsbereit. Er kann aufbrausend sein, tritt Lehrern gegenüber aber locker auf. Er liebt die Frankfurter Eintracht und hat daher viele Jungen auf seiner Seite. Er tritt bei seiner Ansprache gewohnt lässig auf und verspricht: „Ich werde dafür sorgen, dass es weniger Hausaufgaben gibt und dass wir alle viel Spaß haben werden. Ich werde bei allen Problemen und Streitereien vermitteln."

Kandidat 2: Der sportliche Rico ist bei Jungs und Mädchen beliebt. Er ist freundlich und hilfsbereit. Er ist perfekt durchorganisiert und immer vorbereitet, da er zu allen Dingen Notizen macht. Er schreibt gute Noten, ist zu den Lehrern höflich und widerspricht selten. Sein Motto ist: „Wenn alle anpacken und hart arbeiten, dann werden wir eine tolle Klasse sein".

Kandidatin 3: Die freundliche Daniela ist Klassenbeste und bei den Jungen beliebt. Die Mädchen mögen sie ebenfalls, da sie sich gerne für deren Belange einsetzt. Daniela tritt bestimmend auf und kann auch böse werden. Sie war bereits in der Grundschule Klassensprecherin und verspricht, „etwas gegen die Störenfriede in der Klasse zu unternehmen."

M2 Profil eines Klassensprechers

Vielen in der Klasse fällt die Entscheidung schwer. Schnell wird deutlich: Es gibt unterschiedliche Erwartungen an einen Klassensprecher. Daher schlägt Björn vor: Jeder, der möchte, darf seine Vorstellungen äußern. Diese werden an der Tafel gesammelt und im Einzelnen begründet. Im Anschluss daran wird (geheim) über eine feste Anzahl an Eigenschaften abgestimmt, die der Klasse wichtig sind. Die Kandidaten für das Amt müssen dann vor der Klasse begründen, inwieweit sie diese Anforderungen erfüllen.

Checkliste: Wahl zum Klassensprecher

- Zunächst wird ein Wahlgremium aus zwei Schülerinnen und Schülern gegründet. Diese können nicht selber gewählt werden, dürfen aber abstimmen. Dazu benötigt ihr leere identische Zettel und eine Wahlurne.
- Jeder aus der Klasse darf Kandidaten vorschlagen. Deren Namen werden dann an der Tafel notiert – wenn diese sich vorher bereit erklären, eine mögliche Wahl anzunehmen.
- Das Wahlgremium erinnert alle an die Wahlgrundsätze (> M4).
- Alle erhalten identische Stimmzettel. Auf diesen notiert jeder genau einen Namen von der Kandidatenliste.
- Die Zettel werden in die Wahlurne gesteckt.
- Ein Mitglied des Wahlgremiums öffnet vor den Augen der Klasse die einzelnen Zettel und liest laut den dort vermerkten Namen vor. Das zweite Mitglied notiert die Stimmen hinter dem Namen an der Tafel.
- Gewonnen hat die Person, die mehr als die Hälfte der Stimmen erhalten hat. Hat dies nach dem ersten Wahlgang niemand geschafft, dann erfolgt eine Stichwahl mit den beiden führenden Personen.
- Das Gleiche wird für die Wahl der Stellvertreterin bzw. des Stellvertreters wiederholt.

M3 Wahl des Klassensprechers

Wahlgrundsätze in Deutschland

Damit eine Wahl als demokratisch bezeichnet werden kann, müssen in Deutschland die folgenden Wahlgrundsätze befolgt werden:

1) Freie Wahl: Niemand darf dich zwingen, eine bestimmte Person zu wählen. Dazu hast du das Recht, dich bei der Wahl zu enthalten.
2) Geheime Wahl: Niemand darf sehen, was du wählst, und du musst deine Entscheidung auch niemandem mitteilen.
3) Gleiche Wahl: Jede Stimme zählt gleich viel, niemand wird bevorzugt.
4) Allgemeine Wahl: Jeder hat das Recht, bei dieser Wahl teilzunehmen und sich auch zur Wahl aufstellen zu lassen.
5) Direkte Wahl: Die Kandidatinnen und Kandidaten werden direkt von den Wahlberechtigten und von niemand anderem gewählt.

M4 Grundsätze für Wahlen in Deutschland

Rechte und Aufgaben eines Klassensprechers

Auszug aus der Verordnung über die Schülervertretung in Hessen

§1, Absatz (1):
In den Schulen ... wählt die Schülerschaft einer Klasse ... eine Klassensprecherin oder einen Klassensprecher und eine Stellvertreterin oder einen Stellvertreter für die Dauer eines Schuljahres.

§21, Absatz (1):
Die Klassen- oder Gruppensprecherinnen und -sprecher vertreten die Interessen ihrer jeweiligen Klasse oder Gruppe gegenüber den Lehrerinnen und Lehrern sowie der Schulleitung und der Elternschaft.

M5 Schülervertretung in Hessen

AUFGABEN

1 * *Ergänzt die von den Kindern geschilderten Vorfälle um weitere Probleme, für die ein Klassensprecher eurer Meinung nach zuständig ist.*

2 *Beschreibe, welche Eigenschaften die drei Kandidaten jeweils kennzeichnen.*

3 * *Greift Björns Vorschlag auf und diskutiert, welche Fähigkeiten einen guten Klassensprecher ausmachen (M 2).*

4 *Der Klassenlehrer schlägt aus Zeitgründen vor, dass Daniela Klassensprecherin werden soll, und er möchte bei der Wahl auch offen abstimmen lassen. Begründe, warum dies nicht möglich ist (M 5).*

Mitbestimmung in der Schule: Rechte und Pflichten

... und gewonnen hat: Daniela. Sie erhält bei der Wahl zur Klassensprecherin die meisten Stimmen und soll die Klasse von Markus in allen wichtigen Belangen vertreten.
Schnell wird sie in der folgenden Pause von verschiedenen Schülerinnen und Schülern umringt. Ganz vorne steht Regine. „Daniela, du musst das mit dem Handy ansprechen. Bitte!" „Keine Sorge, wir klären das sofort", erwidert die Klassensprecherin. Gemeinsam gehen sie zum Klassenlehrer. Doch dieser zuckt nur mit den Schultern. „Das steht so in der Schulordnung. Ihr könnt das dort nachlesen. Gerade für euch Neulinge hier ist es wichtig, diese zu kennen."

M 1 Handyverbotsschild

Schulordnung
der Adolf-Reichwein-Schule Neu-Anspach
(Stand 17.9.2013)

Elektronische Geräte dürfen nur nach ausdrücklicher Genehmigung mitgebracht werden. Ausgenommen sind individuelle Abspielgeräte (MP3-Player usw.), deren Benutzung während der Pause gestattet ist, wenn dadurch kein anderer belästigt wird. Die Mitnahme von Handys wird geduldet, sofern sie während der Unterrichtszeit abgeschaltet bleiben.
Das Benutzen der Handys (Smartphones, I-Phones entsprechend) in Unterrichtsräumen ist verboten, kann aber durch den Fachlehrer für unterrichtliche Zwecke erlaubt werden.
Das Kamerateil des Handys darf auf dem Schulgelände nicht benutzt werden. Die Veröffentlichung oder Weiterverbreitung fotografischer oder filmischer Aufnahmen von Mitschülern und Lehrern ist nur nach ausdrücklicher schriftlicher Zustimmung durch die betroffenen Personen gestattet.

M 2 Auszug aus einer Schulordnung: Handynutzung auf dem Schulgelände

Aus dem Hessischen Schulgesetz

__§121 (1)__ Bei der Verwirklichung der Bildungs- und Erziehungsziele der Schule im Sinne des Art. 56 Abs. 4 der Verfassung des Landes Hessen wirken die Schülerinnen und Schüler durch ihre Schülervertretung eigenverantwortlich mit.
__(2)__ Die Schülervertreterinnen und Schülervertreter nehmen die Interessen der Schülerinnen und Schüler in der Schule gegenüber den Schulaufsichtsbehörden und der Öffentlichkeit wahr und üben die Mitbestimmungsrechte der Schülerinnen und Schüler in der Schule aus. Sie können im Rahmen des Bildungs- und Erziehungsauftrags der Schule selbstgestellte Aufgaben in eigener Verantwortung durchführen. ...
__(3)__ Die Schülervertreterinnen und Schülervertreter werden durch die Schülerinnen und Schüler gewählt und können nur durch sie abgewählt werden.
__§122 (2)__ In den Schulen der Mittel- und Oberstufe wählt die Schülerschaft einer Klasse oder der Gruppe, die in Schulen ohne Klassenverband die Aufgabe der Klasse hat, eine Klassensprecherin oder einen Klassensprecher und eine Stellvertreterin oder einen Stellvertreter für die Dauer eines Schuljahres.
Diese Schülervertreterinnen und Schülervertreter können an den Klassenkonferenzen mit Ausnahme der Zeugnis- und Versetzungskonferenzen sowie Konferenzen über Ordnungsmaßnahmen ... mit beratender Stimme teilnehmen.
__(3)__ Die Klassensprecherinnen und -sprecher bilden den Schülerrat der Schule, die Schulsprecherin als Vorsitzende oder der Schulsprecher als Vorsitzender und zwei Stellvertreterinnen oder Stellvertreter den Vorstand des Schülerrats.
Der Vorstand wird entweder vom Schülerrat aus seiner Mitte oder von allen Schülerinnen und Schülern aus ihrer Mitte gewählt.
__(5)__ Der Schülerrat übt die Mitbestimmungsrechte in der Schule aus. ... Die Schulsprecherin oder der Schulsprecher, die Stellvertreterinnen und Stellvertreter sowie drei weitere Angehörige des Schülerrats können an den Gesamtkonferenzen mit beratender Stimme teilnehmen.

M 3 Auszug aus dem Hessischen Schulgesetz

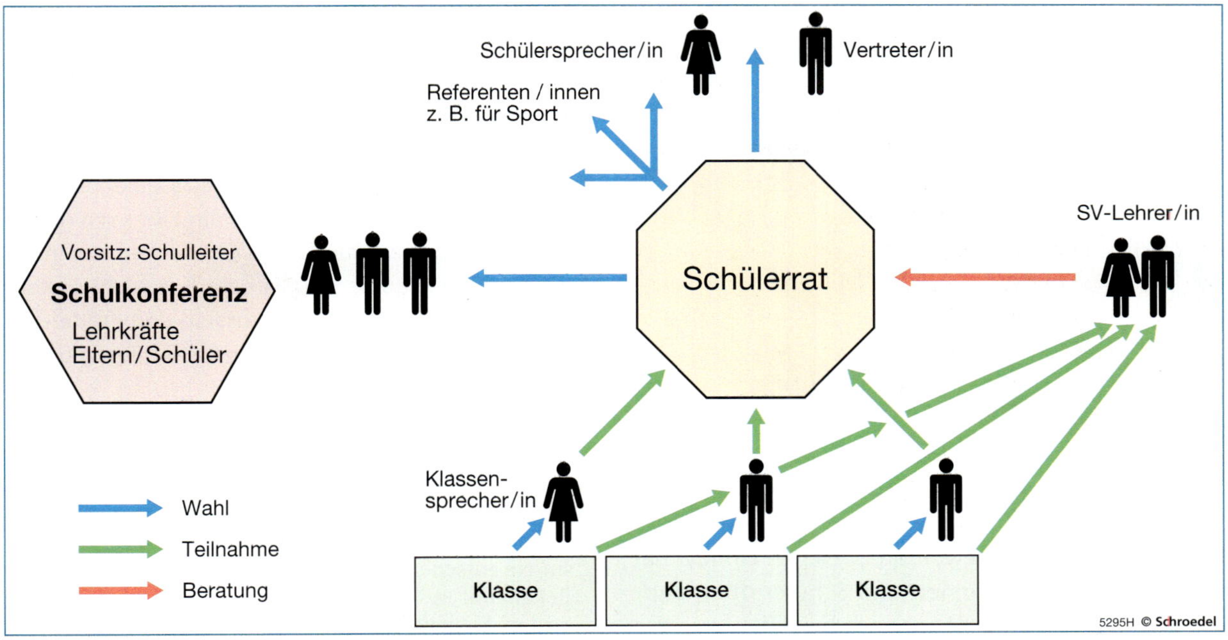

M 4 Organisation der Schülervertretung (SV)

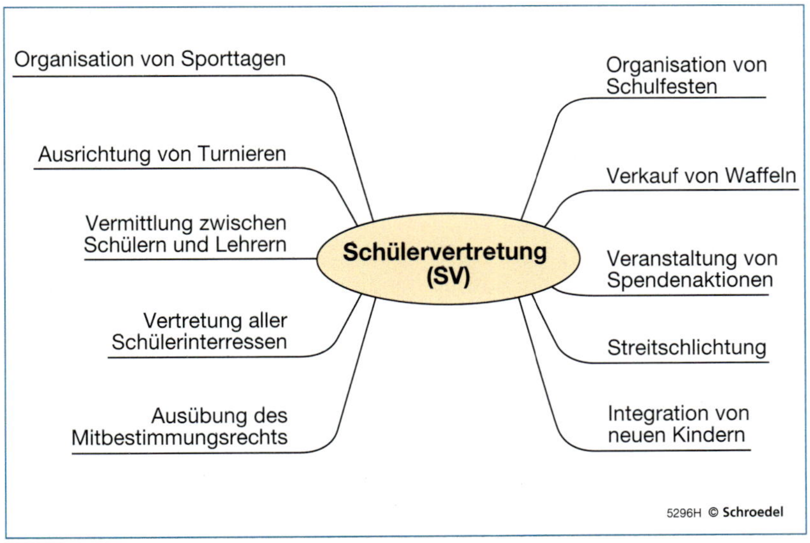

M 5 Mögliche Aufgaben der Schülervertretung

Daniela und Regine sind bestürzt. „Wieso steht das da? Wer hat das entschieden? Warum wurden wir nicht gefragt? Das geht so nicht!"

Regine kann sich kaum beruhigen. Daniela wendet sich dann erneut an den Klassenlehrer: „Kann man das wieder ändern? Oder kann man mitreden, wenn das nächste Mal Regeln für uns erlassen werden?"
Der Klassenlehrer klärt sie auf: „Generell habt ihr Mitsprachemöglichkeiten an der Schule. Dafür ist die **Schülervertretung**, die SV, da. Dort könnt ihr eure Interessen einbringen und diskutieren."

AUFGABEN

1 *Suche in der Schulordnung deiner Schule nach wichtigen Regeln. Sprecht gemeinsam darüber, warum sie wichtig beziehungsweise notwendig sind.*

2 * *Um welche Dinge sollte sich die Schülervertretung an eurer Schule kümmern? Sammelt Vorschläge (M 5).*

3 * *Sollten Schülerinnen und Schüler bei allen Entscheidungen mitreden dürfen? Sammelt Argumente für und gegen ein größeres Mitspracherecht von Schülerinnen und Schülern an der Schule.*

4 *Führt mit einem Mitglied der Schulkonferenz eine einfache Expertenbefragung durch. Erfragt den Aufbau, die Zuständigkeiten und die Mitsprachemöglichkeiten der Schulkonferenz (> S. 15).*

Mitbestimmung in der Schule: Wir diskutieren einen Streitfall

M 1 Handy im Unterricht

Daniela ist neugierig geworden. „Welchen Einfluss haben denn die Schülerinnen und Schüler überhaupt auf die Schulordnung? Können wir beispielsweise das Handyverbot ablehnen?" Der Klassenlehrer schüttelt den Kopf und verweist sie erneut auf das Hessische Schulgesetz (M 2).

Daniela ist verärgert. Sie will sich nicht mit dem Handyverbot abfinden. „Man muss in Ruhe darüber reden und auch die Sicht der Schüler bedenken. Schließlich gibt es gute Gründe dafür, das Handy zu erlauben!"

Zusammen mit den übrigen Mitgliedern des Schülerrats und der SV sammeln sie Argumente. Diese wollen sie den Lehrern und der Schulleitung vorstellen.

„Ich kann euch verstehen", sagt der Klassenlehrer, „aber wenn ihr so etwas vorhabt, dann solltet ihr euch richtig vorbereiten. Die Sammlung und Gliederung von Informationen und Argumenten ist natürlich wichtig. Aber ihr solltet euch gut auf die Diskussion vorbereiten. So könnt ihr mit eurem Anliegen noch besser überzeugen."

An Hessischen Schulen gibt es kein generelles Handyverbot. Dies darf jede Schule durch ihre Hausordnung regeln. Für diese ist nach dem Hessischen Schulgesetz (§ 129) die Schulkonferenz zuständig. Nur sie entscheidet. Der Schülerrat und der Schulelternbeirat müssen nach § 110 und 122 angehört werden. Sie haben kein Mitspracherecht.

In der Schulkonferenz sitzen zu gleichen Teilen eine Gruppe aus Lehrerinnen und Lehrern sowie eine Gruppe aus Eltern sowie Schülerinnen und Schülern. Der Schulleiter moderiert und hat bei Abstimmungen bei Stimmengleichheit das letzte Wort.

M 2 Auszug aus dem Hessischen Schulgesetz

In der Schule bleibt das Handy aus

Die Vierzehnjährige fühlt sich unfair behandelt. Sie habe das Handy doch nur herausgeholt, um ihrer Freundin Urlaubsfotos zu zeigen. Der Lehrer habe das Handy trotzdem einkassiert. Zu Unrecht, findet sie. Schließlich sei es ihr Eigentum. Sie müsse erreichbar sein und ihren Facebook-Account aktualisieren. Und wer komme für die Gebühren auf, die anfielen, während das Smartphone beschlagnahmt im Lehrerzimmer liege? Ein Blick in die Schulordnung ... zeigt allerdings, dass der Lehrer im Recht ist. Mobiltelefone, ist dort zu lesen, sind auf dem Schulgelände verboten. Bei Zuwiderhandlung dürfen sie vorübergehend einbehalten werden. Solche und ähnliche Regeln haben sich inzwischen viele hessische Bildungsstätten gegeben. Das Gymnasium Oberursel schreibt in der Hausordnung vor, dass Handys und MP3-Player nur zu festgelegten Zeiten und in einer ausgewiesenen Zone in Sichtweite des Lehrerzimmers eingeschaltet und benutzt werden dürfen. Andernfalls werden sie eingezogen und den Eltern übergeben.

(http://www.faz.net/aktuell/rhein-main/stoeren-den-unterricht-in-der-schule-bleibt-das-handy-aus-11798119.html)

M 3 Auszug aus einem Artikel zum Thema Handyverbot an hessischen Schulen

AUFGABEN

1 *Besorge dir die Hausordnung deiner Schule. Notiere, was dort zu der Benutzung des Handys festgehalten wurde.*

2 * *Sammelt Argumente und diskutiert in der Klasse die Vor- und Nachteile eines Handyverbots (M 2 – 4).*

3 *Halte deine persönliche Meinung zu dem Thema schriftlich fest.*

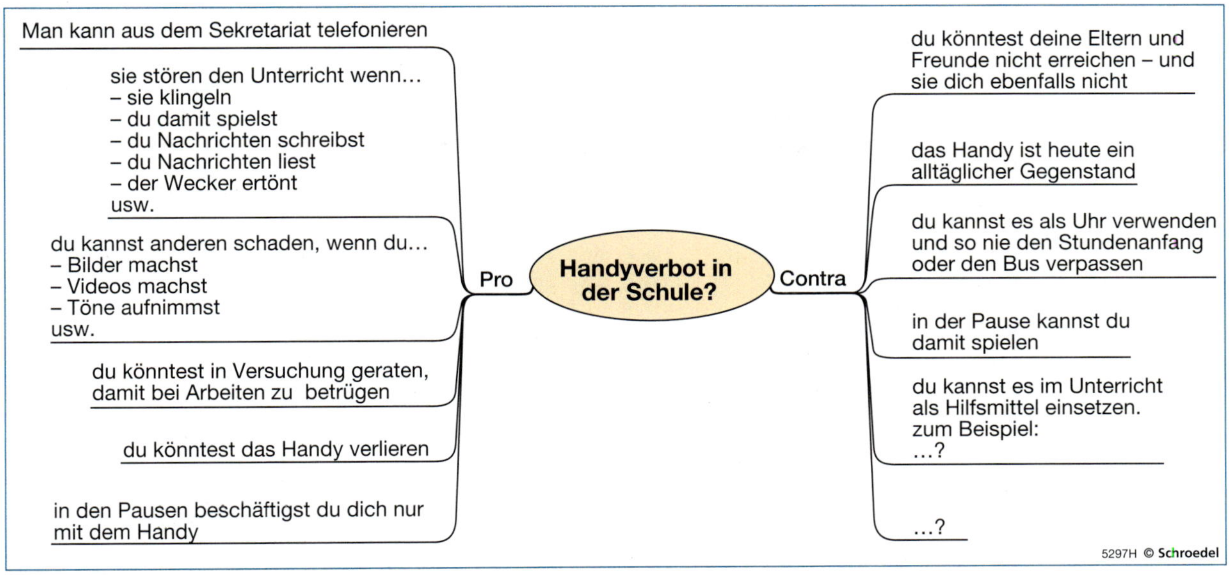

M4 Mindmap zum Thema Handyverbot in der Schule

M

Diskutieren/den eigenen Standpunkt vertreten

Zu nahezu jedem Thema gibt es unterschiedliche Auffassungen. Treffen diese aufeinander, kann es zu Problemen kommen. Wollt ihr andere von eurer Meinung überzeugen, so braucht ihr gute Argumente.
In einer Diskussion lernt ihr, eure Meinung überzeugend und fair zu vertreten, andere besser zu verstehen und gemeinsam nach Lösungen zu suchen. Daher solltet ihr euch auf eine Diskussion gut vorbereiten und folgende Schritte einhalten:

Vorbereitung

1. Klärt, um welches Thema oder Problem es geht. Was wisst ihr darüber?
2. Sammelt zu dem Thema Argumente. Ihr könnt dabei auf Befragungen, Zeitungsartikel oder das Internet zugreifen.
3. Ordnet die Argumente nach Pro und Kontra (was spricht dafür, was dagegen) und dann nach ihrer Ähnlichkeit. Dafür könnt ihr ein Informationsnetz (> S. 13) oder eine Mindmap verwenden (M4).
4. Überlegt für euch, welche Argumente warum am meisten überzeugen. Notiert diese.
5. Einigt euch mit den Diskussionspartnern auf Zeit und Ort der Diskussion. Auch eventuelle Regeln sollten vorher geklärt werden (> Tipps).

Durchführung

Fasst euch während der Diskussion kurz und sprecht ruhig und deutlich. Behandelt eure Gesprächspartner respektvoll und fair. Dazu gehört, dass ihr die anderen ausreden lasst und sie nicht beschimpft.
Außerdem solltet ihr fremde Meinungen respektieren und bei euren Argumenten berücksichtigen. Ihr könnt auf die Argumente der anderen eingehen und versuchen, mit euren zu überzeugen. Dabei geht es nicht um ein Überreden. Eigene Ansichten sollten begründet werden. („Das ist eben so" ist keine Begründung.) Wenn ihr etwas kritisiert, sollte es immer nachvollziehbar sein.

Tipps zur Erweiterung

- Benennt vor der Diskussion eine Person, die Wichtiges mitschreibt. So lassen sich später alle Argumente nachvollziehen.
- Legt fest, wie viel Zeit jeder pro Argument zur Verfügung hat.
- Legt eine Reihenfolge fest.
- Bestimmt einen Regelwächter. Dieser achtet darauf, dass alle beim Thema bleiben, dass die Redezeit eingehalten und die Höflichkeit gewahrt wird. Außerdem kann er Streitigkeiten schlichten.

M 1 Eine Schulklasse um 1900

Schule früher und heute

Noch immer ist die Klasse von Markus sauer über das Handyverbot. Der Klassenlehrer versucht, die Gruppe aufzumuntern. „Bedenkt bitte: Die Schule hat sich die Entscheidung mit dem Handyverbot nicht leicht gemacht. Zum Schluss haben eben die Argumente dafür überwogen. Es ist doch schon etwas, dass ihr überhaupt die Möglichkeit habt, darüber mit der Schulleitung zu diskutieren! Früher war das völlig anders. Da hatten Schüler so gut wie keine Rechte."
Daraufhin beschäftigt sich die Klasse länger mit dem Thema „Schule früher" . .

Schulpflicht und Schule

Bis vor 200 Jahren gab es in vielen Teilen Deutschlands keine **Schulpflicht**. Eine einheitliche Schulpflicht für ganz Deutschland gibt es erst seit 1919. Vorher besuchten meist nur die Kinder reicher Leute eine Schule.
Die allgemeine Schulpflicht wurde eingeführt, damit alle Kinder lesen und schreiben lernen und die Chance haben, später einen guten Beruf zu ergreifen. Allerdings erhielten auch dann noch nicht alle Kinder eine gründliche Schulbildung.

Denn viele Kinder – besonders auf dem Land – besuchten die Schule nur in den Wintermonaten, da sie im Sommer auf dem Feld und bei der Ernte helfen mussten. Außerdem hatten die Eltern Schulgeld zu bezahlen. Auch die Schulbücher mussten sie selbst kaufen, was sich viele Familien nicht leisten konnten. Daher wurden viele Schüler überhaupt nicht zur Schule geschickt.
Oft erlaubten die Eltern ihren Kindern nur den Besuch der **Volksschule**. Schließlich sollten sie möglichst rasch einen Beruf ergreifen und Geld verdienen, damit sie ihren Lebensunterhalt selbst bestreiten können.

Für den Schulweg gab es noch keinen Bus. Sie mussten oft viele Kilometer zu Fuß laufen. Zudem bestanden die Klassen meist aus 60 Schülern. Die Räume waren mit Holzbänken eingerichtet und es gab nur einen Ofen. Viele Jahrgänge wurden gemeinsam unterrichtet.
Auf den Einzelnen konnte keine Rücksicht genommen werden. Auch gab es in der Regel keine Hefte, erst recht noch keine Computer. Man schrieb mit Kreide auf Schiefertafeln, die mit einem kleinen Schwamm oder Lappen abgewischt werden konnten (M3).

Als Schulfächer gab es lediglich Lesen und Schreiben sowie Rechnen und Religion. Oberste Gebote waren Fleiß und Gehorsam, Ordnung und Sauberkeit. Alles musste leise und von allen gleich erledigt werden.
Zudem galten strenge Regeln: Bei Meldungen beispielsweise mussten die Kinder den Ellenbogen des rechten Arms in die linke Hand stützen und den Zeigefinger der rechten Hand heben.
Man hatte dem Lehrer jederzeit zu gehorchen und immer auf seine Anweisungen zu achten. Es durfte nur dann gesprochen werden, wenn der Lehrer es zuließ. Dann musste man aufstehen und durfte sich erst nach Erlaubnis des Lehrers wieder setzen. Sonstiges Reden war nicht erlaubt. Dazu kamen weitere Regeln, auf die der Lehrer genau achtete. Bei Verstößen gab es Schläge mit Ruten oder Stöcken.

M 3 Schulmaterialien um 1900

§ 1 Die Kinder haben pünktlich zur bestimmten Zeit, an Körper und Kleidung reinlich und anständig, und mit den erforderlichen Schulsachen versehen, in dem Schulzimmer zu erscheinen, sich sofort an ihre Plätze zu setzen und alles zum Unterricht Nötige in Bereitschaft zu legen.

§ 3 Während des Unterrichts sollen die Schüler still, ruhig, in gerader und anständiger Haltung auf ihren Plätzen sitzen, die Hände auf den Tisch legen und sich mit den Füßen ruhig auf dem Boden halten. Alles was den Unterricht stört, wie Essen, Spielen, Scharren oder Stampfen mit den Füßen, Schwätzen, Lachen, eigenmächtiges Verlassen des Platzes, ist untersagt. Hat das Kind während des Unterrichtes dem Lehrer etwas zu sagen oder ihn etwas zu bitten, so gibt es, bevor es spricht, ein Zeichen mit dem Finger.

§ 4 Beim Eintreten des Lehrers in das Schulzimmer haben die Kinder denselben durch Aufstehen zu begrüßen. Ebenso werden Geistliche und die Schulvorgesetzten bei ihrem Eintritt begrüßt.

§ 5 Die Schüler sollen ihre volle Aufmerksamkeit dem Lehrer oder ihren schriftlichen Arbeiten zuwenden. Beim Aufsagen, Lesen und Singen sollen sie aufstehen; ihre Antworten sollen sie in gerader Haltung des Kopfes, laut, lautrein, wohlbetont und möglichst in ganzen Sätzen geben.
Beim Schreiben und Zeichnen sollen sie aufrecht sitzen, die Brust nicht an den Tisch andrücken, noch den Körper stark vorwärts biegen.

§ 18 Fluchen, Schimpfen, Schlagen, Werfen, Nachspringen nach Fuhrwerken, Anhängen oder unbefugtes Aufsitzen auf solche darf nicht vorkommen. Nach dem Abendgebetläuten sollen sich Schulkinder nicht mehr zwecklos auf den Straßen und öffentlichen Plätzen umhertreiben.

M 2 Auszug aus einer Schulordnung für die Badischen Volkschulen aus dem Jahr 1890

AUFGABEN

1 *Beschreibe das Bild M 1 und nenne Unterschiede zu heutigen Klassen.*

2 *Erkläre die Bedeutung der allgemeinen Schulpflicht.*

3 *Vergleicht den Unterricht und die Unterrichtsziele um 1900 mit eurem Unterricht.*

4 *Versetzt euch anhand der Informationen in die Lage der Schülerinnen und Schüler von früher. Schreibt dazu einen Text.*

5 *Spielt eine entsprechend typische Schulszene nach. Sprecht im Anschluss über die unterschiedlichen Ziele sowie über Vor- und Nachteile (Rollenspiel > S. 35).*

Z

Schule ist nicht gleich Schule!

„Es gibt aber noch andere Schulen!“ Alle drehen sich zu Noelle um. „Ich war nämlich früher auf einer Waldorfschule.“ Jens lacht, als er das hört. „Sind dort nicht die Kinder, die immer nur tanzen?“ „Nein“, entgegnet ihm Noelle, „das ist nur ein Vorurteil. Dort wird der Unterricht einfach nur anders als in „normalen“ Schulen durchgeführt – oder wie an unserer hier.“ „Es gibt übrigens noch weitere Schulen, die anders arbeiten“, ergänzt der Lehrer.

	Montag	Dienstag	Mittwoch	Donnerstag	Freitag
1. Einheit	Wochenbeginnfeier	Freiarbeit			
2. Einheit			Religion		
3. Einheit					
4. Einheit					
5. Einheit	Flöte	Werken		Freiarbeit	Religion

M1 Wochenplan einer Schule, die nach dem Jenaplan arbeitet

Schulen nach dem **Jenaplan** funktionieren nach dem Prinzip „voneinander, untereinander und miteinander lernen“. Gelernt wird in altersgemischten Gruppen nach einem gemeinsam festgelegten Wochenplan. Dabei wird kein Einzelfächerunterricht durchgeführt, sondern es werden Themen miteinander verbunden. Jeder arbeitet selbst an der Erfüllung des Plans, wobei man sich gegenseitig unterstützt. In der Regel gibt es keine Noten, sondern nur Lernentwicklungsberichte. Außerdem kann man nicht sitzenbleiben.

Die **Waldorfschulen** setzen Gleichberechtigung und gemeinsames Lernen an die erste Stelle. Man durchläuft zwölf Jahre, wobei es kein Sitzenbleiben gibt. Jeder soll gemäß der eigenen Stärken gefördert werden. Dazu gehören Aufgaben und Anforderungen, die sich an jedem Einzelnen orientieren.
Neben den normalen Unterrichtsfächern und dem Fördern des „Denkens“ sollen auch das Fühlen (die künstlerische Arbeit) und das Wollen (die handwerkliche Arbeit) gefördert werden. Auch wird ein starker Bezug zur Natur als wichtig angesehen. Ebenso wird durch viele gemeinsame Projekte das Gemeinschaftsgefühl gestärkt. In den ersten achten Jahren hat man dabei immer den gleichen Klassenlehrer. Erst danach gibt es Noten, vorher nur Leistungsbeurteilungen.

M2 Schulfest einer Waldorfschule

Die Schulen nach der **Montessori-Pädagogik** funktionieren nach dem Prinzip „Hilf mir, es selbst zu tun". Diese Idee wurde von der italienischen Pädagogin Maria Montessori entwickelt. Die Lehrer dieser Schulen sollen in erster Linie den Schülern helfend zur Seite stehen und dem Unterricht einen Rahmen geben.

In der Freiarbeit dürfen sich die Kinder selbst entscheiden, was und wie viel davon sie lernen wollen. Dafür gibt es spezielle Lernmaterialien. Es wird auf die eigenen Fähigkeiten und auf das eigene Arbeitstempo geachtet. Man lernt dabei in festen Gruppen und kann alleine oder mit anderen zusammen arbeiten.
Bis zur Oberstufe gibt es in der Regel keine Noten, nur Leistungsentwicklungsberichte.

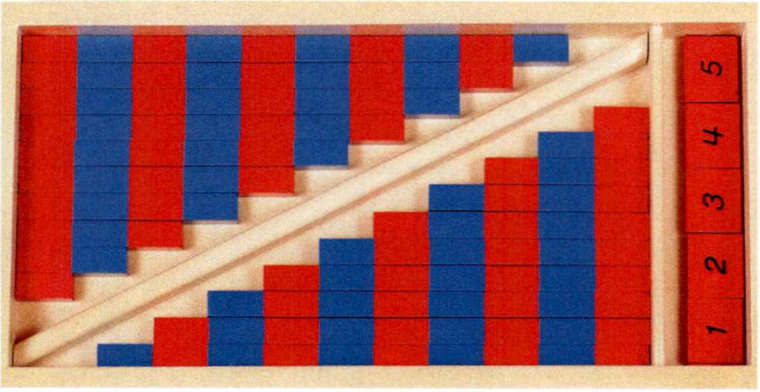

M 3 Lernmaterialien einer Montessori-Schule

(1) Die Schulen im Lande Hessen … tragen dazu bei, dass die Schülerinnen und Schüler ihre Persönlichkeit in der Gemeinschaft entfalten können …

(2) Die Schulen sollen die Schülerinnen und Schüler befähigen, ... die Grundrechte für sich und andere wirksam werden zu lassen, eigene Rechte zu wahren und die Rechte anderer auch gegen sich selbst gelten zu lassen, ... nach ethischen Grundsätzen zu handeln und religiöse und kulturelle Werte zu achten, ... die Beziehungen zu anderen Menschen nach den Grundsätzen der Achtung und Toleranz, der Gerechtigkeit und der Solidarität zu gestalten ...

(3) ... Die Schüler sollen lernen, sowohl den Willen, für sich und andere zu lernen und Leistungen zu erbringen, als auch die Fähigkeit zur Zusammenarbeit und zum sozialen Handeln zu entwickeln, eine gleichberechtigte Beziehung zwischen den Geschlechtern zu entwickeln, Konflikte vernünftig und friedlich zu lösen, aber auch Konflikte zu ertragen, sich Informationen zu verschaffen, sich ihrer kritisch zu bedienen, um sich eine eigenständige Meinung zu bilden und sich mit den Auffassungen anderer unvoreingenommen auseinandersetzen zu können, ihre Wahrnehmungs-, Empfindungs- und Ausdrucksfähigkeiten zu entfalten und Kreativität und Eigeninitiative zu entwickeln.

M 4 Auszug aus dem Hessischen Schulgesetz

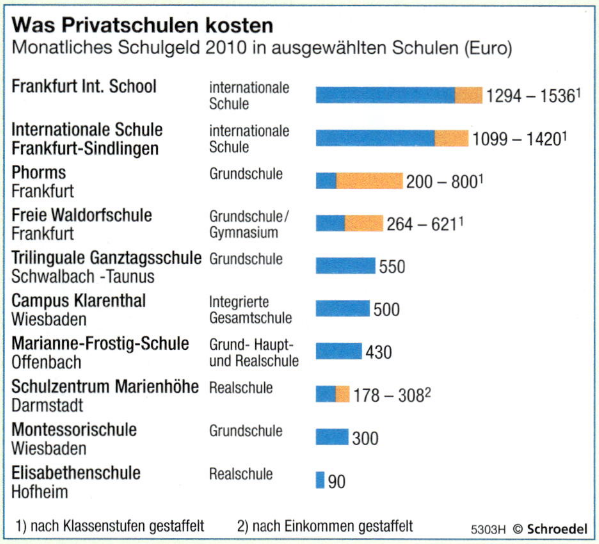

M 5 Was Privatschulen kosten

AUFGABEN

1 *Beschreibe den Wochenplan der Schule, die nach dem Jenaplan unterrichtet. Vergleiche diesen Wochenplan mit deinem Stundenplan.*

2 *„Schule einmal anders! Recherchiert im Internet weitere Informationen zu den beschriebenen Schulformen.*
Vergleicht die Vorgehensweisen und Ziele dieser Schulen mit eurer eigenen Schule.

3 *Entwickelt mithilfe der Materialien auf diesen Seiten sowie mit eigenen Ideen die für euch ideale Schule.*

4 *Stellt in einer Tabelle die Erziehungsziele um 1900 (> S. 24/25), die im Hessischen Schulgesetz (M 4) und die der „Reformschulen" (M 1 – 3) gegenüber. Beurteilt die Unterschiede.*

Orientierung zu Hause

M 1 Senkrechtluftaufnahme von Neu-Anspach, einer Stadt im Hochtaunuskreis

Aussichten wie ein Vogel

Leider können wir nicht fliegen, doch stellt euch einmal vor, ihr könntet wie ein Vogel über eure Schule und über euren Heimatort fliegen. Ihr startet und fliegt über euer Haus, vorbei an der Schule, über den Bolzplatz und das Freibad und landet schließlich auf dem Rathausdach. Während eures Fluges habt ihr Fotos gemacht.

In M 1 seht ihr einen Ausschnitt von Neu-Anspach. Alles ist senkrecht von oben zu sehen. Ihr erkennt vor allem Hausdächer sowie Straßen und deren Verlauf. Ebenfalls deutlich sichtbar sind der Sportplatz und dessen genaue Größe.

Es gibt nicht nur Senkrechtluftbilder (M 1), sondern noch andere Luftbilder. Bei diesen kann man die Häuser schräg von oben erkennen. Auf diesen Bildern gibt es einen Vordergrund und einen Hintergrund. Die Häuser im Vordergrund sind größer, die im Hintergrund dagegen kleiner.

Außerdem lassen sich Wände und Fenster erkennen. Allerdings sind Straßen und deren Verläufe nicht gut sichtbar, da sie von den Gebäuden verdeckt werden. Diese Bilder nennt man Schrägluftbilder.

Stadtpläne lesen

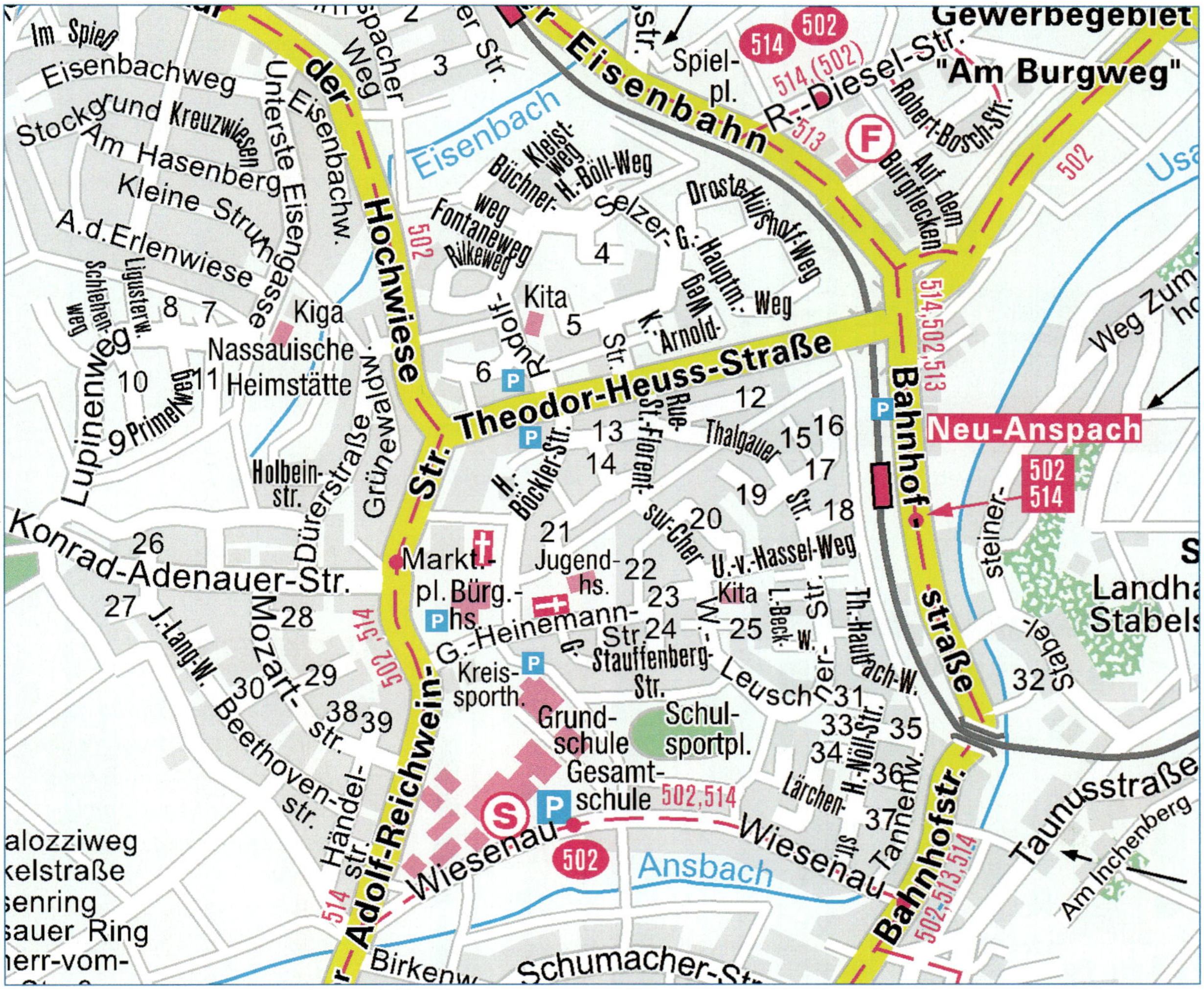

M 2 Stadtplanausschnitt von Neu-Anspach

Sicherlich habt ihr gemerkt, dass auf den Luftbildern alle Straßennamen und Gebäudenutzungen fehlen. Wenn ihr herausbekommen wollt, wie eine Straße heißt oder wo der nächste Sportplatz in eurer Stadt liegt, dann müsst ihr eine Karte oder einen Stadtplan zu Hilfe nehmen.

Ein Stadtplan ist mit einem Senkrechtluftbild vergleichbar: Ihr seht alles direkt von oben und könnt ebenfalls die Umrisse der Häuser erkennen. Aus der **Legende** könnt ihr beispielsweise entnehmen, welche Funktion ein bestimmtes Gebäude hat oder wie dieses genutzt wird. Weiteres über Kartenlegenden erfahrt ihr auf der Seite 50.

AUFGABEN

1 *Besorge dir im Rathaus den Stadtplan deines Schul- oder Wohnortes. Finde darauf die Straße, in der du wohnst, deine Schule und das Rathaus. Suche dir Hilfe bei Experten (z. B. Eltern, Großeltern).*

2 *Finde heraus, was die Buchstaben A-E im Senkrechtluftbild M 1 bedeuten. Nutze dafür M 2.*

Welchen Schulweg und welches Verkehrsmittel?

M 1 Auf Aarons Schulweg

„Ich gehe gegen 7:25 Uhr aus dem Haus. Nach etwa 50 Metern verlasse ich den kleinen Lindenweg und biege in die Schubertstraße ein. Diese Straße ist wenig befahren, sie mündet aber direkt an eine Hauptstraße. Zunächst laufe ich 200 Meter die Straße entlang, dann biege ich in die Schuhmacherstraße ein.
Weitere 50 Meter weiter unten biege ich links ab und folge dieser Straße. Anschließend überquere ich die Straße an einem Verkehrsübergang in Richtung Schule.
Nun befinde ich mich auf den letzten Metern. Ich muss nur noch rund 150 Meter geradeaus gehen und schon stehe ich vor dem Zebrastreifen direkt vor unserer Schule."

M 2 Aarons Schulweg

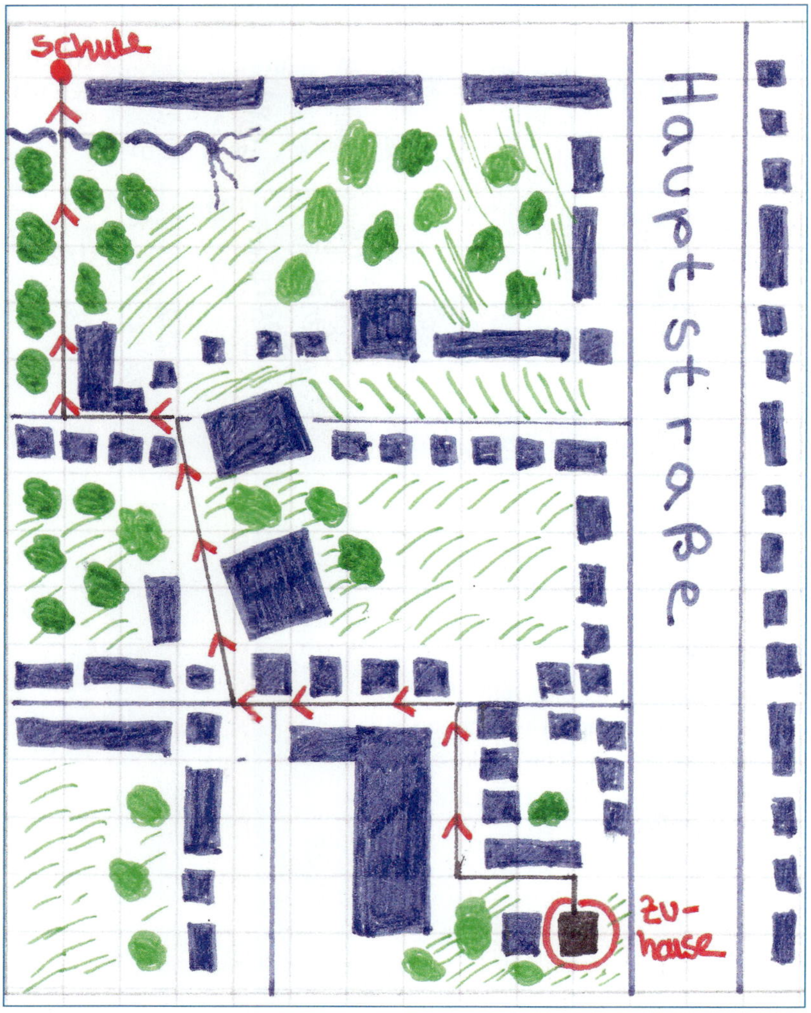

M 3 Schulwegskizze von Aaron

AUFGABEN

1 *Verfolge den Schulweg von Aaron auf der Schulwegskizze M 3. Begründe, warum Aaron diesen Schulweg nimmt und nicht den entlang der Hauptstraße.*

2* *Zeichne eine Skizze von deinem eigenen Schulweg. Nutze dazu einen Stadtplan.*
Markiere auf deiner Schulwegskizze folgende Stellen farbig:
Blau: Wo gibt es viel Autoverkehr?
Rot: Wo sind gefährliche Stellen?
Grün: Wo kannst du die Straße sicher überqueren?

3 *Begründe, warum du diesen Schulweg nimmst. Könntest du auch einen anderen Weg nehmen?*

4 *Besprecht eure Ergebnisse in der Klasse und notiert sie. Überlegt gemeinsam, was man unternehmen könnte, um den Schulweg sicherer zu machen.*

„Mein morgendlicher Weg zur Schule beginnt um 7 Uhr. Das ist ganz schön zeitig. Nach einem fünfminütigen Fußweg zur nahe gelegenen Bushaltestelle fahre ich ungefähr 15 bis 20 Minuten mit dem Bus und steige direkt vor der Schule aus.

Ärgerlich finde ich, dass ich immer pünktlich sein muss, denn sonst ist mein Bus weg. Eine Fahrkarte muss ich zum Glück nicht kaufen, denn die bekomme ich von der Schule gestellt.
Im Bus ist es immer sehr voll, das macht wirklich keinen Spaß! Auch beim Aussteigen an der Schule ist das Chaos meist perfekt. Alle Schüler wollen gleichzeitig aus dem Bus und darum gibt es großes Gedränge. Außerdem kommen viele Busse gleichzeitig an der Schule an. Im Winter ist das Busfahren nicht toll. Oft fällt bei uns der Busverkehr aus, weil die Straßen vereist sind.

Mein Rückweg nach Hause dauert noch länger. Von der Schule laufe ich etwa sieben Minuten zum Bahnhof. Zum Glück führt ein Fußweg von der Schule direkt zum Bahnhof. Dort muss ich eine knappe halbe Stunde auf die Bahn warten.
An der ersten Haltestelle steige ich wieder aus und nehme den meist bereits wartenden Bus. Mit diesem fahre ich wieder rund sieben Minuten. Danach folgt der bereits am Morgen genommene Fußweg zurück nach Hause."

M4 Bennys Schulweg

Zu Fuß gehen: „In die Schule gehe ich meistens zu Fuß. Das dauert zwar etwas länger, als mit dem Auto gefahren zu werden, doch dafür treffe ich auf dem Schulweg immer meine Freundinnen. So können wir unterwegs über alles Mögliche reden. Außerdem kann ich die vielen parkenden Autos zählen, und wenn ich an der Pferdekoppel neben dem Fußweg verbeikomme, die Pferde beobachten."

Mit dem Zug: „Zug fahren macht Spaß. Wenn ich in die Schwimmhalle will, dann fahre ich immer mit dem Zug. Ich brauche nur eine Fahrkarte und muss pünktlich am Bahnsteig sein.
Vor allem morgens ist der Zug oft voll, weil viele zur Arbeit oder in die Schule fahren. In einen Zug passen viel mehr Menschen rein als in mehrere Autos.
Auch nach Frankfurt fahren wir meist mit dem Zug. Meine Mutter findet das entspannter. Denn man steigt direkt an der „Zeil", der Frankfurter Einkaufsstraße, aus und muss nicht lange nach einem Parkplatz Ausschau halten."

Mit dem Bus: „Nach Schmitten, das fünf Kilometer westlich von Neu-Anspach liegt, fahre ich mit dem Bus. Dorthin fährt kein Zug. Busfahren ist gemütlich. Ich setze mich nur rein und los geht es. Außerdem können mit dem Bus auch mehr Leute fahren, theoretisch würde hier die ganze Schulklasse reinpassen."

Mit dem Auto: „Natürlich lasse ich mich von meinem Vater oder meiner Mutter auch gerne mit dem Auto in die Musikschule kutschieren – besonders, wenn es draußen regnet oder schneit. Dann werde ich wenigstens nicht nass. Auch meinem Musikinstrument passiert dann nichts."

Mit dem Fahrrad: „Am schnellsten komme ich mit dem Fahrrad zu meiner Freundin. Meine Eltern achten immer darauf, dass mein Rad funktionstüchtige Bremsen hat und dass mein Licht im Dunkeln leuchtet. Inzwischen kenne ich die Strecke gut. Zum Glück gibt es von zu Hause bis zu meiner Freundin einen Radweg, auf dem ich sicher ankomme."

M5 Vor- und Nachteile von Verkehrsmitteln – Annes Meinung dazu

AUFGABEN

1 *Fertige eine Tabelle mit Vor- und Nachteilen des Verkehrsmittels an, das du benutzt. Vergleiche deine Ergebnisse mit deinem Partner.*

2 *Die Zukunftsmusik: Stell dir vor, du wärst ein großer Erfinder – wie stellst du dir dein zukünftiges Fortbewegungsmittel vor? Was soll es können? Wie sieht es aus? Vergleicht dann die Ergebnisse in der Klasse miteinander.*

„Jede Menge Zoff" – was tun bei Gewalt und Mobbing?

Situation 1:
Einige Schüler stehen zusammen und reden über einen anderen, der abseits steht.

Situation 2:
Zwei Schüler prügeln sich, und alle anderen schauen zu und tun nichts.

Situation 3:
Einige Schüler stehen zusammen. Ein anderer steht abseits und wird nicht beachtet.

Situation 4:
Einige Schüler stehen zusammen und lachen einen anderen Schüler aus.

Situation 5:
Ein Schüler steht an der Wand und alle anderen schubsen und beschimpfen ihn.

M 1 Situationen 1 – 5

AUFGABE

1 *Baut zum Thema „Gewalt im Klassenzimmer" Standbilder. Teilt euch dazu in Gruppen ein. Die einzelnen Gruppen sollen die Situationen 1 – 5 in Standbildern darstellen. Zeigt dann nach fünf bis zehn Minuten die Standbilder. Die anderen Schüler sollen erkennen, worum es geht. Mithilfe der Methode „Standbild bauen" könnt ihr zum Thema „Gewalt in der Schule" ins Gespräch kommen.*

M

Standbilder bauen

Im Unterricht reden wir über Probleme, Erlebnisse oder Erfahrungen, die wir mit einem Thema oder einer Situation verbinden. Dies kann man auch ohne Worte machen, indem man ein Standbild baut – ein Thema also „verkörpert". Vor allem können Beziehungen von Personen zueinander sowie Einstellungen und Gefühle verbildlicht werden – und das alles ohne Worte.

M 2 Schüler bauen Standbilder

Ein Standbild ist eine „eingefrorene" Pantomime, die man in der Gruppe darstellt, um ein Problem oder ein Gefühl zum Ausdruck zu bringen. Es erinnert an ein angehaltenes Fernsehbild.

Und so geht es:

1. Ein „Regisseur" (oder „Bildhauer") formt Schritt für Schritt aus den Körpern von Mitschülern ein Standbild. Damit bringt der Erbauer zum Ausdruck, wie er das angesprochene Problem oder das Thema sieht und deutet.
2. Diejenigen Spieler, die geformt werden, nehmen wie bewegliche Puppen die Haltungen (auch die Mimik und Gestik) ein, die ihnen gegeben werden.
3. Die Mitschüler nehmen das Entstehen des Standbildes – ohne Worte – sinnlich wahr. Anschließend können sie sich darüber austauschen, was im Standbild zum Ausdruck gekommen ist. Man kann auch eine Situation diskutieren und verändern bzw. neu gestalten.
4. Zum Schluss sollten die Spieler darüber sprechen, wie sie sich in ihren Rollen gefühlt haben.

Fallgeschichte: Alex – unser neuer Mitschüler

Anne berichtet:

Das neue Schuljahr der Klasse 5a hatte gerade begonnen, als unsere Lehrerin zu Beginn der Schulstunde erzählte, dass ein neuer Schüler in die Klasse kommt – Alex. Am Montag stand er dann in der Tür. Mein erster Eindruck: Alex war größer als alle anderen von uns, seine Klamotten waren abgenutzt, die Haare wild auf dem Kopf.

„Wie sieht der denn aus?", dachte ich bei mir, und als Alex zu reden begann, musste ich lachen. „Hallo, mein Name ist Alex. Ich komme aus Thüringen. Meine Eltern haben hier einen Pferdehof übernommen. In meiner Freizeit gehe ich am liebsten reiten und putze Pferde."

Während Alex sprach, stupste mich meine Banknachbarin an: „Oh Mann, bei dem verstehe ich ja kein einziges Wort. Wie kann man denn nur so lispeln und was für 'ne komische Sprache ist das denn?"

Halil, unser Stärkster und Größter, packte ihn in der großen Pause: „Du siehst aus wie ein Bauer und verstehen tut dich hier auch keiner! Was willst du überhaupt in unserer Klasse?"

Alex riss sich erschrocken los, stolperte und fiel auf die Knie. Dabei lachten ihn Halil und sein Freund Arne aus. Während sie davongingen, riefen sie ihm noch hinterher: „Laufen kannst du wohl auch nicht, du Pferdestinker!"

In den nächsten Tagen ging uns Alex ziemlich auf die Nerven. Im GL-Unterricht wusste er immer alles und die Lehrerin trug ihm ständig gute Noten ein. Halil nannte ihn nun nur noch „Pferdestinker" – wir natürlich auch.

Letztes Wochenende unternahm meine Familie einen Ausflug in den Taunus und wir kamen am Pferdehof von Alex' Eltern vorbei. Ich sah ihn auf der Koppel reiten, tat aber so, als würde ich ihn nicht kennen. Genau hier wollten meine Eltern eine Pause einlegen. Spundekäs' und Pfefferbeißer hatten wir im Rucksack mit. Ich stand an der Koppel und Alex ritt genau auf mich zu.

„Na, Pferdestinker", begrüßte ich ihn. Alex schaute mich traurig an und sprang vom Pferd. „Hör doch endlich auf damit! Bald bist du mich eh los, ich habe keine Lust mehr auf eure blöde Klasse. Ich haue ab. Keiner von euch kann mich leiden. Ich kann doch schließlich nichts dafür, dass ich den meisten Unterrichtsstoff schon von meiner alten Schule her kenne. Ich finde es total ungerecht, wie ihr mich behandelt, was habe ich euch denn getan?"

„Wieso bist du denn auch immer so komisch angezogen in der Schule und wieso sprichst du so merkwürdig?" „Vor der Schule gehe ich immer noch in den Stall, weil mein Pony ein süßes Fohlen bekommen hat, deshalb riecht der Pullover manchmal nach Heu, und in Thüringen, von wo ich herstamme, redet man eben so. Ist das denn so schlimm und unverständlich?"

Dann fing Alex an zu schniefen. „Hast du schon mal Spundekäs' gegessen?", fragte ich ihn, nachdem ich aus den Augenwinkeln meine Eltern am Tisch beim Essen sah. „Was ist denn das?", fragte er zurück, und ich zeigte auf die volle Dose, die vor meiner Mutter stand. „Sieht aus wie Käse", meinte Alex und kostete. „Viel besser als Käse", meinte er dann.

„Wollen wir zum Fohlen gehen?", fragte er mich und dabei lachte er über sein ganzes Gesicht.

M3 Auf dem Pferdehof bei Alex

AUFGABEN

1 *Nenne Möglichkeiten, die Klassengemeinschaft der 5a zu verbessern.*

2 *Nach dem Treffen mit Alex hat Anne ein schlechtes Gewissen und telefoniert mit ihrer besten Freundin. Arbeite heraus, wie das Gespräch verlaufen könnte. Präsentiere deine Ergebnisse in einem kurzen Dialog mit deinem Partner.*

Streit schlichten – und jeder gewinnt?

In der Schule streiten sich die Kinder immer wieder. Oft reicht schon ein kleiner Anlass und es entsteht eine Prügelei oder es zerbrechen sogar Freundschaften. Bei einem **Konflikt** muss es jedoch nicht zwangsläufig Verlierer und Gewinner geben, schließlich gibt es Möglichkeiten, einen Streit beizulegen: die **Streitschlichtung**. Die Streitschlichtung ist eine „Gewinnerlösung", bei der beide Konfliktpartner mit einer Lösung zufrieden sind und wieder normal miteinander umgehen.

Zur Schulung von Konfliktlösungen im Alltag

Konflikte sind eine gemeinsame Herausforderung. Erste Schritte zur Lösung sind gegenseitige Achtung und Rücksicht. Um eine gemeinsame Lösung zu finden, hilft der „Konfliktlotse" den „Konfliktpartnern".

Tipps für eine Streitschlichtung:

1. Eine Streitschlichterin oder einen Streitschlichter aussuchen.
2. ***Standpunkt vortragen:*** Jeder hat das Recht, seine Sicht über den Streit vorzutragen. Der Streitschlichter sorgt dafür, dass jeder darüber sprechen kann, was geschehen ist – zum Beispiel indem er auflistet, wer was nacheinander gesagt oder getan hat, welche Position (Meinung) beide Konfliktpartner haben und welche Wünsche und Erwartungen beide Seiten an den anderen haben.
3. ***Lösungen suchen:*** Die Konfliktpartner machen Vorschläge zur Lösung des Streits. Alle Ideen werden gesammelt und besprochen und ein Vorschlag wird ausgewählt.
4. ***Lösungsvorschlag umsetzen und einhalten:*** Beide Parteien verpflichten sich, die Vereinbarungen einzuhalten.

M 1 Bildergeschichte

Diese Fragen kann man mit jedem Partner einzeln oder mit beiden gemeinsam besprechen. Wichtig ist die Frage nach den Wünschen oder Erwartungen. Hat man Gemeinsamkeiten gefunden, lassen sich Vorurteile, Misstrauen und Befürchtungen überwinden und Lösungen finden.

M 2 Typische Klassenäußerungen

INFO

Ein Konfliktlotse „lotst" den Konflikt. Er bietet den streitenden Parteien die Chance, den Konflikt selbst zu lösen. Er macht jedoch keine Vorschläge. Zum Konfliktlotsen kann man sich ausbilden lassen.
Gibt es Konfliktlotsen auch an deiner Schule?

M

Wir machen ein Rollenspiel

Bei einem Rollenspiel übernimmt man eine **Rolle** und spielt das Verhalten eines anderen nach. Die Situation ist dabei vorgegeben. Ein Rollenspieler versetzt sich also in die Lage eines anderen und versucht, dessen Interessen und Ansichten im Spiel zu verdeutlichen.
Durch Rollenspiele können im Unterricht bestimmte Verhaltensweisen dargestellt, beobachtet und besprochen werden.

Vorbereitung

Zunächst wird der Fall in der Klasse besprochen. Dabei solltet ihr gemeinsam überlegen, welche Ansichten, Wünsche usw. zu den jeweiligen Rollen gehören.
Dann werden die Rollen verteilt, am besten auf Gruppen in der Klasse. Jede Gruppe überlegt sich für ihre Rolle Argumente und Verhaltensweisen. Die Gruppe wählt dann jeweils einen Spieler. Schüler, die nicht am Rollenspiel beteiligt sind, erhalten Beobachtungsaufträge.

Durchführung

Die Szene sollte möglichst ohne Unterbrechung gespielt werden. Alle anderen beobachten das Spiel und machen sich Notizen.

Auswertung

Als Erstes sagen die Spieler, was ihnen beim Spiel aufgefallen ist. Dann berichten die anderen Schüler, was sie beobachtet haben. Über diese Beobachtungen wird in der Klasse gesprochen. Aufgrund der Besprechung kann es sinnvoll sein, das Rollenspiel zu wiederholen, zum Beispiel mit anderen Spielern.

M 1 und 2 Vorbereitung des Rollenspiels

AUFGABEN

1 *Denkt euch unterschiedliche Varianten aus, wie die Geschichte „Alex – unser neuer Mitschüler“ (> S. 33) enden könnte.*

2 *Spielt die Geschichte „Alex – unser neuer Mitschüler“ nun in einem Rollenspiel mit unterschiedlichen Lösungen durch und besprecht diese gemeinsam in der Klasse.*

3 *Überlegt in Kleingruppen, wie ihr reagieren würdet, wenn ein neuer Schüler in die Klasse kommt. Notiert eure Ergebnisse.*

Streiten will gelernt sein

Auch in der besten Klassengemeinschaft kann es zu Konflikten kommen. Das Klima in der Klasse kann durch Gewalt oder Mobbing „vergiftet“ werden. Viele Konflikte lassen sich entschärfen, wenn man sich an einige Verhaltensregeln hält. So sollte man sich gegenseitig immer ausreden lassen, Beleidigungen vermeiden sowie respektvoll miteinander umgehen.

Es gibt Möglichkeiten, Streitigkeiten untereinander zu lösen, indem man lernt, richtig zu streiten (> Sieben Regeln für erfolgreiches Streiten).

Dabei ist zu beachten: Ziel einer Streitschlichtung ist es, den anderen zu verstehen. Dass bedeutet nicht unbedingt, dass man einverstanden ist oder einen Kompromiss schließen muss.

M 1 Ohne Worte

Sieben Regeln für erfolgreiches Streiten

1. Sprich sofort das Problem an
Wenn sich ungute Gefühle aufstauen, dann rede mit dem anderen und warte nicht zu lange.

2. Sprich immer in der „Ich-Form“
Dein Gegenüber lernt dich besser kennen und verstehen, je mehr du von deinen Empfindungen und Gefühlen redest.

3. Unterbrich nicht
Lasse dein Gegenüber ausreden und höre ihm zu. Versuche dabei dessen Bedürfnisse und Gefühle herauszuhören.

4. Sprich die betreffende Person an
Möchtest du etwas sagen, dann schaue die betreffende Person direkt an und sprich sie an.

5. Findet eine gemeinsame Sicht
Stellt gemeinsam fest, worum es bei dem Streit geht und wo die Ursachen liegen.

6. Bleibe immer beim Thema
Bleibe beim Thema und achte darauf, dass auch dein Gegenüber beim Thema bleibt oder nicht von einem Thema zum anderen wechselt.

7. Vermeide Beschuldigungen
Gegenseitige Vorwürfe helfen euch nicht weiter, sie verhärten nur die Fronten.

AUFGABEN

1 *Erkläre mit eigenen Worten die Grundgedanken der Streitschlichtung in der Schule (> S. 34 – 36).*

2 *Informiere dich, ob es an deiner Schule Streitschlichter gibt. Was weißt du bereits darüber?*

3 *Ladet einen Streitschlichter in eure Klasse ein und fragt ihn nach seinen Erfahrungen. Überlegt euch vorher, was ihr wissen wollt und stellt einen Fragenkatalog zusammen.*

4 *Schreibe zu der Schülerzeichnung „Ohne Worte“ (M 1) eine entsprechende Geschichte. Verwende dabei die sieben Regeln für erfolgreiches Streiten.*

Mobbing – eine Form von Streiten?

NEIN! Mobbing bedeutet, dass jemand schikaniert, beleidigt, ausgegrenzt, belästigt und gequält wird. Das kommt auch immer wieder in der Schule vor. Wenn eine negative Handlung häufig wiederholt und über einen längeren Zeitraum auftritt, dann spricht man von Mobbing. Oft ist das Mobbingopfer in dieser Situation völlig hilflos und leidet stark darunter.

Mobbing ist eine Form der seelischen Gewalt, die sich als dauerhaftes „Schikanieren" und „Fertigmachen" wiederholt an einzelne Opfer richtet, die sich aufgrund ihrer Unterlegenheit nicht oder kaum zur Wehr setzen können.
Der Begriff Mobbing stammt von dem englischen Verb „to mob" ab und bedeutet übersetzt „belästigen" oder „anpöbeln".

Er kam früh in die Schule, ging in den Klassenraum, setzte sich an sein Pult. Dort war er relativ sicher. ... Es waren ein paar Mädchen im Raum, aber sie ignorierten ihn, falls nicht das prustende Gelächter, das er hörte, als er sein Lesebuch herausholte, etwas mit ihm zu tun hatte.
Was gab es da zu lachen? Eigentlich nichts, außer man gehört zu den Menschen, die permanent auf etwas lauerten, worüber sie lachen konnten. Unglücklicherweise waren das seiner Erfahrung nach genau die Menschen, zu denen die meisten Kinder zählten. Sie ... lauerten ... auf die falsche Hose, den falschen Haarschnitt oder die falschen Turnschuhe ... Da er normalerweise die falschen Turnschuhe oder die falsche Hose trug und sein Haarschnitt immer falsch war, an jedem Tag der Woche, musste er sich nicht sehr anstrengen, damit sie sich über ihn totlachten.
(Quelle: Nick Hornby, About a Boy, München 2000, S. 21 f.)

M1 Aus einem Jugendbuch

M2 Mobbing in der Klasse?

AUFGABEN

1 *Nenne typische Mobbing-Handlungen und erläutere, warum sie so schlimme Auswirkungen auf das Mobbingopfer haben können.*

2 * *Beschreibe, wie man sich als Mobbingopfer fühlt.*

3 *Ist es möglich, zum Beispiel Facebook und WhatsApp als Plattform für Mobbing zu missbrauchen? Begründe deine Meinung.*

M1 Angst vor Mobbing?

INFO

Wer mobbt?
Der TÄTER: („Mobber") braucht das für sein Ego. Ein Mobber sucht sich immer einen Schwächeren aus, den er ärgern kann. Auch handelt er meist nicht allein, sondern stiftet andere an, die dann mitmachen.

Wer wird gemobbt?
Das OPFER: Häufig gemobbt werden Kinder, die kein großes Selbstbewusstsein haben, die kaum Freunde haben, die sich unsicher fühlen und die nicht mehr gern zur Schule gehen.

Mobbing kann drastische Folgen haben

Mobbing gab es seit jeher, heute werden die Fälle aber nicht mehr verschwiegen. Untersuchungen haben jedoch verschiedene Ursachen für einen Anstieg von Mobbing ausgemacht: So hätte früher der stärker regulierte Unterrichtsablauf dafür gesorgt, dass Schule stressfreier ablief.
Zudem würden die wachsende Arbeitsdichte und das zunehmende Tempo im Alltag dafür sorgen, dass mehr Konflikte auftreten. Außerdem seien durch die mangelnde Erziehung in vielen Familien sowie durch das veränderte gesellschaftliche Umfeld Konflikte in der Schule an der Tagesordnung.

Zunächst empfinden die gequälten Kinder Unbehagen und Hilflosigkeit, dann wachsen Selbstzweifel und Angst. Als Symptome können Kopfschmerzen, Schlafstörungen und Panikanfälle folgen. „Kinder fühlen sich zuweilen sogar so verzweifelt, dass sie nicht mehr leben wollen." ...
Ein Opfer berichtet: Ständige Angst quält Petra S. Die hübsche 13-Jährige mit den langen braunen Haaren ist für ihr Alter recht groß. Sie misst 1,68 Meter, und sie wiegt ein paar Pfunde zu viel. Genug für den Spott der Mitschüler. „Du passt nicht in unsere Gruppe, weil du zu dick bist", muss sie sich anhören. ...
In die Opferrolle ... geraten häufig die stillen und ängstlichen Kinder, die kaum Freunde und keine hohe Meinung von sich haben. Sie sind körperlich schwächer als der Durchschnitt und reagieren defensiv auf Angriffe. Sie ordnen sich schnell unter, sind ungeschickt oder überbehütet. Es trifft aber auch Schüler mit guten Noten ... den Neid anderer wecken. Oder solche, die in der falschen Gegend wohnen oder nicht alles mitmachen, was die Mehrheit vorgibt.

(http://www.focus.de/schule/schule/psychologie/psychoterror/tid-14378/deutschland-der-feind-inmeiner-schule_aid_397574.html, gekürzt und bearbeitet am 08.11.2013)

M2 Aus einer Zeitschrift

Jedes dritte Kind wird Opfer: Mobbingopfer leiden unter regelmäßig auftretenden Beschwerden wie Kopf-, Rücken- und Bauchschmerzen oder Schlafstörungen.

Sie haben Schulangst, ziehen sich zurück, werden als Versager abgestempelt: Immer mehr Kinder werden gemobbt – doch die Eltern und Lehrer sind oft ahnungslos.
An Schulen ist fast jeder dritte Schüler schon einmal von Klassenkameraden schikaniert worden. Opfer körperlicher Gewalt im Schulumfeld wurde beinahe jeder zehnte Schüler. Das sind Ergebnisse einer Studie der Leuphana-Universität Lüneburg.
Als Mobbing-Täter sehen sich demnach 37,2 Prozent der Kinder und Jugendlichen. 15 Prozent gaben an, sogar körperliche Gewalt gegen Mitschüler eingesetzt zu haben. Gewalttätig werden besonders häufig Jungen: Jeder fünfte gab an, schon einmal handgreiflich geworden zu sein. Bei den Mädchen sind es nur 6,5 Prozent.

(http://www.sueddeutsche.de/karriere/mobbing-in-derschule-jedes-dritte-kind-wird-opfer-1.450019, letzter Zugriff am 09.11.2013)

M3 Zeitungsmeldung

Ist das Mobbing?

1. Jedes Mal, wenn Petra sich hinsetzen will, zieht ihr Lena den Stuhl weg. Die ganze Klasse lacht dann.
2. Michael schubst beim Einsteigen in den Bus einen jüngeren Schüler.
3. Schebnam wird nie zum Geburtstag ihrer Mitschüler eingeladen.
4. Olli traut sich kaum noch in die Schule. Der Große aus der 10a stellt ihm immer ein Bein, wenn Olli an ihm vorbeigeht. Mittlerweile machen fast alle Jungs aus der 10a mit.
5. Seit sie eine Brille trägt, lästern die Mädchen aus ihrer Klasse über Sinem. Sie kichern ständig hinter ihrem Rücken und reden nicht mehr mit ihr.
6. Immer, wenn Alex das Klassenzimmer betritt, halten sich einige Schüler die Nase zu. Manchmal sagen welche, dass er stinkt.
7. Nina bekommt ständig fiese Nachrichten von einem Unbekannten per Facebook und WhatsApp.

M4

Wenn ihr seht, dass jemand gemobbt wird:

- Es nicht erst so weit kommen lassen! Freunde holen; sich in einer Gruppe zusammenschließen, die stärker ist als der Angreifer und sagen: Los, hör auf!
- Erwachsene informieren, z. B. Eltern, Lehrer, Schulleiter. Schildert die Situation und bittet um Hilfe.

Wenn ihr selbst gemobbt werdet:

- Tagebuch führen: Schreibt genau auf, wer was wann wo gemacht hat und wer dabei zugesehen hat. Dann habt ihr Zeugen und etwas in der Hand, mit dem ihr nachweisen könnt, was passiert ist.
- Verbündete suchen: Bittet eure Freunde oder Geschwister um Hilfe.
- Erwachsene informieren, z. B. Eltern, Lehrer, Schulleiter. Schildert die Situation und bittet um Hilfe.
- Wenn ihr beklaut oder erpresst werdet: Informiert eure Eltern. Ihr könnt auch zur Polizei gehen.

(http://www.geo.de/GEOlino/kreativ/4468.html)

Wenn ihr nicht mehr weiter wisst, dann ruft das Kinder- und Jugendtelefon an oder schreibt an die em@il-Beratung unter www.nummergegenkummer.de.

M7 Was könnt ihr gegen Mobbing tun?

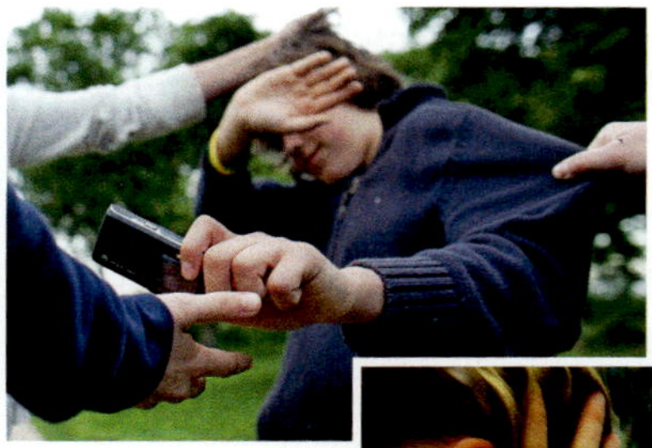

M5

M6

AUFGABEN

1 * *Lies dir die sieben Fallbeispiele (M 4) durch und schau dir die Bilder an.*
a) Beschreibe die Bilder. Was siehst du darauf? Um was könnte es gehen?
b) Kläre mit deinem Sitznachbarn, ob die Fallbeispiele Mobbing sein könnten.

2 *Ist Mobbing deiner Meinung nach Gewalt? Begründe deine Antwort.*

3 *Wie würdet ihr handeln, wenn in eurer Klasse Mobbing auftreten würde? Informiert euch, was ihr dagegen unternehmen könnt.*

Viele Kulturen in einem Land

Familien mit Migrationshintergrund gehören in Deutschland zum Alltagsbild. Im Jahr 2010 lebten hier 2,3 Millionen Familien mit Kindern unter 18 Jahren, bei denen mindestens ein Elternteil ausländische Wurzeln hatte (M 1).

Gemessen an allen 8,1 Millionen Familien mit minderjährigen Kindern entspricht dies einem Anteil von etwa 29 %. Eine genauere regionale Gliederung zeigt, dass Familien mit Migrationshintergrund überdurchschnittlich häufig in Ballungsgebieten leben. So liegt ihr Anteil in Großstädten ab 500 000 Einwohnern bei 43 %.

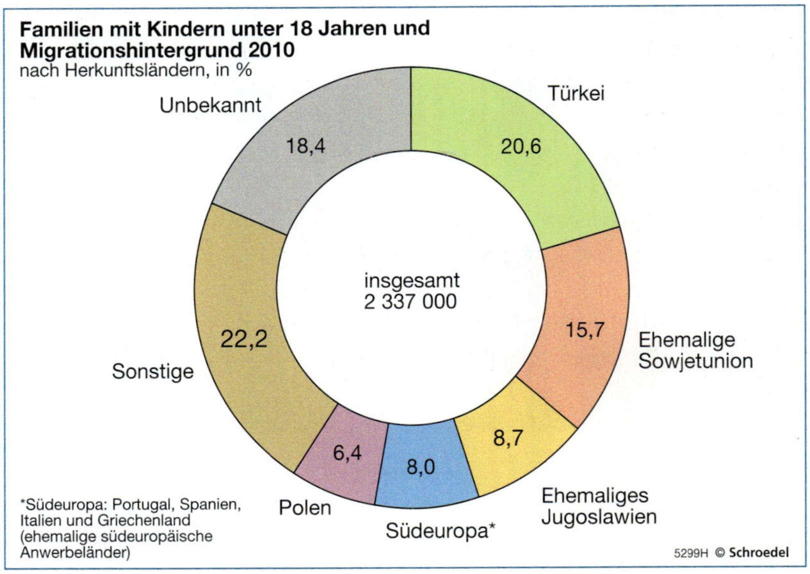

M 1 Familien mit Migrationshintergrund

Einwanderer in Hessen
1,5 Millionen Menschen mit Migrationshintergrund leben in Hessen. Das ist rund jeder vierte Hesse. Zwei Drittel von ihnen sind nach Deutschland zugewandert. Ein Drittel ist hier geboren, hat aber Eltern aus dem Ausland.

Kinder
Fast die Hälfte aller Kinder bis fünf Jahren hat in Hessen einen Migrationshintergrund nämlich 46 Prozent. Bei den älteren Einwohnern Hessens liegt der Anteil wesentlich niedriger.

Regionale Unterschiede
In den Kitas von Offenbach hat eine große Mehrheit der Kinder einen Migrationshintergrund – nämlich 73 Prozent. Im Werra-Meißner-Kreis hingegen liegt ihr Anteil nur bei 16 Prozent.

Herkunft
Wichtigste Herkunftsländer der Migranten in Hessen sind die Türkei (14 %), Polen (10 %) und Russland (7 %). Rund ein Drittel der Hessen mit Migrationshintergrund stammt aus der Europäischen Union. Aus Asien kommen rund 20 Prozent, aus Afrika fünf und aus Amerika vier Prozent der Einwanderer.

M 2 Statistische Daten zu Migranten (Hessen)

INFO

Migranten: Sind Menschen, die von einem Wohnort bzw. Land an einen anderen Wohnort bzw. in ein anderes Land ziehen. Der Begriff ist abgeleitet von dem lateinischen Verb „migrare“, das übersetzt „auswandern“, „wandern“, „reisen“ bedeutet.
Migration: Wanderungsbewegung von Menschen, die mit einem Wechsel des ständigen Aufenthaltsortes verbunden ist. Dazu zählen die Emigration (Auswanderung) sowie die Immigration (Einwanderung). Häufig wird die Migration durch soziale oder wirtschaftliche Not sowie durch religiöse Verfolgung oder politische Unterdrückung hervorgerufen.

Ausländer: Sind alle Personen, die nicht Deutsche im Sinne des Artikel 116 (Abs. 1) unseres Grundgesetzes sind – sie besitzen also nicht die deutsche Staatsangehörigkeit. Dies können zugezogene Personen mit einer ausländischen Staatsangehörigkeit sein oder deren Nachkommen, die in Deutschland geboren sind.
Der Begriff Ausländer wird immer aus Sicht der vorherrschenden Einwohner eines Landes verwendet, das heißt, jeder Mensch ist fast überall auf der Welt ein Ausländer.

Herausforderung Schule?

Bestimmt leben auch in deiner Stadt Menschen aus unterschiedlichen Kulturen. Kultur ist ein Begriff, unter dem wir die gemeinsame Lebensform einer Gruppe verstehen. Eine Kultur erlernen wir bereits als Kind und leben so nach einer bestimmten Form. Wir denken, handeln und fühlen so, wie wir es vor allem in unserer Familie lernen.

Unsere Familie prägt uns also nach der Kultur unserer Gesellschaft. So essen wir anders als die Chinesen, zeigen wir unsere Gefühle anders als beispielsweise die Franzosen, feiern bestimmte Feste, die es in Russland nicht gibt, und begrüßen uns nicht wie Inuit.

An der Adolf-Reichwein-Schule in Neu-Anspach lernen Schülerinnen und Schüler aus insgesamt 36 Nationen (Ländern). Wahrscheinlich hast du auch Mitschüler, die in anderen Ländern geboren wurden. Vielleicht sprechen sie sogar eine andere Sprache oder kleiden sich nicht wie du?

Fotos dokumentieren die kulturelle Vielfalt einer Gemeinde

M3 China-Restaurant

M4 Döner Kebab

M5 Biergarten

M6 Klingelschilder

AUFGABEN

1 *Beschreibe, was du in der Grafik M 1 siehst und werte sie aus (> S. 232).*

2 *Erkläre, was man unter Migration und Kultur versteht.*

3 *Sammelt in Gruppenarbeit Artikel aus Zeitschriften zum Thema „Migration" und fertigt dazu ein Plakat an.*

4 *Kulturelle Unterschiede zeigen sich zum Beispiel am Essen. Geht mit offenen Augen durch eure Gemeinde oder eure Stadt und recherchiert die unterschiedlichen Essgewohnheiten verschiedener Kulturen. Präsentiert eure Ergebnisse vor der Klasse.*

Umgang mit Minderheiten – Inklusion

Unsere Gesellschaft besteht aus vielen verschiedenen Menschen. Es gibt dicke und dünne Menschen, große und kleine, Mathegenies und Deutschprofis, Kinder und ältere Menschen, Männer und Frauen, Menschen aus anderen Ländern, Menschen mit und ohne Behinderung. Genau das macht unsere Gesellschaft aus.

Da wir alle anders sind und unterschiedliche Fähigkeiten haben, können wir voneinander lernen. So helfen wir uns gegenseitig und unterstützen uns. Jeder Mensch kann etwas besonders gut. Zum Beispiel:

- Ältere Menschen haben in ihrem Leben schon viel erlebt. Das können sie den Jüngeren vermitteln. Und die Jungen können viel von den Älteren lernen.
- Auch junge Menschen können viel für Ältere tun. So können sie den älteren Menschen im Alltag helfen oder für sie da sein, wenn diese nicht mehr so mobil sind.
- Menschen mit Sehbeeinträchtigungen können meist besser hören und sich räumlich einfacher orientieren.

Trotzdem gibt es Situationen, in denen Menschen mit Behinderungen Hilfe und Unterstützung brauchen.

INFO

Inklusion bedeutet:
- Alle Menschen sollen überall dabei sein.
- Alle Menschen haben die gleichen Rechte.
- Alle Menschen können selbst bestimmen, was sie wollen.
- Niemand wird ausgeschlossen.

Bei der Inklusion geht es um Menschenrechte

Das Thema Inklusion erfordert die Zustimmung aller Menschen, es hat deshalb gesamtgesellschaftliche Bedeutung. Im Jahr 2009 trat in Deutschland die UN-Behindertenrechtskonvention in Kraft. Deren Ziele reichen allerdings nicht aus.

Um das Denken und Handeln zu verändern, bedarf es mehr: Jedem muss bewusst sein, wie wichtig Inklusion für das gesellschaftliche Miteinander ist. Sie kann nur dann gelingen, wenn möglichst viele Menschen erkennen, dass gelebte Inklusion den Alltag bereichert.

M1 Plakat

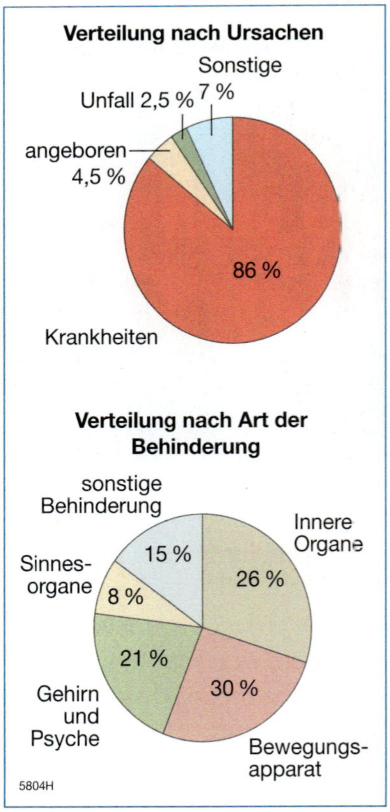

M2 Was gibt es für Behinderungen?

Impulse setzen – Gesetzgebung weiterentwickeln

Vor Inkrafttreten der UN-Behindertenrechtskonvention gab es in der deutschen Gesetzgebung bereits Regelungen, um die **Gleichberechtigung** von Menschen mit Behinderung durchzusetzen: So verbietet das Grundgesetz die Benachteiligung von Menschen mit Behinderung (Art. 3, Abs. 3). Auch im Sozialgesetzbuch ist deren Recht auf Teilhabe am gesellschaftlichen Leben festgelegt.
In Deutschland besuchen bisher nur wenige Kinder mit Behinderung eine Regelschule. Die UN-Konvention fordert jedoch von allen Vertragsstaaten erhebliche Anstrengungen im Schulbereich – Kinder mit und ohne Behinderung sollen in Zukunft gemeinsam unterrichtet werden können. Die Bundesländer sind daher verpflichtet, ihre Schulgesetze anzupassen und Voraussetzungen für den gemeinsamen Unterricht zu schaffen.

Integration: Einbezug, Eingliederung

Eine soziale Gruppe ist eingegliedert in die Mehrheit, sie bleibt aber als „fremde" oder als eigenständige Gruppe erkennbar. Die Mehrheit gibt dabei die Normen und Spielregeln des Zusammenlebens vor.

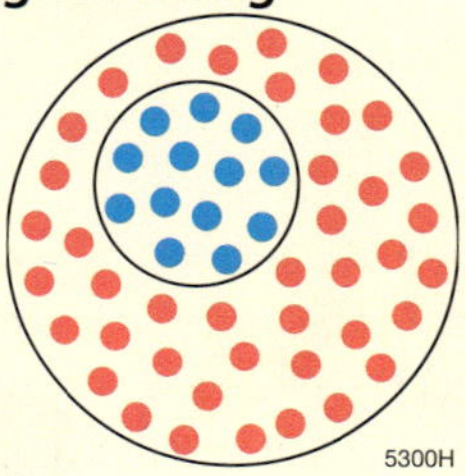

Inklusion: Einschluss, Zugehörigkeit

Alle Menschen gehören von Anfang an selbstverständlich und gleichberechtigt der Gemeinschaft an. Unterschiede werden als normale Vielfalt angesehen. Die Gemeinschaft sorgt dafür, dass die Bedürfnisse aller berücksichtigt werden.

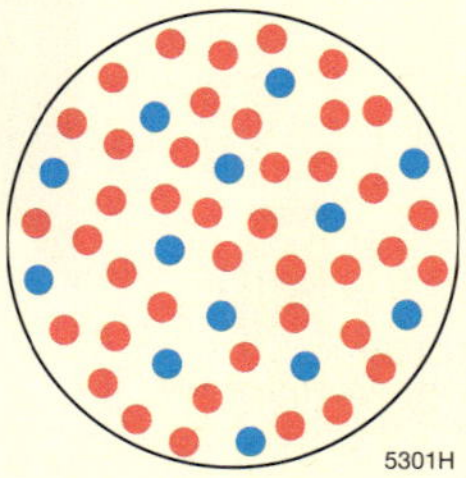

M3 Konzepte des Zusammenlebens

„Ich habe vier Kinder auf dieser Schule. Sie haben alle keinen Förderbedarf und gehen sehr gerne auf diese Schule. Eine gute Schule ist nicht nur eine Schule, in der Wissen vermittelt wird, sondern eine, die das Selbstvertrauen der Kinder stärkt und in der Kinder lernen, konfliktfähig zu sein, Mitgefühl entwickeln und Toleranz üben."
Corinna Bornhäuser, Mutter

„Mir gefällt am besten, dass man hier aufgenommen wird, wie man ist. Dass man gestärkt wird, wo man eine Schwäche hat, dass man mit Behinderten zusammen arbeiten kann, und dass hier keiner ausgeschlossen ist."
Ronja, 15 Jahre

„Im Kindergarten haben mich viele geärgert, weil ich ein Rolli-Kind bin. Aber hier in der Schule ist das anders, weil die daran gewöhnt sind. Sie kennen mich schon lange und darum wissen sie, dass ich manches nicht kann, aber manches auch gut kann."
Tom, 9 Jahre

(Quelle: Auszüge aus dem Vorstellungsvideo der Inklusiven Sophie-Scholl-Schulen Gießen und Wetterau, www.sophie-scholl-schulen.de)

M4 Erfahrungen aus einer inklusiven Schule

AUFGABEN

1 *Das Grundgesetz wurde 1994 mit folgendem Satz erweitert: „Niemand darf wegen seiner Behinderung benachteiligt werden." Erarbeitet in Partnerarbeit einen Plan, was sich im gemeinsamen Leben mit Behinderten verändern könnte.*

2 *Untersuche, wie deine Schule behinderte Kinder integriert. Fasse deine Ergebnisse zusammen und berichte dann darüber in der Klasse.*

3 *Erstelle eine Liste, in der deutlich wird, welche Ziele die Inklusion verfolgt. Was muss getan werden und was will man damit erreichen?*

Recht auf Kommunikation – Reden und Lesen einmal anders …

Sie mag Musik nur, wenn sie laut ist

Sie sitzt den ganzen Tag auf ihrer Fensterbank
Lässt ihre Beine baumeln, zur Musik
Der Lärm aus ihrem Zimmer macht alle Nachbarn krank
Sie ist beseelt, lächelt vergnügt
Sie weiß nicht, dass der Schnee lautlos auf die Erde fällt
Merkt nichts vom Klopfen an der Wand
Sie mag Musik nur, wenn sie laut ist
Das ist alles, was sie hört
Sie mag Musik nur, wenn sie laut ist
Wenn sie ihr in den Magen fährt
Sie mag Musik nur, wenn sie laut ist
Wenn der Boden unter den Füßen bebt
Dann vergisst sie, dass sie taub ist

Der Mann ihrer Träume muss ein Bassmann sein
Das Kitzeln im Bauch macht sie verrückt
Ihr Mund scheint vor lauter Glück still zu schrei'n
Ihr Blick ist der Welt entrückt
Ihre Hände wissen nicht, mit wem sie reden soll'n
Es ist niemand da, der mit ihr spricht
Sie mag Musik nur, wenn sie laut ist
Das ist alles, was sie hört
Sie mag Musik nur, wenn sie laut ist
Wenn sie ihr in den Magen fährt
Sie mag Musik nur, wenn sie laut ist
Wenn der Boden unter den Füßen bebt
Dann vergisst sie, dass sie taub ist

(Werk 201431700, Grönemeyer, Herbert, Grönland Musikverlag Berlin)

M 1 Songtext von Herbert Grönemeyer

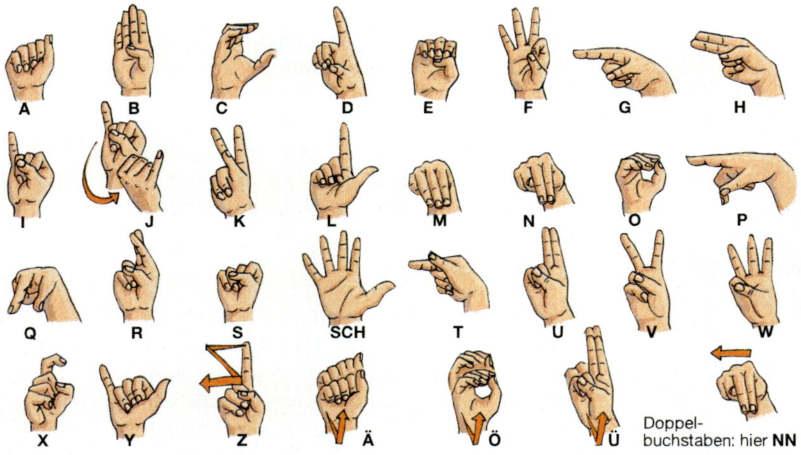

M 2 Das deutsche Fingeralphabet

M 3 Gehörlosen-Logo

Mit den Händen sprechen

In Deutschland leben rund 1,5 Millionen schwerhörige und 80 000 gehörlose Menschen. Die Laut- und Schriftsprache sind nur zwei Formen der Kommunikation (= Austausch von Informationen). Denn es gibt noch weitere Kommunikationsmöglichkeiten für blinde, gehörlose oder körperbehinderte Menschen.

Bisher wurden diese Kommunikationswege in der Gesellschaft kaum berücksichtigt. Die Anerkennung der Gebärdensprache und barrierefreie Informationstechnologien sind daher wichtige Meilensteine für die politische Gleichberechtigung von Menschen mit Behinderung. Es hat eine große Bedeutung für jeden Einzelnen in unserer Gesellschaft, an Kommunikation und Information teilzuhaben.

Die Gebärdensprache war lange Zeit verpönt. Gehörlose Kinder sollten ausschließlich die Lautsprache erlernen. Die Gebärdensprache ist schwieriger als das einfache Fingeralphabet (M 2). Bei der Gebärdensprache werden Hände, Arme, Oberkörper und das Gesicht eingesetzt. So entstand eine eigenständige Sprache mit festen Regeln und einer eigenen Grammatik. Das Erlernen der Gebärdensprache ist daher genauso anspruchsvoll wie das Erlernen einer Fremdsprache. Die Gebärdensprache gibt es zudem nicht nur in den jeweiligen Landessprachen, sondern auch als unterschiedliche Dialekte der verschiedenen Regionen.

Übler Scherz mit einem Blinden

(dpa) Ein 22-jähriger Blinder ist Opfer eines üblen Scherzes geworden: Der sehbehinderte Mann sei bei einem Stopp des Regionalzuges in der Nähe von Schwandorf auf freier Strecke auf die Gleise gestürzt, weil Unbekannte ihm bei der Fahrt gesagt haben sollen, der Zug sei bereits im Schwandorfer Bahnhof. Daraufhin hatte er die Tür geöffnet und fiel auf den Schotter des Bahndamms. Er überstand den Unfall unverletzt. Während der Zug seine Fahrt nach dem Zwischenfall fortsetzte, rief der Blinde mit seinem Handy die Polizei um Hilfe. Über ein Dutzend Beamte suchten daraufhin unterstützt von einem Hubschrauber das hilflose Opfer.

(Kölner Stadtanzeiger 19.1.2000)

M4 Zeitungsmeldung

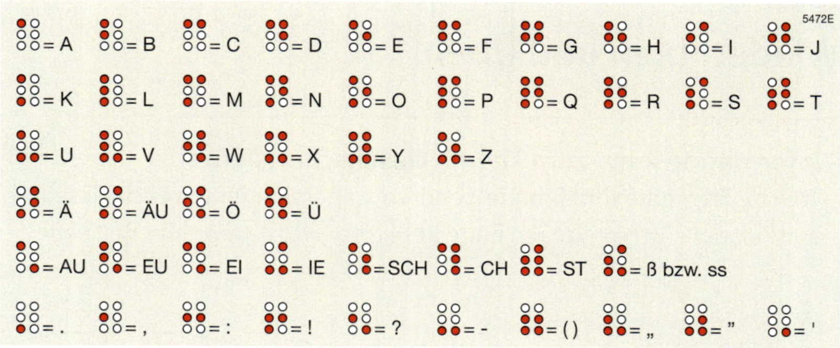

M5 Das deutsche Braille-Alphabet: Erfinder der Schrift war der französische Blindenlehrer Louis Braille. Die Schrift besteht aus kleinen Erhebungen, die man mit den Fingerkuppen ertastet. Jeder Buchstabe hat eine feste Anordnung von 1 – 6 Punkten.

M6 Beim Lesen der Braille-Schrift

Mit den Händen lesen

„Ich heiße Tabea, bin 13 Jahre alt und blind. Trotzdem komme ich gut im Leben klar. Zu Hause und in der Schule weiß ich genau, wo alles steht. Nur darf niemand etwas in den Räumen verändern. Verlege ich mein Heft im Klassenraum, so kann ich es am nächsten Tag nicht gleich finden und muss lange danach suchen. Denn ich merke mir, wo Dinge stehen oder liegen.

Meine Umgebung nehme ich anders wahr als ihr. So erkenne ich meine Freunde an ihren Stimmen und Schritten. Ob mir meine Mutter einen Apfel oder eine Birne als Schul-Frühstück mitgegeben hat, erkenne ich durch meinen Tast- und Geruchssinn. Ich muss also einen Gegenstand erst ertasten bzw. 'erriechen' um herauszubekommen, was es ist.

In der Schule schreibe ich mit einer Schreibmaschine. Beim Lesen gleiten meine Finger über die Blindenschriftzeichen (M 5). Ich lese sehr gerne, obwohl es etwas schwierig ist."

Moderne Technik für Sehbehinderte

Neue Technologien ermöglichen eine immer bessere Teilhabe am Leben und der Kommunikation. So gibt es für Sehbehinderte vergrößerte Bildschirmausschnitte am PC. Mit einem Tastendruck kann sich ein Satz über den ganzen Bildschirm ausbreiten. Mittlerweile gibt es auch PCs, die "sprechen" können. Geschrieben Texte übersetzt der Computer dann in gesprochene Sprache.

AUFGABEN

1 *Probiert einmal alle, leise zu sein. Welche Geräusche nehmt ihr wahr? Notiert alles Gehörte.*

2 *Suche dir einen Partner, verbinde die Augen und lasse dich blind durch den Klassenraum führen. Was hat dir geholfen, dich zurechtzufinden?*

3 *Was unternimmst du, wenn du siehst, dass Menschen mit Behinderungen beleidigt oder angegriffen werden?*

4* *Recherchiert, wie blinde Menschen in Alltagssituationen über die Braille-Schrift Informationen bekommen (z. B. Geldscheine, Aufzüge, Geldautomat).*

5 *Schreibe deinen Namen in den verschiedenen Sprachsystemen (Fingeralphabet, Brailleschrift). Entwickelt in Gruppenarbeit einen Text und übersetzt diesen.*

Wiederholen und Üben

Informationsnetz zum Thema Gesellschaftslehre

Welche Elemente und Inhalte gehören zu deinem neuen Fach Gesellschaftslehre? Vervollständige das Informationsnetz. Verwende am Ende konkrete, selbst gewählte Beispiele.

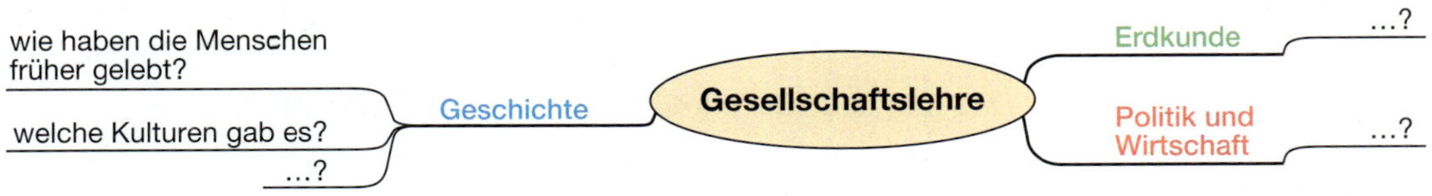

5302H © Schroedel

Durchführung einer Befragung

Häufig liegt eure neue Schule in einer für euch neuen Stadt. Aus diesem Grund kennt ihr euch dort noch nicht gut aus.

Dann solltet ihr das schleunigst ändern! Führt darum zu diesem Thema ein Interview beziehungsweise eine Befragung durch (> S. 15). Haltet euch dabei genau an das dort beschriebene Vorgehen. Verfasst auf Grundlage der erhaltenen Antworten am Ende eine schriftliche Beschreibung der Stadt, in der eure neue Schule liegt.

Kreuzworträtsel

Übertrage den Rätselkasten in dein Heft. Beantworte dann die Fragen und finde das Lösungswort.

1. Wie nennt man Erdkunde noch?
2. Welchen Namen trägt ein römisches Bauwerk nahe von Bad Homburg?
3. Wie wird der römische Grenzwall bezeichnet?
4. Wie nennt man die Methode zur Sammlung von Informationen?
5. Wie wird die Abbildung eines Raumes oder Gebäudes bezeichnet?
6. Was soll das Zusammenleben in der Klasse regeln?
7. Wer vertritt die Klasse in wichtigen Angelegenheiten?
8. Welche Regeln gelten für Wahlen in Deutschland?
9. Wo stehen die Regeln, die für deine Schule gelten?
10. Welches Gesetz regelt, wie das Lernen und Unterrichten an den Schule in Hessen funktioniert?

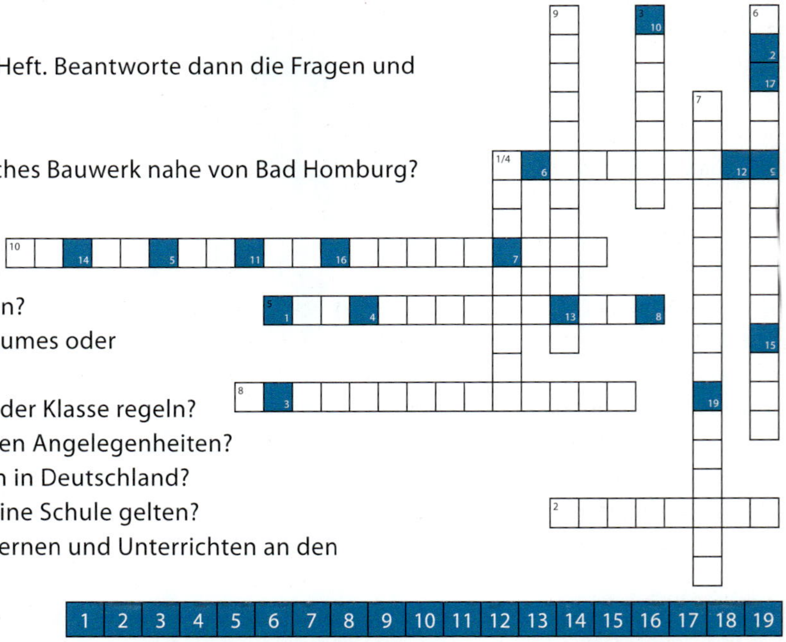

Gewalt an deiner Schule?

Nimm ein leeres Blatt und bearbeite die folgenden Fragen wahrheitsgetreu. Wenn du alle Fragen beantwortet hast, dann tausche dich mit einer Freundin oder einem Freund aus. Gibt es Anzeichen von Mobbing? Wenn ja, sprich mit einer Vertrauensperson darüber und bitte um Hilfe.

1. Gewalt ist für mich ...
2. Wie ist deiner Einschätzung nach der Umgang miteinander in deiner Klasse?
3. An jeder Schule gibt es Orte, an denen eher Übergriffe passieren. An welchen Orten deiner Schule fühlst du dich nicht sicher?
4. Hast du an diesen Orten schon Übergriffe auf dich miterlebt? Wenn ja, welche?
5. Wohin wendest du dich, wenn ein Übergriff auf dich passiert?
6. Wie sicher vor Übergriffen fühlst du dich auf deinem Schulweg (Bus)?
   sicher ☐ weder sicher noch unsicher ☐ nicht sicher ☐
7. Gehen von dir selber Übergriffe auf andere aus? öfters ☐ manchmal ☐ selten ☐ nie ☐
8. Welche Gewalt übst du auf andere aus?
   Beispiele: ich schlage ☐ stelle ein Bein ☐ schubse ☐ verletze andere mit Worten ☐
   beleidige andere ☐ hänsele andere ☐
9. Warum bist du deiner Meinung nach gewalttätig?
10. Was hältst du von der Streitschlichtungsstelle an deiner Schule?
11. Was ich zum Thema „Gewalt“, „Mobbing“ noch sagen wollte ...

Begriffe wiederholen

Vervollständige zu einem der unten stehenden Themen das Alphabet von A – Z. (Das Beispiel rechts hat ein Schüler zum Thema „Stadtplan lesen“ von Neu-Anspach zusammengestellt.) Arbeite zuerst in Einzelarbeit. Tausche dich mit deinem Partner aus, wenn du fertig bist.
Themen: Stadtplan lesen – Konfliktlösungen und Streiten – Mobbing – Inklusion – Migration

Adolf-Reichwein Schule	**G**ehweg
Bürger	**H**altestelle
Chopinstraße	**I**ngenieur
Dorfgemeinschaftshaus	**J**agdgebiet
Eisenbahn	**K**indergarten
Feldberg	**L**aternen, ...

Prüfe dich nun selbst! Du kannst ...

- ✓ ... Methoden zur Erkundung deiner Schulumgebung anwenden (> S. 14f);
- ✓ ... Regeln für das Zusammenleben in der Klasse begründen (> S. 16f);
- ✓ ... Aufgaben eines Klassensprechers benennen (> S. 19);
- ✓ ... Mitbestimmungsrechte der Schüler benennen (> S. 20f);
- ✓ ... Veränderungen des Schulunterrichts im Laufe der Zeit aufzeigen (S. 24f);
- ✓ ... den Stadtplan deiner Gemeinde lesen und wichtige Gebäude auf einem Stadtplan finden (> S. 29);
- ✓ ... eine Schulwegskizze zeichnen (> S. 30);
- ✓ ... Vor- und Nachteile einzelner Verkehrsmittel nennen (> S. 31);
- ✓ ... eine Streit- und Konfliktlösung leiten und dabei wichtige Regeln einhalten (> S. 34f);
- ✓ ... ein Rollenspiel lösungsorientiert vorbereiten, durchführen und reflektieren (> S. 35);
- ✓ ... erklären, welche Folgen Mobbing auf Opfer hat (> S. 38f);
- ✓ ... beschreiben, was Inklusion und Integration bedeutet (> S. 42f);
- ✓ ... unterschiedliche Arten der Kommunikation von blinden und gehörlosen Menschen erklären (> S. 44f).

2 Orientierung in Nah und Fern

M 1 Wie können wir uns orientieren?

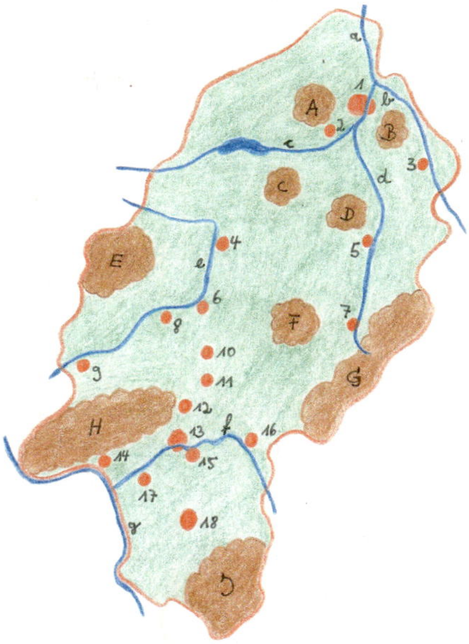

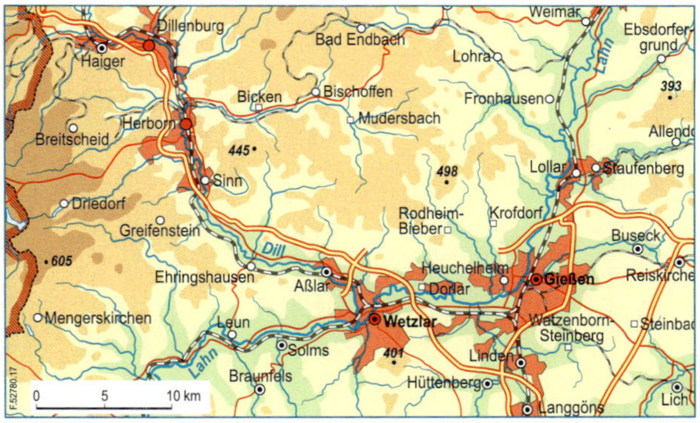

M2–4 Hilfsmittel zur Lagebestimmung.

- **Welche Hilfsmittel nutzt der Mensch, um sich auf dem Globus und der Erde zurechtzufinden?**
- **Mathematik – eine Wissenschaft auch zur Orientierung auf der Erde?**
- **Der Globus – wie wird unser Planet vermessen?**

Den Weg mit Karten finden

Aaron hat auf seiner Schulwegskizze (> S. 30) viele Einzelheiten aus seiner Umgebung vereinfacht dargestellt. Für die Straßen hat er schwarze Linien gezeichnet, für die Fußgängerüberwege kleine Striche und für den Wald kleine Tannen. Auch in der Karte auf Seite 29 wurde die Wirklichkeit vereinfacht dargestellt: Straßen sieht man als Doppellinien, kleine Bäche als blaue Linien.
Um eine Karte zu „lesen“, das heißt verstehen zu können, wird ihr eine Erklärung beigegeben. Dort sind die verwendeten Zeichen und Farben erklärt. Diese Zeichenerklärung heißt Legende (> S. 29).

Wenn wir eine Karte mit dem Bild derselben Landschaft vergleichen, stellen wir fest, dass viele Einzelheiten bei der Verkleinerung nicht mehr zu erkennen sind. Deshalb müssen Straßen, Flüsse und Schienen im Vergleich zu Siedlungen größer als in der Wirklichkeit dargestellt werden.
Für besondere Gebäude wie Kirchen, Burgen, Schlösser oder Einrichtungen (z. B. Schule, Rathaus, Friedhof) werden bestimmte Zeichen (Symbole) verwendet. Diese findest du auch in den Karten dieses Buches oder im Atlas.

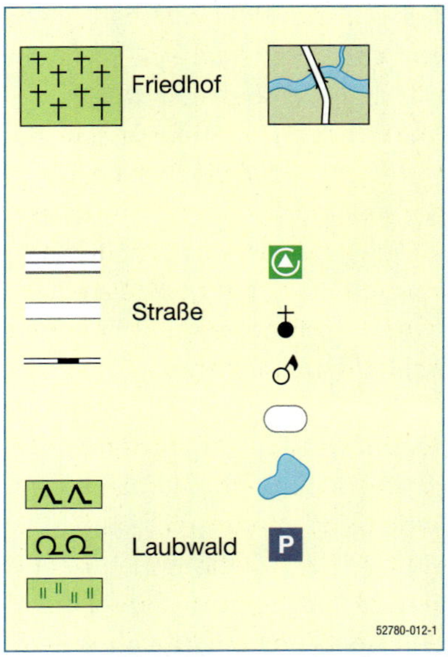

M 1 Kartenzeichen einer Legende

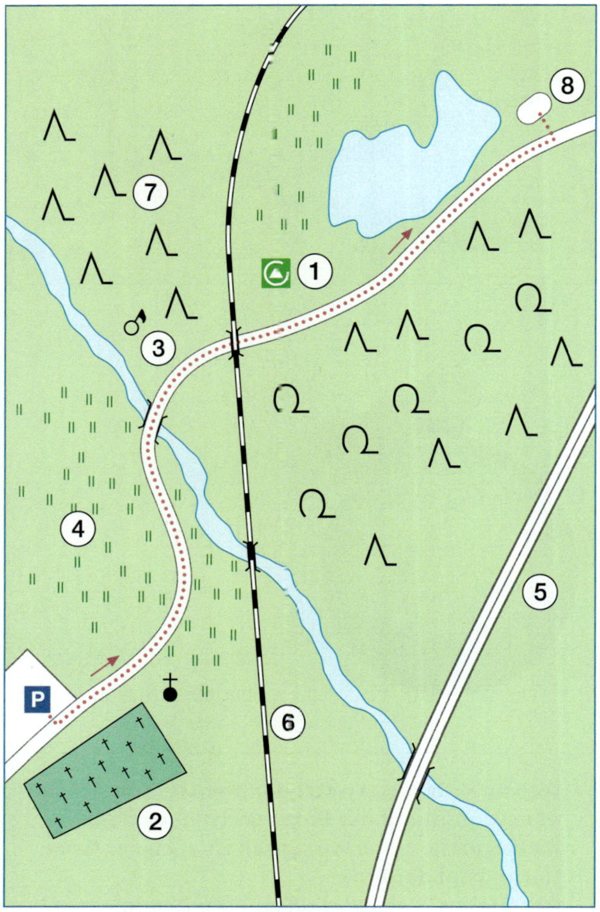

M 2 Ausschnitt aus einer Wanderkarte

1	?	?	?	?	?	?	?	?	?	?	?	?	
2			?	?	?	?	?	?	?	?			
3	?	?	?	?	?	?	?	?	?				
4			?	?	?	?	?						
5				?	?	?	?	?	?	?	?		
6					?	?	?	?	?	?	?	?	?
7				?	?	?	?	?	?	?	?	?	
8		?	?	?	?	?	?	?	?	?	?		

M 3 Kreuzworträtsel

AUFGABEN

1 *In M 1 findest du 14 Kartenzeichen. Zeichne sie in dein Heft und ergänze die fehlenden Erklärungen.*

2 *M 2 zeigt den Ausschnitt einer vereinfachten Wanderkarte. Beschreibe den Wanderweg mit eigenen Worten: „Wir beginnen unsere Wanderung am Parkplatz beim Friedhof. Der Weg ...“*

3 *Die Zahlen 1 – 8 (M 2) stehen jeweils für ein Symbol in deiner Legende. Löse das Kreuzworträtsel im Heft (M 3). Hast du alle Kartenzeichen richtig benannt, ergibt das Wort in der dicken Umrandung den häufigsten Städtenamen Deutschlands.*

Stimmt die Richtung?

Wenn du dich in einer unbekannten Umgebung orientieren willst, dann hilft dir ein Stadtplan (> S. 29) oder eine Wanderkarte. Dazu musst du die Karte aber erst in die richtige „Lage" bringen, denn die meisten Karten sind eingenordet. Du musst die Karte also so halten, dass die obere Kante nach Norden zeigt. Aber woher weißt du, wo Norden ist?

Bei der Orientierung helfen dir die Himmelsrichtungen Norden, Osten, Süden und Westen. Du kannst dir die vier Haupthimmelsrichtungen ganz einfach merken, indem du im Uhrzeigersinn liest: „**N**ie **o**hne **S**eife **w**aschen."
Die Himmelsrichtungen sind nach der scheinbaren Bahn der Sonne festgelegt. Bei uns gilt: Im Osten „geht die Sonne auf", im Süden steht sie zur Mittagszeit am höchsten und im Westen „geht sie unter".
In einer **Windrose** sind die Himmelsrichtungen mit ihren Abkürzungen eingetragen (M 1).

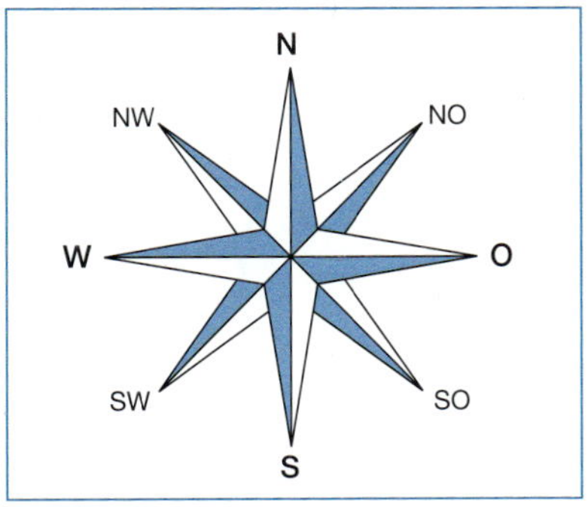

M 1 Windrose

M

So arbeitest du mit dem Kompass

Mit einem Kompass kannst du bei Tag und Nacht und bei jedem Wetter die Himmelsrichtungen finden. Der Kompass besteht aus einem Gehäuse, einer Windrose (M 1) und einer Magnetnadel mit einer markierten Spitze. Diese zeigt die magnetische Nordrichtung an.

M 2 Kompass

Aus einem Handbuch für Pfadfinder:
Drehe die Scheibe mit der Windrose so, dass das „N" auf die markierte Spitze zeigt. Halte den Kompass flach auf deiner Hand. Warte einen Moment, bis sich die bewegliche Magnetnadel eingependelt hat. Drehe den Kompass, bis die markierte Spitze der Nadel etwas links vom „N" der Windrose steht. Das „N" zeigt nun genau nach Norden. Und wenn du weißt, wo Norden ist, kennst du auch die anderen Himmelsrichtungen.

***Beachte:** Der Kompass muss waagrecht liegen. Es dürfen keine Metallgegenstände in der Nähe sein, da sie die Nadel ablenken!*

M

So nordest du eine Karte ein

Lege den Kompass mit seiner Seitenkante an den Kartenrand oder an eine Gitterlinie auf der Karte (M 3). Drehe anschließend die Karte zusammen mit dem Kompass, bis die Kompassnadel mit der markierten Spitze zum „N" steht. Nun zeigt der obere Kartenrand nach Norden.

M 3 Einnorden einer Karte

AUFGABEN

1 *Zeichne eine Windrose in dein Heft. Beschrifte sie mit vollständigen Namen (N = Norden, NO = Nordosten ...).*

2 *Bestimmt im Klassenzimmer mit dem Kompass die Himmelsrichtungen. Heftet Blätter mit den Abkürzungen der Haupthimmelsrichtungen an die Wände.*

3 *Bestimmt auch auf dem Schulhof mit einem Kompass die Himmelsrichtungen. Zeichnet mit Kreide eine Windrose auf den Boden.*

Z

Weitere Möglichkeiten zur Bestimmung der Himmelsrichtung

Auf Seite 51 habt ihr gelernt, mit einem Kompass die Himmelsrichtungen herauszufinden. Das ist die genaueste Art. Aber auch ohne Karte und Kompass lassen sich Himmelsrichtungen bestimmen. Verschiedene Leute helfen euch dabei.

Ein Sternenkundler erzählt:

Mithilfe des Sternenhimmels lässt sich Norden finden. Suche dazu das Sternbild „Großer Wagen" (es wird auch „Großer Bär" genannt). Verbindet man die beiden hinteren Sterne des Sternbildes und verlängert diese Linie ungefähr viermal, stößt man auf einen besonders hellen Stern: den Polarstern. Er weist Richtung Norden.

M 1

Eine Pfadfinderin erzählt:

M 2

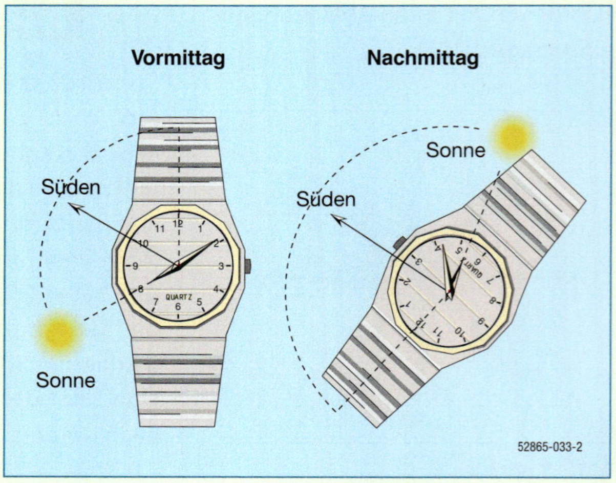

M 3

Ich kann Süden mithilfe meiner Armbanduhr bestimmen. Dazu halte ich sie waagrecht und richte den Stundenzeiger zur Sonne. Süden liegt dann genau in der Mitte zwischen dem Stundenzeiger und der 12 auf dem Zifferblatt. Schau in diese Richtung! Norden ist dann in deinem Rücken, Osten links und Westen rechts. Beachten muss man, dass dieser Punkt vormittags links und nachmittags rechts von der 12 liegt.

Ein Elektriker erzählt:

Eine Hilfe zur Bestimmung der Himmelsrichtungen findet man an Gebäuden, an denen Satellitenschüsseln angebracht sind. Die meisten von ihnen sind für den Empfang von Fernsehprogrammen nach Süden ausgerichtet.

M4

M5

Ein Förster erzählt:

Frei stehende Bäume sind oft durch die vielen Westwinde nach Osten geneigt. Hinzu kommt, dass die Westseiten der Bäume stärker dem Regen ausgesetzt und deshalb oft mit Moos bewachsen sind. Bei Baumstümpfen haben die Jahresringe auf der Südseite meistens einen größeren Abstand als auf der Nordseite.

M6

M7

Ein Pfarrer erzählt:

Bei vielen alten Kirchen befindet sich der Turm im Westen und der Altar im Osten, weil man die im Osten aufgehende Sonne als Sinnbild für die Auferstehung Christi betrachtet.

M8

M9

AUFGABEN

1. *Erkläre noch einmal, worauf du beim Gebrauch eines Kompasses achten musst.*
2. *Betrachte die Häuser und Gebäude in deiner Umgebung. Welche Unterschiede erkennst du zwischen der Nord- und der Südseite?*
3. *Erkläre in deinen eigenen Worten, wie sich mithilfe des „Großen Wagens" die Nordrichtung bestimmen lässt.*
4. *Für Könner: Welche Besonderheit muss die Pfadfinderin während der Sommerzeit (MESZ) unbedingt beachten?*

Arbeiten mit dem Atlas – einem Buch mit vielen Karten

M 1 Verschiedene Atlanten

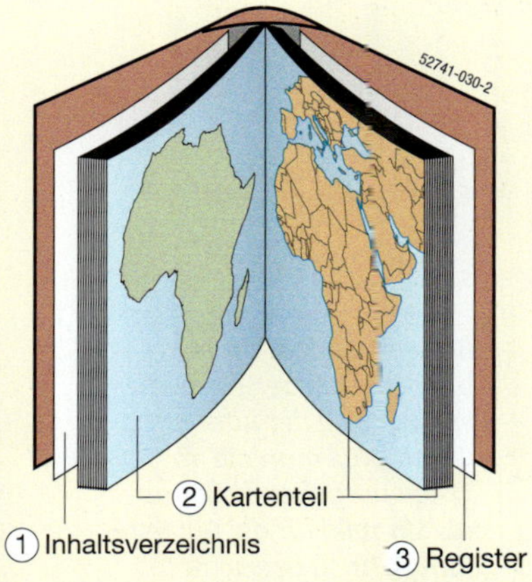

M 2 So ist ein Atlas aufgebaut

Aufbau eines Atlas

Der Atlas ist nicht nur das größte Buch in eurem Schulranzen, sondern auch ein ganz besonderes. In ihm könnt ihr die ganze Welt entdecken. Im Zeitalter von Christoph Kolumbus (> S. 64) gab es solche Bücher noch nicht. Es existierten nur wenige, von Hand gezeichnete Karten, die sehr wertvoll waren. In die Karten konnten die Menschen nur das eintragen, was sie schon gesehen hatten. So waren teure Forschungsreisen notwendig und das Wissen über unsere Erde sowie über die einzelnen Kontinente und Ozeane wuchs erst nach und nach.

Heute hat jeder Schüler und jede Schülerin einen Atlas, in dem die ganze Welt abgebildet ist. Jedoch ist der Atlas kein normales Buch – statt Texten findet ihr darin hauptsächlich Karten. Um diesen Informationen entnehmen zu können, müsst ihr zunächst lernen, wie der Atlas aufgebaut ist.

Das Inhaltsverzeichnis	Wie jedes Buch beginnt auch der Atlas mit einem Inhaltsverzeichnis. Hier sind alle Karten nach Regionen sortiert.
Die Karten	In jedem Atlas gibt es verschiedene Karten mit unterschiedlichen Maßstäben. Je nach Karteninhalt unterscheidet man zwischen physischen und thematischen Karten.
Das Register	Das Register befindet sich auf den letzten Seiten im Atlas. Orte, Städte, Flüsse, Berge, Länder und Regionen sind alphabetisch aufgelistet. Die Zahl hinter einem Namen gibt die Seitenzahl im Atlas an. Es folgen ein Buchstabe und eine Zahl, die ein Planquadrat benennen. Dort befindet sich der gesuchte Ort, z. B.: Fritzlar 28 B2 → Fritzlar liegt auf Seite 28, im Planquadrat B2.

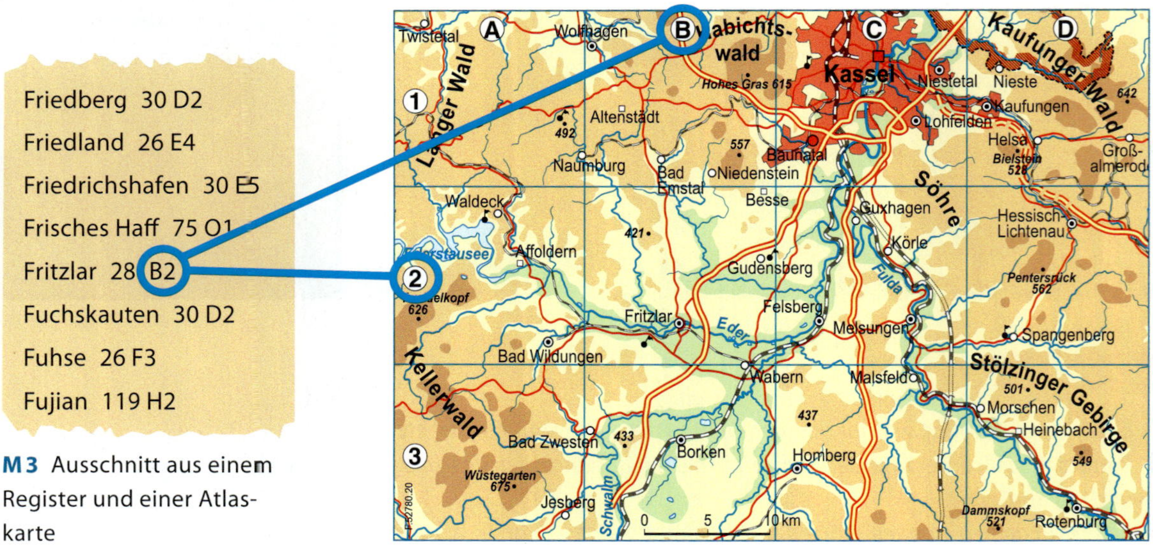

M 3 Ausschnitt aus einem Register und einer Atlaskarte

Verschiedene Kartentypen

Physische Karten geben Auskunft über die Oberflächenformen eines Gebietes. Dies erfolgt mithilfe von farbigen **Höhenschichten** (> S. 58). Je dunkler das Grün, desto tiefer liegt die Landschaft. Je dunkler das Braun, desto höher liegt das Gelände.
Diese Karten ermöglichen einen schnellen Überblick über die Lage von Gebirgen und Tälern. Es sind auch Städte, Seen und Flüsse dargestellt. Darum eignen sich die physischen Karten gut zur Orientierung.

Thematische Karten enthalten Informationen zu einem bestimmten Thema, z. B. zur Landwirtschaft.
Bei den thematischen Karten ist die genaue Betrachtung der Legende besonders wichtig, da die Farben oft eine andere Bedeutung haben als auf physischen Karten.
Die politische Karte (Staatenkarte) ist eine spezielle Form der thematischen Karte. Sie ist sehr übersichtlich, da sie nur eine begrenzte Anzahl von Informationen enthält. So könnt ihr auf einer politischen Weltkarte beispielsweise die Namen und Grenzen von Staaten und meistens auch die Namen von deren Hauptstädten herausfinden.
Viele Einzelheiten, die auf den physischen Karten dargestellt sind, werden auf den thematischen Karten nicht eingetragen, weil diese sonst zu unübersichtlich werden. So ist es häufig sinnvoll, thematische und physische Karten nebeneinander zu betrachten.

M 4 Ausschnitt aus einer physischen Karte

M 5 Der gleiche Ausschnitt aus einer thematischen Karte zur Landwirtschaft …

M 6 … und als politische Karte (Staatenkarte)

AUFGABEN

1 *Schau dir das Inhaltsverzeichnis deines Atlas an und notiere, wie er aufgebaut ist.*
Beispiel: Hessen S. 8 – 21, Deutschland S. 22 – …

2 *a) Suche mithilfe des Registers folgende Städte: Kairo, Rio de Janeiro, Montreal, Sydney, Bangkok, Kapstadt, Moskau. Notiere die jeweilige Seitenzahl und das Planquadrat.*
b) Bestimme nun mithilfe der Atlaskarten die Staaten, in denen diese Städte liegen.

3 *Beschreibe die Kartentypen (M 4 – 6). Notiere ihre Merkmale. Finde in deinem Atlas weitere Beispiele für diese Kartentypen.*

4 *Formuliere einen Titel für die thematische Karte M 5.*

5 *Suche im Atlas für Hessen, Deutschland, Europa und die Welt jeweils eine politische und eine physische Karte. Notiere die Seiten in deinem Heft.*

Auf Karten ist die Erde kleiner

M 1 Heißluftballon

Eine Fahrt mit einem Heißluftballon ist ein besonderes Erlebnis. Je höher man steigt, desto kleiner erscheinen die Menschen, die Häuser und die Gegenstände, die man von oben sieht.
Aber in Wirklichkeit bleibt natürlich alles so groß, wie es ist. Die Dinge sehen nur verkleinert aus.
Das Gleiche kannst du auf Karten feststellen. Auch hier ist die Wirklichkeit verkleinert.
Wie stark die Verkleinerung ist, erfährst du durch den **Maßstab**. Dieser ist in der Kartenlegende meist zweimal angegeben: als Maßstabszahl und durch die Maßstabsleiste.

Die Maßstabsangabe 1 : 100 000 (eins zu einhunderttausend) bedeutet zum Beispiel:
Du siehst die Landschaft auf der Karte 100 000-mal kleiner als in Wirklichkeit.
1 cm auf der Karte sind also in Wirklichkeit 100 000 cm = 1 km.

Die Maßstabsleiste: Lege ein Lineal an Abbildung M 2 C. So findest du heraus, wie lang eine Strecke von einem Kilometer auf der Karte ist.

Ein Blick auf die Erde aus unterschiedlichen Höhen

Maßstab 1 : 1
Der Heißluftballon ist kurz vor dem Start.
Aus dem Fahrerkorb sieht man einen Frosch auf dem Boden in Originalgröße: 50 mm ist das Tierchen lang.

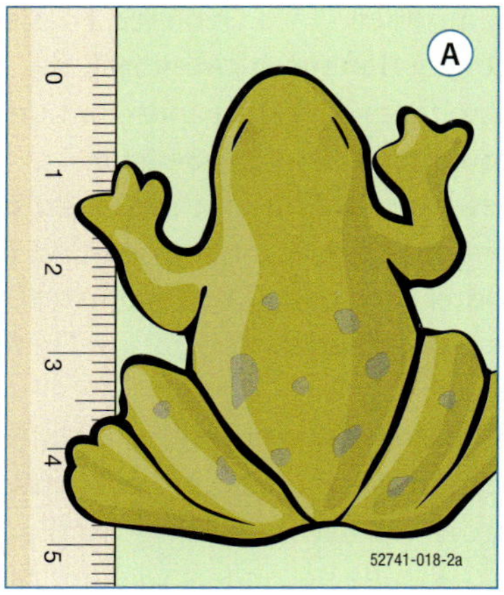

Maßstab 1 : 10
Der Heißluftballon hat gerade abgehoben, alles erscheint sofort kleiner.
Der Frosch ist jetzt nur noch in der Länge von 5 mm zu sehen, denn beim Maßstab 1 : 10 erscheint alles 10-mal kleiner als in Wirklichkeit.

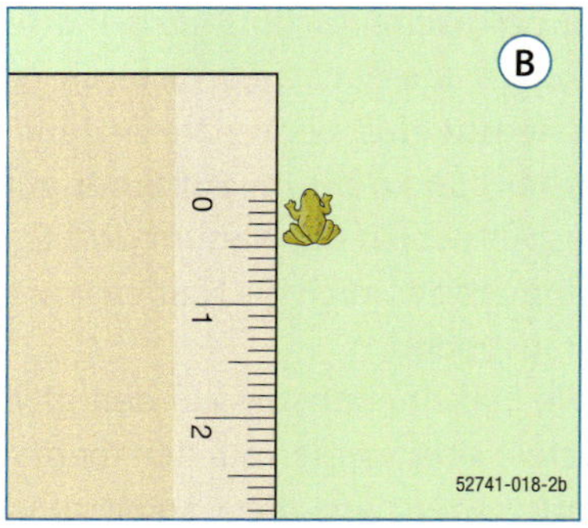

Maßstab 1 : 100 000
Der Ballon ist schon ziemlich hoch.
Der Frosch ist schon lange nicht mehr sichtbar. Was jetzt wie 1 cm aussieht, sind in Wirklichkeit 100 000 cm. Häuser sehen zum Beispiel aus wie kleine Rechtecke, Straßen und Flüsse wie dünne Striche. Dafür ist mehr von der Umgebung erkennbar.

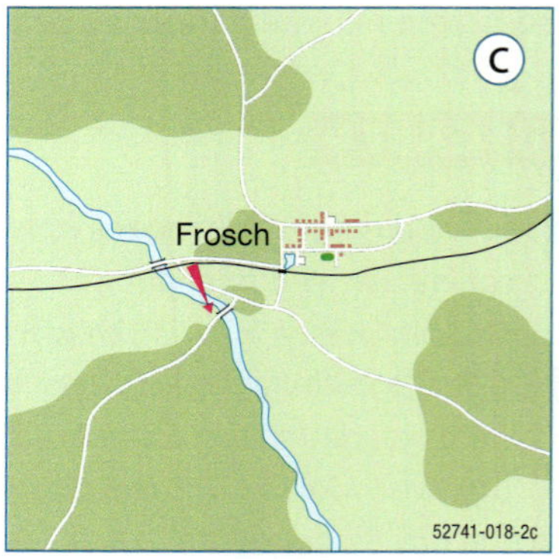

Blick aus einem Heißluftballon

M 2 Unterschiedliche Maßstäbe

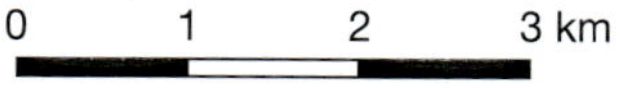

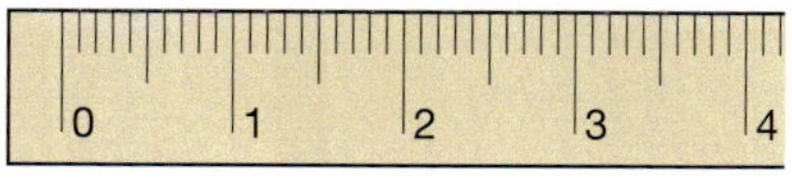

M 3 Maßstabsleiste (Maßstab 1:100 000)

Wie weit ist es von Frankfurt nach Rostock?

Mit dem Maßstab kannst du Entfernungen genau bestimmen.
Rechne zuerst die Maßstabsangabe um:
Die Karte M 1 hat die Maßstabszahl 1 : 10 000 000.
Das bedeutet: 1 cm auf der Karte sind in Wirklichkeit 10 000 000 cm.

Rechnung:

Karte	Wirklichkeit
1 cm	10 000 000 cm
1 cm	100 000 m
1 cm	100 km

1 cm entspricht also 100 km.

TIPP

Wenn du eine Zahl von Zentimeter in Kilometer umwandeln willst, brauchst du nur von rechts fünf Nullen „wegzustreichen“ (z. B.: 1 : 10 ~~000 000~~).

Jetzt kannst du die Entfernung ausrechnen:
In der Karte M 1 beträgt die Entfernung (Luftlinie) von Frankfurt nach Rostock mit dem Lineal gemessen 5 cm.
1 cm auf der Karte = 100 km in der Wirklichkeit.
5 cm auf der Karte = 5 x 100 km = 500 km in der Wirklichkeit.
Die Entfernung von Frankfurt nach Rostock beträgt also ungefähr 500 km.

M 1 Ausschnitt aus einer Europakarte

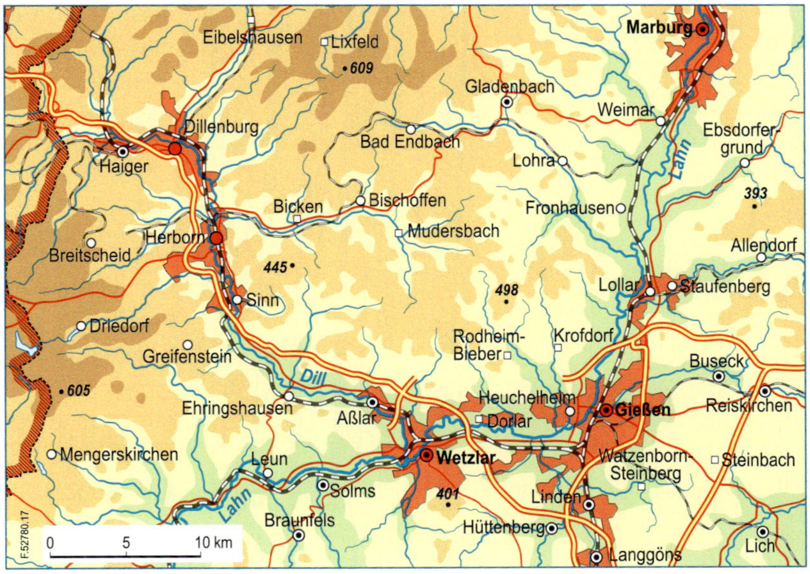

M 2 Ausschnitt aus einer Karte von Hessen

AUFGABEN

1 *Auf einer Karte mit dem Maßstab 1 : 200 000 beträgt die Entfernung zu einem Ort 8 cm. Ermittle, wie groß sie in Wirklichkeit ist.*

2 * *Ermittle in der Karte M 1 die Entfernungen von Düsseldorf nach Straßburg, von Hamburg nach München und von Amsterdam nach Posen. Rechne aus, wie viele Kilometer in Wirklichkeit zwischen den Städten liegen.*

3 *Bestimme in der Karte M 2 die Entfernung von Herborn nach Marburg. Ermittle, wie viele Kilometer in Wirklichkeit zwischen den Orten liegen. Benutze dazu die Maßstabsleiste in der Karte.*

4 *Gib die Maßstabszahl der Karte M 2 an.*

M 1 Berg im Senkrechtluftbild

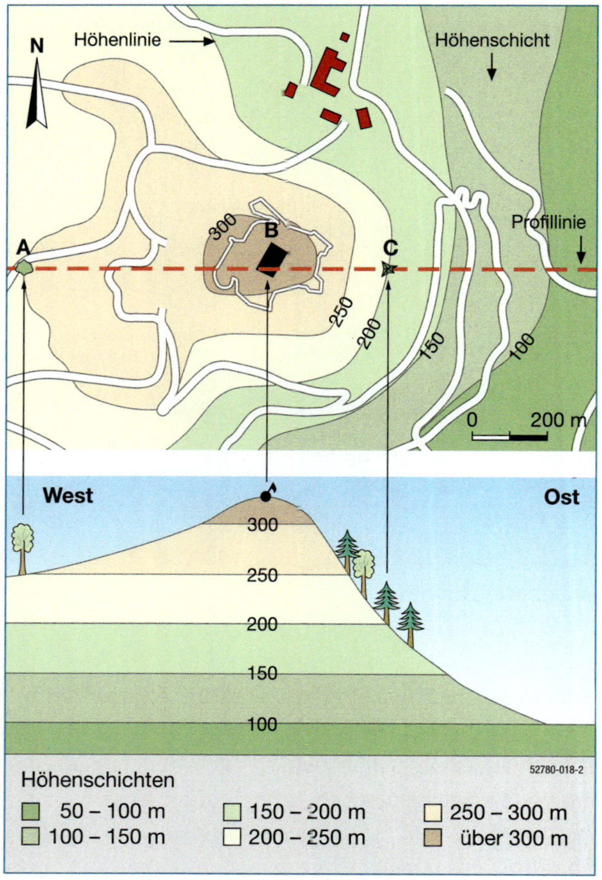

M 2 und 3 Höhenschichten (oben) und Profil (unten)

Wie kommt der Berg auf die Karte?

Fotografiert man einen Berg senkrecht aus der Luft, ist seine Höhe kaum zu erkennen. Bei Karten schaust du wie aus einem Flugzeug auf die gezeichnete Landschaft, denn auf dem Papier ist es nicht möglich, die Oberfläche in ihrer wirklichen Höhe und Form zu zeichnen. Wie erkennst du einen Berg auf der Karte?
Auf vielen Karten sind deshalb die verschiedenen Höhen in Farbstufen eingeteilt (Höhenschichten > S. 55). Tiefländer werden dabei mit grünen, mittlere Höhen mit gelblichen und Gebirge und Hochland mit braunen Farben dargestellt (M 2).

> Merke: Je tiefer die Landschaft liegt, desto dunkler ist das Grün. Je höher die Landschaft liegt, desto dunkler ist das Braun.

Oft werden unterschiedliche Höhen auf Karten auch durch **Höhenlinien** (M 2) dargestellt. Diese verbinden alle Punkte, die in gleicher Höhe liegen. Mithilfe dieser Höhenlinien kannst du feststellen, wie hoch zum Beispiel das Gelände, die Gebäude oder die Bäume an dieser Stelle liegen. Außerdem siehst du, wie stark das Gelände ansteigt.

> Merke: Je enger die Höhenlinien gezeichnet sind, umso steiler ist das Gelände.

Wenn du dir in Gedanken den Berg M 1 aufgeschnitten vorstellst, dann erhältst du einen Querschnitt, ein **Profil**. Hier sind die Höhenunterschiede noch besser zu erkennen (M 3).

AUFGABEN

1 *Betrachte Luftbild (M 1), Karte (M 2) und Profil (M 3):*
a) Bestimme, auf welcher Höhenschicht die Häuser stehen, auf welcher die Burgruine steht.
b) Ermittle den Höhenunterschied zwischen den Bäumen A und C.
c) Gib an, welcher Abhang steiler ist, der Westhang oder der Osthang? Begründe deine Antwort.
d) Vergleiche M 1-3 miteinander und erläutere, mit welcher der drei Abbildungen sich die Fragen a) – c) am einfachsten beantworten lassen. Begründe deine Antworten.

2 * *Beschreibe den Unterschied zwischen den Höhenlinien und Höhenschichten in einer Karte.*

M

Wir zeichnen ein Profil

Arbeitsschritt 1:
In die Karte zeichnet ihr eine waagerechte Linie mitten durch den höchsten Punkt des Kartenausschnitts. Den Beginn eures Profils nennt ihr A, den höchsten Punkt B, das Ende C.

Arbeitsschritt 2:
Zeichnet anschließend z. B. auf Millimeterpapier unter den Kartenausschnitt eine Hochachse mit Höhenangaben (z. B. 300, 320, 340, 360, 380, 400, 420 m). Nach rechts zeichnet ihr eine Querachse. Sie muss mindestens so lang sein wie der Abstand von A nach C.

Arbeitsschritt 3:
Übertragt die Stellen, wo sich die Linie A – B – C mit den Höhenlinien in der Karte schneidet, senkrecht nach unten (gestrichelte Linien). Die Schnittstellen markiert ihr alle mit „x".

Arbeitsschritt 4:
Verbindet zum Schluss alle „x".

Arbeitsschritt 5:
Um die einzelnen Höhenschichten darzustellen (z. B. alle Schichten im Abstand von 20 Metern), braucht ihr nur die einzelnen Schichten mit unterschiedlichen Farben anzumalen. Vergesst nicht, eine Legende anzulegen.

AUFGABE

1 *Kopiert euch die Karte M 2. Befestigt die Kopie auf der oberen Hälfte eines Millimeterpapiers. Zeichnet anschließend ein Profil mithilfe der fünf Arbeitsschritte.*

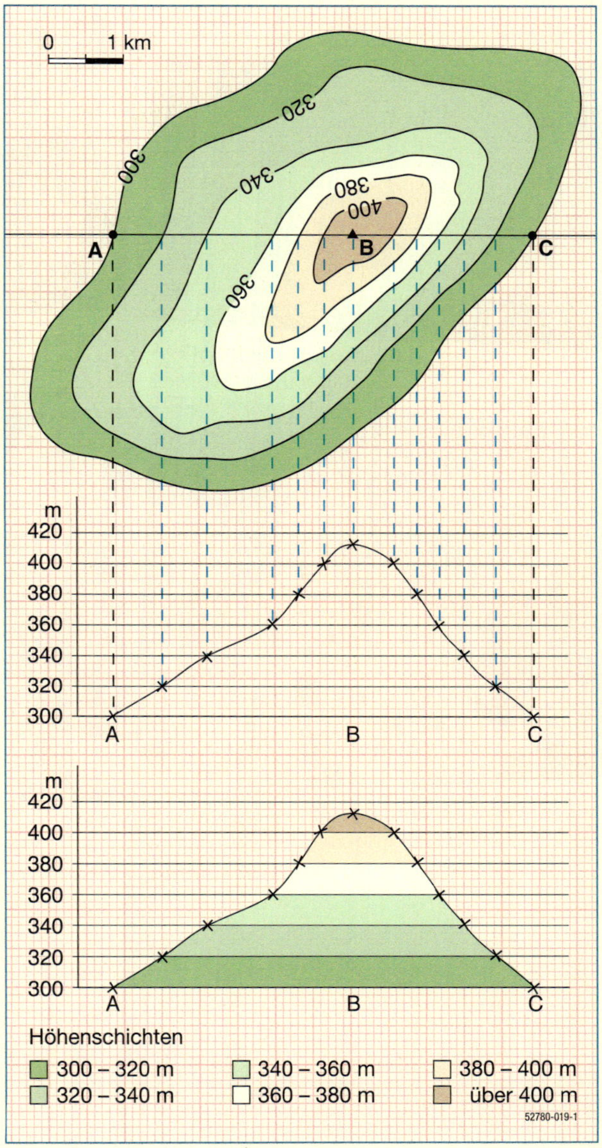

M 1 Von der Karte zum Profil

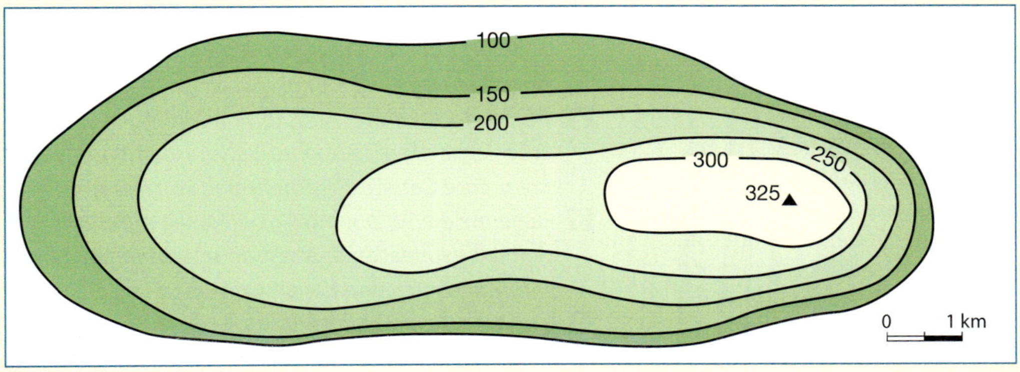

M 2 Karte

Hessen im Überblick

In dieser Arena, früher „Waldstadion", spielt der bekannteste Fußballverein Hessens.

Diese Anlage war zur Römerzeit ein Kastell am Limes und wurde als Museum wieder aufgebaut.

Im Dom der Bischofsstadt ist der Heilige Bonifatius beigesetzt.

Die Statue eines antiken Helden, das Schloss und der Bergpark gelten als Wahrzeichen der größten Stadt Nordhessens und gehören zum Weltkulturerbe.

Dieses über 600 Jahre alte Rathaus der größten Stadt Hessens hat einen interessanten Namen.

Steckbrief Hessen

- Fläche: 21 115 km²
- Bevölkerung: 6 116 000 Einwohner
- Landschaften: Taunus, Westerwald, Vogelsberg, Rhön, Hessisches Bergland, Oberrheinische Tiefebene, Bergstraße, Wetterau, Odenwald
- höchster Punkt: Wasserkuppe in der Rhön (950 m)
- tiefster Punkt: Lorchhausen im Rheingau (71 m)
- Flüsse: Rhein, Main, Weser, Lahn, Fulda, Werra
- Seen: Edersee, Diemel-Stausee, Twiste-Stausee
- Städte (Einwohner):
  Landeshauptstadt Wiesbaden (271 000), Frankfurt/Main (676 500), Kassel (191 900), Darmstadt (145 800), Offenbach am Main (114 900)
- wichtige Wirtschaftszweige: Banken, Handel, chemische Industrie, Fahrzeug- und Maschinenbau
- Freilichtmuseum: Hessenpark bei Neu-Anspach
- Anzahl der Schülerinnen und Schüler: 654 000

(Stand: 2012)

M 1 Wappen von Hessen

AUFGABEN

1 *Ermittle in einer Atlaskarte von Hessen deinen Schulort oder die Stadt, die deinem Schulort am nächsten liegt.*

2 *Berechne auf dieser Atlaskarte mithilfe der Maßstabsleiste die größte Nord-Süd-Ausdehnung sowie die größte Ost-West-Ausdehnung von Hessen.*

3 *Benenne die Sehenswürdigkeiten, die auf dieser Seite abgebildet sind. Warst du schon einmal dort? Informiere dich und berichte darüber.*

4 *Ermittelt die angegebenen Orte aus Aufgabe 3 im Atlas. Arbeitet dann in Partnerarbeit und korrigiert euch gegenseitig.*

M

Die Lagebeschreibung – einfachste Form der Wegbeschreibung

Janina ist vor Kurzem von Kassel nach Pfungstadt umgezogen. Ihre Freundin Anne aus ihrer alten Schule möchte wissen, wie es ihr geht und wo sie eigentlich wohnt. Sie hat bereits auf einer Karte nachgeschaut, konnte den Ort aber nicht finden.
Janina soll es ihr nun erklären. Während die beiden telefonieren, fertigt Janina eine grobe Skizze (M 2) an und versucht, ihrer Freundin zu beschreiben, was sie gerade zeichnet. Ihre Freundin kann sich jedoch immer noch nicht vorstellen, wo der Ort liegt, in dem Janina nun wohnt. Sie überlegt, dass es noch eine andere Möglichkeit zur Wegbeschreibung geben muss.

M 1 Janina erklärt ihrer Freundin den Weg

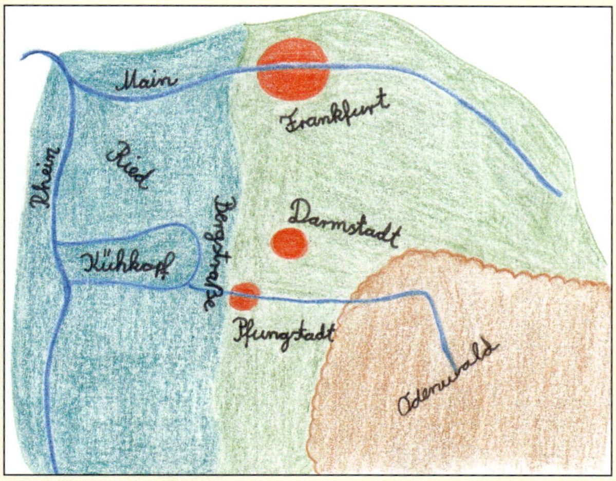

M 2 Möglichkeit 1: Skizze

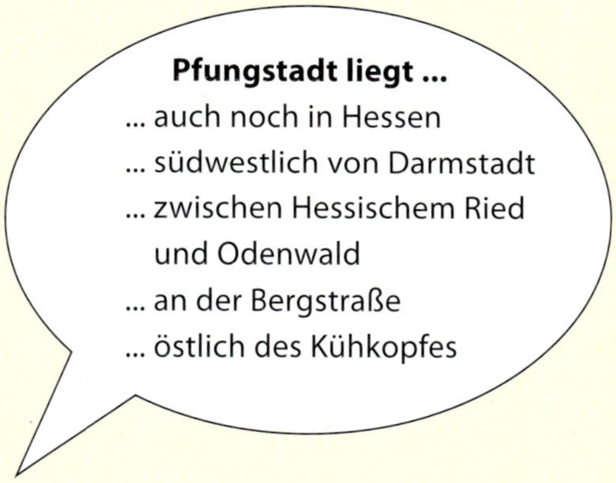

M 3 Möglichkeit 2: Beschreibung mit Worten

Die Abbildungen M 2 und M 3 zeigen die zwei Möglichkeiten, die man hat, um die Lage von zum Beispiel einem Ort eindeutig zu beschreiben.
Das Zeichnen einer Kartenskizze lernst du auf den folgenden Seiten 62/63. Manchmal ist es aber gar nicht nötig oder es ist zu kompliziert, eine Skizze zu zeichnen. So wie in unserem Fall mit Janina. Dann hilft die Methode der Lagebeschreibung. Bei einer Lagebeschreibung wird erklärt, wo der Ort liegt. Da ihr immer großflächig beginnt und nach und nach genauer werdet, können die Zuhörer der Beschreibung gut folgen und sich so dem Ort „annähern".

Die Lagebeschreibung

Um die Lage eines Ortes bestimmen zu können, benötigt ihr die Himmelsrichtungen.
Achtet darauf, nicht zu viele Informationen in eure Lagebeschreibung zu packen. Beschränkt euch auf die wichtigsten Lagebeziehungen (vier bis fünf). Dabei ist es sinnvoll, bereits bekannte Orte, Flüsse, Gebirge, Landschaften usw. zu wählen.

AUFGABEN

1 *Fertige eine Lagebeschreibung von deinem Schulort und/oder von deinem Heimatort an.*

2 *Wählt einen Ort innerhalb Hessens und fertigt für diesen eine Lagebeschreibung an. Arbeitet in Kleingruppen. Achtet darauf, dass ihr beim Vorlesen den Namen des Ortes nicht verratet, sodass eure Klasse mithilfe einer Karte den Ort herausfinden kann.*

M

Wir erstellen eine Kartenskizze zu Hessen

Eine Atlaskarte lässt sich auch vereinfacht zeichnen. Die Abbildungen A bis D auf diesen Seiten zeigen beispielhaft die Vereinfachung einer Hessenkarte aus dem Atlas. Der Umriss wird einprägsamer, wenn die Grenzen etwas begradigt sind. Eine aus dem „Handgelenk" gezeichnete Karte nennt man auch „Faustskizze".

Arbeitet am Anfang mit Transparentpapier. Legt es auf die Karte und zeichnet dann den Umriss stark vereinfacht nach.

Das Arbeiten mit Transparentpapier gibt euch am Anfang größere Sicherheit beim Abzeichnen. Danach könnt ihr einfacher freihändig den Umriss von Hessen auf ein weißes Blatt Papier zeichnen.

Ⓐ

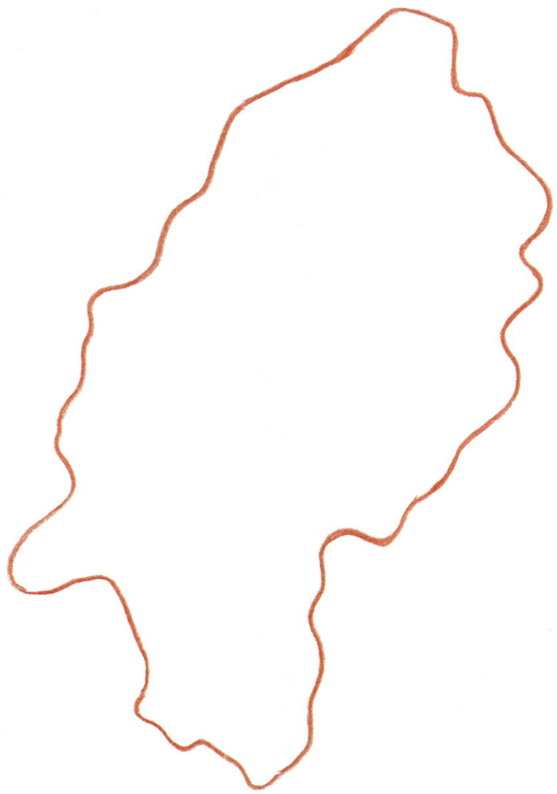

Arbeitsschritt 1:
Wählt zunächst eine Karte von Hessen aus, die ihr als Vorlage verwenden wollt.
Zeichnet dann die Landesgrenze in grober Form mit einem roten Buntstift auf Transparentpapier nach.
Fertigt nun die gleiche Skizze auch auf einem weißen Blatt Papier an.

Ⓑ

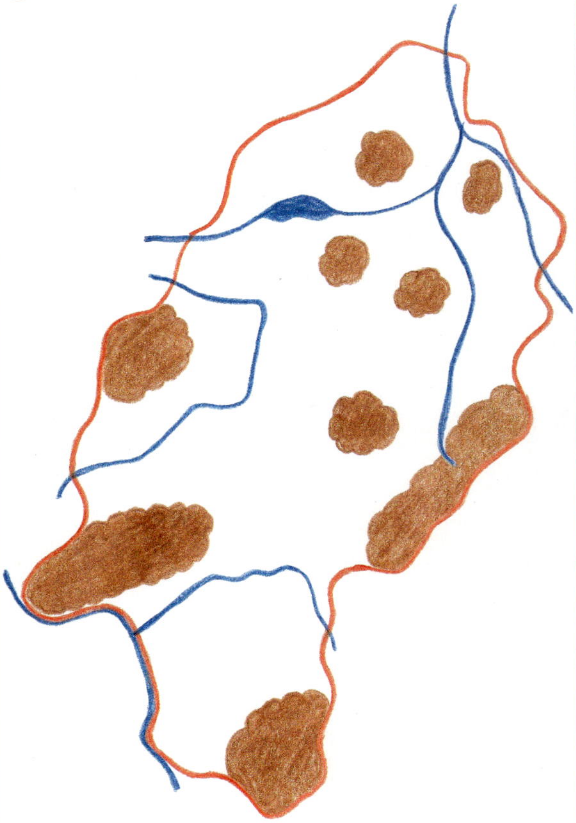

Arbeitsschritt 2:
Tragt die Gebirge von Hessen mit einem braunen Stift ein. Die „Wolkenform" hilft euch, den groben Umriss zu gestalten.
Zeichnet mit einem blauen Buntstift große Flüsse in eure Karte. Dabei geht ihr genauso wie bei dem Umriss vor. Auch Flüsse werden in Karten begradigt.

AUFGABEN

1 *Benennt die in Abb. D eingetragenen Gebirge (große Buchstaben), Flüsse (kleine Buchstaben) und Städte (Zahlen).*

2 *Zeichnet eure eigene Karte von Hessen.*

3 *Zeichnet eine thematische Karte (> S. 55) von Hessen. Zum Beispiel könnt ihr Sehenswürdigkeiten einzeichnen. Überlegt euch dazu passende Symbole.*

M1 Fabian beim Zeichnen seiner Skizze

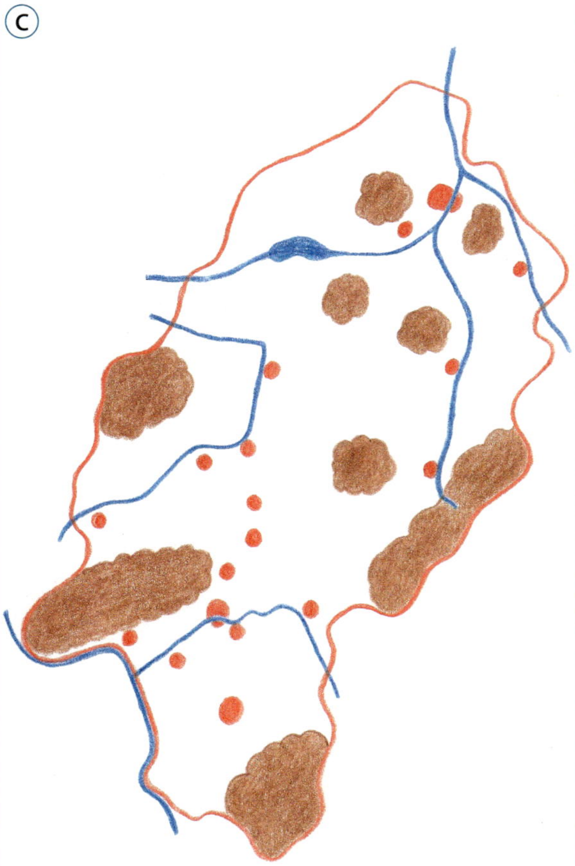

Arbeitsschritt 3:

Kennzeichnet wichtige Städte durch einen roten Punkt.

Beim Einzeichnen der Städte ist es hilfreich, wenn ihr euch an den Gebirgen und an wichtigen Flüssen orientiert.

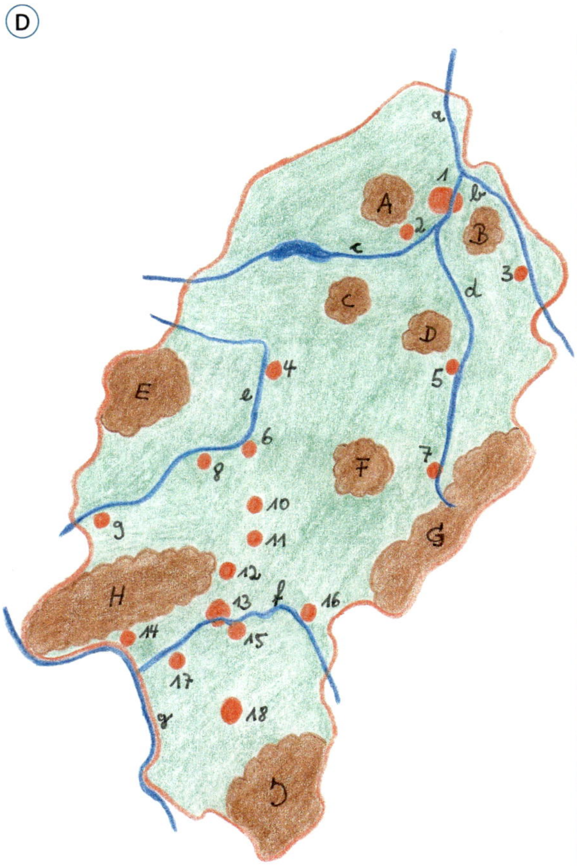

Arbeitsschritt 4:

Würde man alle Gebirge, Flüsse und Städte direkt in der Kartenskizze beschriften, wäre diese sehr voll und somit unübersichtlich.

Wählt deshalb eine sinnvolle Auswahl bei der Beschriftung der Gebirge, Flüsse und Städte.

Gebt eurer Kartenskizze einen Namen.

Seefahrer entdecken die Welt

„Unsere Erde soll eine Kugel sein? Niemals. Sie ist eine Scheibe! Und wer mit dem Schiff zu weit aufs Meer hinausfährt, fällt von der Scheibe runter!“

So ähnlich dachten viele Menschen vor ungefähr 500 Jahren. Nur wenige waren anderer Meinung. Einer von ihnen war Christoph Kolumbus. Er war von der Kugelgestalt der Erde überzeugt.
Für ihn stand fest, dass man Asien erreichen müsste, wenn man immer nach Westen segelt, obwohl es eigentlich im Osten liegt. So könnte man die begehrten Handelswaren aus dem fernen Asien (Gewürze, Tee, Seide, Edelsteine) schneller und sicherer auf dem Seeweg nach Europa transportieren.

Im August 1492 brach er mit drei Schiffen zu seiner gefährlichen Reise auf. Nach langer Fahrt landete Kolumbus mit seinen Begleitern an einer Küste, die er San Salvador nannte. Da er der Ansicht war, in Indien gelandet zu sein, bezeichnete er die Eingeborenen als Indianer. Es schien, als hätte Kolumbus recht!

M 1 Modell der Erdscheibe (um 1400)

Erst nach seinem Tod erkannte man den Irrtum. Die Inselgruppe, auf der Kolumbus gelandet war, gehörte zu einem bis dahin unbekannten Erdteil: Amerika.
In Europa waren damals von der Erde nur Teile von Afrika und von Asien bekannt. Mehr enthielt auch der erste Globus nicht, den der Nürnberger Martin Behaim 1491 baute.

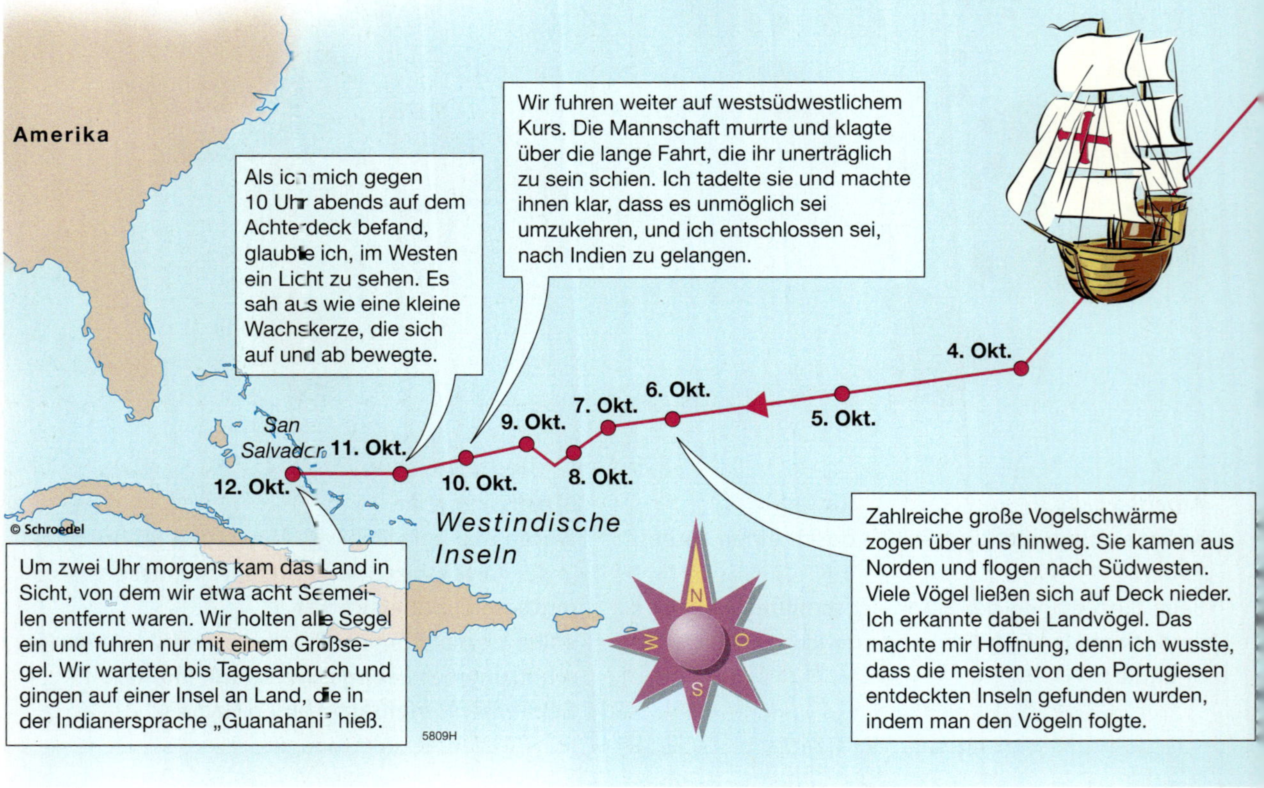

M2 Vor der großen Fahrt wird das Schiff beladen

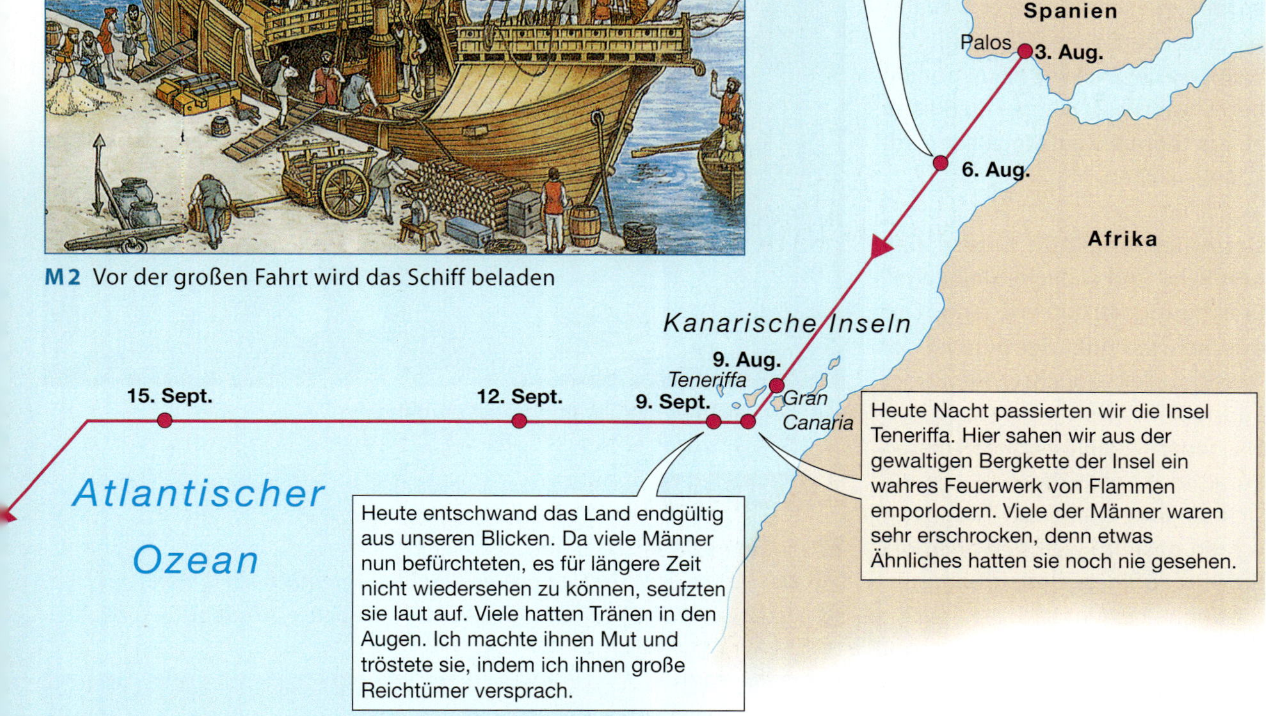

Magellan umrundet die Erde

Den Seeweg nach Indien fand der Portugiese Vasco da Gama in den Jahren 1497/98. Er segelte dabei auf dem „normalen" Weg: um die Südspitze Afrikas herum nach Osten.

1519 brach der portugiesische Seefahrer Ferdinand Magellan zu einer langen Reise um die Erde auf. Von Spanien aus wollte er um die Südspitze Amerikas herum nach Asien segeln. Die fünf Schiffe seiner Flotte waren voll beladen, sodass die 270 Seeleute der Besatzung kaum Platz fanden.

Nach 1100 Tagen kehrte nur eines der fünf ausgelaufenen Schiffe mit 18 Männern nach Spanien zurück. Die meisten Seeleute starben an Krankheiten, Hunger oder Erschöpfung. Auch Magellan selbst wurde 1521 bei Kämpfen mit Einheimischen auf den Philippinen getötet. Trotzdem war die Reise ein Erfolg für die Menschheit …

AUFGABEN

1 *Berechne die Zeit, die Kolumbus für den Seeweg von Spanien nach San Salvador brauchte.*

2 *Stelle eine Ladeliste für eine Entdeckungsfahrt zusammen.*

3 *Kolumbus glaubte, dass er Asien auf Westkurs erreichen würde. Begründe seine Annahme.*

4* *Erkläre, warum Kolumbus Asien auf seiner Fahrtroute nicht erreichen konnte.*

5 *Ermittle mithilfe deines Atlas sowie der Reisebeschreibung auf diesen Seiten, welche Entfernungen Kolumbus auf seiner Entdeckungsfahrt zurücklegte.*

6 *Versuche dich in die Lage eines Besatzungsmitglieds bei Kolumbus' erster Fahrt zu versetzen. Beschreibe seine möglichen Gefühle während der Fahrt.*

Die Erde – eine Kugel

Astronauten können aus dem Weltall die Erde in ihrer tatsächlichen Kugelgestalt sehen. Sie erkennen auf ihr Erdteile und Meere. Da die blaue Farbe des Wassers überwiegt, wird die Erde auch als „Blauer Planet" bezeichnet. **Planeten** sind Himmelskörper, die sich auf einer Umlaufbahn um die Sonne befinden. Wenn du die Erde wie ein Astronaut betrachten willst, kannst du dies an einem **Globus**, dem Modell der Erdkugel, machen.

Der **Äquator** teilt die Erde in eine nördliche und südliche Halbkugel. Er ist rund 40 000 km lang. Der nördlichste Punkt der Erde ist der Nordpol, der südlichste Punkt der Südpol.
Die gedachte Linie zwischen diesen Punkten ist die Erdachse, um die sich die Erde dreht. Der Globus ist schräg gestellt, weil sich auch die Erde so auf ihrer Umlaufbahn um die Sonne bewegt (> S. 67).

M 1 Astronauten beim Weltraumspaziergang

AUFGABEN

1 *Erläutere die Bezeichnung „Blauer Planet".*
2 *Der Name „Erde" ist für unseren Planeten eigentlich irreführend. Erkläre.*
3 *Erkläre die folgenden Begriffe: Äquator, Erdachse, Nordpol, Südpol.*

M 2 Globus

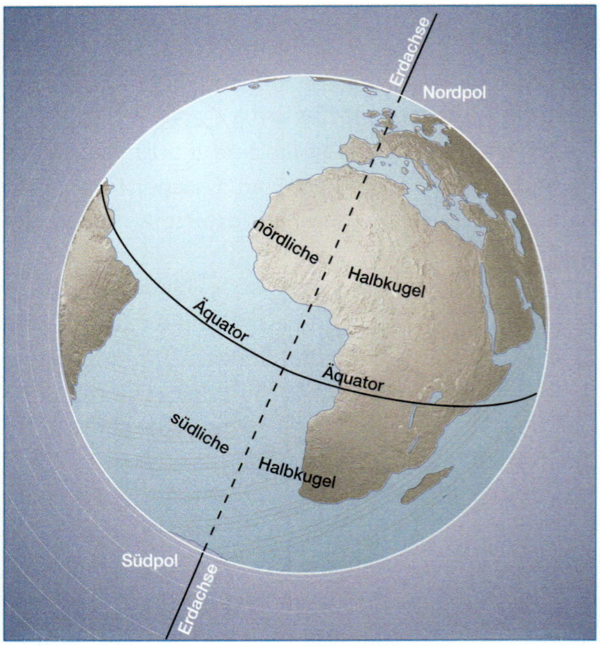

M 3 Vereinfachte Darstellung der Erdkugel

Die Entstehung von Tag und Nacht

Die Erde dreht sich auf ihrer Bahn um die Sonne. Dabei dreht sie sich wie ein Kreisel um die eigene Achse. Diese Drehung wird **Erdrotation** genannt. Für eine volle Drehung benötigt die Erde 24 Stunden. Dabei wird sie von der Sonne bestrahlt. Wegen der Kugelgestalt erreichen die Sonnenstrahlen immer nur eine Hälfte der Erde. Hier ist dann Tag.
Die andere Hälfte ist dunkel. Hier ist dann Nacht. Während einer Drehung ist es überall auf der Erde einmal Tag und einmal Nacht.
Für uns auf der Erde sieht es so aus, als ob sich die Sonne am Himmel bewegt. Da sich die Erde von Westen nach Osten dreht, sehen wir die Sonne im Osten aufgehen und im Westen untergehen. Tatsächlich dreht sich jedoch nur die Erde.

M 1 Tag und Nacht in Europa

Verschiedene Zeiten auf der Erde

Da sich im Laufe einer Erdrotation Tag und Nacht abwechseln, haben die Menschen rund um den Erdball auch unterschiedliche Tageszeiten.
Seit einer internationalen Vereinbarung von 1839 sind auf der Erde Zeitzonen festgelegt. Die 24 Zeitzonen verlaufen von Norden nach Süden. Alle Orte innerhalb einer Zeitzone haben die gleiche Uhrzeit. Sie verlaufen jedoch nicht geradlinig wie die Längengrade (> S. 70). Damit innerhalb kleinerer Staaten nicht mehrere Zeiten gelten, wurden die „Zeitgrenzen" den Staatsgrenzen angepasst.

In großen Ländern, wie zum Beispiel in Russland, gibt es dagegen mehrere Zeitzonen. In Mitteleuropa haben sich viele Staaten auf eine Zeit geeinigt. Sie heißt Mitteleuropäische Zeit (MEZ). Von März bis Oktober wird im Bereich der MEZ die Uhr um eine Stunde vorgestellt. Es gilt dann die sogenannte Sommerzeit (MESZ).

M 2 Frank ruft Tom an

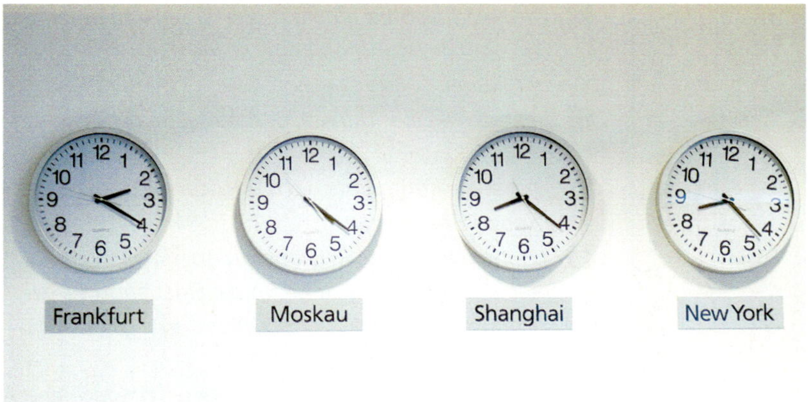

M 3 In einer Hotelrezeption

AUFGABEN

1 *In Wiesbaden ist es 12.00 Uhr. Bestimme mithilfe einer Zeitzonenkarte in deinem Atlas, wie spät es dann in Buenos Aires, in Sydney, in Tokyo sowie in Bangkok ist.*

2 *Zu welcher Uhrzeit hätte Frank Tom wohl besser angerufen? Begründe.*

3 *Ermittle mit M 2 und M 3, ob Frank im Juli oder im Dezember bei Tom in New York angerufen hat. Begründe deine Antwort.*

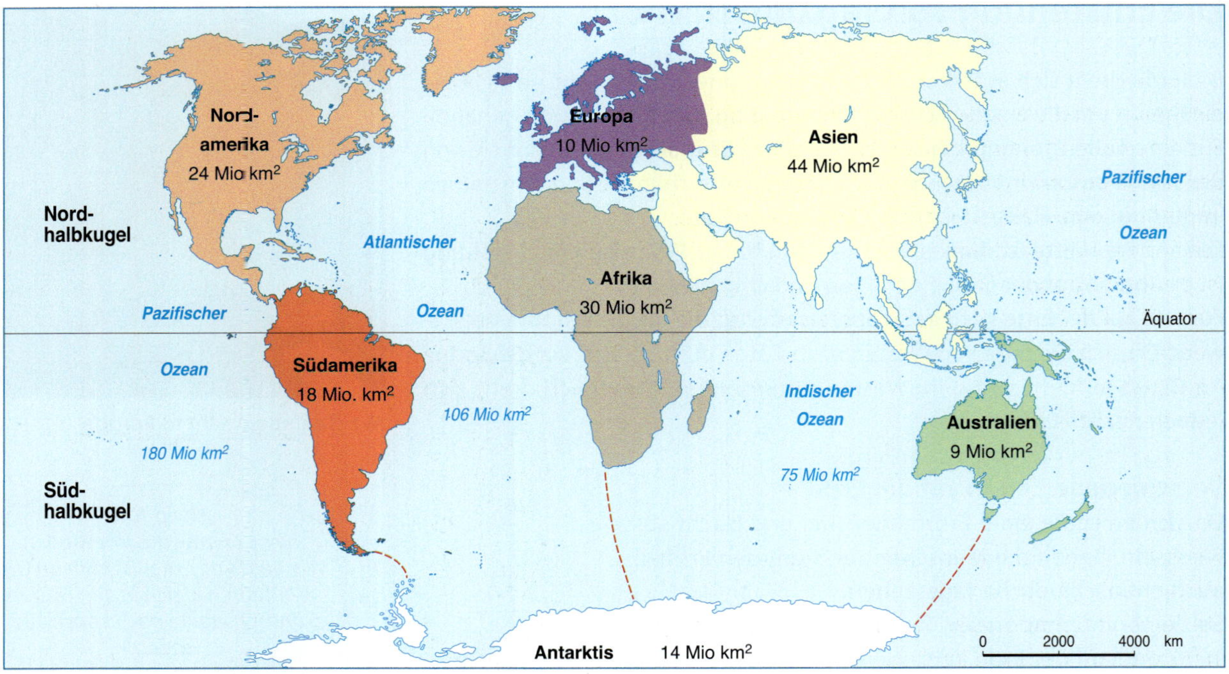

M 1 Verteilung von Kontinenten und Ozeanen

Verteilung von Land und Wasser

Die Land- und Wasserflächen sind auf der Erde unterschiedlich verteilt: Die großen Landmassen liegen auf der Nordhalbkugel, dagegen befindet sich auf der Südhalbkugel vorwiegend Wasser.

Die Landflächen gliedern sich in sieben **Kontinente** (Erdteile). Das Weltmeer gliedert sich in **Ozeane.** Diese sind mit Rand- und Nebenmeeren verbunden, die zum Teil weit in die Landflächen ragen, z. B. das Mittelmeer, die Nordsee oder die Ostsee.

Fast alle Kontinente sind durch Meeresteile oder Ozeane getrennt. Nur Europa und Asien bilden eine geschlossene Landfläche. Sie wird auch mit dem Begriff Eurasien bezeichnet. Als Grenze zwischen diesen beiden Kontinenten gilt das Uralgebirge. Die Antarktis am Südpol ist ein eisbedeckter Kontinent.

Auf den meisten Weltkarten wird der Pazifische Ozean geteilt dargestellt. Erst auf dem Globus siehst du seine Ausdehnung vollständig (M 2).

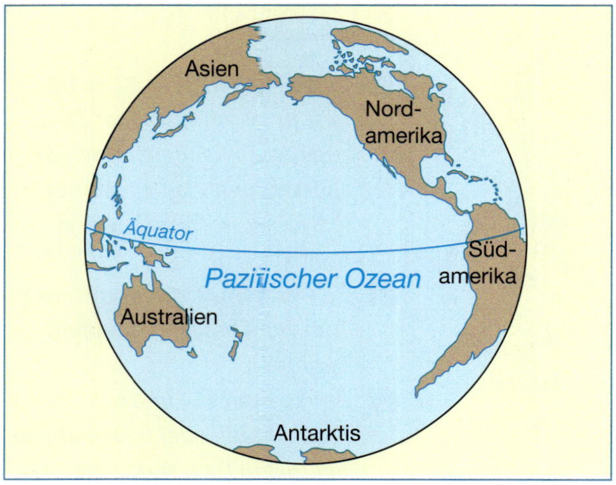

M 2 Der Pazifische Ozean

AUFGABEN

1 *Ordne die Kontinente nach ihrer überwiegenden Lage auf der Nordhalbkugel sowie die auf der Südhalbkugel.*

2 *Benenne die Kontinente, durch welche der Äquator verläuft.*

3* *Ordne die Kontinente nach ihrer Größe (M 1). Erstelle dazu eine Tabelle.*

4 *Zeichne auf einem Rechenblatt oder Millimeterpapier ein Säulendiagramm für die Flächengröße der Kontinente (> S. 69). Erkläre, was durch das Diagramm verdeutlicht wird.*

5 *Vergleiche die Summen der Flächen der Kontinente und der Ozeane miteinander.*

M

Wir zeichnen ein Säulendiagramm

Zahlenangaben wie die Flächengröße der Kontinente und Ozeane sind wenig anschaulich. Ihr könnt die Größen aber auch in einem Säulendiagramm zeichnerisch darstellen. Dann lassen sich die Flächengrößen besser miteinander vergleichen.

Ihr benötigt dazu:

- ein DIN-A4-Blatt (Millimeterpapier oder kariertes Papier)
- ein Lineal
- einen Bleistift
- Buntstifte in verschiedenen Farben

Vorüberlegungen

Zunächst müsst ihr wissen, wie hoch euer Diagramm werden soll. Überprüft die Zahlen, für die ihr später die Säulen zeichnen wollt, und legt den Maßstab fest. In unserem Fall eignet sich:

10 Mio. km^2 entsprechen 1 cm Säulenhöhe. Da der größte Ozean 180 Mio. km^2 Fläche hat, wird die höchste Säule 18 cm hoch. Das bedeutet, dass die senkrechte Achse (Hochachse) etwas länger als 18 cm sein muss.

Durchführung

Arbeitsschritt 1:

Zeichnet an der linken Seite des Blattes die Hochachse. Lasst zum äußeren Rand 2 – 3 cm Platz, zum unteren Rand ungefähr 4 – 5 cm.

Unterteilt die Linie in Abständen von 1 cm. Schreibt an das untere Ende die Zahl 0 und an die Striche die Zehnerzahlen von 10 bis 180. Der erste Strich von unten entspricht 10 Mio. km^2 Fläche, der zweite 20 Mio. km^2 usw.

Arbeitsschritt 2:

Zeichnet nun von der Zahl 0 aus die zweite Achse nach rechts (Querachse). Ihre Länge richtet sich nach der Anzahl und der Breite der Säulen, die ihr zeichnen wollt. In unserem Beispiel benötigt ihr für die Ozeane drei Säulen. Jede Säule soll 1 cm breit sein und zwischen den Säulen soll 0,5 cm Platz sein. Daher muss die Rechtsachse 4,5 cm lang werden.

Arbeitsschritt 3:

Zeichnet die Säulen. Schreibt in die Säulen oder unter die Säulen die Namen der Ozeane. Malt die Säulen mit unterschiedlichen Farben an.

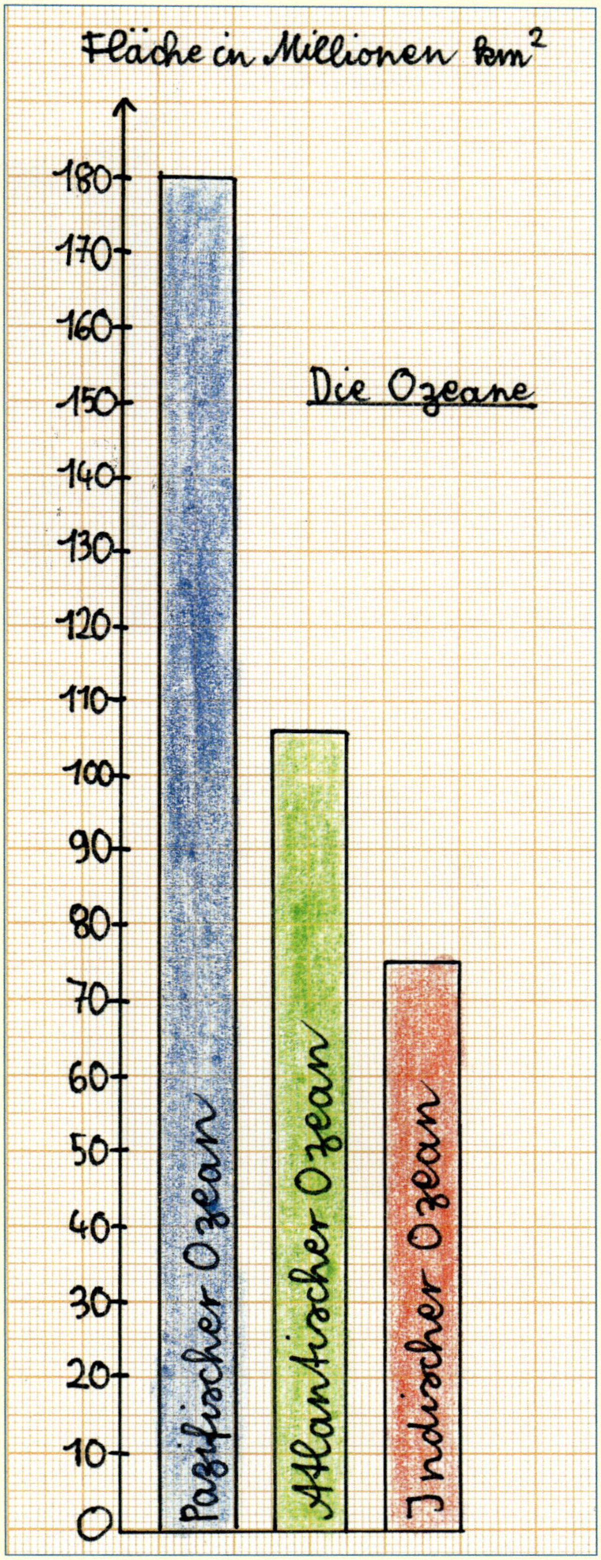

M 1 Säulendiagramm

Das Gradnetz der Erde

Unsere beiden Astronauten von Seite 66 haben inzwischen ihren Weltraumflug beendet. Sie kehren nun zur Erde zurück.

Die Bodenstation teilt ihnen den genauen Ort für ihre Landung mit. Dazu gibt sie den **Breitengrad** und den **Längengrad** des Landepunktes an.
Breiten- und Längengrade sind gedachte Linien, die die Erde zusammen wie ein Netz oder Gitter umspannen. Dieses Netz wird als Gradnetz bezeichnet.

M 1 Das Raumschiff nähert sich der Erde

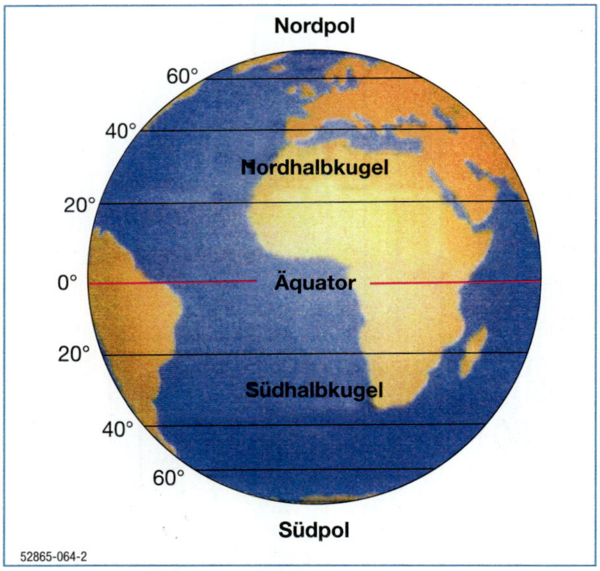

M 2 Breitengrade

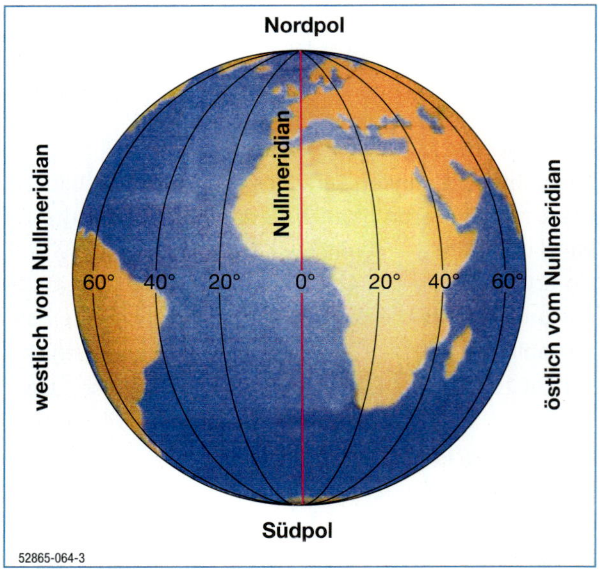

M 3 Längengrade

Unsere Erde ist ins Netz gegangen

Den längsten Breitengrad, den Äquator (> S. 66), kennst du schon. Die anderen Breitengrade liegen parallel zu ihm. Nach Norden und Süden hin werden sie immer kürzer. Nordpol und Südpol sind nur als Punkte zu sehen. Auf jeder der beiden Halbkugeln der Erde gibt es 90 Breitengrade. Der Äquator hat die Bezeichnung null Grad (0°).

Die Längengrade werden auch Meridiane genannt. Sie sind Halbkreise und verlaufen vom Nordpol zum Südpol. Alle Längengrade sind gleich lang.
Der Längengrad mit der Gradzahl 0 (= Nullmeridian) ist festgelegt. Er verläuft durch die Sternwarte von Greenwich bei London. Vom Nullmeridian aus zählt man jeweils 180 Längengrade nach Westen und 180 Längengrade nach Osten.

So wird's gemacht: Lagebestimmung im Gradnetz

Damit man weiß, welcher Breiten- oder Längengrad genau gemeint ist, erhalten sie einen Zusatz:

- Alle Breitengrade auf der Nordhalbkugel haben die Bezeichnung nördliche Breite (n. Br.), alle Breitengrade auf der Südhalbkugel südliche Breite (s. Br.).
- Alle Längengrade westlich vom Nullmeridian haben die Bezeichnung westliche Länge (w. L.), alle Längengrade östlich vom Nullmeridian östliche Länge (ö. L.).

Die Lage eines Ortes im Gradnetz wird durch den Schnittpunkt eines Breitengrades mit einem Längengrad angegeben.
Beispiel: Die Gradnetzangaben für Cape Canaveral lauten: 28° n. Br./80° w. L.
Das heißt: Der Ort liegt auf der Nordhalbkugel und westlich vom Nullmeridian. Du findest ihn dort, wo sich der 28. Breitengrad und der 80. Längengrad schneiden.

M4 So ähnlich kannst du dir das Gradnetz vorstellen

Entscheide bei der Lagesbestimmung eines Ortes im Gradnetz immer zuerst:
- Liegt der Ort nördlich oder südlich vom Äquator?
- Liegt der Ort westlich oder östlich vom Nullmeridian?

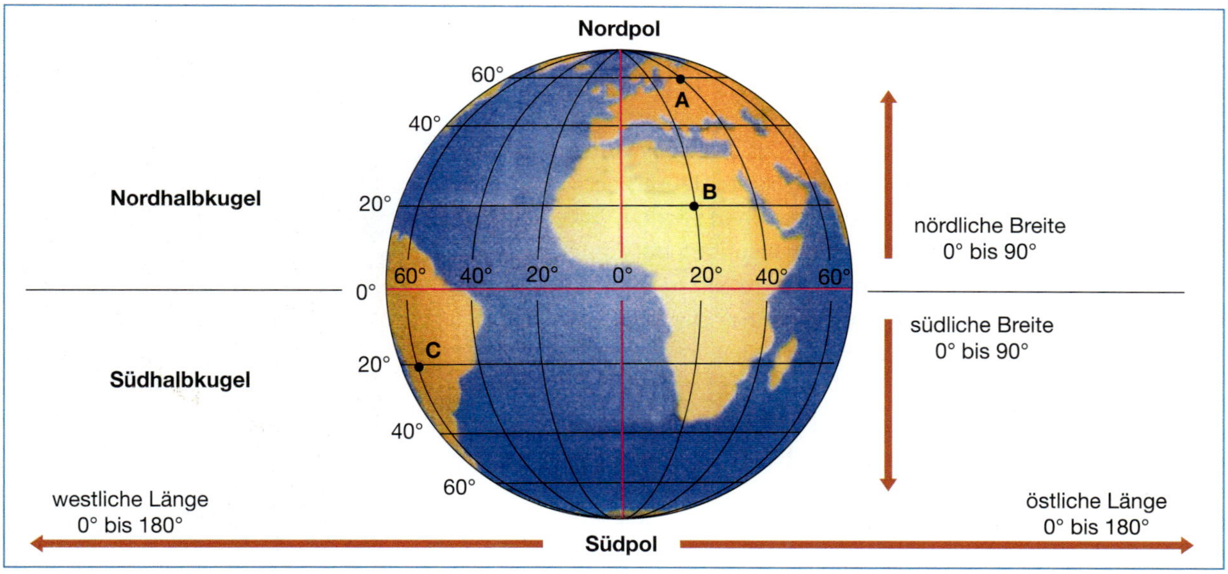

M5 Das Gradnetz der Erde

AUFGABEN

1 * *Schlage im Atlas eine Übersichtskarte (physische Karte) der Erde auf.*
a) Berechne, durch welche Kontinente und Ozeane folgende Breiten- und Längengrade verlaufen: 30° n. Br., 60° n. Br., 30° s. Br., 120° ö. L., 60° w. L.
b) Ermittle, in welchen Kontinenten sich folgende Breiten- und Längengrade schneiden: 30° s. Br./60° w. L.; 30° s. Br./120° ö. L.; 60° n. Br./90° ö. L.
c) Vergleicht und diskutiert eure Ergebnisse.

2 *Bestimme für die Punkte A, B und C in M 5 den jeweiligen Breiten- und Längengrad.*

M 1 Im tropischen Regenwald

Leben in der feucht-warmen Zone am Beispiel der Pygmäen

Schon am Morgen hat sich Makubaisi auf den Weg ins dunkle Dickicht des **tropischen Regenwaldes** begeben. Der Junge lebt im Kongobecken und gehört zum Volksstamm der Pygmäen. Das sind kleinwüchsige, maximal 1,50 m große Menschen, die in Zentralafrika zu Hause sind.
Sie leben in Gruppen mit bis zu 20 Personen in kleinen Hütten aus Ästen, die mit Blättern bedeckt sind. Diese Behausungen lassen sich schnell auf- und abbauen, denn die Pygmäen sind nicht sesshaft, sondern ziehen als **Nomaden** auf der Suche nach Nahrung umher. Der Wald bietet ihnen, was sie zum Leben benötigen: Pilze, essbare Knollen, Insektenlarven und Honig.

M 2 Makubaisis Familie

Doch Makubaisi ist heute auf der Suche nach etwas anderem: Er soll für seinen Vater die Rinde der Würgefeige besorgen, damit dieser ihm einen neuen Lendenschurz daraus anfertigen kann. Während des Marsches durch den Regenwald trifft der Pygmäenjunge zwar keine gefährlichen Tiere, aber er kann sie durch das Dickicht deutlich hören.

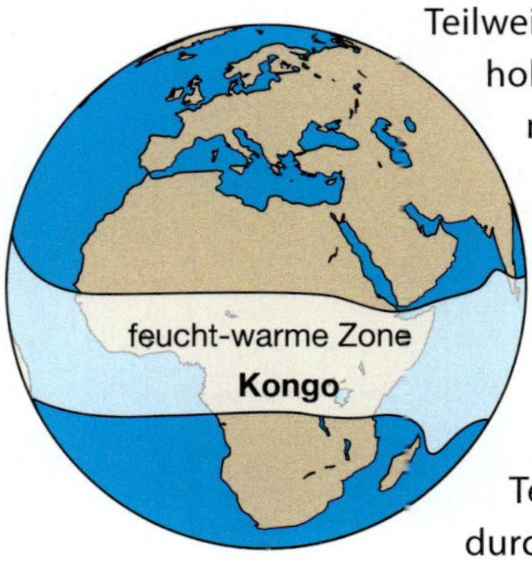

Teilweise ist das Blätterdach der bis zu 80 Meter hohen Urwaldbäume so dicht, dass kein Sonnenstrahl bis zum Boden gelangt. Auch vor den fast täglichen starken Regenfällen ist Makubaisi durch die dichten Blätterkronen gut geschützt.
Die Zone des tropischen Regenwaldes verläuft unter anderem durch Zentralafrika. Sie ist gekennzeichnet durch hohe Temperaturen (im Schnitt 25 - 30 °C) und durch eine hohe Luftfeuchtigkeit.

M 3 Tiere im Regenwald

M4 Pygmäen in ihrer Hütte

Zu Hause wird Makubaisi schon von seinem Vater erwartet. Er bearbeitet mithilfe eines Steinhammers die Rinde so lange, bis daraus ein gleichmäßig dickes Tuch entsteht. Dieses trägt der Junge am Abend beim Molimofest. Damit wollen die Pygmäen den Waldgeist um eine erfolgreiche Jagd bitten. Auf dem Fest lernt Makubaisi alte Bräuche seines Volkes kennen. Diese sind allerdings von modernen Lebensformen bedroht.
Da das Holz der riesigen Urwaldbäume wegen seiner guten Qualität sehr beliebt ist und die Ackerbauern an den Waldrändern mehr Land zum Anbau benötigen und den Wald für neue Felder abbrennen (**Brandrodung**), wird der Lebensraum der Pygmäen immer mehr zerstört.

Teilweise werden die Pygmäen sogar als Ackerbauern sesshaft und vergessen die alten Traditionen vollkommen. Makubaisi aber freut sich schon auf heute Abend und ist gespannt auf den magischen Waldgeist, der nach den Gesängen der Stammesältesten in der Mitte des Dorfes erscheinen soll.

M5 Rösten von Fleisch

M6 Zerstörung durch Brandrodung

AUFGABEN

1 *Bestimme mithilfe des Atlas die Lage des tropischen Regenwaldes in Afrika.*

2 *Beschreibe, wie Makubaisi lebt und welche besonderen Herausforderungen er bewältigen muss. Nenne Dinge, die dir wichtig sind, die Makubaisi aber gar nicht bekannt sind.*

M1 Der Ayers Rock, ein 3600 m langer und 349 m hoher Berg bei Alice Springs

Leben in der trocken-heißen Zone am Beispiel der Aborigines

Mary Goolagong lebt mit ihrer Familie in Australien. Genauer gesagt wohnt das Mädchen in der Nähe von Alice Springs, einer Stadt, die fast in der Mitte des Landes liegt. „In der Nähe" bedeutet in Australien, das fast 21 mal so groß wie Deutschland ist, gleich mehrere hundert Kilometer.
Das Klima in diesem Gebiet ist heiß und trocken. Deshalb sind hier die **Savannen** verbreitet. Wenn Mary aus dem Fenster ihres Hauses hinausschaut, sieht sie karges, wüstenähnliches Land, auf dem Dornbüsche wachsen. Das ist selbst im Winter so, denn dann fällt das Thermometer auch nur auf durchschnittlich 12 °C. Auf der Südhalbkugel (Australien) dauert allerdings der Winter von Juni bis September.

M2 Mary und ihre Familie

Auch Mary selbst ist für uns Europäer außergewöhnlich: Sie gehört zum Aborigines-Stamm der Arrernte (lateinisch: ab origine = von Beginn an). Die Aborigines sind die Ureinwohner Australiens, die bis zur Eroberung durch die Engländer in diesem weiten Land im Einklang mit der Natur lebten. Sie zogen in Gruppen von 20 bis 30 Mitgliedern als Nomaden von Ort zu Ort und lebten in einfachen Hütten aus Zweigen. In diesen Unterkünften erzählten die älteren Familienmitglieder auch die überlieferten Geschichten von der Entstehung der Welt. Die Aborigines glauben nämlich, dass Traumwesen, die aus dem Erdreich aufstiegen, über das Land zogen und es mit all seinen Flüssen, Bergen und Tieren formten.

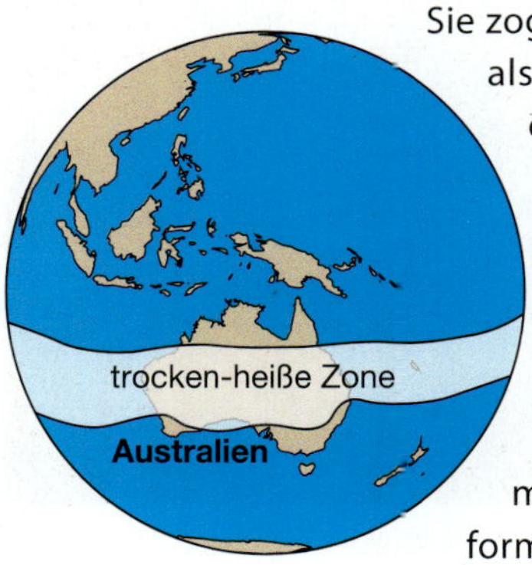

M3 Känguru

M4 Unterricht in einer „School of the Air"

Noch heute gibt es im Glauben der Aborigines heilige Stätten, an denen die Traumwesen hervorkamen. Eine dieser Stätten ist der Ayers Rock, der eine Touristenattraktion in der sonst so kargen Gegend darstellt.
Während die Aborigines früher vom Jagen (z. B. Kängurus, Emus und Wombats) und Sammeln (z. B. Beeren, Insekten und Wurzeln) lebten, sind Marys Eltern heute bei einem Kulturzentrum angestellt. Dieses hat sich zur Aufgabe gemacht, den Touristen die traditionelle Lebensweise der Aborigines näher zu bringen.
Da Mary hunderte Kilometer entfernt von Alice Springs im sogenannten Outback wohnt, besucht sie eine „School of the Air" – eine Schule, deren Unterricht über Funk und Internet stattfindet. Die Lehrer befinden sich in einem normalen Klassenzimmer, von dem aus sie Übungen vergeben und die Hausaufgaben kontrollieren. Zusätzlich zu den normalen Fächern erhält Mary Unterricht in der Sprache ihrer Vorfahren, dem Giyadjarra. Außerdem erlernt sie die traditionelle Punkt-Malweise. So lernt Mary auch die Kultur der Aborigines kennen.

M5 Aborigines mit traditionellen Jagdgeräten

AUFGABEN

1 *Beschreibe mithilfe deines Atlas die Lage von Alice Springs und dem Ayers Rock.*

2 *Versetze dich in die Lage von Mary Goolagong. Schreibe einen Ich-Text und begründe, warum es für Mary wichtig ist, dass sie noch die Traditionen (Überlieferungen) ihrer Vorfahren kennen lernt.*

M 1 Auf der Tschuktschen-Halbinsel ist es so kalt, dass nicht einmal Sträucher wachsen.

Leben in der kalten Zone am Beispiel der Tschuktschen

M 2 Alexeijs Großvater

Alexeij ist Tschuktsche und lebt im äußersten Nordosten von Sibirien (Russland). Es gibt wenige besiedelte Orte auf der Erde, die mit ähnlich rauen Bedingungen zu kämpfen haben.
So bequem wie wir hat es Alexeijs Familie nicht, denn neun Monate pro Jahr liegt das Land unter einer dicken Eisschicht und es fegen schneidende Schneestürme übers Land. Im Winter sinkt die Temperatur bis auf 45 Grad unter Null. Der Boden ist das ganze Jahr über tief gefroren, nur die oberen Zentimeter tauen im kurzen Sommer auf und verwandeln sich dann in eine Sumpflandschaft, in der Milliarden von Stechmücken brüten.
In einem solchen Klima kann nur wenig wachsen. Es gibt auf der Tschuktschen-Halbinsel keine Bäume oder Sträucher. Nur Gräser, Moose und Flechten bedecken das karge Land. Immerhin schafft es Alexeijs Mutter, an einer geschützten Stelle ein paar Kartoffeln anzubauen.

Doch wovon ernähren sich die Menschen in Tschukotka? Wie viele andere lebt Alexeijs Familie von der Rentierzucht. Als Nomaden ziehen sie mit ihrer Herde durchs Land, immer auf der Suche nach Gräsern, Moosen und Flechten für ihre Tiere. Sogar bei klirrender Kälte leben sie in Zelten aus Rentierfellen. Nur für wenige Monate im Winter ziehen sie ins Dorf an der Küste und verkaufen dort das Fleisch sowie die Felle ihrer Tiere.

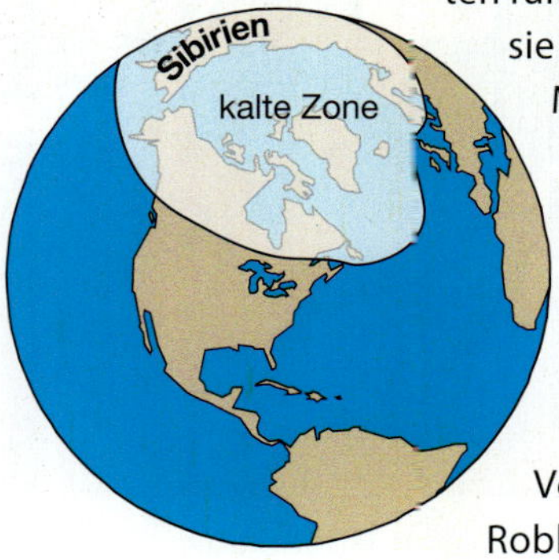

Aljoscha, ein anderer Tschuktschen-Junge, lebt das ganze Jahr über an der Küste in einem einfachen Holzhaus. Wie seine Vorfahren will er später unbedingt Wale, Robben und Walrosse erlegen. Er erzählt: „Die

M 3 Buckelwal

M4 Rentiere sind an das Leben in der kalten Zone optimal angepasst.

Waljagd ist sehr gefährlich. Die Jäger folgen den Tieren in kleinen Booten, die heutzutage einen Außenbordmotor haben. Wenn eines davon von der Schwanzflosse eines Wals getroffen wird, haben die Jäger im eisig-kalten Wasser kaum Überlebenschancen."

In den letzten Jahren hat sich die Situation der Menschen verschlechtert. Aljoschas Vater ist, wie viele andere, arbeitslos. Vieles, was ein modernes Leben ausmacht, bleibt ihnen verwehrt. Früher kamen noch Flugzeuge und versorgten sie mit Nahrungsmitteln wie Nudeln, Reis oder Obst. Heute ist die Versorgung schlecht. Oft fällt der Strom aus, Heizöl und Benzin sind rar.
Viele Menschen ziehen deshalb weg. Aljoscha ist dennoch zuversichtlich. Er weiß, dass seine Heimat eigentlich ein schönes Land mit vielen Möglichkeiten ist, wenn sich die Menschen auf ihre traditionelle Lebensweise konzentrieren.

M5 Alexeijs Familie vor ihrer Hütte

M6 Beim Eisfischen

AUFGABEN

1 *Beschreibe mithilfe des Atlas die Lage der Tschuktschen-Halbinsel.*

2 *Viele traditionell lebende Völker entscheiden sich, ihre Lebensweise mit und in der Natur aufzugeben. Kannst du dir vorstellen, warum? Stelle Nachforschungen zu anderen Naturvölkern an und schreibe einen Bericht dazu.*

3* *Fertige zum Leben der Kinder (> S. 72 – 77) eine Tabelle an und vergleiche dein Leben damit (z. B. Wohnung, Schule, Essen, Spielen).*

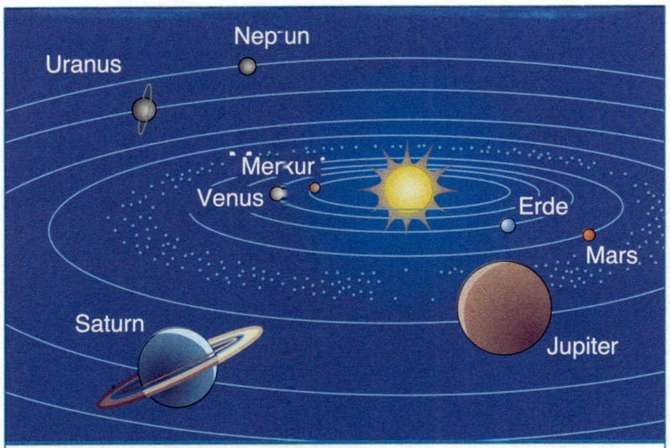

Mit einem einfachen Merksatz kannst du dir die Reihenfolge der acht Planeten merken: **M**ein **V**ater **e**rklärt **m**ir **j**eden **S**onntag **u**nseren **N**achthimmel.

M 1 Die Planeten auf ihrer Umlaufbahn

Planet	Entfernung von der Sonne	Umlaufzeit um die Sonne	Durchmesser
Merkur	58 Mio. km	88 Tage	4 878 km
Venus	108 Mio. km	225 Tage	12 104 km
Erde	150 Mio. km	1 Jahr	12 756 km
Mars	228 Mio. km	1 Jahr, 322 Tage	6 794 km
Jupiter	778 Mio. km	11 Jahre, 315 Tage	142 984 km
Saturn	1 427 Mio. km	29 Jahre, 167 Tage	120 536 km
Uranus	2 873 Mio. km	84 Jahre, 8 Tage	51 120 km
Neptun	4 496 Mio. km	164 Jahre, 282 Tage	49 526 km

M 2 Die Planeten unseres Sonnensystems

Unser Sonnensystem

Unsere Erde ist einer von acht Planeten, die sich auf einer Umlaufbahn um die Sonne bewegen. Sie werden von der Sonne angestrahlt. Die Planeten und die Sonne bilden ein **Sonnensystem**. Als einziger Planet ist die Erde von einer Lufthülle, der Atmosphäre, umgeben. Diese enthält Sauerstoff und Wasser. Deshalb konnte sich auf der Erde Leben entwickeln.
Wie andere Planeten, hat auch die Erde einen Mond als Begleiter. Er besitzt keine Lufthülle. Seine Oberfläche ist durch Einschläge von Meteoriten geprägt.

Unsere Sonne ist einer von Milliarden Fixsternen. Diese Fixsterne senden Licht aus. Zusammen mit ihren Planeten bilden sie Galaxien; unsere heißt zum Beispiel Milchstraße.
Die Entfernungen im Weltall sind für uns unvorstellbar. Ein Flugzeug wäre zwei Wochen lang zum Mond unterwegs. Nach 18 Jahren erreichte es die Sonne. Zur nächsten Galaxie benötigte es fünf Millionen Jahre.

AUFGABEN

1 *Vergleiche die Planeten unseres Sonnensystems (M 2) miteinander.*

2 *Baut auf dem Schulhof oder auf dem Sportplatz ein Modell der Erdumlaufbahn: Dabei ist die Sonne ein Fußball mit 22 cm Durchmesser, die Erde z. B. ein Stecknadelkopf von 2 mm Durchmesser. Verbindet nun Erde und Sonne mit einer 24 m langen Schnur und lasst die Erde um die Sonne wandern.*

M 3 Tellurium

Das Tellurium

Das Tellurium ist ein Modell, das die Bewegungen von Erde und Mond um die Sonne zeigt. Die Erde ist mit einem Schwenkarm an der Sonne befestigt, ebenso der Mond an der Erde. Dreht ihr den Schwenkarm, so wird die Drehung der Erde um sich selbst und um die Sonne sowie die Drehung des Mondes um die Erde ausgelöst.
So könnt ihr verstehen:
- die Drehung der Erde um sich selbst,
- die Bewegung des Mondes um die Erde ,
- die Drehung der Erde um die Sonne und die Schrägstellung der Erdachse.

Das Tellurium zeigt euch die Bewegungen von Erde und Mond um die Sonne, allerdings nicht die wahren Entfernungen und Größen der einzelnen Körper.

M

Wir besuchen eine Sternwarte

Die beste und eindrucksvollste Art, sich über den Sternenhimmel und unser Sonnensystem zu informieren, ist der Besuch einer Sternwarte oder eines Planetariums.
In einem Planetarium wird der Sternenhimmel auf einer großen Kuppel künstlich dargestellt. In einer Sternwarte dagegen werden mithilfe eines Teleskops die Sterne am Nachthimmel beobachtet.

Dieses Teleskop funktioniert wie ein Fernglas, ist aber riesig groß. Man kann damit sehr weit ins Weltall sehen. Allerdings ist der Blick zu den Sternen nur bei wolkenlosem Himmel möglich.
Um einen ungehinderten und noch weiteren Blick ins Weltall werfen zu können, haben Wissenschaftler das Teleskop Hubble ins All geschickt, das Bilder aus den Tiefen des Weltraums sendet.

Besuch einer Sternwarte

Die Klasse 5a plant, die Volkssternwarte Rothwesten (Gemeinde Fuldatal, 5 km nördlich von Kassel) zu besuchen. Folgende Fragen müssen zum Beispiel vorher geklärt werden:

- Wann können wir fahren? → die Öffnungszeiten und mögliche Zusatzangebote prüfen
- Mit welchem Verkehrsmittel fahren wir? → die Anfahrmöglichkeiten prüfen
- Welche Kosten entstehen für Fahrt und Eintritt? Was kosten Gruppenkarten? → die Gesamtkosten ermitteln
- Wie können wir uns im Unterricht auf den Besuch vorbereiten? → Informationen aus Büchern oder aus dem Internet sammeln

M 1 Planetariumshimmel

AUFGABEN

1. *Erläutert, was ihr in einer Sternwarte und was ihr in einem Planetarium sehen könnt.*
2. *Nennt Gründe, weshalb sich die Menschen für das Weltall interessieren.*
3. *Erkundet gemeinsam, ob es in eurer Nähe ein Planetarium oder eine Sternwarte gibt. Plant dann einen Ausflug mit eurer Klasse dorthin. (Internet-Tipp: www.volkssternwarte-rothwesten.de)*

M 2 In der Sternwarte

Z

Auf der Jagd nach „Welt"-Rekorden

Stelle dir vor, du unternimmst eine Weltreise zu den Rekorden der Erde. Dabei überfliegst du Kontinente, Ozeane, Gebirge, Flüsse und Städte (M 1).

a) Benenne die Stationen der Weltreise, deren Namen du kennst. Wenn du dir nicht sicher bist, dann schlage in deinem Atlas nach. Schreibe die Lösungen in dein Heft.
Deine Flugreise beginnt in Frankfurt, am größten Flughafen Deutschlands. Du fliegst zunächst in nordwestliche Richtung.

Stationen der Flugreise

1. Die größte Insel der Erde. Sie ist ungefähr sechsmal so groß wie Deutschland.
2. Die größte Stadt der USA
3. Der Colorado hat sich hier fast 1800 m tief in das Gestein geschnitten und die größte Schlucht der Erde geschaffen.
4. Mit fast 8000 km ist dies das längste Gebirge der Erde.
5. Der wasserreichste Fluss der Erde
6. Die größte Wüste der Erde
7. Mit 6671 km der längste Fluss der Erde
8. Der höchste Berg Afrikas ist ein Vulkan mit einer vergletscherten Bergspitze.
9. In diesem Gebirge liegt der höchste Berg der Erde (8848 m).
10. Der größte Gesteinsblock der Erde wird von den Eingeborenen Uluru genannt.
11. Hier liegt mit 11 034 m unter NN (NN = Normalnull = Meereshöhe) die größte Meerestiefe der Erde.
12. Die Hauptstadt des bevölkerungsreichsten Landes der Erde
13. Mit 1637 m der tiefste See der Erde
14. Der größte See der Erde
15. Die Hauptstadt des größten Landes der Erde

b) Von deiner Flugreise hast du viele Bilder mitgebracht. Ordne die Fotos (Z, E, N, A, O) deiner Flugroute zu.
Wenn du alles richtig gemacht hast, dann ergeben die Buchstaben in der Reihenfolge der Route ein Lösungswort.

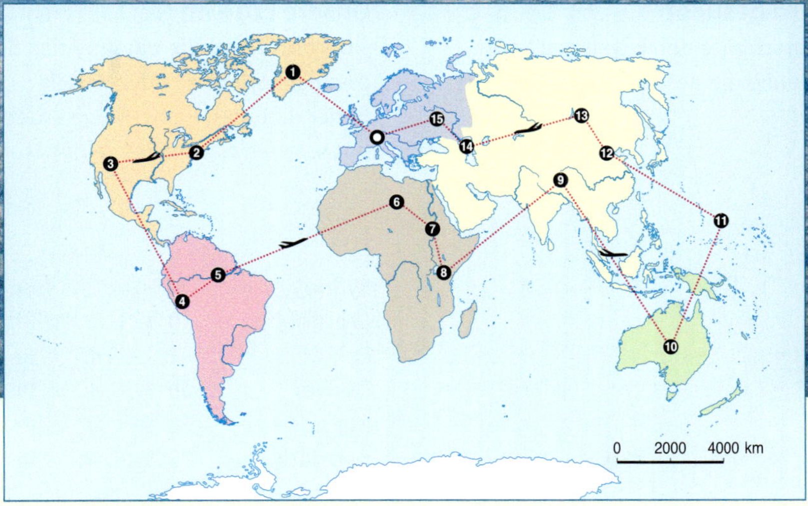

M 1 Stationen der Flugreise

Wiederholen und Üben

Wer löst das Kartenrätsel?

Zeichne das Wortgitter ab und setze die richtigen Wörter ein:

1 Ist in einer Karte immer oben.
2 Ein anderes Wort für Zeichenerklärung.
3 Mit ihr orientieren sich Wanderer.
4 Zeigt die Verkleinerung einer Karte als Zeichnung.
5 In ihm sind alle Straßen eines Ortes eingezeichnet.
6 Ist ein Kartenbuch.

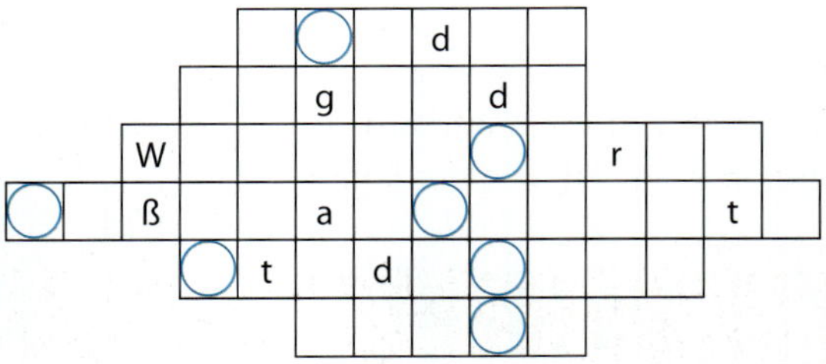

Setze die Buchstaben in den Kreisen zu einem Wort zusammen. Es ist der Name eines Geräts zur Bestimmung der Nordrichtung.

Mit einer Karte auf den Berg!

Auf der Karte siehst du den Burgberg. Es führen zwei Wege zum Gipfel. Welcher Weg steigt weniger steil an? Schau dir die Zeichnung genau an und entscheide dich. Begründe deine Entscheidung.

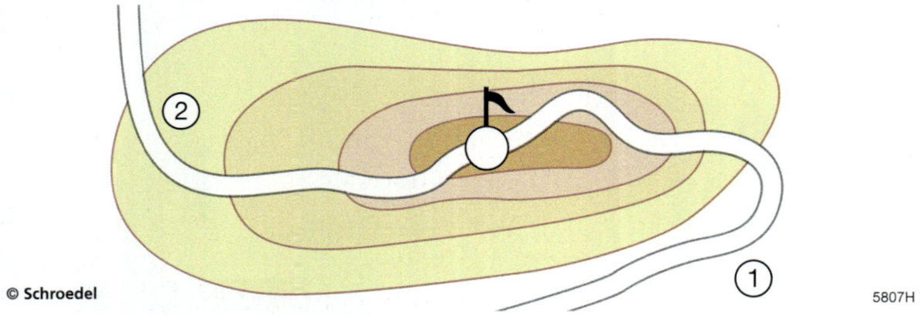

Orientieren im Gelände und auf Karten

Was gehört zusammen? Schreibe die richtigen Wörter auf:
Wind-, Himmels-, Magnet-, Orien-, Zeichen-, Stadt-, Höhen-

erklärung
plan
schicht
richtung
rose
nadel
tierung

Welche Stadt wird gesucht?

Ordne die Kartenausschnitte den jeweiligen Kontinenten zu und benenne die gesuchten Städte (Atlas).

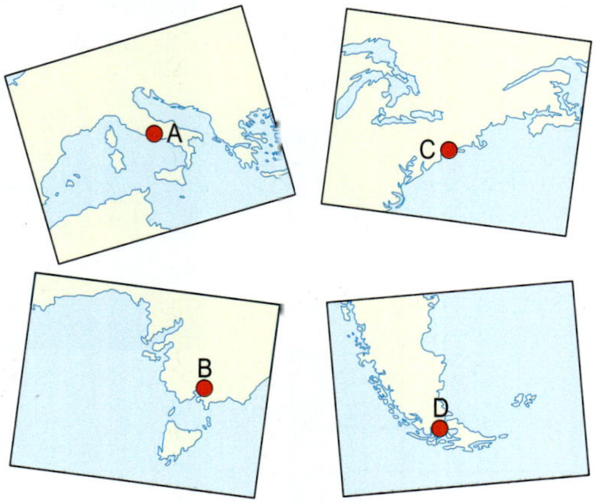

Unsere Erde im Netz

Überprüfe mithilfe deines Atlas die Gradnetzangaben nach „richtig“ oder „falsch“.
In der richtigen Reihenfolge ergeben die Lösungsbuchstaben den Namen eines Modells für die Erde.

		richtig	falsch
Sydney	151° ö. L. 34° s. Br.	G	J
Stockholm	30° w. L. 70° n. Br.	A	O
Peking	116° ö. L. 40° n. Br.	B	M
Denver	105° w. L. 40° n. Br.	S	P
Buenos Aires	58° w. L. 35° s. Br.	L	N
Kapstadt	15° w. L. 45° s. Br.	K	U

Unser Planetensystem im Buchstabenrätsel

In dem Buchstabengewirr sind die Namen der acht Planeten unseres Sonnensystems versteckt. Du findest sie in den waagerechten Reihen oder in den senkrechten Spalten.
Schreibe sie heraus und ordne die Planeten nach ihrer Entfernung von der Sonne.

E	L	G	L	C	E	K	W	L	D	C
W	J	U	P	I	T	E	R	S	K	A
S	F	O	B	R	E	E	M	A	Z	V
F	M	E	R	K	U	R	S	T	U	L
F	A	N	A	T	B	D	I	U	R	X
O	R	S	T	E	R	E	S	R	A	K
W	S	A	N	E	P	T	U	N	N	I
M	N	N	M	O	N	D	A	D	U	R
N	D	F	O	R	S	T	E	R	S	G
S	V	E	N	U	S	Z	I	B	K	J

Orientierung auf der Erde

Füge die Sätze richtig zusammen. Schreibe die Sätze vollständig in dein Heft. Wenn du die richtige Reihenfolge gefunden hast, ergeben die blauen Buchstaben der rechten Teile das Lösungswort. Es ist der Name eines Seefahrers, der um 1500 lebte.

1 Die Sonne steht ...	... die Erde in die Nord- und Südhalbkugel.	**L**
2 Die Erde dreht sich ...	... einen Seeweg nach Asien finden.	**L**
3 Die Erdachse ist eine ...	... im Zentrum unseres Sonnensystems.	**M**
4 Der Globus ist ...	... an einem Tag einmal um sich selbst.	**A**
5 Der Äquator teilt ...	... Breitengraden und Längengraden.	**A**
6 Kolumbus wollte ...	... durch eine Sternwarte bei London.	**N**
7 Das Gradnetz besteht aus ...	... eine verkleinerte Nachbildung der Erde.	**E**
8 Der Nullmeridian verläuft ...	... gedachte Linie zwischen Nord- und Südpol.	**G**

Prüfe dich nun selbst! Du kannst ...

- ✓ ... die Symbole einer Kartenlegende in der entsprechenden Karte ablesen (> S. 50);
- ✓ ... anhand einer Windrose die Himmelsrichtungen benennen und eine Karte einnorden (> S. 51);
- ✓ ... in einem Atlas einen Begriff in einer Karte finden (> S. 54);
- ✓ ... den Unterschied zwischen einer physischen und thematischen Karte erläutern (> S. 55);
- ✓ ... mithilfe einer Maßstabsleiste Entfernungen in einer Karte berechnen (> S. 56f);
- ✓ ... in einer Karte die Höhenlage über dem Meeresspiegel ablesen (> S. 58);
- ✓ ... mithilfe der Lagebeschreibung einen Ort im Atlas finden (> S. 61);
- ✓ ... die Gestalt der Erde beschreiben und ihre Bewegungen nennen (> S. 66);
- ✓ ... die Entstehung von Tag und Nacht erklären (> S. 67);
- ✓ ... die Kontinente und Ozeane benennen und nach ihrer Größe ordnen (> S. 68);
- ✓ ... ein Säulendiagramm erstellen (> S. 69);
- ✓ ... dich mithilfe des Gradnetzes auf einem Globus oder einer Weltkarte orientieren (> S. 70f);
- ✓ ... Lebensräume in heißen und kalten Zonen beschreiben und auf der Karte zeigen (S. 72 – 77);
- ✓ ... den Aufbau des Sonnensystems beschreiben (> S. 78).

3 Zusammenleben in der Familie

M 1 Eine typisch deutsche Fami ie?

M 2 bis 4 Familienformen

- **Familie – was ist das eigentlich?**
- **Sind wir im Zusammenleben auf andere Menschen angewiesen?**
- **Wie haben sich Familien im Lauf der Zeit verändert?**
- **Familienleben – klappt das ohne Konflikte?**

Familie ist …?

Für mich ist Familie …

In meiner Familie gibt es …

… ist für mich (k)eine Familie, weil …

Zu einer Familie gehören für mich …

Bei Familie denke ich an …

Zu meiner Familie gehört …, weil …

Alle in meiner Familie haben (nicht) den gleichen Namen, weil …

M 1

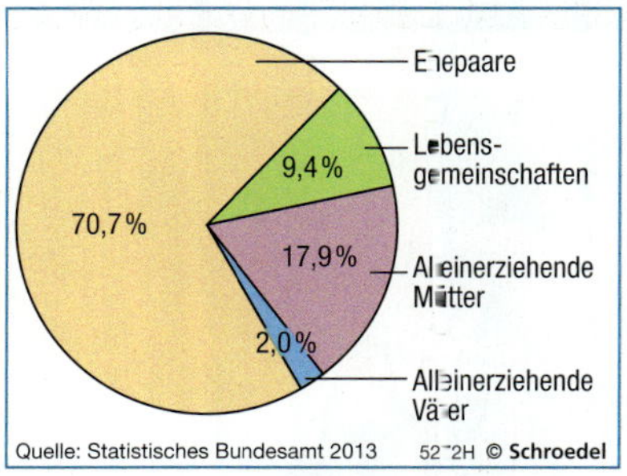

M 2 Wo Kinder leben

Zur Familie gehören Eltern, Kinder, Großeltern und die weitere Verwandtschaft. Früher lebten oft mehrere Generationen einer Familie in einem Haus zusammen. Das Wort Familie leitet sich ab vom lateinischen Wort „familia" und bedeutet „Hausgenossenschaft".
Heute leben Eltern und Kinder meist in einer „Kleinfamilie" zusammen. In der Ein-Eltern-Familie leben Kinder nur bei einem Elternteil, bei der Mutter oder dem Vater. Gründe dafür sind Trennungen oder Tod.

Kann sich eine Familie oder ein Teil der Familie nicht um ein Kind kümmern, kann dieses in einer „Pflegefamilie" aufwachsen. Dann übernimmt eine andere Familie die Funktion der Eltern. Auch kann dieses Kind von einer neuen Familie adoptiert werden. Adoption bedeutet Annehmen an Kindes Statt. Adoptiert werden oft Waisen, d. h. Kinder ohne Eltern.

Eine „Patchwork-Familie" ist eine neu zusammengesetzte Familie, z. B. wenn eine Mutter mit zwei Kindern einen Mann heiratet, der bereits Kinder hat und alle zusammen eine neue Familie gründen. Zudem ist es möglich, dass Kinder zwei Mütter oder zwei Väter haben, weil sie in einer homosexuellen (= gleichgeschlechtlichen) Beziehung leben. Das nennt man Regenbogenfamilie.
Auch im Pflanzen- und Tierreich verwendet man den Begriff „Familie", um Gemeinsamkeiten von verwandten Pflanzen oder Tieren hervorzuheben.

M 3 Familie

AUFGABEN

1 *Führt die Methode Think – Pair – Share mit der Frage „Was ist eine Familie?" durch. Die Satzanfänge in M 1 helfen euch dabei.*

2 *Vergleiche das Ergebnis von Aufgabe 1 mit M 2 und M 3. Ergänze die Erklärung, wenn notwendig.*

3 *In welcher Familienform lebst du? Tausche dich mit deinem Lernpartner aus.*

M

Think – Pair – Share

Übersetzt bedeutet think = denken, pair = mit einem Partner zusammengehen, share = in einer Gruppe teilen.

Bei dieser Arbeitsmethode arbeitet ihr zuerst in Einzelarbeit und beschäftigt euch mit einer bestimmten Frage. Anschließend tauscht ihr euch mit eurem Lernpartner über die Arbeitsergebnisse aus. Sucht dabei Gemeinsamkeiten und Unterschiede. In einem dritten Schritt stellt ihr dann eure Ergebnisse einer größeren Gruppe oder der Klasse vor.

Wie funktioniert die Methode Think – Pair – Share zum Beispiel bei der Frage „Was ist eine Familie?"

Think: *Was ist eine Familie? Was macht eine Familie aus? Denke darüber alleine nach und mache dir dazu Notizen.*

Pair: *Tauscht euch mit dem Lernpartner über Vorstellungen von Familie flüsternd aus. Achtet besonders auf Gleiches und Unterschiedliches in den Antworten.*

Share: *Sprecht in der Lerngruppe (oder Klasse) über eure Vorstellungen von Familie. Findet eine gemeinsame Erklärung, was eine Familie ist. Notiert eure Ergebnisse an der Tafel.*

Leben Luca und Eva in einer „normalen" Familie?

M 1 Luca und seine Schwester Eva

Luca meint, er lebt in einer „normalen" Familie. Er ist 11 Jahre alt, geht in die 5. Klasse einer IGS. Mit seiner 13-jährigen Schwester Eva und seiner Mutter Nicole Schanze-Meyer wohnt er in einer 4-Zimmer-Wohnung in Wallau. Luca hat ein eigenes Zimmer. „Zum Glück", denkt er, „muss ich nicht mit Eva im Zimmer wohnen!"
Seit die Geschwister eigene Zimmer haben, streiten sie nicht mehr so viel. „Eigentlich mag ich meinen Bruder. Manchmal redet er nur zu viel über Fußball und Computerspiele", sagt Eva. „Seit wir die gleiche Schule besuchen, können wir auch mal über Lehrer reden."

Seinen Vater Thorsten sieht Luca nicht oft. Meist ist er nur am Wochenende da. Früher arbeitete er bei einer Bank in Frankfurt und kam erst spät nach Hause. Nur freitags kam er früher. Dann spielte er mit Luca Fußball oder fuhr Eva zu ihren Freundinnen. Als die Bank nach Düsseldorf umzog, entschied sich Lucas Vater, seine Arbeitsstelle nicht aufzugeben. „Luca, ich vermisse euch sehr, wenn ich nicht da bin. Wir führen eine Fernbeziehung, weil es meine Arbeitsstelle notwendig macht."
Oft diskutiert die Familie, ob sie nach Düsseldorf ziehen soll. Doch Mutter Nicole möchte ihre halbtägige Arbeitsstelle bei einem Möbelhaus im Ort nicht verlieren. „Dort habe ich erst angefangen, seit Luca in die IGS geht. Wenn ich arbeite, kann Thorstens Mutter Irmgard, die im Nachbarort wohnt, die Kinder beufsichtigen und ihnen nach der Schule das Essen zubereiten. Das beruhigt mich sehr. In Düsseldorf könnte keiner aus der Familie die Kinder betreuen."

INFO

Zum Thema „Pendler"
Es gibt unterschiedliche Formen des Pendelns:
- Fernpendler fahren mehr als 2 Stunden täglich zu ihrem Arbeitsplatz (7 % der Erwerbstätigen).
- Wochenendpendler verbringen mehrere Tage hintereinander am Arbeitsort (2 % der Erwerbstätigen).
- Dienstreisende sind mehr als 60 Tage beruflich unterwegs (3 % der Erwerbstätigen).

Auswirkungen des Pendelns
- Besonders Wochenendpendler spüren die Folgen ihrer Mobilität: 69 % sind durchs Pendeln belastet.
- Mehr als 50 % sind permanent erschöpft und haben z. B. Kopfschmerzen oder Herzprobleme.
- 27 % erfahren negative Folgen fürs Familienleben.

AUFGABEN

1 * *Mache dir zu den einzelnen Personen (Luca, Eva, Nicole Schanze-Meyer, Thorsten und Irmgard Schanze) Notizen. Notiere in einer anderen Farbe, wie sich die Personen deiner Meinung nach mit der Familiensituation fühlen.*

2 *In welcher Familienform leben Luca und Eva? Begründe (> S. 86).*

3 *Stelle Probleme dar, die das Pendeln für das Familienleben hat (M 2).*

M 2 Jeden Montag fährt Thorsten Schanze von Frankfurt aus mit dem Zug zu seiner Arbeitsstelle nach Düsseldorf.

Familie verändert sich …

M 1 Familie um 1900 und heute?

Von der Groß- zur Kleinstfamilie

Im Durchschnitt bekommt eine Frau in Deutschland 1,3 Kinder, in Frankreich liegt diese Zahl bei 2,1. Die Eltern deutscher Kinder werden über die Jahre auch immer älter. Wie ist diese Entwicklung zu erklären?
Bis in die 60er-Jahre des 20. Jahrhunderts war es normal, dass zwei junge Leute heirateten und mehr als ein Kind bekamen. Ehescheidungen waren selten. Als normal galt, dass der Vater arbeitete und die Familie materiell versorgte. Die Mutter blieb als Hausfrau zu Hause und verdiente kein Geld, sicherte aber das Funktionieren der Familie. Manchmal verdiente die Mutter etwas Geld durch Teilzeitarbeit hinzu, wenn die Kinder größer waren.

Die politische und soziale Entwicklung der folgenden 30 Jahre hatte große Auswirkungen auf die Familien. Mit Einführung der **Antibabypille** (1960) konnten Frauen zum ersten Mal selbst entscheiden, wann sie Kinder bekommen möchten. Da die meisten Frauen vor ihrer Heirat gearbeitet hatten, fuhren sie fort zu arbeiten und lernten ihre Unabhängigkeit zu schätzen.

Außerdem bekamen mehr Frauen eine gute Schulbildung und besuchten Universitäten. Das durchschnittliche Alter, in dem Frauen das erste Kind bekamen, stieg zwischen 1970 und 2000 von 24 auf 29 Jahre. Heute bekommen viele Frauen erst mit 35 Jahren Kinder.
Manche Frauen entscheiden sich dagegen, ein Kind zu haben, weil es für sie sehr schwierig ist, Beruf und Familie zu vereinbaren.

Zudem wurde es einfacher, sich scheiden zu lassen. Viele Ehepartner, die früher unglücklich lebend zusammen geblieben waren, trennten sich nun. So entstanden immer mehr Ein-Eltern-Familien. Meist kümmerte sich die Mutter weiter um die Kinder, begann aber aus finanziellen Gründen wieder zu arbeiten.
Auch viele Männer zwischen 30 und 40 Jahren entscheiden sich gegen Kinder, um Karriere zu machen oder weil sie Kinder als Einschränkung empfinden. Hinzu kommt, dass viele Männer in diesem Alter noch keinen Wunsch nach Familie und Kindern empfinden.

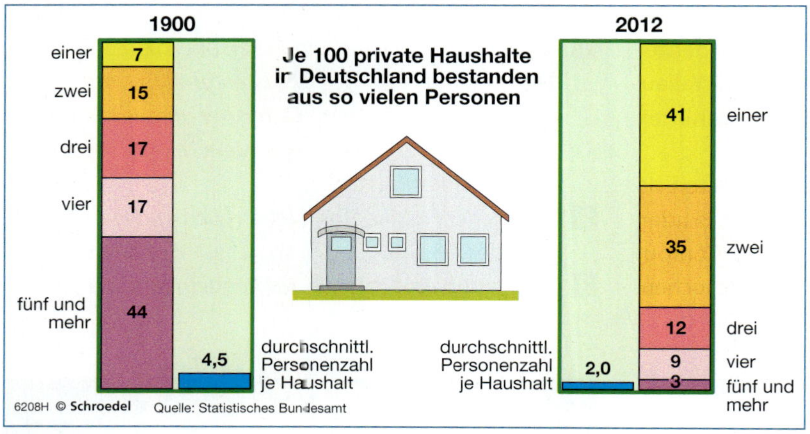

M 2 Wie viele Personen in der Familie?

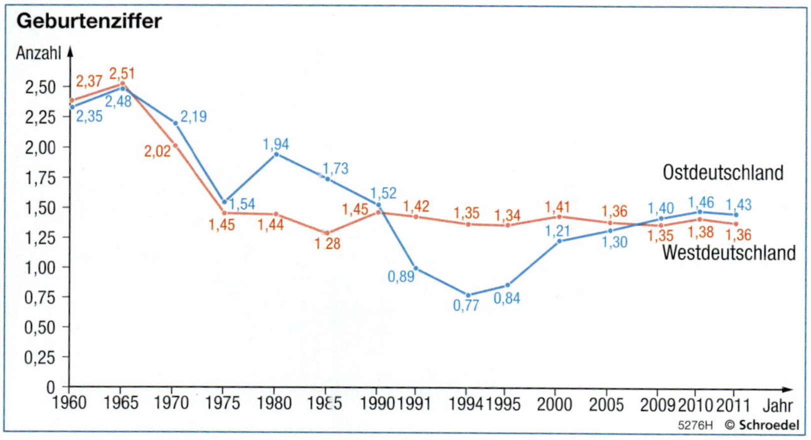

M 3 Geburtenrückgang in Deutschland (Zahl der Kinder pro Frau)

Drei Frauen – drei Lebensformen

Heute ist Ilse Mayer 88 Jahre alt. Sie hat vier Kinder und sechs Enkel. Wenn sie über heutige Familienverhältnisse nachdenkt, kommt sie immer öfter zu dem Schluss: „Das hat's früher nicht gegeben."

1950: Ilse Mayer – Hausfrau und Mutter von vier Kindern, geboren 1925
Als sie die Schule abschloss, war Krieg. Da blieb keine Zeit für eine Berufsausbildung. 1946 heiratete Ilse ihren Verlobten Otto. Ihre Eltern halfen bei der Wahl, weil sie Ottos Familie kannten. Otto war Maurer und trotz der manchmal knappen Haushaltskasse der Ansicht: „Ich bin der Herr im Haus und meine Frau braucht nicht zu arbeiten."
So kümmerte sich Ilse um die vier Kinder und den Haushalt. Dafür bekam sie von ihrem Mann Haushaltsgeld. Einmal im Jahr konnten sie sich einen Urlaub leisten. Dann fuhren sie an die Nordsee.
Umgezogen ist die Familie nie, weil Otto bis zur Rente in der gleichen Firma in Frankfurt arbeiten konnte. „Natürlich hatten wir auch mal unsere Probleme", gibt Ilse Mayer zu, „aber ich hätte mich nie von meinem Mann getrennt. Das war damals nicht üblich."

1980: Margot Mayer – Frisörin und Mutter von zwei erwachsenen Kindern, in zweiter Ehe verheiratet, geboren 1954
Zunächst war für Margot Mayer ein Leben „an der Seite des Mannes" normal. Allerdings wollte sie auf jeden Fall eine Berufsausbildung machen. Sie lernte Frisörin, heiratete und bekam mit 19 Jahren ihr erstes, mit 26 ihr zweites Kind. „Für mich war es klar, dass ich aufhöre zu arbeiten. Mit den Kindern und dem Haushalt war genug zu tun", erzählt sie heute.
Als die Kinder größer waren, fing sie an, halbtags zu arbeiten, damit sich die Familie einen Urlaub in Italien oder Spanien leisten konnte. Als die Kinder aus dem Haus waren, lief es in ihrer Ehe nicht mehr so gut. Am Ende stand die Scheidung nach über 20 Jahren Ehe.
Nun ist sie zum zweiten Mal verheiratet. Allerdings hat Margot wieder ihren Mädchennamen angenommen. Ihre Kinder verstehen sich mit ihrem neuen Partner und seinen Kindern gut, wenn sie sich zu Familienfeiern treffen.

2014: Jennifer Mayer – Bürokauffrau und Mutter von einem Kind, verheiratet, geboren 1973
Nach der Schule machte Jennifer eine Ausbildung zur Bürokauffrau. Danach war sie als Au-pair in den USA. Als sie Timo kennen lernte, zogen sie zusammen und reisten ein Jahr um die Welt. „Es war toll, dass wir ähnliche Interessen hatten", erzählt sie.
Als Jennifer mit 32 ihr erstes Kind erwartete, entschied sich das Paar zu heiraten. Nach der Geburt blieb sie ein halbes Jahr zu Hause und kümmerte sich um ihr Kind. Timo unterstützte sie, arbeitete aber in seinem Beruf weiter. Dann übernahm Jennifer wieder eine volle Arbeitsstelle.
Bis das Kind in den Kindergarten kam, blieb es bei einer Tagesmutter. „Wenn wir abends heimkommen, freuen wir uns sehr auf unsere Tochter." Jennifer hat die Möglichkeit, sich weiterzubilden. Dazu müsste sie für ein halbes Jahr zum Hauptsitz ihrer Firma in eine andere Stadt. Für das Paar würde das eine Wochenend-Ehe bedeuten und Timo müsste sich mehr ums Kind kümmern.

M 4 Drei Generationen einer Familie

INFO

Familien leben in der Gesellschaft. Gesellschaft ist das gemeinsame Leben von vielen Menschen in einem bestimmten Raum, z. B. in Deutschland. Eine Gesellschaft verändert sich, wenn sich die äußeren Bedingungen wandeln, z. B. durch Änderung der politischen Verhältnisse, durch höhere Arbeitslosigkeit oder durch Naturkatastrophen. Familien sind oft der kleinste Kern dieser Gesellschaft und werden durch äußere Wechsel verändert.

AUFGABEN

1 * *Fasse die Grafiken M 2 und M 3 in eigenen Worten zusammen und stelle eine Verbindung zu M 1 her.*

2 *Begründe, warum in Deutschland weniger Kinder geboren werden.*

3 *Diskutiert, inwiefern die Lebensformen der drei Frauen mit den gesellschaftlichen Bedingungen zusammenhängen, in denen sie gelebt haben.*

4 *Erkläre, welche Chancen und Risiken für Jennifer bestehen, wenn sie für ihren Beruf von der Familie wegzieht.*

Warum ist Lenas Papa nicht da?

M 1 Lena und ihre Mutter Claudia Kirsch

INFO

Alleinerziehend
Alleinerziehend zu sein bedeutet, dass ein Elternteil mit einem oder mehreren Kindern alleine lebt und die Hauptverantwortung trägt. Gründe dafür sind Trennung oder Scheidung der Eltern oder der Tod eines Elternteils. Manchmal übernehmen andere Familienangehörige oder Freunde zum Teil die Rolle des fehlenden Elternteils.

Eva hat Besuch von ihrer Freundin Lena. Normalerweise wollen die beiden nicht gestört werden, aber heute ist Evas Zimmertür offen. Gerade als Luca draußen vorbeigeht, bekommt er etwas von ihrer Unterhaltung mit.

Eva: *„Und deine Mutter ist nie da, wenn du aus der Schule kommst?“*
Lena: *„Nein, ich mache mir mein Essen selbst warm. Seit ich drei Jahre alt bin, arbeitet meine Mutter ganztags.“*
Luca: *„Das heißt, du kannst den ganzen Nachmittag machen, was du willst? Zum Beispiel Fernsehen, Handy, Computerspiele?“*
Eva: *„Mann, was willst du denn hier? Hab ich dir nicht gesagt, dass ...?“*
Lena: *„Ist schon ok! Ja, Luca, meine Mutter ist nachmittags nie da. Das heißt aber nicht, dass ich machen kann, was ich will. Ich esse zuerst, dann ruhe ich mich aus, dann beginne ich mit den Hausaufgaben. Abends will meine Mutter sehen, was ich gearbeitet habe. Aber in Englisch kann sie mir leider nicht helfen.“*
Luca: *„Kann dir dein Vater nicht helfen? Meiner übt am Wochenende immer Englischvokabeln mit mir. Dann ist er zu Hause und hat Zeit.“*
Lena: *„Nein, mein Papa wohnt schon lange nicht mehr bei uns. Zuerst haben meine Eltern viel gestritten. Ich war zwar noch klein, kann mich aber noch gut dran erinnern. Dabei habe ich mich oft sehr schrecklich gefühlt.“*
Luca: *„Und haben sich deine Eltern wieder vertragen, so ähnlich wie bei meinen? Die streiten ja auch manchmal!“*
Lena: *„Nein, sie haben sich getrennt. Nach der Scheidung ist mein Vater nach München gezogen, da hat er eine gute Arbeitsstelle gefunden. Ich sehe ihn leider nur in den Ferien. Manchmal beschwert sich meine Mutter, weil sie sagt, dass es schwer ist, alleinerziehend zu sein.“*
Luca: *„Allein was?“*
Lena: *„Alleinerziehend. Das heißt, dass sie sich allein um mich kümmert.“*
Eva: *„Aber deine Mutter hat doch einen Freund. Hilft er dir in Englisch?“*
Lena: *„Manchmal. Wir sehen Eduardo und seine zwei Söhne nur am Wochenende, aber dann ist für Englisch keine Zeit. Vielleicht ändert sich das, wenn meine Mutter und er zusammenziehen.“*
Eva: *„Was?! Davon hast du noch gar nichts erzählt! Da wird ja alles anders ... Ähm, Luca, ich glaube, ich muss jetzt mit Lena alleine reden!“*

M 2 Aus dem Gespräch zwischen Lena, Eva und Luca

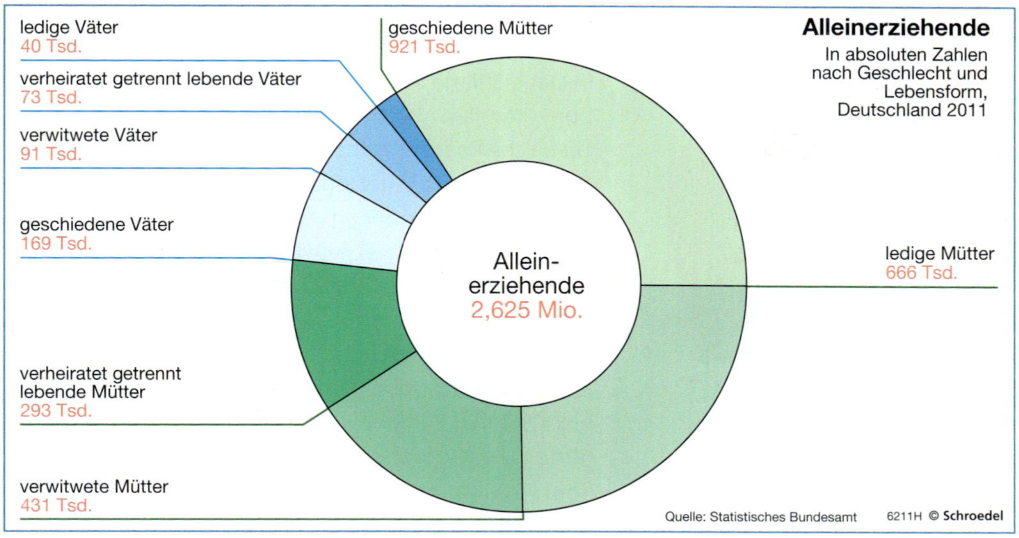

M3 Übersicht über Ein-Eltern-Familien in Deutschland

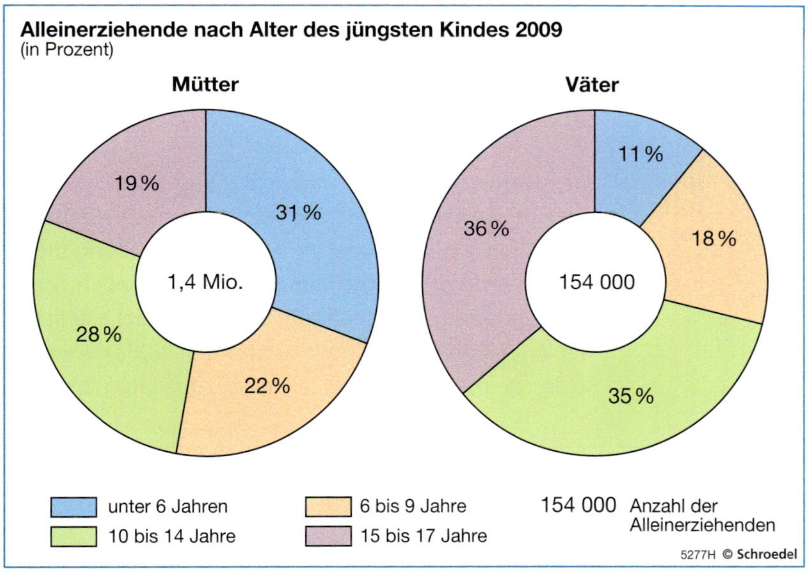

M4 Bei Vater oder Mutter? – Alleinerziehende nach Alter des jüngsten Kindes

Mütter betreuen meist jüngere Kinder als alleinerziehende Väter: Fast ein Drittel der Kinder, die von alleinerziehenden Müttern betreut werden, aber nur elf Prozent der Kinder, die von alleinerziehenden Vätern betreut werden, sind unter sechs Jahre alt. Demgegenüber sind mehr als zwei Drittel der Kinder, die von alleinerziehenden Vätern betreut werden, mindestens zehn Jahre alt – bei den Frauen trifft dies nur auf die Hälfte der Kinder zu.

(Quelle: Karsch, Margret; Berlin-Institut für Bevölkerung und Entwicklung (Hrsg.) 2010, Datengrundlage Statistisches Bundesamt)

AUFGABEN

1 *Gib den Eindruck wieder, den dir Abbildung M 1 vermittelt.*

2 *Versetze dich in Lena hinein. Schreibe über ihr Familienleben, aber auch über die Gedanken und Gefühle, die sie hat. Deinen Bericht kannst du so beginnen: „Ich bin Lena und ich bin dreizehn Jahre alt. Meine Mutter ist …"*

3 *Erstelle eine Liste mit Schwierigkeiten, die es in Ein-Eltern-Familien geben kann.*

4 * *So wie Lena leben viele Kinder nur mit einem Elternteil zusammen. Fasse zusammen, welche Informationen du zu diesem Thema der Grafik M 3 entnehmen kannst.*

5 * *Werte die Grafik M 4 aus.*

6 *Beschreibe, wie sich das Familienleben von Lena und ihrer Mutter Claudia Kirsch entwickeln könnte. Benenne diese Familienform (> S. 86).*

M 1 Regenbogenfamilie

„Heute war ein ganz normaler Tag. Meine Schwester saß schon am Frühstückstisch. Ganz verschlafen sagte ich: „Hallo." Auch meine Mutter saß schon da und meine andere Mutter auch. Nein, das ist kein Druckfehler – ich habe wirklich zwei Mütter. Für viele mag das jetzt sehr komisch klingen, aber für mich ist das ganz normal. Im Grunde ist es ja fast das gleiche, außer dass man keinen Vater im Haus hat. So etwas nennt man „Regenbogenfamilie".

Als ich vor mehreren Jahren erfuhr, dass meine Mutter lesbisch ist, musste ich mich erst einmal daran gewöhnen. Meine größte Sorge war, wie meine Freunde das Ganze aufnehmen würden. Doch im Grunde sind Regenbogenfamilien genauso wie normale Familien. ..."
Johannes (13 Jahre)
(http://www.kids.lsvd.de/berichte-1.htm, gekürzt)

INFO

Regenbogenfamilie
Unter Regenbogenfamilien versteht man gleichgeschlechtliche Lebensgemeinschaften mit Kindern.
Der Regenbogen soll die Vielfalt der gleichgeschlechtlichen Lebensgemeinschaften zeigen.

Meine Familie ist anders

In Deutschland leben fast 20 000 Kinder in einer Regenbogenfamilie, also bei zwei Müttern oder zwei Vätern. Lesbische Paare entscheiden sich oft für Kinder und suchen sich einen Vater oder Samenspender. Manchmal gibt es bereits Kinder aus früheren Beziehungen.

Lange mussten gleichgeschlechtliche Paare ihre Beziehung verborgen halten. Seit 2001 können sie ähnlich wie Ehepaare einen Bund fürs Leben schließen, in Form einer „eingetragenen Lebenspartnerschaft". Diese ist nicht in allen Punkten einer Ehe gleichgestellt (M 2): So dürfen gleichgeschlechtliche Paare bis heute noch kein Kind zusammen adoptieren.

Früher haben Kinder aus Regenbogenfamilien eher verheimlicht, dass sie zwei Mütter oder zwei Väter haben: „Das ist die Freundin meiner Mutter." „Der Freund von meinem Vater wohnt bei uns in der WG." Heute gehen aber viele Kinder selbstbewusst mit diesem Thema um (M 4).

Eine Untersuchung der Universität Bamberg (2009) hat gezeigt, dass gleichgeschlechtliche Eltern sehr liebevoll sind. Die schulische und berufliche Entwicklung dieser Kinder verläuft positiv. Manchmal fehlt ähnlich wie in Ein-Eltern-Familien der andersgeschlechtliche Teil, z. B. der Vater. Genau wie Kinder aus „normalen" Beziehungen leiden Regenbogenkinder, wenn sich ihre Eltern trennen.

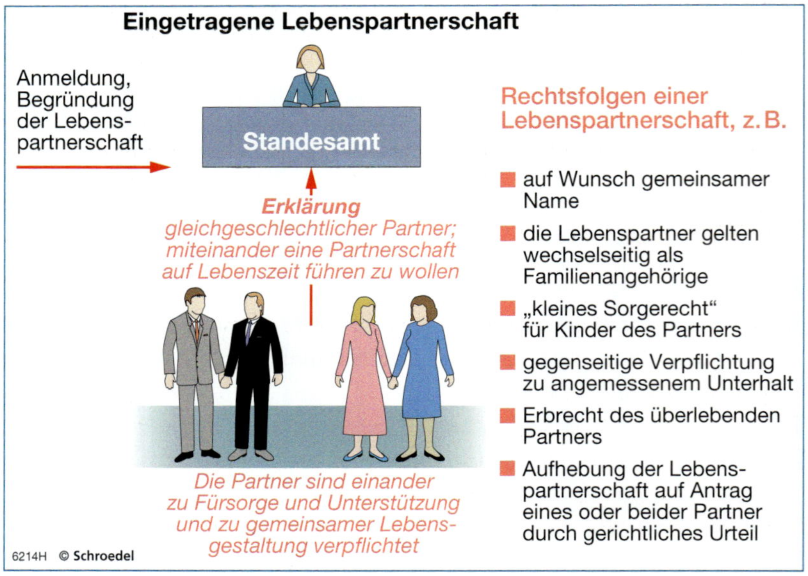

M 2 Eingetragene Lebenspartnerschaften

M3 Junge Menschen, die in sogenannten Regenbogenfamilien aufgewachsen sind

SZ-Magazin: *Wann ist euch klar geworden, dass in euren Familien etwas anders ist als bei anderen?*
Nell: In der Grundschule. Wenn beim Weihnachtsbasar meine Mutter nicht mit meinem Vater gekommen ist, sondern mit ihrer Freundin. Dann wurde gefragt: Wer ist das denn? Also hab ich erklärt: Meine Eltern sind ein lesbisches und ein schwules Paar, vier Menschen, die zusammen zwei Kinder haben – meine Schwester Mia und mich.
Felix: Ich war schon in der Schule, als meine Mutter nach der Trennung von meinem Vater eine Beziehung zu einer Frau anfing. Ihre Freundin ist bald bei uns eingezogen, später haben sie geheiratet … . Das alles habe ich auch gern in der Schule erzählt, mit sieben denkt man sich nichts dabei. …

Wie haben andere Kinder in der Schule reagiert?
Mia: Kinder nehmen das alles total normal auf. Wenn, dann waren es immer die Eltern, die damit ein Problem hatten. Es gab ein Mädchen, das durfte ich deswegen nicht mehr treffen. Die Mutter kam aus Osteuropa und fand Nell und mich keinen guten Umgang.
Malte: Ich habe schon ab und zu doofe Sprüche gehört, weil ich der Sohn von zwei Frauen bin. Aber in der Schule hört man sich alles Mögliche an, egal ob man zwei Mütter hat oder eine komische Frisur. …

Wie nennt ihr anderen eure Eltern?
Malte: Ich sage meist Mama oder Mutter. Wenn man allerdings mit jemand anderem spricht, dann gibt's schnell Durcheinander, weil ich ja beide Mutter nenne. Einen Vater gibt es bei mir ja nicht, ich bin durch einen anonymen Samenspender gezeugt worden. …

In euren Familien werden die Rollen neu erfunden. Wer kümmert sich um das Essen? Wer kümmert sich um das Geldverdienen? Wird so etwas verhandelt?
Mia: Alles total flexibel. Alle gehen arbeiten, alle kochen mal. … Diese alten Modelle werden immer seltener. Ich glaube, ich kenne keine Familie, in der die Mutter eine Hausfrau ist. …

Das Wort „schwul" war erst ein Schimpfwort, dann ganz normal, jetzt ist es in der Jugendsprache wieder ein Schimpfwort. Warum?
Mia: Stimmt, mich nervt das total. Wenn jemand sagt, das und das sieht voll schwul aus, bin ich immer kurz davor zu sagen, mein Vater sieht aber nicht so aus.
Malte: Das Wort hat zwei Bedeutungen. Es wird heute eher für Dinge benutzt, seltener für Personen. So im Sinne von »langweilig«. Deshalb habe ich nicht so ein Problem damit. Ich benutze es auch selber manchmal.

(http://sz-magazin.sueddeutsche.de/texte/anzeigen/39323/Ich-faende-es-seltsam-wenn-mein-Vater-eine-Freundin-haette, 2/2013, gekürzt)

M4 Interview aus einer Zeitschrift: „Ich fände es seltsam, wenn mein Vater eine Freundin hätte."

AUFGABEN

1 *Erkläre den Begriff „gleichgeschlechtliche Partnerschaft".*

2 *Fasse zusammen, wie Kinder aus gleichgeschlechtlichen Partnerschaften ihre Familie erleben.*

3 * *Diskutiert, ob man gleichgeschlechtlichen Lebensgemeinschaften erlauben sollte, gemeinsam ein Kind zu adoptieren. Denkt dabei an Artikel 3 des deutschen Grundgesetzes: „Alle Menschen sind vor dem Gesetz gleich." Bei dieser Aufgabe könnt ihr auch nach der Think-Pair-Share-Methode (> S. 86) vorgehen.*

Familienmodelle in Deutschland

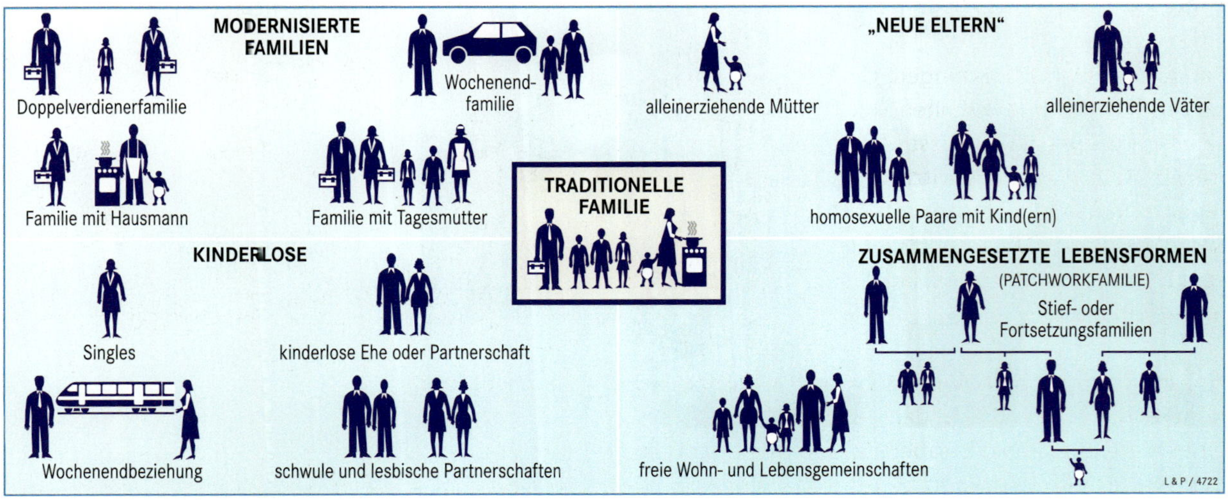

M 1 Überblick über Familienmodelle

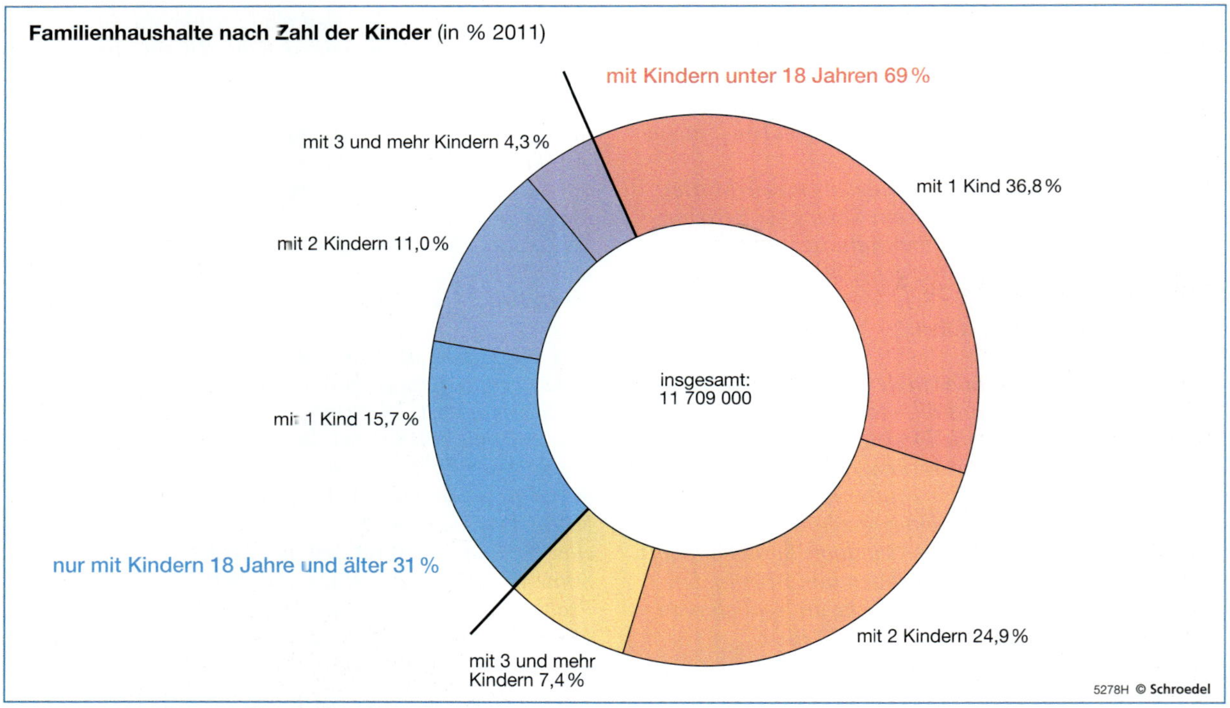

M 2 Familien nach Zahl der Kinder in Deutschland

INFO

Was ist Patchwork?
Technik, z. B. zur Herstellung von Kleiderstoffen, Decken, Wandbehängen, bei der Stoff- oder Lederflicken in den verschiedensten Formen, Farben und Mustern harmonisch zusammengesetzt werden.

AUFGABEN

1 * *Beschreibe die Grafiken M 1 und M 2 (> S. 232).*

2 *Erkläre deine Ergebnisse, indem du dein Wissen aus der Unterrichtseinheit einbringst.*

M

Karikaturen auswerten

Karikaturen sind Abbildungen, die z.B. eine Person, eine Verhaltensweise oder ein Ereignis bewusst übertreiben. Karikaturen sind witzig und regen zum Nachdenken an.
Das Wort stammt aus dem Italienischen und bedeutet „überladen", „übertreiben".

Eine Karikatur stellt schwierige Zusammenhänge vereinfacht dar. Ziel einer Karikatur ist es, die übertrieben dargestellte Situation zu bemerken und sich dann sein eigenes Urteil dazu zu bilden. Dafür muss man herausfinden, was die Aussage der Karikatur ist.

Werte nun die Karikatur M 1 aus. Die drei Schritte zur Auswertung und das Beispiel helfen dabei.

M 1 Karikatur von Erich Rauschenbach

1. **Beschreiben**
   Beschreibe deinen Gesamteindruck, dann die Details der Karikatur mit Hilfe der W-Fragen (Wer? Was? Wo? Warum? Wozu?)
2. **Untersuchen**
   Gib der Karikatur eine Überschrift. Welche Einzelheiten sind von Bedeutung? Wen oder was will der Zeichner der Karikatur kritisieren? Welche Wirkung will er erreichen?
3. **Einordnen/Bewerten**
   Hat der Zeichner der Karikatur mit seiner Kritik Recht? Wie stehst du zu dem Problem?

Beispiel einer Karikatur-Analyse

1. Die Karikatur von Jim Unger zeigt ein Lehrer-Schüler-Gespräch vor der Tafel, auf der eine mathematische Gleichung zu sehen ist. Der Lehrer gibt dem Schüler ein Dokument, vielleicht eine Klassenarbeit, und verlangt eine Unterschrift. Die Antwort des Schülers findet sich unter der Zeichnung.

2. Mögliche Überschrift: Komplizierte Familienverhältnisse. Der Lehrer ist in der Karikatur mit Halbglatze, Brille, Bauch und schlecht sitzendem Anzug übertrieben dargestellt. Der Schüler wirkt durch seine Sommersprossen gewitzt. Entsprechend fällt seine Antwort aus. Er scheint sich vor der Unterschrift der Eltern drücken zu wollen, indem er nachfragt, wer unterschreiben solle und auf die komplizierten Familienverhältnisse seiner Patchwork-Familie hinweist. Damit kritisiert der Karikaturist die unklaren Verantwortungsbereiche in manchen Patchwork-Familien.

M 2 Karikatur von Jim Unger

3. Der Zeichner weist auf ein Problem hin, das in Patchwork-Familien vorkommen kann, wenn sich viele für ein Kind verantwortlich fühlen. Gleichzeit hat er auch Unrecht, denn in Patchwork-Familien können die Zuständigkeiten klar aufgeteilt sein, z.B. wenn das Kind beim Vater lebt und seiner neuen Frau unterstützt wird, während an Wochenenden die leibliche Mutter für das Kind verantwortlich ist.

Oma, wie war es früher bei euch?

M 1 Irmgard Schanze als Kind

„Oma, erzähl doch mal! Wie war es damals, als du jung warst? Standen hier in Massenheim schon so viele Häuser? Und was habt ihr nach der Schule alles gemacht?“

Großmutter Irmgard ist davon überrascht. Luca erklärt ihr: „Unsere GL-Lehrerin möchte, dass wir Zeitzeugen befragen. Das Thema dürfen wir selbst festlegen und auch aussuchen, mit wem wir sprechen wollen.“

Irmgard Schanze überlegt, was sie ihrem Enkel von ihrer Familie und ihrer Kindheit in Massenheim erzählen kann.

Luca bereitet sich gut auf das Interview vor (> S. 97). Er möchte seine Großmutter über das Familienleben früher befragen. Diesen Ausschnitt hat Luca aufgenommen und aufgeschrieben.

Luca: *„Wann bist du geboren und wann kamst du in die Schule?“*
Oma: *„Ich bin 1944 noch im Krieg geboren und dann mit sechs in die Schule gekommen – in die achtjährige Volksschule, wie es damals hieß.“*

Luca: *„Und dein Vater war nicht mehr bei euch, als du klein warst?“*
Oma: *„Ich habe ihn kaum kennen gelernt. Mein Vater war bis 1945 im Krieg. Den hat er schwer verletzt überlebt. Doch darüber haben wir nie gesprochen. Aber meine zwei Brüder und ich durften nie laut sein. Immer sagte meine Mutter: „Seid still. Papa geht es nicht gut.“ Er hatte große Schmerzen. Als ich 8 Jahre alt war, ist er gestorben.“*

Luca: *„Und was hat deine Mutter dann gemacht?“*
Oma: *„Für sie war es schwierig mit drei Kindern. Arbeit gab es in Massenheim nur während der Weinfeste und der Weinlese. Da konnte meine Mutter bei ihrem Onkel mitarbeiten. Außerdem bekam sie etwas Geld vom Staat, weil ihr Mann im Krieg gestorben war. Aber es war immer sehr wenig.“*

Luca: *„Und was habt ihr in dieser schwierigen Zeit zu Essen gehabt?“*
Oma: *„Wir haben nicht gehungert, doch oft gab es tagelang Kartoffeln und Gemüse aus dem Garten. Unseren Fleischhunger mussten wir uns für die Familienfeste aufsparen. Zum Frühstück gab es nur ein Glas Milch und eine Scheibe Brot mit Butter. Besser ging es uns, als mein älterer Bruder mit seiner Ausbildung als Maschinenschlosser bei Opel angefangen und Geld verdient hat. Ich habe ihn damals sehr beneidet. Ich durfte keinen Beruf lernen, da meine Mutter glaubte, ich würde bald heiraten und Kinder bekommen.“*

Am Ende des Gesprächs sagt Luca: *„Oma, ich danke dir ganz herzlich für das Gespräch und für die Fotos.“*

AUFGABEN

1 *Lies dir das Gespräch zwischen Luca und seiner Großmutter durch.*
Beschreibe das Leben von Oma Irmgard als Kind.

2 *Du findest hier nicht das ganze Interview.*
a) Was könnte Luca seine Großmutter noch gefragt haben?
b) Welche weiteren Fragen hättest du an Oma Irmgard?

3 *Führe selbst eine Befragung von Zeitzeugen durch. Wie du eine Befragung planst, durchführst und auswertest, findest du auf Seite 97.*

M

Befragung von Zeitzeugen

Was ist eine Befragung von Zeitzeugen und welche Möglichkeiten bietet sie?

Ein Zeitzeuge ist eine Person, die ein vergangenes Ereignis oder eine Entwicklung bewusst miterlebt hat und darüber berichten kann. Dabei kann es sich um aktiv Beteiligte (z. B. einen Bürgermeister) oder um Menschen handeln, die mit dabei waren (z. B. Dorfbewohner).

Um die Ergebnisse der Befragung besser auswerten zu können, macht man sich Notizen oder nimmt die Antworten auf. Mit der Zeitzeugenbefragung lernt man Alltagserfahrungen der Menschen kennen. Allerdings lernt man nicht „die" Geschichte kennen, sondern lediglich „eine" Geschichte – eine Sichtweise auf die Vergangenheit unter vielen anderen.

Die Befragung wird in drei Schritten durchgeführt:

M 1 Befragung eines Zeitzeugen

1. Vorbereitung

- Lege zunächst das Thema für deine Befragung von Zeitzeugen fest (z. B. Schule in den 1950er-Jahren, Erinnerungen der italienischen „Gastarbeiter" in den 1960er-Jahren).
- Suche zu dem Thema Informationen in Büchern und im Internet.
- Überlege, wer ein passender Zeitzeuge sein könnte (z.B. jemand in deiner Familie oder Nachbarschaft).
- Formuliere Fragen und übe die Befragung mit deinem Lernpartner. Überarbeite dann deine Fragen.
- Überlege, wie du das Gespräch aufzeichnen möchtest (z. B. Mitschreiben, Aufnehmen, Fotografieren). Kläre mit dem Zeitzeugen, ob er damit einverstanden ist.
- Lege den Ort und die Länge des Gesprächs fest.

2. Durchführung

- Begrüße den Zeitzeugen und stelle dich vor. Bereite die technischen Geräte zur Aufnahme vor, falls du sie benutzt.
- Stelle deine vorbereiteten Fragen, aber reagiere auch mit neuen Fragen auf neue Informationen.
- Höre während des Gesprächs gut und aufmerksam zu und bleibe höflich.
- Bedanke dich am Ende des Gesprächs und zeige dem Zeitzeugen am Ende deine Arbeitsergebnisse.

3. Auswertung

- Formuliere deinen ersten Eindruck von deiner Befragung. Welche Informationen hast du erhalten? Welche Informationen hast du nicht erhalten und warum?
- Fasse deine Aufzeichnungen oder Mitschnitte zu einem kurzen Bericht zusammen. Damit wird diese Befragung zu einer geschichtlichen Quelle (> S. 133).
- Vergleiche die Ergebnisse deiner Befragung mit dem Wissen, das du von dem Thema schon vorher hattest. Welche neuen Informationen hast du erhalten?
- Überlege dir eine passende Präsentationsform für deine Ergebnisse (z. B. Plakatpräsentation, schriftliche Zusammenfassung mit Fotos, Podcast oder kurzen Film).
- Stelle deine Ergebnisse in der Klasse vor.

TIPP

Zeitzeugenbefragungen zu verschiedenen Themen, die andere fünfte Klassen durchgeführt haben, findest du unter http://zeitzeugen.wordpress.com/. Dort sind auch Ideen für Themen und Fragen zu finden.

Armut in deutschen Familien

M1 Am Schulkiosk

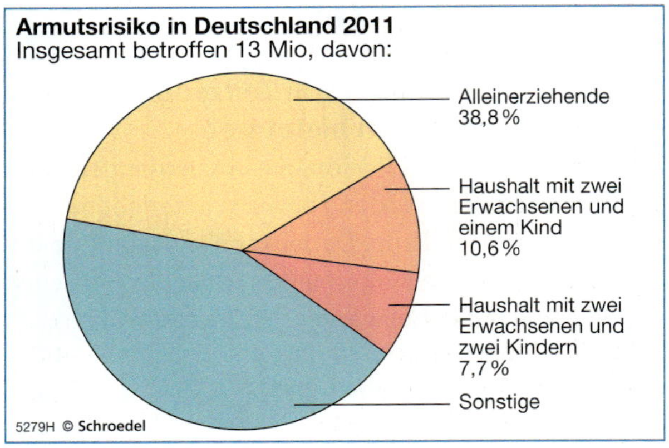

M2 Armutsrisiko in Deutschland

Luca ist auf dem Weg zum Schulkiosk. Einmal in der Woche, so ist es mit seiner Mutter vereinbart, darf er sich dort kaufen, was er will. Auf dem Weg trifft er Lars. Luca spricht ihn an.

Luca: *„Na, was kaufst du dir heute?"*

Lars: *„Ich weiß nicht so genau. Normalerweise kann ich mir nichts am Kiosk kaufen. Ich lebe allein bei meinem Vater. Wir haben nicht so viel Geld. Denn mein Vater findet schon seit zwei Jahren keine neue Arbeitsstelle."*

Luca: *„Wovon lebt ihr dann?"*

Lars: *„Wir bekommen Geld vom Staat, es heißt Hartz IV. Mein Vater sagt immer, dass es viel zu wenig ist."*

Luca fragt sich nach dem Gespräch, wie es sein kann, dass es in Deutschland arme Kinder gibt. Denn er hatte immer gedacht, arme Kinder lebten z. B. in Afrika und Asien, den sogenannten Entwicklungsländern.

Armut – was bedeutet das?

Armut heißt, einen Mangel an lebenswichtigen Dingen zu haben, z. B. ausreichend und gesundes Essen, Kleidung und genug Wohnraum. Kinder sind meist arm, weil ihre Eltern es sind. Eine wichtige Ursache für Armut ist eine längere Arbeitslosigkeit der Eltern. Besonders betroffen sind Alleinerziehende. Weitere Gründe sind schlechte Bezahlung der Arbeit und Trennung von Familien. Bestimmte Formen der Armut sind selbstgewählt, z. B. das Leben im Kloster.

Die Armut eines Kindes in Afrika, das keine Eltern mehr hat und beinahe verhungert, unterscheidet sich von einem armen Kind in Deutschland, das kein Geld für Freizeitaktivitäten hat. Deshalb unterscheidet man zwischen absoluter und relativer Armut.

Absolute Armut: Nach Definition der Weltbank ist absolut arm, wer weniger als 1,25 $ (ca. 1 Euro) pro Tag hat. Davon sind alle Ausgaben für Nahrung, Kleidung, Wohnen und Medikamente zu decken. Absolut Arme leiden meist an Hunger und kämpfen ums Überleben – weltweit etwa 1,2 Milliarden Menschen. Diese Form der Armut gibt es in Deutschland nicht, weil der Staat für die Grundversorgung aller Menschen sorgt.

Relative Armut: Hat jemand deutlich weniger zur Verfügung als der Durchschnitt der Bevölkerung, so leidet er an relativer Armut. Bei uns gilt als relativ arm, wer weniger als 60 % des Durchschnittseinkommens hat. Derzeit sind dies Personen, die über weniger als 1060 Euro im Monat verfügen. (Für eine Familie mit zwei Kindern sind es 2058 Euro im Monat.) Nach einer Studie der **UNICEF** waren 2012 insgesamt 1,2 Millionen Kinder betroffen.

Auswirkungen von Armut

Arme Kinder wachsen in Deutschland nicht gleichberechtigt auf. Sie müssen schon früh auf viel verzichten, was für ihre Klassenkameraden normal ist – z. B. ein neues Computerspiel oder neue Fußballschuhe. Sie gehen weniger oft zum Arzt und haben meist einen schlechteren Schulabschluss als Kinder aus durchschnittlich verdienenden Familien. Darüber hinaus leben ihre Eltern häufig getrennt. Arme Kinder sind häufiger von Übergewicht, Drogenmissbrauch und Erfahrungen mit Gewalt betroffen. Oft haben diese Kinder auch weniger Selbstbewusstsein.

Als Erwachsene sind arme Kinder häufig selbst arm, das nennt man den „Teufelskreis der Armut". Aber es gibt auch andere Wege in die Armut und aus ihr heraus.

„Früher war alles anders“, seufzt Marion Tauber, wenn sie abends müde von der Arbeit kommt und den Wäscheberg vor sich sieht, der in die Waschmaschine muss. „Da hat mein Ex-Mann regelmäßig Geld verdient und sich am Wochenende um unsere zwei Kinder gekümmert. Ich habe halbtags als Bürokauffrau gearbeitet, so konnten wir in einem schönen Haus wohnen“, erzählt sie.

Dann kam aber die Krankheit ihres Mannes, lange Klinikaufenthalte, er hat sich sehr verändert. Und er wollte einen Neuanfang ohne seineFamilie. Da er aus gesundheitlichen Gründen nicht arbeiten kann, erhält Familie Tauber keinen Unterhalt von ihm. Die Mutter arbeitet ganztags, verdient aber nur 1800 Euro im Monat. „Zu wenig für uns drei.“, urteilt sie.

Also war Sparen angesagt. „Mit meinen Kindern habe ich offen über unsere Geldprobleme gesprochen. Mit einigen Maßnahmen waren sie sofort einverstanden, andere waren für sie schwierig zu verstehen“, erzählt die Mutter. Zuerst sind wir in eine kleinere Wohnung gezogen und die Kinder mussten sich ein Zimmer teilen. Dann wurden alle Handyverträge gekündigt. Wenn die Kinder ein eigenes Smartphone wollen, müssen sie es sich schenken lassen oder selbst Geld verdienen. Mit ihrer eigenen Mutter hat Marion Tauber vereinbart, dass die Kinder vier Mal in der Woche bei ihr essen können. Das spart Geld für den Einkauf und Zeit.

Auch ungewöhnliche Spartipps hat die findige Mutter auf Lager: Haareschneiden zu Hause oder von einer Freundin, Secondhand-Kleidung in Kleiderkammern, aber auch Wäsche nicht gleich zu waschen, sondern auch mal zu lüften und später nochmal zu tragen.

Nahrungsmittel kauft sie immer samstags, dann ist sie oft billiger. „Essen müssen wir immer zu Hause. Döner und Hamburger sind einfach zu teuer.“, schließt sie.

M 3 Armut macht erfinderisch

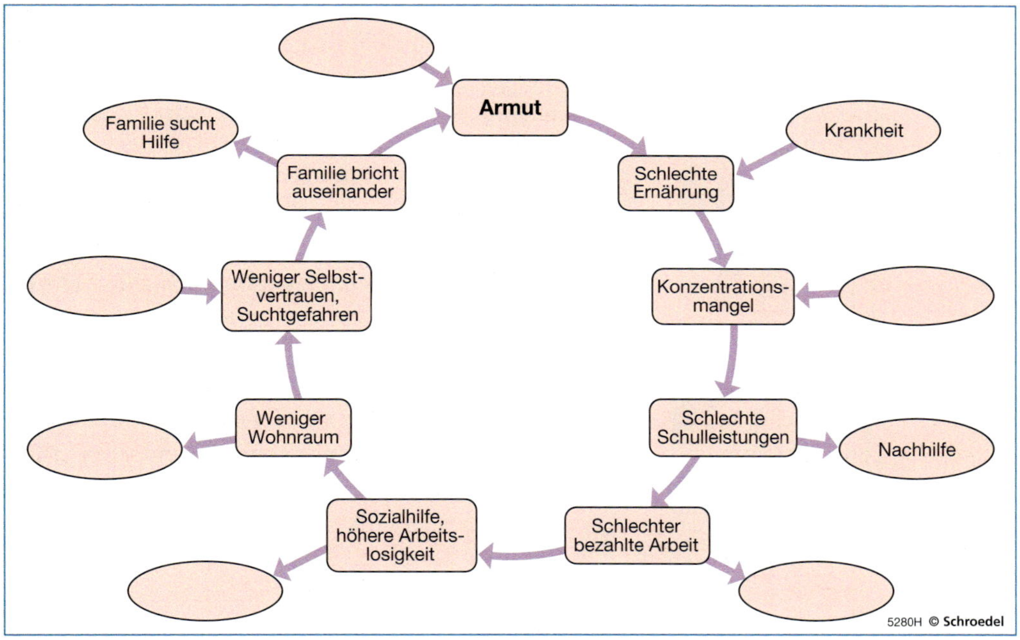

M 4 Teufelskreis der Armut

AUFGABEN

1 *Erkläre, warum Lars nicht oft am Schulkiosk einkaufen geht.*

2* *Vergleiche relative und absolute Armut.*

3 *Erkläre den „Teufelskreis der Armut“ (M 4).*

4* *Diskutiert, wie man den „Teufelskreis der Armut“ durchbrechen könnte. Zeichnet dann das Schaubild M 4 ab und ergänzt dieses. Hier könnt ihr auch nach der Think-Pair-Share-Methode vorgehen (> S. 86).*

5 *Ergänze die Tipps zum Umgang mit Armut, die du im Text „Armut macht erfinderisch“ (M 3) findest.*

Nicht immer Friede, Freude, Eierkuchen

M 1 Luca streitet mit seiner Mutter

Mutter Nicole (M): *„Luca, wir hatten ausgemacht, du bekommst kein Smartphone, wenn du schlechte Noten schreibst! Du spielst schon zu viel am Computer."*
Luca (L): *„Mann, das ist aber unfair. Ich habe doch für die Mathearbeit gelernt. Ich kann doch nichts dafür, dass ich eine schlechte Note schreibe."*
M: *„Aber wir haben uns auf diese Regel geeinigt!"*
L: *„Aber Eva darf ihr Handy behalten – egal was passiert."*
M: *„Mit Eva haben wir andere Regeln vereinbart. Das weißt du doch!"*
L: *„Und wie soll ich jetzt mit meinen Freunden reden?"*

Wütend stürmt Luca in sein Zimmer und wirft die Tür mit einem lauten Knall zu. Seine Mutter Britta schüttelt nur ungläubig den Kopf.

M 2 Karikatur

Streit in der Familie ist oft ein Alptraum für die Kinder. Gründe für Streitigkeiten gibt es reichlich.

„Ich streite oft mit meiner Schwester", sagt ein 14-Jähriger. „Daran ist sie schuld. Sie ist so zickig!"

Die Eltern eines 12-jährigen Schülers streiten sich wegen der Kinder: „Sie werfen sich gegenseitig vor, uns nicht richtig zu erziehen. Aber wenn die Eltern nicht einige Fehler machen würden, dann könnten wir gleich einpacken. Das wäre doch kein Leben mehr."

„Ich habe mit meinen Eltern meist wegen meiner Schulnoten Streit", beklagt sich eine 13-Jährige.

„Außerdem gefallen ihnen meine Freunde nicht. Ich kann es meinen Eltern nie recht machen!"

M 3 Aus einem Zeitungsbericht

AUFGABEN

1 *Kennst du ähnliche Konflikte wie zwischen Luca und seiner Mutter Britta? Berichte.*

2 *Warum entstehen Konflikte in Familien? Die Karikatur M 2 und der Zeitungstext M 3 geben dir Hinweise.*

3 *Welches Gespräch und welche Methode der Konfliktbewältigung gehören zusammen?*

4 * *Beschreibe das Entscheidende bei Methode 3 der Konfliktbewältigung. Finde Lösungsvorschläge im Sinn der Methode 3 für Familienkonflikte (> Aufgabe 1). Arbeite mit einem Lernpartner.*

5 *Nenne Vor- und Nachteile eines Familienrates.*

6 *Erstelle eine Liste mit Themen, die im Familienrat nicht entschieden werden können. Begründe.*

7 *Sprecht mit euren Eltern über einen Familienrat in eurer Familie. Begründet euren Wunsch. Berichtet in der Klasse, wenn ihr einen Familienrat zu Hause durchführen konntet.*

Lösung von Familienkonflikten

Beispiel 1:
Vater (V): „Alex, mach dich bitte fertig. Wir gehen spazieren."
Alexander (A): „Was? Muss ich auch mit? Ich finde Spazierengehen langweilig. Jeden Sonntag dasselbe!"
V: „Aber wir wollen doch auch etwas gemeinsam unternehmen – und das können wir schließlich nur am Sonntag."
A: „Muss es aber immer ein Spaziergang sein? Lars macht sich schon lustig über mich – ob ich denn schon meinen „Verdauungsspaziergang" unternommen hätte und so ..."
V: „Geht es nur ums Spazierengehen oder hast du keine Lust, etwas mit uns zu machen?"
A: „Das schon, aber nicht immer dasselbe."
V: „Dann lass uns doch überlegen, was wir machen könnten. Wir könnten ja heute Nachmittag in den Stadtpark gehen, dort ist eine Boule-Bahn."
A: „Das hört sich gut an. Und nächsten Sonntag fahren wir mit den Rädern zum Silbersee."

Beispiel 2:
V: „Alex, mach dich bitte fertig. Wir gehen spazieren."
A: „Was? Muss ich auch mit? Ich habe keine Lust dazu."
V: „Es ist gut, wenn du mal an die frische Luft kommst."
A: „Ich bin doch gesund!"
V: „Wir müssen doch auch mal etwas gemeinsam machen, in der Woche bleibt da doch keine Zeit."
A: „Ich hab aber keine Lust auf das blöde Rumrennen!"
V: Dann bleib eben da! Ich hab keine Lust zu streiten."

Beispiel 3:
V: „Alex, mach dich bitte fertig. Wir gehen spazieren."
A: „Was? Muss ich auch mit?"
V: „Was heißt „müssen"? In deinem Alter bin ich sonntags immer mit meinen Eltern spazieren gegangen."
A: „Spazierengehen ist doch doof."
V: „Du hockst nur am Computer! Du gehst mit! Basta!"
A: (wütend) „Schon gut, dann geh ich eben mit."

Drei Methoden zur Konfliktbewältigung

Methode 1: Kommt es zum Streit zwischen Eltern und Kind, setzen sich die Eltern durch. Sie setzen ihre Macht und Autorität ein und zwingen das Kind zum Gehorsam.

Methode 2: Kommt es zum Streit zwischen Eltern und Kind, versuchen die Eltern, ihr Kind zu überreden. Gelingt ihnen das nicht, geben sie nach. Sie lassen ihr Kind machen, was es will.

Methode 3: Kommt es zum Streit, reden Eltern und Kind miteinander und suchen im Gespräch eine Lösung. Beide Seiten machen Vorschläge. Schließlich einigt man sich auf die Lösung, die für beide Seiten annehmbar ist.

M

Familienrat

Der Familienrat hilft, Konflikte friedlich auszutragen. Alle Familienmitglieder setzen sich zusammen, um Meinungsverschiedenheiten auszugleichen. Dabei respektieren Eltern die Erwartungen der Kinder und umgekehrt.

Wie funktioniert der Familienrat?

1. Vorbereitung

Gemeinsam legt die Familie einen Termin für den Familienrat fest. Alle Familienmitglieder sollten dabei sein, Termine sind nur miteinander zu verschieben. Auch die Dauer wird festgelegt, z. B. eine Stunde. Für die Treffen sollte ein gemütlicher Ort eingerichtet werden.

2. Durchführung

Alle Familienmitglieder treffen sich zur vereinbarten Zeit, einer hat den Vorsitz. Jeder kann ein Problem zur Sprache bringen, jeder sollte sich dazu äußern können. Dann diskutieren alle über eine Entscheidung, die allen gerecht wird. Diese Abmachungen werden protokolliert und ihre Einhaltung überprüft.

3. Mögliche Regeln

- Wird ein Problem vorgetragen, immer Ich-Botschaften formulieren, z. B. „Ich würde gerne sonntags auch einmal ins Schwimmbad gehen."
- Jeder darf sein Problem vortragen, ohne unterbrochen zu werden.
- Jedes Problem darf vorgetragen werden, z. B. Aufgaben, Taschengeld, Ordnung.
- Jeder hat bei der Abstimmung die gleiche Stimme.
- Die Diskussion und Entscheidung zu einem Problem können in ein Buch eingetragen werden.
- Der Vorsitz des Familienrats sollte reihum gehen. Er sorgt dafür, dass alle Regeln eingehalten werden.
- Alle akzeptieren eine Entscheidung bis zum nächsten Familienrat und halten sich daran.

Wiederholen und Üben

Familienrat: Wer soll was machen?

Familie Hansen besteht aus vier Personen:
Frau Hansen ist halbtags als Verkäuferin beschäftigt, Herr Hansen arbeitet als Bankkaufmann in der nahen Kreisstadt, die beiden Kinder Sonja (12 Jahre) und Bernd (15 Jahre) gehen noch zur Schule. Weil Frau Hansen wieder ganztags arbeiten möchte, muss die Hausarbeit neu verteilt werden. Dazu haben sich die Hansens zusammengesetzt und zunächst einmal die anfallenden Arbeiten notiert.
Begründe, wie du die Arbeit verteilen würdest.

Zimmer aufräumen / Reparaturarbeiten in und am Haus / Schriftverkehr mit Behörden, Banken usw. / Staubsaugen / nass wischen / Abfalleimer leeren / Bad, Küche, Toilette putzen / Blumen gießen / Hof und Gehweg kehren / Wäsche waschen / Wäsche bügeln und zusammenlegen / Fenster putzen / Auto waschen / einkaufen / Geschirrspülmaschine ein- und ausräumen / Gartenarbeiten ...

Was meinst du?

Familie ist ...!? Über dieses Thema hast du in diesem Kapitel einiges gelernt, also: Was ist eine Familie?

Karikatur auswerten

Werte die Karikatur mithilfe der Fragen auf Seite 95 aus.

"Alle Kinder haben Püppchen, die schreien können - nur ich nicht!"

Zusammenleben in der Familie

a) Finde in dem Rätselkasten die acht Wörter, die mit Familie zu tun haben (senkrecht /waagrecht oder vorwärts / rückwärts zu lesen!). Die Anfangssilben der Begriffe lauten: al – fa – fa – fa – kin – kon – re – schei

b) Erkläre diese Begriffe mit eigenen Worten.

M	A	L	L	E	I	N	E	R	Z	I	E	H	E	N	D	T	H	T
N	E	Y	Q	E	L	E	C	O	V	R	A	D	D	V	N	U	O	C
C	U	P	W	W	T	L	H	O	Z	E	K	S	T	P	E	K	C	Y
P	N	W	M	W	X	M	P	I	L	L	I	L	B	U	J	O	Y	T
M	F	J	J	J	B	H	C	G	P	D	N	J	I	C	T	N	X	D
Y	A	T	I	G	R	S	C	X	Q	W	D	K	N	U	X	F	T	W
B	P	T	R	M	F	R	S	L	U	R	E	C	C	V	A	L	E	Q
N	R	X	I	G	L	S	S	D	S	V	R	L	Y	L	I	I	I	R
M	O	O	A	H	N	R	G	I	M	O	B	T	H	C	T	K	H	J
F	R	M	G	I	B	S	W	U	W	U	Q	V	L	T	A	T	L	P
A	K	V	M	S	Y	E	T	Q	K	M	K	P	K	X	R	E	P	X
M	E	C	C	X	H	I	W	G	E	J	L	B	O	R	N	A	T	Z
I	V	E	I	L	I	M	A	F	N	E	G	O	B	N	E	G	E	R
L	F	A	M	I	L	I	E	N	A	R	M	U	T	R	I	T	D	K
I	B	V	F	X	Q	G	N	U	D	I	E	H	C	S	L	U	W	X
E	K	D	B	Y	R	Q	W	V	A	N	M	C	I	W	I	S	A	I
U	K	I	J	X	V	G	Y	U	N	M	I	Y	Q	O	M	N	H	S
Y	L	G	T	I	L	B	G	E	S	R	E	L	Y	B	A	C	K	D
F	V	T	W	W	S	M	E	S	M	N	S	F	Z	J	F	Q	I	P

Prüfe dich nun selbst! Du kannst ...

- ✓ … verschiedene Familienformen nennen und erklären (> S. 86 – 93);
- ✓ … die Familienform von vorgestellten Personen aus den Texten benennen (> S. 87);
- ✓ … dich mit der Think-Pair-Share-Methode mit anderen über Themen aus dem Umkreis Familie austauschen (> S. 86);
- ✓ … die rechtliche Lage von "normalen" Familien" zu gleichgeschlechtlichen Beziehungen nennen und nachempfinden, wie es Kindern in solchen Beziehungen geht (>S. 92f);
- ✓ … eine Karikatur analysieren (> S. 95);
- ✓ … eine Zeitzeugenbefragung durchführen (> S. 97);
- ✓ … erklären, was relative und absolute Armut ist (> S. 98f);
- ✓ … begründen, warum auch in Deutschland Kinder arm sind (> S. 98f);
- ✓ … Tipps geben, wie man mit Armut umgehen kann (> S. 98f);
- ✓ … erklären, woher Konflikte in Familien kommen (> S. 100f);
- ✓ … ein Rollenspiel zum Thema „Konflikte in der Familie“ lösungsorientiert vorbereiten, durchführen und diskutieren. Vielleicht kannst du sogar einen Familienrat zu Hause durchführen (> S. 101f).

4 Kinder weltweit

M 1 Kinder aus aller Welt

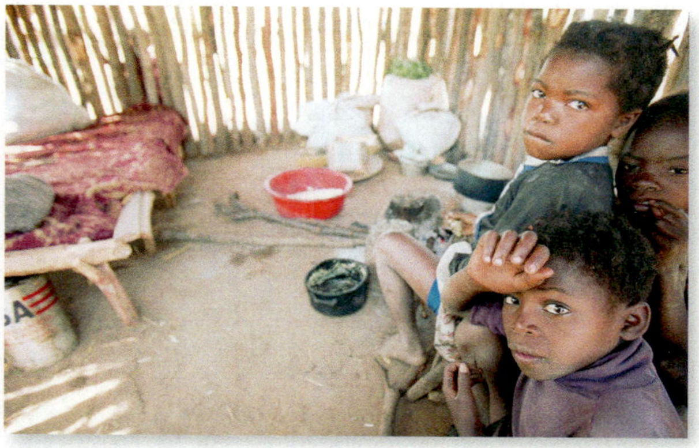

M2 „Kinderzimmer“ in Angola

M3 Kinderzimmer bei uns

M4 Kinder als Teppichknüpfer in Afghanistan

- **Wie leben Kinder in anderen Teilen der Erde?**
- **Welche Rechte stehen Kindern zu?**
- **Was bedroht eine gute Entwicklung in der Kindheit?**
- **Kinderarbeit – auch bei uns?**
- **Wer setzt sich für die Durchsetzung von Kinderrechten ein?**

So leben Kinder in verschiedenen Ländern der Welt

Nicht alle Kinder wachsen gleich auf. Manche Kinder leben im Wohlstand und müssen sich keine Gedanken über ihre nächste Mahlzeit, ihre Kleidung oder ein Dach über dem Kopf machen. Sie können zur Schule gehen und haben Eltern, die sich um sie kümmern.

Es gibt aber auch Millionen von Kindern, die in großer Armut leben müssen. Sie haben nicht genug zu essen und keine saubere Kleidung. Viele dieser Kinder müssen arbeiten, um den Lebensunterhalt für ihre Familie zu verdienen, oder sich sogar ganz alleine durchschlagen.

Ich heiße Ben und lebe in Kalifornien. Ich liebe Football, aber meine kleine Schwester Samantha geht mir ganz schön auf die Nerven. Meine Eltern arbeiten den ganzen Tag, deswegen kümmert sich tagsüber unser Au-pair Karla um uns. Das ist super, weil Karla die beste Pizza der Welt macht!

Ich heiße Lena und bin elf Jahre alt. Ich gehe in die 5. Klasse einer Gesamtschule in Frankfurt. Ich lebe mit Mama, meinem Stiefvater und meinem kleinen Stiefbruder Tom in einem schönen Haus am Stadtrand. In unserem Garten kann sich meine Katze Lilli richtig austoben und im Sommer stellen wir sogar einen Swimmingpool auf. Später möchte ich auf jeden Fall Tierärztin werden.

Ich bin Olinda und lebe in Cuzco, das liegt im Hochland von Peru. Unser Zuhause heißt das „Haus der kleinen Menschen“, weil hier nur Kinder ohne Eltern leben. In unserer Stadt stehen auch die Ruinen einer sehr alten Inkafestung. Viele Touristen kommen hierher, um sich die Überreste anzusehen, und wir verkaufen ihnen kleine Andenken oder Zigaretten.

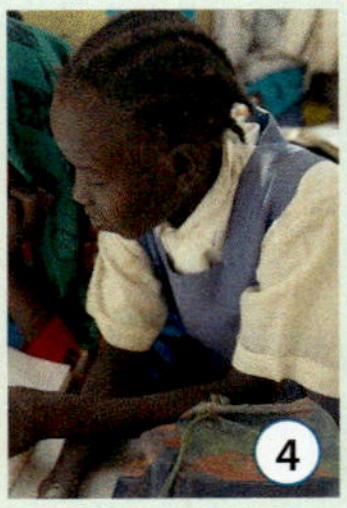

Ich heiße Ataa und komme aus einem Dorf in Togo. Ich und meine neun Geschwister leben jetzt in einem Flüchtlingslager in Sambia. Hier kann ich sogar zur Schule gehen. Später will ich auch Lehrerin werden.

AUFGABEN

1 *Suche im Atlas die verschiedenen Herkunftsländer der sieben Kinder heraus. Auf welchem Kontinent leben sie?*

2* *Lege eine Tabelle an, in der du Herkunftsland, Familien- und Wohnverhältnisse, Hobbys und Zukunft der Kinder miteinander vergleichst. Ergänze auch eine Spalte für dich.*

3 *Informiere dich im Internet über Kinder aus anderen Ländern, z. B. bei www.younicef.de/kinderdieserwelt.html. Die Tabelle kannst du mit diesen Informationen ergänzen.*

Mein Name ist Sergej. Ich wohne in St. Petersburg in Russland. Im Moment gehe ich zur Schule, aber ich will später mal Astronaut werden und viel Geld verdienen. Zu meinem Geburtstag haben meine Eltern mir ein Fahrrad geschenkt. Leider erschreckt sich meine Katze vor der Klingel ...

Ich bin Isangani und lebe mit meiner Schwester Amihan auf der Müllkippe Lupang Pangako in Quezon City bei Manila. Wir suchen im Müll nach Wertstoffen, die wir verkaufen. Der magere Lohn bringt unsere Familien durch.

Ich bin Umesh aus Kalkutta, das ist in Indien. Ich arbeite mit vielen anderen Kindern in einem Steinbruch. Wir müssen zehn Stunden am Tag mit dem schweren Presslufthammer Steine zerkleinern, dann sortieren und zu Baustellen tragen. Die Steine werden zum Beispiel für den Bau von Häusern oder Straßen verwendet.

Kinderrechte – was ist das?

Alle Menschen auf der Welt haben Rechte. Sie haben zum Beispiel das Recht zu sagen, was sie denken, das Recht, ihre eigene Sprache zu sprechen, das Recht, an ihren Gott zu glauben oder nicht, das Recht, nicht unmenschlich behandelt und gequält zu werden.
Diese Rechte wurden von der Generalversammlung der **Vereinten Nationen** (UNO) 1948 diskutiert und schließlich aufgeschrieben. Nachlesen könnt ihr diese Rechte in der Allgemeinen Erklärung der Menschenrechte. Diese gelten für alle Menschen auf der Welt.
Im Lauf der Zeit hat man gemerkt, dass Kinder besonderen Schutz und deshalb auch besondere Rechte brauchen. Daher hat 1959 die Generalversammlung der UNO die Erklärung der Rechte des Kindes aufgeschrieben.
Eine Erklärung ist eine Empfehlung, an die man sich halten sollte, aber nicht halten muss. Daher beschloss man im Jahr 1979, aus der Erklärung eine Konvention zu machen. Das bedeutet, dass jedes Land, das die Konvention unterschrieben hat, sich auch an die aufgeschriebenen Rechte halten muss. Schließlich wurde die Kinderrechtskonvention am 20. November 1989 verabschiedet. Inzwischen haben alle Staaten der Welt – bis auf Somalia und die USA – dieses Vertragswerk unterschrieben.

Die Kinderrechtskonvention gilt für alle Kinder und Jugendlichen auf der ganzen Welt bis zum Alter von 18 Jahren. Sie umfasst 54 Artikel und enthält alle Rechte, die Kinder haben.

M 1 Kinderrechte
UNICEF = Kinderhilfswerk der Vereinten Nationen (UN)

AUFGABEN

1 *Auf den Plakaten der Kinder stehen wesentliche Kinderrechte (M 1). Wählt in Gruppen jeweils ein Recht aus und sprecht darüber. Was versteht ihr unter diesem Recht?*
- *Findet Beispiele von Situationen, in denen dieses Recht gewährt und nicht gewährt ist.*
- *Ist dieses Recht in eurem eigenen Alltag verwirklicht?*
- *Blättert durch die Unterrichtseinheit und schaut euch die Fotos von Kindern auf der Welt an. Treffen die Kinderrechte (M 1) auf diese Kinder zu? Erklärt, warum oder warum nicht.*
- *Berichtet anschließend in der Klasse von euren Ergebnissen.*

2 *Informiere dich im Internet (z. B. www.blinde-kuh.de) über die Arbeit von Unicef und die Kinderrechtskonvention. Was erscheint dir besonders wichtig?*

unicef
Kinderhilfswerk der Vereinten Nationen

3 *Welche Kinderrechte sind bei M 1 nicht genannt, aber für dich besonders wichtig? Erstelle eine entsprechende Liste.*

4 *Entwerft selbst ein Plakat zu einem Kinderrecht, das euch besonders wichtig erscheint.*

M

Placemat

Das Wort „Placemat" stammt aus dem Englischen und bedeutet „kleine Tischdecke" oder „Platzdeckchen". Die Methode heißt so, weil sie mithilfe eines großen Papierbogens durchgeführt wird, der an eine Tischdecke erinnert. Der Arbeitsauftrag besteht aus einer oder mehreren Fragen, auf die ihr möglichst viele Antworten finden sollt.
Geht folgendermaßen vor:

Vorbereitung

Teilt die Klasse in Vierer-Gruppen auf. Zeichnet als erstes ein Placemat auf einem A3- oder A2-Papier. (Ihr könnt auch Gruppen zu dritt oder zu fünft bilden, > Beispiele M 1 – 3). Teilt den Papierbogen in Einzelfelder und in ein Gruppenfeld auf. Jedes Gruppenmitglied bekommt ein eigenes Feld. In das Viereck in der Mitte tragt ihr später die Ideen ein, auf die sich die Gruppe geeinigt hat.

Durchführung

Bei der Durchführung gibt es drei Schritte:
1) allein nachdenken,
2) Austausch in der Gruppe,
3) Vorstellung der Gruppenergebnisse

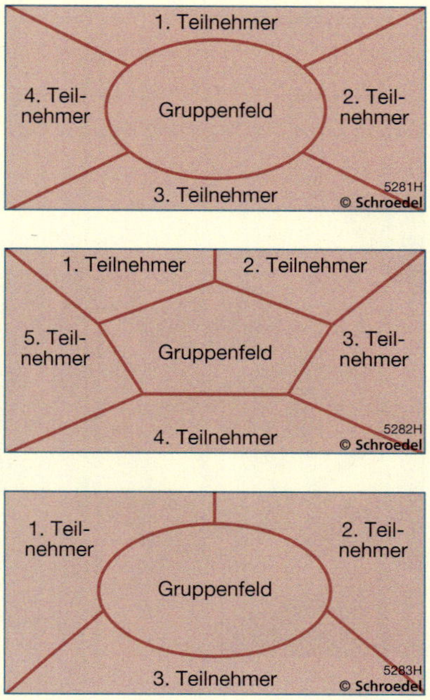

M 1 bis 3

Schritte	Aufgaben	Regeln
1. Schritt: Nachdenken	Jeder in der Gruppe denkt still über die Frage nach und macht sich auf seinem Einzelfeld Notizen. Das Placemat könnt ihr kreisen lassen, um euch von den Antworten der anderen anregen zu lassen.	– Zeit vereinbaren (5-10 min) – alle arbeiten allein - nicht sprechen
2. Schritt: Austausch in der Gruppe	Ihr stellt euch in der Gruppe eure Antworten vor. Ihr einigt euch auf gemeinsame Antworten der ganzen Gruppe und tragt sie in das Gemeinschaftsfeld ein.	– sprechen – jeder stellt seine Gedanken vor
3. Schritt: Gruppenergebnisse vorstellen und sammeln	Die Gruppen stellen sich gegenseitig die Inhalte der Gemeinschaftsfelder vor und diskutieren über die Antworten. Anschließend notiert ihr die besonders wichtigen Antworten an der Tafel.	– alle Gruppen stellen ihre Inhalte vor – Antworten diskutieren – Ergebnisse an der Tafel sammeln

Wozu führt man die Placemat-Methode durch?

„Placemat" ist eine Form der „Think-Pair-Share"-Methode, die du bereits von Seite 86 kennst. Sie hat den Vorteil, dass du zuerst in Ruhe über eine Frage nachdenken und dann aufschreiben kannst, was du schon darüber weißt. Anschließend beschäftigst du dich mit den Antworten der anderen Gruppenmitglieder. Dann tauscht ihr euch über alle eure Antworten aus. Auf diese Weise könnt ihr mehr Informationen und bessere Antworten zusammentragen, als wenn ihr alleine arbeitet.
Führt ein „Placemat" zu der Frage „Wozu braucht man Kinderrechte auf der Welt?" durch. Präsentiert dann die Ergebnisse in der Klasse.

M 4 Gruppe erstellt ein Placemat

Recht auf Überleben und Schutz

UNICEF, das Kinderhilfswerk der Vereinten Nationen, schätzt, dass es auf der Welt etwa 80 Millionen Straßenkinder gibt. Die meisten davon leben in Großstädten Lateinamerikas. Die jüngsten von ihnen sind oft erst fünf Jahre alt. Aber nicht nur in Lateinamerika, Afrika und Asien gibt es immer mehr obdachlose Kinder und Jugendliche, sondern auch in Deutschland, z. B. in Großstädten wie Berlin oder Frankfurt.

INFO

Zum Recht auf Überleben gehört, dass Kinder genug Nahrung, sauberes Trinkwasser, eine Wohnung und die notwendige medizinische Versorgung erhalten.

M1 Straßenkinder reinigen Windschutzscheiben

Wovon leben Straßenkinder?

- Sie putzen am Straßenrand Schuhe von Passanten.
- Sie bewachen Autos auf Parkplätzen.
- Sie waschen Autoscheiben, wenn die Autos vor einer roten Ampel warten müssen.
- Sie tragen die Einkaufstaschen der Kundinnen und Kunden vom Supermarkt zum Parkplatz.
- Sie sammeln leere Getränkedosen und verkaufen sie an Altwarenhändler.
- Sie verkaufen im Auftrag von Geschäftsleuten Eis oder Zigaretten und werden dafür äußerst gering bezahlt.
- Sie helfen den Händlern auf Märkten.
- Sie stehlen, um zu überleben.

M2

Ricardo ist ein Straßenkind. Er lebt in Rio de Janeiro, der zweitgrößten Stadt Brasiliens. Mit zehn Jahren ist er von zu Hause weggelaufen. Der Vater hatte die Familie verlassen und der Mutter gelang es nie, Ricardo und seine fünf Geschwister satt zu bekommen.

Jetzt muss Ricardo selbst für sich sorgen. Er ist von morgens bis abends auf den Beinen, um Geld für eine Mahlzeit zusammenzubekommen. Er bettelt vor Touristenhotels um ein paar Münzen oder in Restaurants um eine Schale Reis.

Gelegenheitsjobs bekommt er nur selten. Oft bleibt Stehlen die einzige Möglichkeit, um zu überleben. Er fühlt sich zwar schuldig, hat dann aber für einige Tage ausgesorgt.

Ricardo hat oft Bauchschmerzen und Durchfall, weil er verdorbene Nahrungsmittel isst oder verschmutztes Wasser trinkt. Für Arzneimittel reicht sein Geld nicht. Dann bekommt er Angst, wie es weitergehen soll. Andere Straßenjungen schnüffeln oft Klebstoff oder trinken Alkohol, wenn sie Geld haben.

Aber Ricardo sieht, was diese Drogen anrichten und sagt immer „nein". Manchmal vermisst er die Geborgenheit einer Familie. Aber solche Gedanken wischt er beim täglichen Kampf ums Überleben rasch beiseite.

Abends muss sich Ricardo einen Schlafplatz suchen. Manchmal ist das ein Hauseingang, dann wiederum eine Bushaltestelle oder einfach der Bürgersteig. Als Decke dient ihm eine Plastikplane, die er tagsüber versteckt.

M3 „Schlafzimmer" für Straßenkinder: Der Boden besteht aus Pappkartons.

M4 Zehnjähriger arbeitet in einer Ziegelei (Pakistan)

M5 UNICEF-Aktion gegen Kinderhandel (Plakat)

INFO

Das Recht auf Schutz bedeutet, dass Kinder vor jeder Form von Missbrauch, Vernachlässigung und Ausbeutung bewahrt werden müssen.

Das Recht der Kinder auf Schutz ist umfassend. Kinder sind vor Gewalt, Krieg und wirtschaftlicher Ausbeutung, das heißt vor allem vor Kinderarbeit, zu schützen. Trotzdem müssen viele Kinder arbeiten (> S. 112), um überleben zu können. Sie werden als Soldaten eingesetzt und in Kriegen getötet (> S. 120).

Außerdem gibt es viel Gewalt gegen Kinder. Weltweit werden jedes Jahr etwa 150 Millionen Mädchen und 73 Millionen Jungen sexuell missbraucht. Jährlich werden mehr als 50 000 Kinder ermordet. Wenn Kinder von zu Hause weggelaufen sind, betteln oder klauen, kommen sie ins Gefängnis. In vielen Ländern sind dort die Bedingungen katastrophal. Es gibt nicht genug zu essen und die hygienischen Bedingungen sind schlecht. Oft kommt es zu Gewalt gegen Kinder in den Gefängnissen.

Gewalt gegen Kinder ist sogar in vielen Ländern erlaubt. So ist es nur in der Hälfte aller Länder verboten, Kinder in der Schule körperlich zu bestrafen. Auch in ihren Familien erleben viele Kinder Gewalt oder sie werden vernachlässigt. Schüler tun sich auch untereinander Gewalt an, zum Beispiel durch Mobbing oder Erpressung.

In der Millionenstadt Recife nehmen über 50 Straßenkinder am Fußballtraining der Organisation Grupo Ruas e Pracas teil, die von Rua – Hilfe für Straßenkinder – unterstützt wird.
Fußball bedeutet regelmäßiges Training und vermittelt den Straßenkindern Solidarität, Selbstwertgefühl und gegenseitigen Respekt. Daneben gehen sie in eine eigene Schule und können einen Beruf erlernen. Sie werden auch beim Drogenentzug unterstützt und erhalten eine Therapie. Der Trainer Jürgen Klopp von Borussia Dortmund unterstützt das Projekt.

M6 Durch Fußball aus der Krise

AUFGABEN

1. *Arbeitet mit Lernpartnern. Stellt euch vor, ihr wärt Straßenkinder. Worauf müsstet ihr verzichten? Schreibt zehn Dinge auf, die euch besonders wichtig sind und bewertet diese.*
2. *Mit welchem Kinderrecht haben die Dinge zu tun, auf die ihr nicht gerne verzichten möchtet?*
3. *Begründe, wo das Kinderrecht auf Schutz in Deutschland nicht verwirklicht wird.*
4. *Straßenkinder gibt es auch in Deutschland. Informiere dich über das Leben von Sabrina Tophofen unter www.younicef.de/portraet_tophofen.html.*
5. *Begründe, wie das Recht auf Schutz in Sabrinas Leben nicht verwirklicht war.*

Recht auf Bildung contra Kinderarbeit?

Artikel 28 [Recht auf Bildung; Schule; Berufsausbildung]
(1) Die Vertragsstaaten erkennen das Recht des Kindes auf Bildung an …

Artikel 32 [Schutz vor wirtschaftlicher Ausbeutung]
(1) Die Vertragsstaaten erkennen das Recht des Kindes an, vor wirtschaftlicher Ausbeutung geschützt und nicht zu Arbeiten herangezogen zu werden, die Gefahren mit sich bringen, die Erziehung des Kindes behindern und seine körperliche, geistige, seelische und soziale Entwicklung schädigen könnte.

M 1 UN-Kinderrechtskonvention

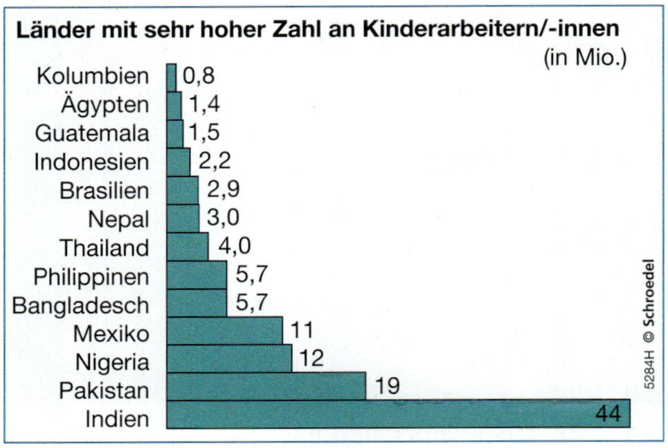

M 2 Verbreitung der Kinderarbeit

Obwohl es verboten ist, arbeiten weltweit mehr als 200 Millionen Mädchen und Jungen. Hauptursache ist die große Armut in den betroffenen Gebieten. Die Kinder müssen mitverdienen, damit die Familien überleben können. Ihre Eltern haben oft keine Schule besucht, keine oder nur schlecht bezahlte Arbeit. Die arbeitenden Kinder haben keine Zeit oder Geld für den Schulbesuch. Da sie nichts gelernt haben, können sie auch später keinen richtigen Beruf erlernen und müssen wahrscheinlich wieder ihre Kinder zum Arbeiten schicken.

Kinder sind billige Arbeitskräfte, z. B. in Steinbrüchen, Teppichfabriken, Reismühlen, in der Textilindustrie und in fremden Haushalten. Sie bekommen weniger Lohn als Erwachsene, obwohl sie oft genauso schwer und lange arbeiten, manchmal bis zu 18 Stunden am Tag. Diese Arbeit ist oft schädlich für ihre Gesundheit, so erzeugt der Stein- oder Stoffstaub starken Husten. Kinder sind außerdem leicht einzuschüchtern und können sich kaum gegen die Ausbeutung wehren.

Wie kann man Kinderarbeit bekämpfen?

- Bekämpfung der Armut der Familien: Wer genug zum Überleben hat, muss seine Kinder nicht arbeiten schicken.
- Kostenlose und verpflichtende Schulbildung für alle Kinder.
- Unterstützung internationaler Abkommen und Organisationen, die sich für arbeitende Kinder einsetzen.

M 3

AUFGABEN

1 *Erkläre die Grafik M 2 in eigenen Worten. Nenne, was dir besonders auffällt.*
2 *Erkläre die Artikel aus der Kinderrechtskonvention (M 1) in eigenen Worten.*
3 *Man hat arme Eltern auf verschiedenen Kontinenten befragt, ob sie ihr Kind arbeiten schicken wollten. Die meisten möchten nicht, dass ihr Kind arbeiten muss, schicken es aber trotzdem zum Arbeiten und nicht zur Schule. Erkläre, warum.*
4 *Erkläre, wie sich Jasmins Leben (M 4) verändert hat, seit sie die „Schule für ehemalige Kinderarbeiter" besucht? Erstelle eine Vorher-/Nachher-Liste.*
5 *Recherchiere weitere Maßnahmen gegen Kinderarbeit. Begründe, welche du für sinnvoll hältst.*
6 *Sieh dir Filme über Kinderarbeit an. Beschreibe deiner Klasse, was du über das Leben der Kinder erfährst.*
http://www.planet-wissen.de/politik_geschichte/menschenrechte/kinderarbeit/video_fairtrade_kinderarbeit.jsp

Lernen statt arbeiten – ein Schulprojekt für ehemalige Kinderarbeiter

Jasmin ist 11 Jahre alt und wohnt in Bangladesch, einem armen Land in Südasien. Noch vor einem Jahr musste Jasmin täglich in einer Großnäherei arbeiten. Von morgens um 7 Uhr bis abends um 10 Uhr trennte sie mit einer Schere überschüssige Fäden von frisch genähten Kleidungsstücken ab – 15 Stunden im Schneidersitz ...

„Wir hatten nur zwei Pausen, in denen wir etwas essen konnten. Viele sind nach der Arbeit gar nicht nach Hause gegangen, sondern haben an ihrem Arbeitsplatz geschlafen", erinnert sie sich.
Vor einem Jahr hat sich ihr Leben verändert. Dank UNICEF besucht sie jetzt eine Schule für ehemalige Kinderarbeiter. Könnte Jasmin wählen, würde sie am liebsten nur lesen üben. „Englisch, Mathematik- und Sachunterricht mag ich nicht so gerne", gesteht sie. ... Jeden Morgen freut sie sich auf die drei Stunden Unterricht.
Sie lernt sehr eifrig, denn sie möchte all das nachholen, was viele andere Kinder in ihrem Alter schon längst können. ...

UNICEF hat 1995 einen Vertrag mit der Bekleidungsindustrie in Bangladesch ausgehandelt. Darin verpflichten sich Fabrikbesitzer, keine Kinder unter 14 Jahren mehr zu beschäftigen.

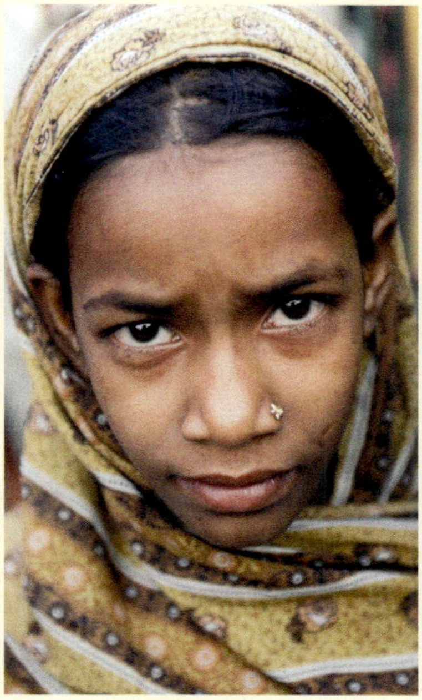

M4 Jasmin aus Bangladesch

Die entlassenen Kinder bekamen die Möglichkeit, eine „Schule für ehemalige Kinderarbeiter" zu besuchen. Außerdem erhalten sie ein monatliches Stipendium von 300 Taka, umgerechnet 6,13 Euro, um den Verdienstausfall für die Familien soweit wie möglich zu ersetzen.

Zwei der größten Hilfsorganisationen des Landes haben mit Unterstützung von UNICEF dieses Bildungsangebot für ehemalige Kinderarbeiter entwickelt. Spielerisch und mit viel Fantasie werden die Schüler unterrichtet. Wenn Jasmin 14 Jahre alt ist, kann sie außerdem an berufsvorbereitenden Kursen teilnehmen. Sie würde dann halbtags in der Fabrik arbeiten und in der übrigen Zeit eine weiterführende Schule besuchen, in der sie beispielsweise lernt, mit Strickmaschinen oder Nähmaschinen umzugehen. So könnte sie später einmal einen besseren Job bekommen und mehr Geld verdienen.

(Aus: www.kidsunited.ch/de/ gekürzt)

INFO

Bewusst kaufen gegen Kinderarbeit

Es gibt zahlreiche Organisationen, die in verschiedenen Projekten und Kampagnen illegale Kinderarbeit bekämpfen. ...
Verbraucher können durch bewusste Einkäufe Projekte gegen Kinderarbeit unterstützen. Hilfsorganisationen wie "terre des hommes" wenden sich entschieden gegen einen völligen Boykott von Produkten, die durch Kinderarbeit hergestellt wurden, da dadurch die Kinder ihre Arbeit verlieren würden, ohne eine Alternative angeboten zu bekommen. Erfolgreiche Hilfe versprechen daher nur Projekte, die den Kindern eine Ausbildung und Versorgung ermöglichen. Die Hilfsorganisationen fordern daher die Verbraucher dazu auf, Produkte mit entsprechenden Siegeln zu kaufen, die zeigen, dass die Produktion unter fairen Bedingungen ohne illegale Kinderarbeit stattgefunden hat und dass die Firma Sozialprogramme für ihre Arbeiter unterstützt. Ein Beispiel für ein solches Siegel ist das Zeichen der Rugmark Foundation.

RUGMARK

(Quelle: http://www.planet-wissen.de/politik_geschichte/menschenrechte/kinderarbeit/rat_und_tat.jsp)

Kinderarbeit – früher auch bei uns

M 1 Kindermarkt (Holzstich aus dem Jahr 1895)

Vor hundert Jahre gab es auch bei uns noch Kinderarbeit: Bittere Not zwang viele Familien, ihre Kinder zur Arbeit zu schicken. Oft gab es nicht genug zu essen und so mussten schon 8- und 9-Jährige in Fabriken oder bei fremden Dienstherren Geld verdienen. Meist gab es nur einen Hungerlohn für die langen und schweren Arbeitstage. Kinderarbeiter waren „billig", obwohl die Kinder oft zwölf Stunden am Tag schuften mussten.

In Süddeutschland wurden bis ins 20. Jahrhundert alljährlich im Frühjahr Kindermärkte veranstaltet. Den größten Markt gab es im schwäbischen Ravensburg (heute Baden-Württemberg). Dort wurden arme Bergbauernkinder aus Österreich und der Schweiz für die Sommerarbeit (von Frühjahr bis Herbst) als Hütekinder zum Teil regelrecht verkauft. Nach der Region ihres Arbeitseinsatzes wurden die Hütekinder oft Schwabenkinder genannt.

Da standen denn in der Bachstraße vor dem Gasthof zur Krone in Ravensburg oft Hunderte Kinder an einem Wochenmarkttage des Frühjahrs beisammen. In weißen Leinwandhöschen und Jäckchen die Knaben, in Röckchen die Mädchen, das Gewand bei allen so dünn, dass der Wind durchspielte. Von Schuhen und Strümpfen oft keine Spur, ebenso fehlte jede Kopfbedeckung. Mit nackten, rot angelaufenen Füßen, erfrorenen Nasen und bloßem Kopfe harrten sie an einem oft rauen Märztage des Schicksals, das ihrer wartete ...
Lauter stämmige Hofbauern begannen die Kinder zu mustern ... „Was kostet das Büblein da?" „Sechs Gulden", war die Antwort. „Seid ihr bei Trost, der Bub ist ja nicht groß genug, um einem Kalb in die Augen sehen zu können!"
(Aus: Josef Muther, Die Wanderung der Schwabenkinder in Tirol und Vorarlberg. In: Zeitschrift für Kinderschutz und Jugendfürsorge, Wien 1912)

M 2 Aus einem Bericht über Hütekinder

Leben als Hütekind

Im Winter brachen sie aus den Bergbauerndörfern auf und machten sich in Gruppen auf die Reise. Geführt wurden sie meist von einem Geistlichen, dem die Eltern ihre Kinder anvertrauten. Mit schlechtem Schuhwerk und notdürftiger Kleidung führte der Weg über die verschneiten Pässe nach Oberschwaben.

Für eine Saison wurden sie dann an die Bauern als Arbeitskraft gegen ein geringes Geld ausgeliehen. Sie hatten Stallarbeit zu verrichten oder Kühe zu hüten.

Obwohl die Hütekinder aufgrund der Schulpflicht in ihrer Heimat die Schule hätten besuchen müssen, wurden sie davon freigestellt. In Schwaben galten sie als Ausländer und mussten deshalb keine Schule besuchen. Die Familien zu Hause waren froh, im Sommer einen Esser weniger zu haben. Denn meist kamen die Kinder gut genährt und mit neuen Kleidern zurück. Zudem half der geringe Lohn für die Sommerarbeit über den Winter.

M4 Kindermärkte und Herkunft der Hütekinder

Der Verein zum Wohle der Hütekinder übergibt ihrem Schutz das Kind __________, __ Jahre alt, und bittet, dasselbe in religiös sittlicher Beziehung zu beaufsichtigen, vor schlechten Einflüssen zu bewahren, eventuell Klagen des Dienstgebers oder des Kindes zu untersuchen, zu schlichten ... und auf die Bedingungen des Dienstvertrages zu dringen und nach Ablauf der Dienstzeit ein Sittenzeugnis auszustellen. Im Dienstvertrag verpflichtet sich der Dienstherr, die Kinder an Sonn- und gebotenen Festtagen regelmäßig in die heilige Messe zu schicken, ihnen Gelegenheit zu geben, ihr religiös sittliches Verhalten zu beaufsichtigen.

M3 Aus einem Dienstvertrag

AUFGABEN

1. *Suche den Kartenausschnitt M 4 im Atlas. Nenne, aus welchen Ländern die Schwabenkinder kamen und in welchem Land sie arbeiten mussten.*
2. *Verfolge den Weg der Schwabenkinder aus ihrer Heimat nach Oberschwaben. Ermittle die Entfernung und schätze, wie lange sie dafür zu Fuß gebraucht haben.*
3. *Nenne Punkte, die der Dienstvertrag (M 3) garantierte.*
4. *Diskutiere mit deinem Lernpartner die Aussage „Ist man arm, hat man oft keinen Ausweg mehr." Beziehe dein Wissen über Schwabenkinder ein.*
5. *Vergleiche die Kinderarbeit der Schwabenkinder mit der in den Entwicklungsländern heute (> S. 112f.).*
6. *August Dorn war eines der letzten Schwabenkinder im 20. Jahrhundert. Suche im Internet Informationen über ihn und stelle sie deiner Klasse vor.*

TIPP

Buch- und Filmtipp

Das Buch und der Film „Die Schwabenkinder" von Elmar Bereuter erzählt das Schicksal der Familie Meser und ihres Sohnes Kaspanaze. Es zeigt die harten Lebensbedingungen in einem Vorarlberger Bergdorf. Eine Verkettung von Unglücksfällen zwingt schließlich die Eltern zum Entschluss, ihr neunjähriges Kind in die Fremde zu schicken. Geschildert werden der Zug über die schneebedeckten Berge ins Schwabenland und der Kindermarkt. Kaspanaze kommt zu einer verrohten Bauernfamilie, bei der er mehr Schläge als Essen bekommt. Doch Kaspanaze weiß sich zu helfen …

Kaspanazes Geschichte steht für die Lebensbedingungen vieler anderer „Schwabenkinder". Ein Großteil der geschilderten Erlebnisse basiert auf tatsächlichen Vorkommnissen. Wenn ihr mehr erfahren wollt, müsst ihr einfach das Buch lesen …

Recht auf Gesundheit

Jeden Tag Wasserholen

Ungefähr um 10 Uhr morgens geht die 10-jährige Djamila aus dem westafrikanischen Niger das erste Mal am Tag zum Brunnen. In ihrem Zuhause, einer Nomadensiedlung, gibt es keine Wasserpumpe. Deshalb muss sie achtmal zum Brunnen in dem nahen Dorf Garin Goulbi gehen. Hier leben vor allem Hirten, die die Kühe, Schafe und Ziegen der Dorfbewohner hüten. Djamila ist zunächst schüchtern, aber bald kommt ihr fröhliches Wesen zum Vorschein – wie die Farben in ihrem bunten Kopftuch.

In Garin Goulbi gab es keinen Zugang zu sauberem Trinkwasser, bis der neue Brunnen installiert wurde. Es gab einen alten Brunnen, aber das Wasser konnte nicht gefahrlos getrunken werden. Das Wasser aus dem neuen UNICEF-Brunnen ist sicherer.

M 1 Djamila

M 2 Beim Wasserholen

Djamila versteht genau den Zusammenhang zwischen Wasser und Gesundheit. Sie glaubt, dass ihr Bruder von dem Wasser aus dem alten Brunnen krank geworden ist. Er ist schon als Kind an Brechdurchfall gestorben.

Um Wasser aus dem neuen Brunnen zu kaufen, muss Djamila zu Rahamou Garba gehen, dem der Wasserverkauf von den anderen Dorfbewohnern anvertraut wurde. Rahamou Garba nimmt von jedem den gleichen Preis. Am Ende des Tages wird das gesamte Geld einer Gruppe übergeben, die die Verwaltung des Brunnens übernommen hat. Das Geld dient zur Instandhaltung der Wasserpumpe und zu notwendigen Reparaturen …

Die Pumpe wird mit dem Fuß betrieben. So brauchen die Mädchen viel weniger Zeit, um Wasser zu holen und mehr von ihnen können zur Schule gehen. Seit es den Brunnen gibt, hat sich die Zahl der Mädchen, die zur Schule gehen, beinahe verdoppelt.

Djamila geht jedoch nicht zur Schule. Jeden Morgen, bevor sie das Wasser holt, muss sie Hirse verarbeiten. Das macht sie vier oder fünf Mal am Tag. Wenn sie vom Brunnen zurückkommt, muss sie die Tiere tränken, das Geschirr waschen, die Wäsche machen, Feuerholz sammeln und das Schlafzimmer und den Hof fegen. Djamila würde gerne zur Schule gehen, „um alles zu lernen", sagt sie mit großen Augen. Besonders gerne würde sie Französisch lernen, damit „ich etwas entgegnen kann, wenn mich jemand beleidigt!"

Abends stellt Djamila aus Palmblättern Körbe für die Hirse her. Nach dem zweiten Abendgebet geht dann Djamila schlafen, aber sie weiß nicht genau, um wie viel Uhr.

(http://www.younicef.de/fileadmin/Medien/PDF/Djamila_Wasser)

M 3 Die Wasserpumpe wird mit dem Fuß betrieben.

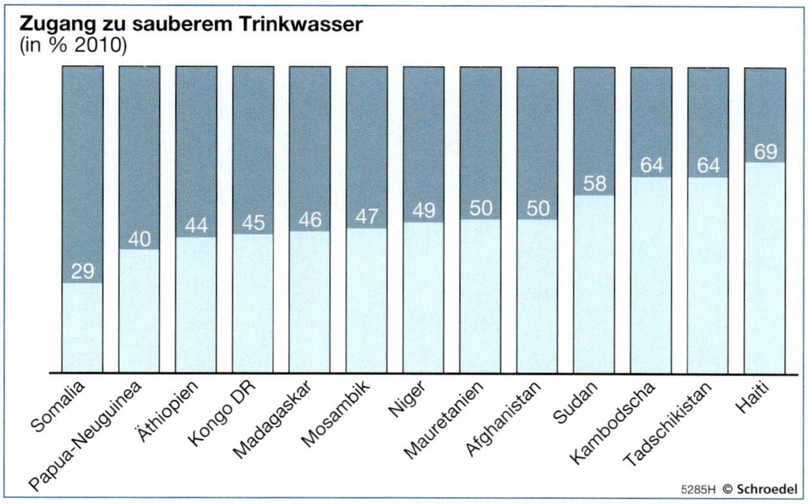

M4 Zugang zu sauberem Trinkwasser

INFO

Kinder haben das Recht auf Gesundheit, das heißt, sie sollten vor Krankheiten geschützt und gegen Krankheiten behandelt werden, eine gesunde Ernährung und sauberes Trinkwasser bekommen.

In den fünfzig am wenigsten entwickelten Ländern der Welt:

- bleibt 1 von 2 Kindern unter 5 Jahren aufgrund von Mangelernährung in seiner körperlichen Entwicklung zurück,
- ist 1 von 3 Kindern unter 5 Jahren untergewichtig,
- ist 1 von 4 Kindern nicht gegen Masern geimpft,
- stirbt 1 von 6 Kindern vor seinem 5. Geburtstag,
- stirbt 1 von 10 Kindern im ersten Lebensjahr.

Wenn kleine Kinder in armen Ländern sterben, sind meistens verschmutzte Luft oder verseuchtes Wasser schuld. Das hat die Weltgesundheitsorganisation festgestellt. Luftverschmutzung entsteht in den eigenen vier Wänden, weil in den Räumen auf einem offenen Feuer gekocht wird. Das verursacht Husten, der nicht mehr weggeht, oder sogar Lungenentzündungen, die oft nur schwer heilbar sind. Fast eine Million Kinder sterben daran jedes Jahr.
Noch mehr Kinder sterben an Durchfall, den sie durch verschmutztes Wasser bekommen haben: Es sind jährlich etwa 1,5 Millionen Kinder. Wenn man nämlich sowieso schon geschwächt ist, weil man nicht ausreichend gut ernährt ist, kann Durchfall zum Austrocknen und sogar zum Tod führen. Obwohl solche Zusammenhänge bekannt sind, haben immer noch 425 Millionen Kinder in armen Ländern kein sauberes Wasser zum Trinken und ihre Eltern können nur mit schmutzigem Wasser kochen. Wo es kein sauberes Wasser gibt, fehlt es meistens auch an Toiletten, an Abwasserkanälen, an allem, was für die Hygiene wichtig ist.

Brunnenbau mit Unterstützung der UN

(http://www.hanisauland.de/spezial/kinderrechte/kinderrechte-kapitel-6.html)

M5 Gefahren für die Kindergesundheit

AUFGABEN

1 *Beschreibe das Leben von Djamila mit deinen eigenen Worten. Nenne Kinderrechte, die in ihrem Leben nicht verwirklicht sind.*

2 *Begründe, welche Rolle der neue Brunnen in Djamilas Leben spielt.*

3 *Erkläre anhand von M 5 die Ursachen, die dazu führen, dass Kinder nicht gesund leben können.*

4 * *Erkläre den Zusammenhang von Wassermangel und Krankheiten.*

Flüchtlingskinder

Artikel 22 der UN-Flüchtlingskonvention:
Flüchtlingskinder genießen das **Recht auf Schutz**, unabhängig ob sie mit ihren Eltern oder anderen Personen unterwegs sind.

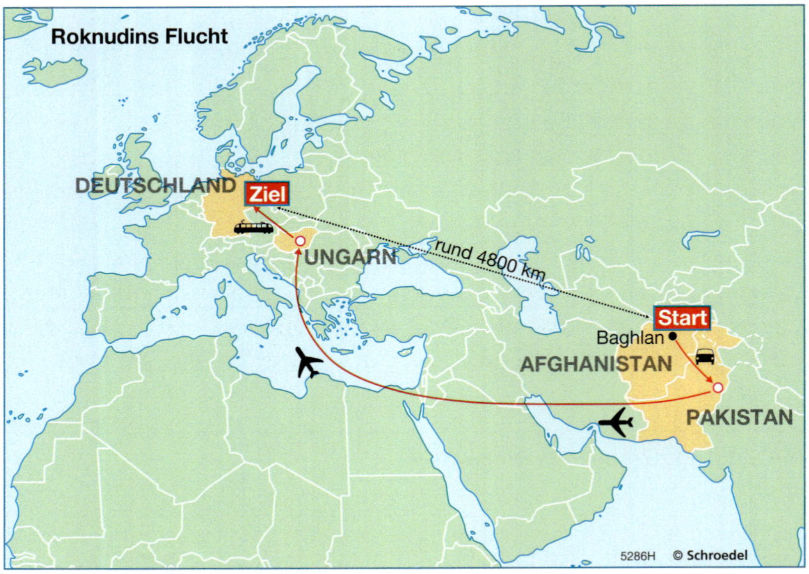

M 1 Roknudins Fluchtweg

Roknudins Flucht

Ich bin Roknudin, 13 Jahre alt und komme aus Afghanistan. Mein Hobby ist Fußballspielen. Aber das konnte ich schon lange nicht mehr machen, denn ich bin krank und kann meine Füße nicht mehr richtig bewegen. Wenn ich mich verletze, fließt mein Blut immer weiter, es bildet keine Kruste. Wenn ich mich stoße, sammelt sich Blut in meinen Gelenken … und ich kann sie nicht mehr bewegen. Wenn ich nicht regelmäßig eine Spritze bekomme, kann ich meine Beine nicht mehr bewegen ...

In Afghanistan herrschen kriegsähnliche Zustände und es gibt nur wenige und teure Medikamente und Krankenhäuser. Obwohl mein Vater zuerst sein Taxi und dann unser Haus verkauft hat, konnte er meine Medikamente nicht mehr zahlen. Meine Mutter entschied, dass ich versuchen sollte, nach Europa zu gehen. ...
Mein Vater brachte mich nach Pakistan, von dort nahm ich ein Flugzeug nach Ungarn, obwohl ich keine Reisedokumente für Europa hatte. In Ungarn wurde ich medizinisch versorgt, konnte dann aber nicht bleiben, weil meine Medikamente zu teuer waren.

Ein Onkel meiner Mutter lebte in München. Dort würden sie mir helfen können, dachte ich. Also machte ich mich auf den Weg nach Deutschland. Da hat mich der Schaffner ohne Fahrkarte erwischt. Dann hat mich die Polizei ins Krankenhaus gebracht … Jetzt wohne ich in einem Heim für Kinderflüchtlinge, lerne Deutsch und kann zur Schule gehen. Und das wichtigste: Ich bekomme regelmäßig Medikamente. Später möchte ich Automechaniker werden, um meiner Familie zu helfen, die ich sehr vermisse. Aber ich weiß noch nicht, wie lange ich in Deutschland bleiben darf.

(http://www.spiegel.de/deinspiegel/0,1518,706577,00.html, gekürzt)

Roknudin (Mitte) vor seiner Krankheit beim Fußballspielen

M 2

Menschen auf der Flucht

Bürgerkrieg, Verfolgung, Naturkatastrophen, Hunger und Elend sind Gründe, die weltweit Menschen zur Flucht treiben. Rund 15,4 Millionen Menschen sind nach UN-Angaben 2012 über die Grenzen ihres Heimatlandes geflüchtet. Dazu kommen noch 29 Millionen Menschen, die heimatlos in ihrem eigenen Land umherirren. Mindestens die Hälfte von ihnen sind Kinder und Jugendliche.

Flüchtlinge sind fast nirgends auf der Welt willkommen, denn mit ihnen muss man Nahrung, Wohnraum und Arbeit teilen. Manche Länder schließen ihre Grenzen für Flüchtlinge. So enden viele Fluchtwege im Niemandsland zwischen zwei Staaten, in Lagern, in Zeltstädten, in Sammelunterkünften oder am Straßenrand.
Deutschland gehört zu den Staaten, die die **Genfer Flüchtlingskonvention** unterschrieben haben. In diesem internationalen Vertrag heißt es: „Kein Flüchtling darf in Gebiete zurückgewiesen werden, in denen sein Leben oder seine Freiheit bedroht ist."
Bürgerkriegsflüchtlingen wie Roknudin wird daher vorübergehender Schutz in Deutschland gewährt. Kriegsflüchtlinge müssen wieder zurück in ihre Heimat, wenn sich dort die Lage gebessert hat.

AUFGABEN

1 *Fülle die Tabelle mit den Informationen aus dem Text aus.*

	Was ist passiert?	Wie hat sich Roknudin gefühlt?
vor der Flucht		
während der Flucht		
nach der Flucht		

2 *Baut in Gruppen Standbilder zu den Etappen von Roknudins Flucht. Verdeutlicht sein Alleinsein und seine Angst. Die Methodentipps auf Seite 32 helfen dabei.*

3 *Erkläre, warum Roknudin seine Heimat verlassen hat.*

4 *Erkläre, aus welchen Staaten die meisten Flüchtlinge kommen (M 3). Finde heraus, warum sie vermutlich ihre Heimat verlassen haben.*

5 *Kennst du Flüchtlingskinder und -familien? Befrage sie vorsichtig nach den Gründen und ihrem Leben in Deutschland.*

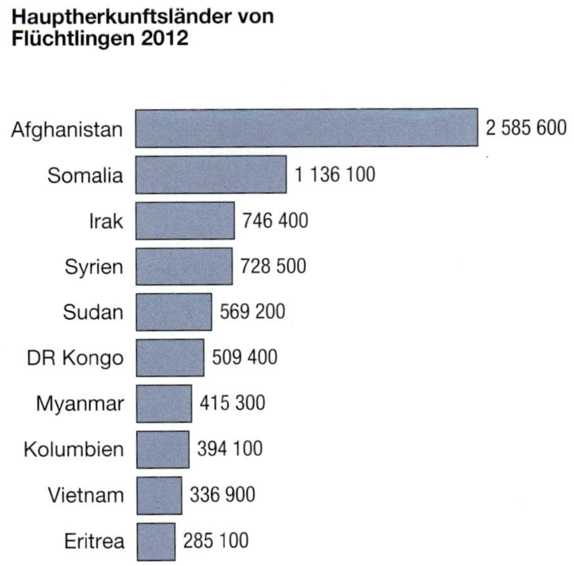

Flüchtlingslager

M 3 Aus welchen Ländern fliehen die meisten Menschen?

Kindersoldaten

M 1 Kindersoldat

Artikel 19 der UN-Kinderrechtskonvention: **Schutz vor Gewaltanwendung, Misshandlung, Verwahrlosung**
(1) Die Vertragsstaaten treffen alle geeigneten … Maßnahmen, um das Kind vor jeder Form körperlicher oder geistiger Gewaltanwendung, Schadenszufügung oder Misshandlung … zu schützen.

M 2 Länder, in denen Kindersoldaten eingesetzt werden (2011)

In über 20 Ländern der Welt werden schätzungsweise 300 000 Jungen und Mädchen als Kindersoldaten eingesetzt. Nach den Pariser Prinzipien von 2007 sind dies „... Personen unter 18 Jahren, die von Streitkräften oder bewaffneten Gruppen angeworben oder benutzt werden …, darunter Kinder, die als Kämpfer, Köche, Träger, Nachrichtenübermittler, Spione oder zu sexuellen Zwecken benutzt wurden."

In einigen Gebieten Afrikas wird seit Jahren um Macht und Bodenschätze wie Diamanten und Erdöl gekämpft. Kämpfergruppen zwingen auch Kinder dazu, Soldaten zu werden. Sie bekommen kaum Geld und haben kein Gefühl für die Gefahren bei ihren Einsätzen. Manche haben ihre Familie verloren und suchen Schutz und Nahrung bei bewaffneten Gruppen.

Anstatt in die Schule zu gehen und mit anderen Kindern zu spielen, werden die Kindersoldaten mit Gewalt zu Gehorsamkeit und Grausamkeiten gezwungen. Oft setzt man sie unter Alkohol- und Drogeneinfluss, damit sie ihre natürlichen Hemmungen, jemand zu töten, verlieren. „Ich fühle mich schlecht, weil ich als Kind schon so viel Schlimmes mit angesehen habe", sagt Ex-Kindersoldat Freddy.

Wie wurden Sie zur Kindersoldatin?
Es war 1984. Ich lebte damals bei meinem Vater, der mich schlug und misshandelte. Ich lief weg, um meine Mutter zu suchen. Doch als ich sie gefunden hatte, konnte ich auch bei ihr nicht bleiben. Ich war völlig verwirrt und lief weiter. Irgendwann war da dieser Mann, er war ein Rebell. Er meinte, ich könne dort schlafen. Dort waren viele Kinder, einige waren sehr jung, fünf oder sechs Jahre.

Wann haben Sie begriffen, dass Sie bei einer Armee waren?
Sofort, denn ich wurde gleich trainiert. Doch ich konnte noch nicht richtig marschieren. Da wurde der Kommandant böse. Er fragte mich nach meinem Namen, ich sagte: Keitetsi. Ich war ängstlich und schaute zu Boden. Da schrie er mich an: „Schau mich an, du mit den chinesischen Augen!" Dann sagte er: „China links, rechts. China links, rechts." Seitdem heiße ich China.

Können Sie sich an Ihren ersten Einsatz erinnern?
Als Regierungstruppen kamen, mussten wir so tun, als spielten wir auf der Straße. Viele wurden gefangen genommen, geschlagen, getreten. Dann wurden sie mit einer Axt hier- und hierhin geschlagen (sie zeigt auf Stirn und Nacken). Als sie tot waren, nahmen einige ihnen die Schuhe weg. Ich konnte nicht begreifen, wie man etwas von einem Toten stehlen kann. ...

Was waren die Aufgaben der Kindersoldaten?
Alles, was auch die Erwachsenen tun mussten. Viele wurden wie ich Leibwache. Dazu eignen sich Kinder besonders gut, weil wir für den, den wir beschützten, einfach alles getan hätten. Wir wurden aber auch zum Wasser-holen und Kochen eingesetzt. Aber natürlich waren wir auch auf dem Schlachtfeld. Gerade sehr gefährliche Einsätze mussten wir machen – weil Kinder nie denken, bevor sie schießen.

Warum sind Sie nicht weggelaufen?
Wohin? Natürlich wollte ich weg. Aber meine Mutter konnte mich nicht aufnehmen und zu meinem Vater wollte ich nicht zurück. Es gab niemanden, der uns helfen konnte. Wir waren in unserer eigenen Welt. ...

Haben Sie eigentlich verstanden, wofür Sie gekämpft haben?
Man hat uns gesagt, für die Freiheit. Und dass unsere Feinde nicht wie wir seien, sondern wie Tiere – viel schwärzer und viel brutaler als wir. Ich erinnere mich auch, dass wir für eine bessere Zukunft kämpften.

(http://www.unicef.de/fileadmin/content_media/projekte/themen/PDF/china.pdf)

M 3 Aus einem Interview mit China Keitetsi über ihr Leben als Kindersoldatin

AUFGABEN

1 *Was könnte der Kindersoldat (M 1) sagen?*

2 *Beantworte die W-Fragen in Bezug auf Kindersoldaten (Wer? Was? Wo? Wann? Wie lange? Warum? Welche Alternativen?). Informiere dich auch im Internet.*

3 *Schau dir die Karte M 2 genau an. In welchen Ländern der Erde werden Kindersoldaten eingesetzt? Woran könnte dieser Einsatz liegen?*

4* *Begründe, welche Kinderrechte bei Kindersoldaten besonders verletzt werden. Beziehe dich auch auf China Keitetsi (M 3).*

5 *Beschreibe, wie China Keitetsi zur Kindersoldatin wurde und welche Erfahrungen sie als Kindersoldatin machen musste.*

Gewalt gegen Kinder – Kinderrechte in Deutschland

M 1 Gewalt in der Familie

Artikel 19 Schutz vor Gewaltanwendung, Misshandlung, Verwahrlosung
(1) Die Vertragsstaaten treffen alle geeigneten … Maßnahmen, um das Kind vor jeder Form körperlicher oder geistiger Gewaltanwendung, Schadenzufügung oder Misshandlung, vor Verwahrlosung oder Vernachlässigung, vor schlechter Behandlung oder Ausbeutung einschließlich des sexuellen Missbrauchs zu schützen.

Prozess: Paar muss sich wegen Misshandlung verantworten

In Wiesbaden steht seit gestern ein Paar vor Gericht, das drei Kinder vernachlässigt und misshandelt haben soll. Polizisten hatten im August 2009 die damals zwei, vier und sechs Jahre alten Jungen aus einer verwahrlosten Wohnung geholt. Zwei der Kinder hätten Verletzungen durch Schläge und Tritte gehabt, sagte der Staatsanwalt. Der Kühlschrank sei bis auf eine Flasche Cola leer gewesen.
Die 29-jährige Mutter sagte vor Gericht aus, ihr damaliger Lebensgefährte habe ohne erkennbaren Grund auf eines der Kinder eingeprügelt. Die drei Jungen habe sie aber regelmäßig mit Essen versorgt.

(http://www.morgenweb.de/nachrichten/hessen-rlp/kinder-vollig-verwahrlost-1.200174, gekürzt, Zugriff 03.02.2011)

M 2 Pressemeldung

Ursachen und Folgen von Gewalt

Wenn eine Person ihre Stärke benutzt, um anderen wehzutun, dann spricht man von Gewalt. So zählt zur Gewalt, wenn jemand bedroht, geschlagen, getreten oder mit einer Waffe verletzt wird. Doch auch wer andere mit Worten oder mit Gesten quält, der übt Gewalt aus. Oft wird diese Form von Gewalt Mobbing oder Bullying genannt.
Von Vernachlässigung spricht man hingegen, wenn ein Kind nicht die notwendige Hilfe für sein täglichen Leben bekommt, zum Beispiel keine warmen Mahlzeiten.
Gewalt kann im häuslichen Umfeld von Eltern oder anderen Familienangehörigen ausgeübt werden. Sie kommt häufig dann vor, wenn die Betroffenen in Armut leben, Stress ausgesetzt sind oder unter Alkohol- und Drogenproblemen leiden. Kinder zu schlagen ist in Deutschland gesetzlich verboten.

Gewalt kann es auch in der Schule oder am Arbeitsplatz geben. Bei Untersuchungen haben viele Schulkinder angegeben, dass sie selbst schon einmal Gewalt durch Worte oder Taten erlebt haben. Viele Kinder verschweigen das, weil sie sich schämen oder weil sie Angst haben, denn die Gewalt kann von jemandem aus ihrem eigenen Umfeld ausgehen.
Gewalt hat seelische und körperliche Auswirkungen auf die Opfer. Manchmal werden diese selbst später gewalttätig, weil sie nur den Lösungsweg der Gewalt kennen gelernt haben.
Wird jemand selbst zum Opfer, so sollte er sich so schnell wie möglich nach Hilfe umsehen, beispielsweise in der Schule beim Vertrauenslehrer oder bei Notfallnummern wie „Nummer gegen Kummer“ (> S. 39).

... Gewalt äußert sich nicht nur durch Schläge, sondern auch durch (verbale) Missachtung. Ein Viertel aller befragten Heranwachsenden hat die Erfahrung gemacht, von Erwachsenen als „dumm“ oder „faul“ beschimpft zu werden (26,7 Prozent Kinder, 23,9 Prozent Jugendliche). Ein Fünftel gibt an, dass Erwachsene ihnen das Gefühl geben, weniger wert zu sein.
Bei den Kindern werden erneut sozioökonomische Unterschiede sichtbar: Mit 23,6 Prozent sind sozial benachteiligte Kinder im Vergleich zu den privilegierten Kindern (9,9 Prozent) mehr als doppelt so häufig dieser Erfahrung ausgesetzt.

(Aus: Holger Ziegler, Studie im Auftrag der Bepanthen Kinderförderung. gekürzt)

M3 Aus einer Studie über Gewalt gegen Kinder

Man kann auf Gewalt auch anders reagieren!

Führt in Gruppen von drei bis fünf Schülern ein Rollenspiel (> S. 35) durch, in dem auf die gleiche Situation jeweils auf drei verschiedene Weisen reagiert wird.
A – mit einer aggressiven Antwort,
B – mit einer unterwürfigen Antwort,
C – mit einer selbstbewussten, aber nicht ausgrenzenden Antwort.

Situation 1:
Tom hat die Schultasche von Felix im Papierkorb ausgeschüttet und die Schultasche dann im Waschbecken gewässert. Du siehst, was Tom mit der Schultasche von Felix macht. Wie reagierst du?

Situation 2:
Umut ist körperlich behindert und einige Jungen aus der Klasse hänseln ihn beim Fangen oder Fußballspielen. Manchmal darf er nicht einmal mitspielen. Du bist Klassensprecherin und sprichst mit Max, dem Anführer der hänselnden Jungen.

M4 Wie auf Gewalt reagieren?

Aus einer Younicef-Umfrage zum Thema „Gewalt“ unter Kindern und Jugendlichen

„Wenn mich die Lehrerin anbrüllt und ungerecht ist.“
(Junge, 11 Jahre, aus Göttingen)

„Für mich gibt es die körperliche Gewalt und die Gewalt mit Worten, bei der körperlichen Gewalt werden Menschen geschlagen oder getreten. Bei der Gewalt mit Worten wird man beleidigt oder beschimpft, das kann so hart sein wie eine Faust ins Gesicht.“
(Mädchen, 13 Jahre, aus Hannover)

„Misshandlungen, auf jeden Fall Entführung, Krieg, Prügeleien, Mobbing, aber auch Kinder, die als Soldaten aufwachsen müssen, Zeuge von Kinderarbeit werden etc.“
(Mädchen, 13 Jahre)

„Unter Gewalt verstehe ich, wenn Kinder sexuell vergewaltigt werden oder wenn Kinder arbeiten müssen. Ich verstehe nicht, wie es so grausame Menschen geben kann, die Kinder zwingen, in den Krieg zu gehen. Es gibt auch Gewalt in Deutschland, die zwar nicht so bekannt und meistens nicht so schlimm ist, aber es ist trotzdem wichtig, etwas dagegen zu tun, überall.“
(Mädchen, 11 Jahre, aus Tübingen)

„Gewalt ist etwas Brutales, was einen aber auch nur mit Worten fertig machen kann. ... Ich verbinde Gewalt mit Schmerzen.“
(Mädchen, 12 Jahre)

„Man sieht in der Schule in vielen Klassen oft wie EINER/EINE fertiggemacht wird – da werden aber mehr Worte als Schläge benutzt – aber manchmal geht dass soweit, dass es in einer Schlägerei endet.“
(Mädchen, 13 Jahre)

(Quelle: http://www.younicef.de/?id=1124)

M5 Aussagen von Jugendlichen zum Thema Gewalt

AUFGABEN

1 *Erkläre, warum das Paar, über das in der Zeitung berichtet wird (M 2), vor Gericht steht. Findest du es begründet?*

2 * *Erkläre in eigenen Worten die Begriffe „Gewalt“ und „Vernachlässigung“.*

3 *Diskutiert, welchen Meinungen aus der Umfrage (M 5) ihr zustimmt und welchen nicht.*

4 *Was tun bei schulischer oder häuslicher Gewalt? Recherchiert im Internet und entwerft ein Informationsblatt.*

Wiederholen und Üben

Begriffe zum Thema Kinderrechte suchen

Beim folgenden Schreibspiel ergeben die senkrecht untereinander geschriebenen Buchstaben einen Begriff. Übertrage die Vorlage in dein Heft. Bildet nun zu jedem Buchstaben ein neues Wort mit dem gleichen Anfangsbuchstaben. Es soll zu dem Begriff „Kinderrechte" passen.

K ____________________
I ____________________
N ____________________
D ____________________
E ____________________
R ____________________
R ____________________
E ____________________
C ____________________
H ____________________
T ____________________
E ____________________

Was gibt es für Kinderrechte?

Einige der Kinderrechte (> S. 108) wurden in dem Kapitel „Kinder weltweit" noch nicht ausführlich behandelt. Stelle fest, welche es sind und bereite zu einem Kinderrecht eine kurze Präsentation vor (Wer? Was? Wie? Warum so wichtig? Beispielfälle). Du kannst dich auch auf Verstöße gegen Kinderrechte in deiner Umgebung beziehen.

Bildung – ein Kinderrecht

Werte das Plakat aus. Orientiere dich dabei an drei Arbeitsschritten zur Auswertung von Karikaturen (> S. 95).

Verstöße gegen Kinderrechte

Gegen welche Kinderrechte wird auf den Bildern 1 – 5 verstoßen? Begründe deine Antwort.

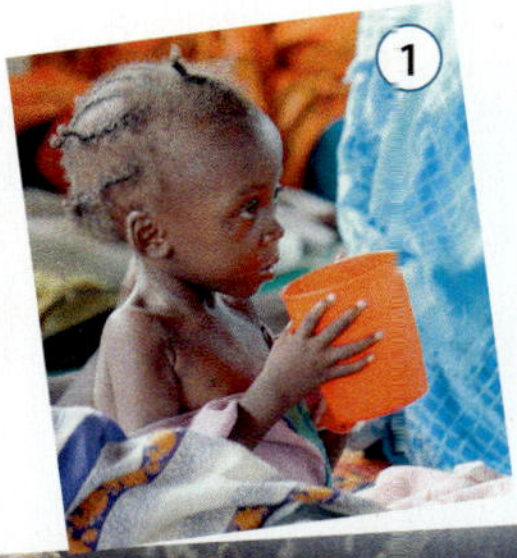

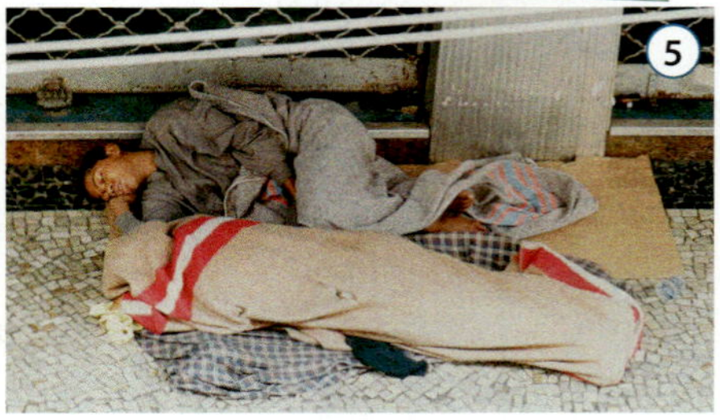

Projekt „JuniorBotschafter für Kinderrechte"

Informiert euch im Internet über die Junior-Botschafter und überlegt gemeinsam, wie ihr zu einer gerechteren Welt beitragen könnt.

UNICEF („United Nations International Children´s Emergency Fund") ist das Kinderhilfswerk der UNO. Es wurde 1946 gegründet, um nach dem Zweiten Weltkrieg den hungernden und kranken Kindern zu helfen. Heute setzt sich UNICEF in 160 Ländern für die Einhaltung der Kinderrechte ein und dass Kinder vor Ausbeutung geschützt werden, dass sie Schulen besuchen können, medizinisch betreut werden, sauberes Trinkwasser sowie eine ausreichende Ernährung erhalten. Viele prominente Politiker und Stars aus Fernsehen, Film, Musik und Sport sind Botschafter für UNICEF.

JuniorBotschafter
unicef
Gemeinsam für Kinder

Was ist Gewalt für dich?

Überlege erst alleine und diskutiere dann mit deinem Lernpartner, ob in diesen Situationen Gewalt vorliegt. Begründe deine Meinung.

- Ein Junge schlägt einen anderen Jungen, der ihn bedroht.
- Ein Lehrer erklärt einem Schüler: „Du gehörst nicht hierher."
- Ein Mädchen wird wegen seiner Kleidung ausgelacht.
- Ein Vater gibt seinem Kind eine Ohrfeige, weil es eine freche Antwort gegeben hat.
- Ein Junge fasst ein Mädchen an, obwohl es das nicht will.
- Eine Mutter gibt ihrem Kind einen Klaps, weil es nicht hören will.
- Ein Mädchen lacht einen Jungen aus: „Du Schwächling!"
- Ein Schüler sagt zu einem anderen „Du Hurensohn!"
- Ein Junge kämpft mit einem anderen aus, wer stärker ist.
- Eine Clique fotografiert einen Mitschüler während einer Schlägerei.
- Ein Kind verlangt Geld von einem anderen, um es zu „beschützen".
- Ein Kind wird ohne Essen ins Bett geschickt, weil es nicht artig war.
- Ein Schüler zieht einem anderen den Stuhl weg.

Fasst zusammen, was ihr unter Gewalt versteht. Findet Wege, wie man aus Gewalt herauskommt.

Prüfe dich nun selbst! Du kannst ...

- ✓ ... dich zu unterschiedlichen Kindern aus verschiedenen Kontinenten äußern (z.B. Familie, Aufgaben, Schule, Hobbys) (> S. 106f);
- ✓ ... die wichtigsten Kinderrechte nennen und erklären (> S. 108);
- ✓ ... darstellen, welche Kinderrechte im Leben der Straßenkinder nicht verwirklicht sind (S. 110f);
- ✓ ... erklären, was das Kinderrecht auf Schutz bedeutet und warum es so wichtig ist (> S. 111);
- ✓ ... erklären, warum sich Kinderarbeit und das Kinderrecht auf Bildung widersprechen (> S. 112f);
- ✓ ... begründen, warum sauberes Trinkwasser so wichtig für Kinder ist (> S. 117);
- ✓ ... nachempfinden, was Kinder auf der Flucht fühlen und ihren Hoffnungen in Bezug auf ein Leben in Deutschland Worte geben (> S. 118f);
- ✓ ... zusammenfassen, warum Kinder als Kindersoldaten missbraucht werden (> S. 120f);
- ✓ ... wiedergeben, unter welchen Formen von Gewalt Kinder in Deutschland leiden (> S. 122);
- ✓ ... erklären, welche Formen Gewalt gegen Kinder haben kann und was gegen Gewalt unternommen werden kann (> S. 122f).

5 Frühe Kulturen

M1 Archäologen bei der Freilegung von steinzeitlichen Keramikgefäßen

M2 Fundstück aus dem keltisches Fürstengrab am Glauberg (Wetteraukreis): Kriegerfigur aus Sandstein (5. Jh. v. Chr.)

M3 Fundstück aus dem keltisches Fürstengrab am Glauberg (Wetteraukreis): goldener Halsring (5. Jh. v. Chr.)

- **Die Menschen der Steinzeit – waren sie primitiv oder genial?**
- **Sind die Techniken der Steinzeit wirklich längst überholt?**
- **Wie passten sich die Menschen der Frühgeschichte ihrer Umwelt an?**

Z

Orientierung in der Geschichte

Die historischen Groß-Epochen

Um Ereignisse und Zeitabschnitte bestimmen und einordnen zu können, erfanden die Menschen die Zeitrechnung und den Kalender. Verschiedene Völker, z. B. die Juden oder die Chinesen, haben unterschiedliche Zählweisen entwickelt. Auch ihre Jahre sind verschieden lang. Die Römer z. B. zählten die Jahre nach der Gründung Roms oder benutzten Listen, die von jährlich gewählten Beamten geführt wurden. Die christliche Zeitrechnung, die wir verwenden, zählt – von der Geburt Christi ausgehend – vor und zurück (v. Chr./n. Chr.).

Was wurde zuerst erfunden, die Glühbirne oder die Eisenbahn, lebte Kolumbus vor oder nach Karl dem Großen? Lebte Luther vor oder nach der Ritterzeit? Wann wurden die Menschen sesshaft, war das schon vor oder erst während der Römerzeit? Es ist nicht so ganz einfach, geschichtliche Ereignisse und Vorgänge in eine richtige Abfolge zu bringen. Und was unterscheidet eigentlich das Altertum von der Neuzeit?

Historiker haben versucht, die Geschichte der Menschen in **Epochen** (Zeitabschnitte) einzuteilen. Sie unterscheiden dabei grob sechs historische Epochen:

- die Vor- und Frühgeschichte
- das Altertum (die Antike)
- das Mittelalter
- die Neuzeit
- die Neueste Zeit
- die Zeitgeschichte

Hier stellt sich zunächst die Frage, wann denn die einzelnen Epochen anfingen und wie lange sie dauerten. Unter welchen Gesichtspunkten wurden diese Einteilungen überhaupt vorgenommen?
Beide Fragen kann man nicht eindeutig beantworten. Auch unter den Historikern ist es umstritten, wann z. B. die Neuzeit einsetzte, mit der Entdeckung Amerikas durch Kolumbus um 1500 oder erst nach dem Dreißigjährigen Krieg im Jahr 1648 oder schon lange vor Kolumbus, etwa im 13. Jahrhundert?

A

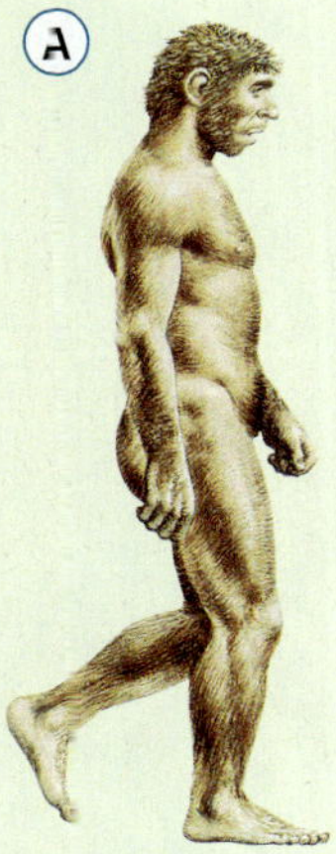

Neandertaler
(vor 100 000 Jahren)

B

Vorgeschichte
(Urgeschichte)

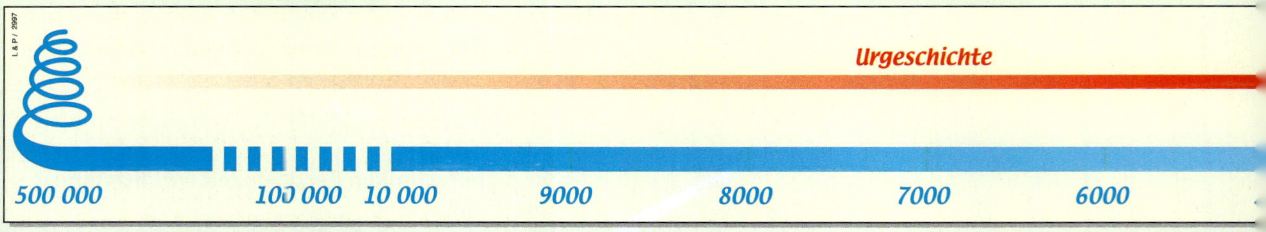

M1 Ein Zeitstrahl über alle Epochen der Menschheit

Epocheneinteilungen

Meist wird die folgende Epocheneinteilung vorgenommen:

- Die Vor- und die Frühgeschichte dauerten bis etwa 3000 v. Chr.
- Das Altertum (Antike) dauerte von 3000 v. Chr. bis etwa um 500 n. Chr. (damals zerfiel das Römische Weltreich).
- Das Mittelalter dauerte ungefähr von 500 n. Chr. bis etwa um 1500 (damals wurde Amerika entdeckt, es kam auch in dieser Zeit zur Spaltung der Christen in Katholiken und Protestanten).
- Die Neuzeit dauerte von 1500 bis zur Französischen Revolution im Jahr 1789.
- Die Neueste Zeit dauerte von der Französischen Revolution bis zur Gegenwart.
- Als Zeitgeschichte gilt der Zeitraum, den die heute lebenden Menschen persönlich erlebt haben. So erinnern sich einige Menschen noch an den Zweiten Weltkrieg (1939 bis 1945).

AUFGABEN

1 *Zeichne ein Bücherregal mit sechs Fächern für die historischen Epochen. Ordne Personen oder Ereignisse, von denen du schon gehört hast, in einzelne Fächer ein. Ein Lexikon oder dieses Schulbuch können dir dabei helfen.*

2 *Trage die Jahresangaben zu den Epochen maßstabsgerecht auf einem Zeitstrahl ein (> S. 130).*

C

Frühgeschichte

D

Antike

E

Mittelalter

F

Neuzeit und Neueste Zeit

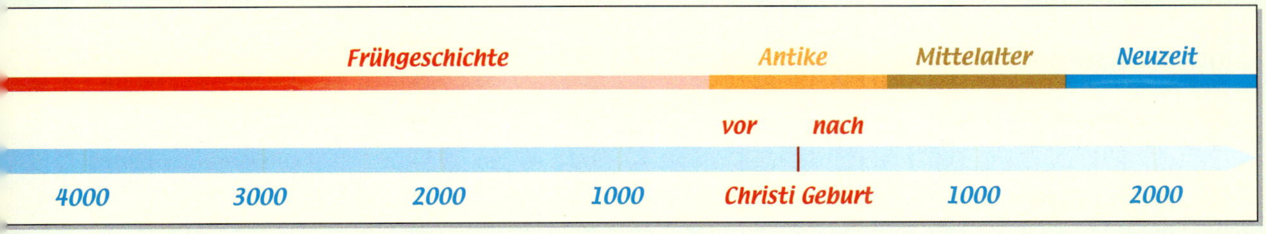

Projekt: Eine Recherche zur eigenen „Geschichte“

Nicht nur einzelne Völker, z. B. die Ägypter (> S. 158f.), haben eine Vergangenheit (Geschichte), sondern auch jeder einzelne Mensch hat seine eigene, seine persönliche Geschichte.
Diese Geschichte kann man ebenfalls auf einem Zeitstrahl darstellen und einzelne Ereignisse aus dieser Geschichte können mit Bildquellen, Sachquellen und Textquellen bewiesen werden.

Eure eigene Geschichte ist zwar erst 10, 11 oder 12 Jahre alt, da ihr ja noch nicht so alt seid. Bestimmt habt ihr aber bereits so viel erlebt, dass es sich lohnt, eure Geschichte aufzumalen und Quellen für euer Leben zu suchen.
Auf diesen Seiten seht ihr, wie ihr dabei vorgehen könnt. Wenn ihr eigene Ideen habt, um die Darstellung eurer Geschichte noch interessanter zu machen, könnt ihr diese natürlich nutzen. Und nun viel Spaß.

M 1 Schüler beim Zeichnen eines Zeitstrahls

Ihr braucht für einen Zeitstrahl:
- ein großes Plakat für jeden Schüler
- Farbstifte, Lineal und Kleber
- eigene Quellen (Kopien, Gegenstände, Berichte, Fotos)

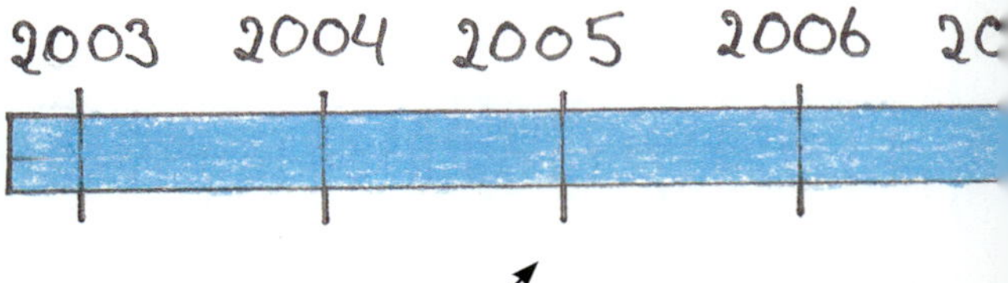

TIPP

Welche Ereignisse ihr bei eurem Zeitstrahl genauer beschreibt, müsst ihr natürlich selbst auswählen. Nehmt nur Ereignisse, die euch auch wirklich wichtig waren, und achtet darauf, dass ihr nicht zu viele auswählt, denn dann ist vielleicht kein Platz mehr für eure Quellen.

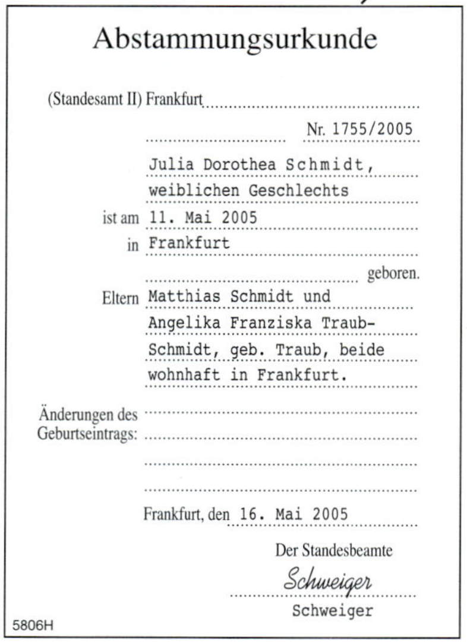

Abstammungsurkunde

(Standesamt II) Frankfurt
Nr. 1755/2005
Julia Dorothea Schmidt,
weiblichen Geschlechts
ist am 11. Mai 2005
in Frankfurt
geboren.
Eltern Matthias Schmidt und
Angelika Franziska Traub-
Schmidt, geb. Traub, beide
wohnhaft in Frankfurt.
Änderungen des Geburtseintrags:
Frankfurt, den 16. Mai 2005
Der Standesbeamte
Schweiger
Schweiger
5806H

Geburt: Als Quelle für die Geburt hat Sophie eine Kopie ihrer Geburtsurkunde verwendet. Auf dieser Urkunde steht, wann und wo sie geboren ist und wer ihre Eltern sind. Ihr könnt aber auch ein Bild oder einen Bericht von euren Eltern verwenden.

Erster Schultag in der Grundschule: Sophie hat ein Interview mit ihrem Vater gemacht, der sich noch sehr gut an die Einschulung von Sophie erinnern kann. Diesen Zeugenbericht hat sie hier verwendet.

Frage: *Was passierte am ersten Schultag?*

Papa: *Also am Morgen warst du sehr aufgeregt. Mama wollte, dass du dir dein schönes Kleid anziehst, doch du wolltest das nicht.*

Urlaub in Frankreich: Für Sophie war der Sommerurlaub in Frankreich ein tolles Erlebnis. Deshalb will sie den Urlaub in ihrer Geschichte erwähnen. Sie nimmt als Beweis eine Sachquelle - einen Fahrschein.

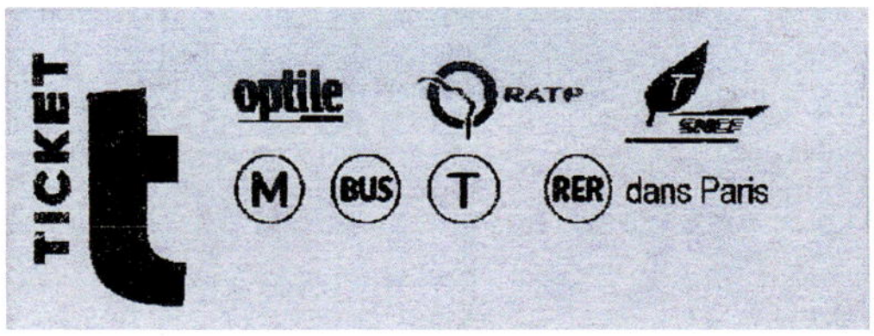

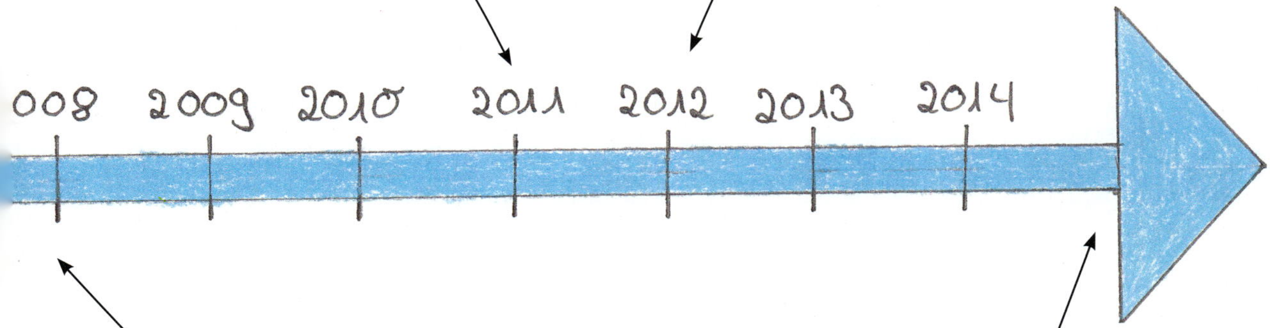

Der 70. Geburtstag von Opa: Zwar kann sich Sophie an den Geburtstag kaum noch erinnern, aber sie hat schon viele schöne Fotos davon gesehen. Also benutzt sie als Quelle ein Foto.

Der erste Schultag in der Gesamtschule: Da dieses Ereignis für Sophie noch nicht so weit weg liegt, schreibt sie selbst einen Zeugenbericht, wie sie ihren ersten Schultag erlebt hat. Man könnte aber auch Fotos oder die Einladung zur Begrüßungsfeier aufkleben.

Mein erster Tag in der Gesamtschule

Als ich in das neue Schulgebäude kam, war ich sehr nervös. Mir hat das alles gar nicht gefallen. Alles war so groß, und ich wusste gar nicht, wo ich hingehen musste. Doch dann kam zum Glück Frau ...

Woher wissen wir etwas über die Vergangenheit?

Leichenfund bei Bauarbeiten

Bei den Bauarbeiten für die neue Tiefgarage im Stadtzentrum wurde gestern eine schreckliche Entdeckung gemacht. Als die Bauarbeiter eine Grube aushoben, stießen sie auf die Knochen eines menschlichen Skeletts. Sofort wurden die Arbeiten eingestellt und die Polizei herbeigerufen. Nach kurzen Untersuchungen gaben die Polizisten jedoch Entwarnung. Es handle sich nicht um einen Fall für die Polizei, so der Sprecher, sondern um eine Aufgabe für Historiker. Denn der Fundort, die Fundtiefe und weitere Funde zeigen, dass es sich um die Überreste eines Menschen handelt, der hier vor Tausenden Jahren lebte. Nun untersuchen die Historiker den Fund. Dies kann lange dauern, denn alle Spuren müssen gesichert werden.

M 1 Fundstelle mit Tiefenangaben

Der Fundort

Die **Archäologen** (= Altertumsforscher) müssen nun die Fundstelle genau untersuchen. Dabei gehen sie wie die Polizei bei der Spurensicherung vor: Mit kleinen Pinseln, Spachteln und Ministaubsaugern werden die Funde von Erdklumpen und Staub befreit. Dann wird alles vermessen, fotografiert und nummeriert. So weiß man später genau, wo die verschiedenen Fundstücke gelegen haben. Erst jetzt werden diese Stücke abtransportiert. Die Forscher haben nun die Aufgabe, aus den Fundstücken eine möglichst genaue Rekonstruktion (Nachbildung) herzustellen.

AUFGABEN

1 *Wie müssen Archäologen bei der Sicherung eines Fundes vorgehen? Erstelle eine Anleitung.*

2 *Erkläre, warum die Archäologen bei ihrer Arbeit vorsichtig sein sollten.*

3 *Erstelle eine Tabelle mit den Fundstücken (M 1):*

Tiefe	*Fundstücke*
...	...

4 *Gehören alle Fundstücke zum Leichenfund? Begründe deine Ansicht.*

Quellen erzählen uns etwas über die Vergangenheit

Eine **Quelle** ist eigentlich der Ausgangspunkt (Ursprung) eines Flusses oder Baches. Doch auch Geschichtsforscher arbeiten mit Quellen. Solche Quellen sind für die Historiker der Anfang ihres Wissens über die vergangene Zeit. Man kann auch sagen, dass die historischen Quellen der Ausgangspunkt für eine Rekonstruktion sind, das heißt für eine Nachbildung des früheren Lebens.

Auf der vorhergehenden Seite habt ihr gesehen, wie die Archäologen die Fundstelle genau untersucht und die Fundstücke freigelegt haben. Diese Fundstücke sind für die Forscher nun die Quellen, mit denen sie versuchen, Genaueres über den Leichenfund herauszufinden. Nur wenn sie diese Quellen exakt untersuchen, können sie vielleicht bestimmen, in welcher Zeit der gefundene Mensch gelebt hat und wie er damals lebte.
Bei den Quellen unterscheidet man drei Quellenarten:
- Sachquellen (Werkzeuge, Töpfe, Münzen usw.),
- Bildquellen (Höhlenmalerei, Fotografien usw.) und
- Schriftquellen (Briefe, Bücher usw.).

Bei unserer Ausgrabung wurden z. B. die Gegenstände M 2 bis M 4 entdeckt.

M 2 Tongefäß aus der frühen Keltenzeit

M 3 Goldschmuck der Kelten

M 4 Römische Münze. Mit den Römern trieben die Kelten Handel.

Die gesicherten Fundstücke können ihre Geschichte nicht selbst erzählen. Deshalb müssen die Geschichtsforscher versuchen, aus diesen Quellen abzuleiten, wie das Leben der Menschen zu dieser Zeit aussah. Dazu untersuchen sie die Gegenstände ganz genau. Sie achten besonders auf folgende Forschungsfragen:
- Um was für einen Gegenstand handelt es sich?
- Aus welchem Material ist der Gegenstand?
- Welche Form hat er und welche Muster sind zu erkennen?
- Sind Bilder oder Zeichen zu sehen?
- Wofür wurde der Gegenstand benutzt?

Bei vielen Untersuchungen oder Analysen helfen heute Computer und Messgeräte. Oft müssen jedoch die Historiker ihre Fantasie und ihre Erfahrung zu Hilfe nehmen, um ein Bild vom Leben der Menschen zu erhalten. In unserem Fall haben die Forscher festgestellt, dass es sich bei der Leiche um einen Angehörigen aus dem Volk der Kelten handelt, die schon 600 v. Chr. in unserer Gegend zu Hause waren.

AUFGABEN

1 *Erkläre, zu welcher Quellenart die Funde M 2 – 4 gehören.*

2* *Vergleiche die Arbeitsweise eines Kriminalisten mit der eines Archäologen. Was haben sie gemeinsam?*

3 *Das Leben der Kelten: Untersuche dazu die abgebildeten Quellen mit Hilfe der Forschungsfragen.*

4 *Schildere in einem kleinen Bericht, wie du dir nun das Leben der Kelten vorstellst.*

5 *Überlege: Reichen deine Informationen schon aus? Brauchst du noch weitere Informationen?*

Geschichte lässt sich auch erzählen

Ein indianischer Geschichtenerzähler

M 1 zeigt eine Tonfigur aus den 1990er-Jahren. Sie stammt aus Amerika – aus dem US-Staat New Mexico. Hergestellt wurde sie von den Navaho-Indianern.

Was geschieht hier? Die kleinen Kinder krabbeln auf diesem Mann herum. Es ist der Geschichtenerzähler, der Storyteller des Stammes. Er erzählt den Kindern Geschichten von früher – aus der Zeit ihrer Eltern und Großeltern oder aus noch älteren Zeiten über ihre Vorfahren.

Der Geschichtenerzähler ist zugleich der Lehrer. Was ihr hier seht, ist eine Indianerschule, die keinen Klassenraum, keinen Stundenplan und keine Bücher braucht.

Man kann also Geschichte auch einfach erzählen.

M 1 Tonfigur der Navaho-Indianer (1990er-Jahre)

M 2 Ein Geschichtenerzähler auf dem Marktplatz von Marrakesch (Marokko). Obwohl hier Fernsehen und Zeitung weit verbreitet sind, hören die Menschen bis heute und wie früher gerne Geschichtenerzählern zu.

Es ging früher auch ohne Bücher

Als Schrift und Bücher noch nicht sehr weit verbreitet waren, da erzählten ältere Menschen den jüngeren die Ereignisse, die früher geschehen waren. Man hörte ihnen gespannt zu.

Als die Menschen noch nicht zur Schule gingen und noch keinen Geschichtsunterricht hatten, waren die Älteren die Einzigen, die über die Vergangenheit berichten konnten. Das war bei allen Völkern und Kulturen so. Auch heute erzählen uns Ältere von Ereignissen, die vor unserer Geburt lagen. Das mündliche Weitergeben von Geschichte gibt es also auch heute noch. Menschen erzählen, wie sie früher spielten und arbeiteten oder was sie aßen. Beim Einkaufen gab es beispielsweise keine Scannerkassen, sondern der Verkäufer musste die Preise auf dem Papier ausrechnen.

AUFGABEN

1 *Sprecht in der Klasse über das Thema: „Bei welchen Gelegenheiten erzähle ich etwas oder höre zu?*

2 *Überlegt, warum Menschen Geschichte schriftlich aufzeichnen.*

Geschichte kann man ganz unterschiedlich erzählen

Geschichte und Geschichten sind allerdings sehr unterschiedliche Sachverhalte. Ein französischer Soldat wird die Geschichte des Zweiten Weltkriegs bestimmt völlig anders erzählen als ein deutscher Soldat. Beide haben eben sehr verschiedene Erinnerungen und Erfahrungen gemacht.
Auch eine junge Witwe wird die Nachkriegszeit völlig anders darstellen als ihr 7-jähriges Kind, das unbeaufsichtigt auf der Straße spielen konnte. Es gibt also keine „richtigen" Geschichten, Geschichten haben eher etwas mit eigenen Erfahrungen und Erlebnissen zu tun.

Geschichten und Geschichtswissenschaft

Schon seit der Antike werden Geschichten und Geschichte aufgeschrieben. So haben wir z. B. über die Kriege zwischen den Römern und den Griechen ganz unterschiedliche Geschichten und Berichte. Damit befasst sich die Geschichtswissenschaft. Sie prüft die erzählten und überlieferten Geschichten. Sie fragt danach, warum Geschichte in dieser oder jener Weise erzählt wurde. Sind diese Geschichten glaubwürdig oder sind sie eher teilweise frei erfunden?

Aus der kritischen Prüfung von Geschichten kann schließlich Geschichte werden. Auch die Quellen, die wir in diesem Buch kennen lernen, verraten uns nicht, wie es „wirklich war", sondern wie es bestimmte Autoren für überzeugend hielten.

M3 Großvater erzählt. Stahlstich aus dem 19. Jahrhundert

M4 Schülerin befragt eine Zeitzeugin zu früher.

AUFGABEN

1 *Zieht zu zweit los und befragt ältere Frauen und Männer. Fragt zum Beispiel nach einschneidenden Begebenheiten aus der Vergangenheit, wie sie früher spielten, was sie damals aßen, wie es in ihrem Beruf zuging, was sie noch aus der Nachkriegszeit wissen (> Methode S. 97).*

2 *Zeichnet einen Zeitstrahl (> S. 130/131) und tragt ein, vor wie vielen Jahren das alles geschehen ist und was ihr in euren Befragungen erfahren habt.*

3 *In M 3 erzählt ein Großvater seinem Enkel Geschichten, die er selbst miterlebt hat. In der Hand hält er eine kleine Figur. Sie stellt Napoleon, einen Feldherrn der Franzosen, dar. Überlege, was dieser Großvater seinem Enkel wohl erzählen könnte.*

Geschichte begegnet uns im Heimatort

Auch eure Stadt oder ein Stadtteil hat eine spannende Geschichte. Diese könnt ihr im Unterricht – in kleinen Arbeitsgruppen – selbst erkunden. Wie ihr eine Erkundung durchführt, habt ihr bereits auf S.14 erfahren. Die Ergebnisse eurer Recherchen könnt ihr dann auf einem Plakat dokumentieren.

M

Tipps für eine Erkundung

Arbeitsschritt 1

Festlegung auf einen bestimmten Ort, Stadtteil oder ein Gebäude

Arbeitsschritt 2:

Festlegung auf bestimmte (vorläufige) Fragen: Was wollt ihr herausfinden? (z. B. Entwicklung der Einwohnerzahl, Kriegszerstörungen, bedeutende Persönlichkeiten, Sagen)

Arbeitsschritt 3:

Sammeln von Informationen: Hier bietet sich zunächst eine Ortsbegehung an, dann Recherche z. B. in der Schul- und Stadtbibliothek, Befragung von älteren Mitmenschen. Notiert eure Ergebnisse und fotografiert wichtige Bauwerke oder Details.

Arbeitsschritt 4:

Ergebnisse in zeitlicher Abfolge und nach Themengesichtspunkten ordnen: Verfasst z. B. eine Wandzeitung. Achtet dabei auf eine große, gut lesbare Schrift und vermeidet „Bleiwüsten", also Dokumente mit viel Text und schlechten Kopien.

Arbeitsschritt 5:

Präsentation: Wenn ihr ein gutes Ergebnis erarbeitet habt, könnt ihr dieses außer im Klassenraum auf der schulischen Homepage veröffentlichen oder gar in der örtlichen Presse. Ladet hierzu den Lokalredakteur ein.

Beispiel: Aus der Geschichte von Wiesbaden

1. Jh. n. Chr.:	die Römer siedeln hier und errichten ein Kastell
Völkerwanderungszeit:	Zerstörung der Stadt durch die Alemannen
um 1232:	Stadt wird kurzzeitig Reichsstadt
1242:	Zerstörung durch den Mainzer Erzbischof
15. Jh.:	Badewirte zählen zu den reichsten Bürgern
1543:	Wiesbaden wird evangelisch
1547:	großer Stadtbrand, fast die gesamte Stadt brennt ab
1635:	schwedische Truppen besetzen die Stadt
1644:	im 30-jährigen Krieg flüchten alle Einwohner
ab 1701:	Bau des Biebricher Schlosses
1806:	Wiesbaden wird Hauptstadt des Herzogtums Nassau
im 19. Jh.:	Wiesbaden wird berühmter Badeort
1866:	Preußen besetzt Wiesbaden
1919:	Französische Truppen besetzen die Stadt
1945:	ein Bombenangriff zerstört Teile der Stadt
seit 1945:	Bundesbehörden werden in Wiesbaden angesiedelt

M 1 Historische Ansicht von Wiesbaden. Stich aus dem 17. Jahrhundert

M 2

M 3

M 4

M 5

M 6

M 7

AUFGABEN

1 *Die Fotos M 2 – 7 zeigen bekannte Gebäude und Plätze in hessischen Städten. Ordne die Bilder folgenden Städten zu: Bad Hersfeld, Frankfurt, Fulda, Limburg, Kassel, Wiesbaden.*

2 *Versuche herauszufinden, um welches Gebäude es sich handelt und welche Bedeutung dieses hat.*

Auch Technik hat Geschichte: Vom Bohren und Schrauben

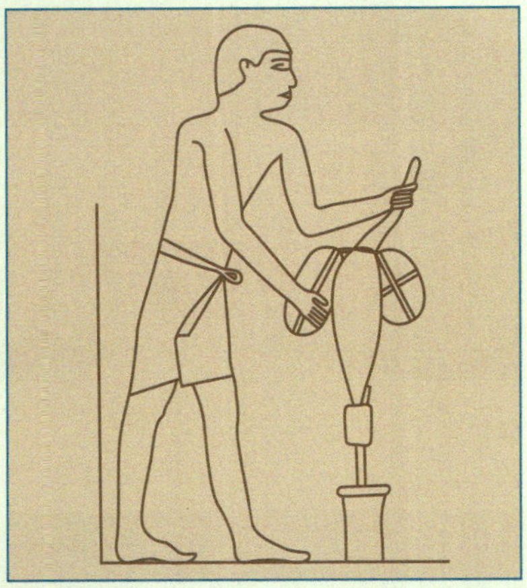

M 1 Ägypter beim Bohren (ca. 2300 v. Chr.)

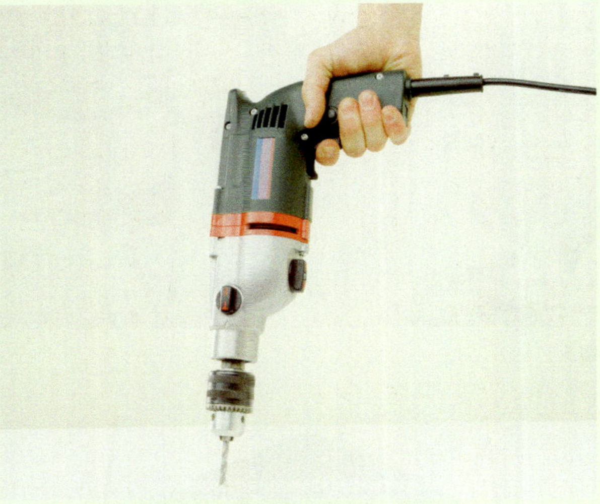

M 2 Bohrmaschine von heute

M 3 Feuer machen durch Bohren

Es war ein gewaltiger Schritt, als die Menschen vor über einer Million Jahren anfingen, einfache Werkzeuge zu entwickeln. Besonders folgenreich war dabei die Technik des Bohrens. Mit einem Holz- oder Steinbohrer lassen sich zum Beispiel Löcher in Stoffe bohren – aber auch in Hölzer, um daraus Waffen wie Steinäxte herzustellen. Schließlich gelang es den Menschen sogar, Löcher in Steine zu bohren (> S. 142).
Dabei erkannten die Menschen, dass beim Bohren durch die Reibung Wärme erzeugt wird. Dass Reibung extreme Hitze erzeugen kann, spürst du, wenn du versehentlich die Bohrspitze einer Schlagbohrmaschine berührst, mit der gerade ein Loch in Beton gebohrt wurde ...

Feuer machen durch Bohren

Die Hitze, welche die Menschen durch kräftige Reibung erzeugten, konnten sie auch zum Feuermachen einsetzen. So werden durch rasches Drehen eines harten Holzes (Esche, Platane, Weißbuche, Eibe) auf einem weichen Holz (Linde, Birke, Tanne oder Kiefer) hohe Temperaturen erzeugt. Durch das Drehen lösen sich von dem weicheren Material kleine Späne, die extrem erhitzt werden. Durch behutsames Blasen (also durch die Sauerstoffzufuhr) lässt sich dann ein Feuer entfachen. Einige Naturvölker (M 3) erzeugen so bis heute Feuer. Es gibt Hinweise, dass Menschen erstmals vor 800 000 Jahren das Feuer nutzten. Die ersten eindeutigen Hinweise, dass die Menschen das Feuer selbst erzeugen konnten, sind aber „nur“ 15 000 Jahre alt.
Mit der Technik des Feuermachens konnte man außerdem viele andere Technologien entwickeln, zum Beispiel Kochen, Wärme erzeugen, Erze und Metalle schmelzen oder Ton brennen.

Aus der Bohrtechnik werden Schrauben entwickelt

Vor allem die aus der Bohrtechnik entwickelten Schrauben erwiesen sich als technologische Wunderdinger: Mit Schrauben kann man nicht nur verschiedene Gegenstände miteinander verbinden und befestigen, sondern auch Wasser oder später Erdöl emporpumpen, Turbinen zur Energiegewinnung herstellen, Schiffe durch Schiffsschrauben antreiben, Flugzeuge durch Propeller antreiben und Vieles andere mehr.

M4 Funktionsweise der archimedischen Schraube

M5 Archimedische Schraube im heutigen Ägypten

Wir wissen nicht, wann und wo die Schraube erfunden wurde, vermutlich wurde sie an unterschiedlichen Orten zu verschiedenen Zeiten immer wieder neu entdeckt. Die Erfindung des genialen griechischen Mathematikers und Mechanikers Archimedes (um 285 – 212 v. Chr.), die Archimedische Schraube, diente vor allem der Bewässerung (M 4). In Ägypten wird die Archimedische Schraube teilweise bis heute zum Hochpumpen von Wasser genutzt (M 5).

Mit Schrauben kann man aber auch etwas zusammenpressen. Diese Technik wird bei vielen mechanischen Geräten genutzt, z. B. bei Most-, Öl- oder Weinpressen (M 6). Später wurde die Obstpresse auch das Vorbild für die Druckerpresse (M 7). Für viele Handwerker, zum Beispiel für Schreiner, wurde der Schraubstock unverzichtbar. Und in Folterkammern kamen Würgbirnen und Daumenschrauben zum Einsatz.

Die Schraube diente bereits den Römern als Befestigungsmittel etwa für edlen Schmuck. Dass man mit Schrauben etwas befestigen kann, wurde im ausgehenden Mittelalter wiederentdeckt: Ritter wurden in ihre wertvollen Rüstungen buchstäblich hineingeschraubt. In der Industrialisierung im 19. Jahrhundert, im Maschinenzeitalter, erlebte die Schraube eine steile Karriere als vielseitiges Instrument, um verschiedenartigste Metallteile locker oder fest miteinander zu verbinden.

AUFGABEN

1 *Beschreibe die auf Seite 138 abgebildeten Tätigkeiten.*

2 *Heute werden die Größe von Bohrern und von Schrauben genau festgelegt, also normiert. Überlege, warum das sinnvoll ist.*

3 *Gib Beispiele für den Einsatz von Bohrern.*

M6 (links) Weinpresse aus Kroatien

M7 (rechts) Druckerpresse um 1800

Altmensch (Homo erectus) und Jetztmensch (Homo sapiens), zu dem auch die heute lebenden Menschen gehören, unterscheiden sich vor allem durch den Bau des Schädels und durch das Gehirnvolumen. Im übrigen Skelett unterscheiden sich die beiden Arten kaum.

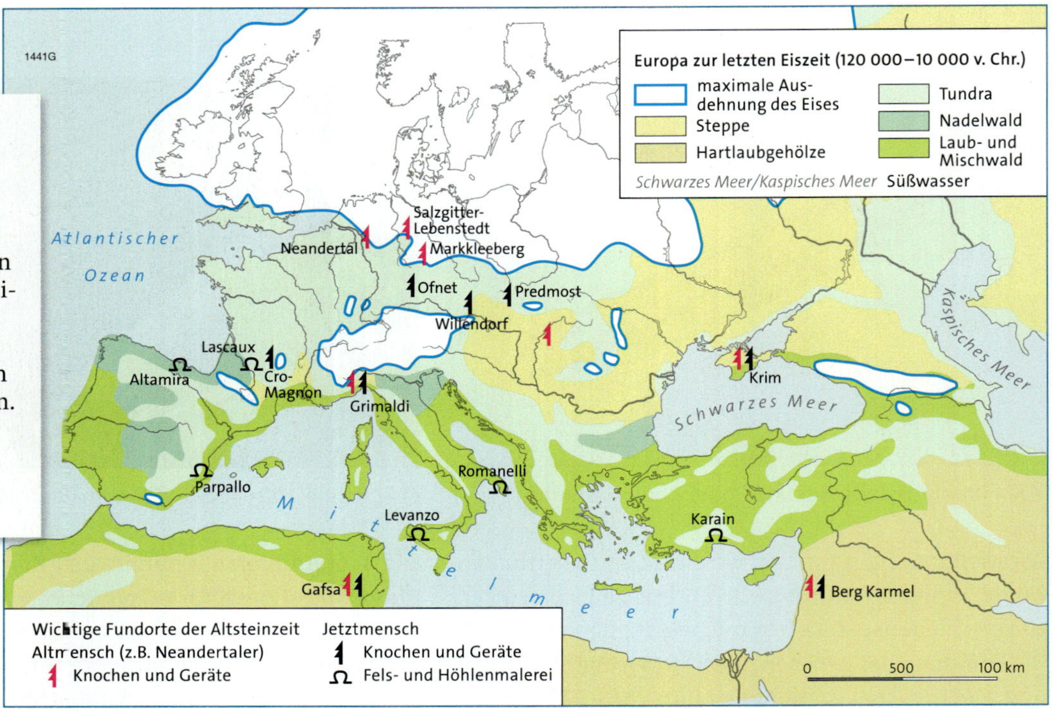

M 1 Vergletscherung in der letzten Eiszeit (120 000 bis etwa 10 000 v. Chr.)

M 2 So ähnlich wie heute in Nordschweden sah es während der Eiszeiten in Hessen aus.

Menschen in der Frühzeit

Während der letzten Eiszeit bedeckten mächtige Gletscher die Hochgebirge und Nordeuropa. Zu der Zeit lag die Temperatur bis zu 10 °C niedriger als heute. Die Landschaft bei uns ähnelte der im heutigen Skandinavien: Es wuchsen kümmerliche Birken und Erlen, Heidekraut, Beerensträucher sowie Moose und Flechten.

Große Hirsch-, Rentier- und Wildpferdherden zogen damals durch das Gebiet des heutigen Deutschland. Im Winter weideten die Herden an Donau, Main und Rhein sowie an den Seen im Voralpenland. Hier lag nur wenig Schnee. Deshalb konnten sich die Tiere ihr Futter unter der dünnen Schneedecke freischarren.

Im Sommer dagegen wurden die Tiere an den Gewässern von Insekten geplagt. So wanderten die Herden in die Höhenlagen der Mittelgebirge oder Voralpen. Dort weideten sie auf saftigen Hängen und brachten ihre Jungen zur Welt. Auch die Menschen mussten sich auf dieses **Klima** einstellen.

Vor etwa 12 000 Jahren endete die letzte Eiszeit. Die großen Gletscher zogen sich zurück. Es dauerte noch Hunderte von Jahren, bis sich das Klima erwärmte. Aufgrund der gestiegenen Temperaturen konnten langsam Wälder heranwachsen, weite Flächen waren aber nach wie vor von Steppen bedeckt.

M 3 Jägerhorde. Felsmalerei um 6000 v. Chr.

M 4 Rekonstruktion eines Zeltes

Menschen leben als Jäger und Sammler

Im Wesentlichen bestimmte das Nahrungsangebot den Lebensort der Menschen. Sie lebten in einer Horde, einer Gruppe von etwa zehn bis zwanzig Menschen. Gemeinsam durchstreiften sie große Gebiete auf der Suche nach Nahrung.

Vorwiegend die Frauen und Kinder sammelten Früchte, Körner von Wildgetreide, Beeren, Pilze und Salz. Sie legten auch immer einen kleinen Vorrat an. Damit sicherten sie die Lebensgrundlage der Horde.

Die Männer versorgten die Horde mit Fleisch. Sie folgten den Wanderrouten der Tiere und zogen oft tagelang ihrer Jagdbeute hinterher. Daher besaßen die Jäger der Steinzeit mehrere **Lagerstätten**: Entweder sie errichteten Zelte aus Holz, Zweigen und Fellen an windgeschützten Plätzen oder die Horde bewohnte eine Höhle, wo sie Schutz vor kalten Winterstürmen fand.

Menschen, die den Tieren folgen und die somit häufig den Wohnplatz wechseln, bezeichnet man als Nomaden (> S. 72). Die Jäger wendeten verschiedene Jagdtechniken an. So erlegten sie einzelne Tiere mit Pfeil und Bogen oder fingen sie in Fallgruben. Sie verfolgten die Tiere und hetzten sie über Abgründe oder in Sümpfe.

Aber nicht nur das Fleisch, sondern das ganze Tier wurde ausgebeutet. Aus den Fellen und den Häuten stellten die Menschen Kleider und Zelte her. Die Knochen, Zähne und Geweihe wurden zu Jagdwaffen und Werkzeugen, die Därme zu Schnüren verarbeitet. So lieferten ihnen die Tiere alles, was sie zum Überleben brauchten.

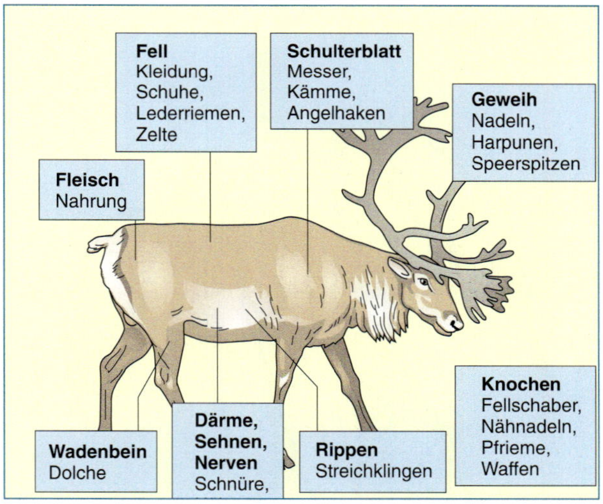

M 5 Wie ein Rentier verwendet wurde

AUFGABEN

1 *Erkläre, warum man die Menschen der Frühzeit als Jäger und Sammler bezeichnet.*

2 *Nenne Gebiete, die während der letzten Eiszeit vergletschert waren (M 1 und Atlas).*

3 *Beschreibe, wie sich das Klima im Gebiet des heutigen Deutschland verändert hat.*

4 *Beschreibe, wie vielfältig die Menschen ihre Beute verarbeiteten (M 5).*

5 *Begründe, warum für die Menschen die Tiere so wertvoll waren.*

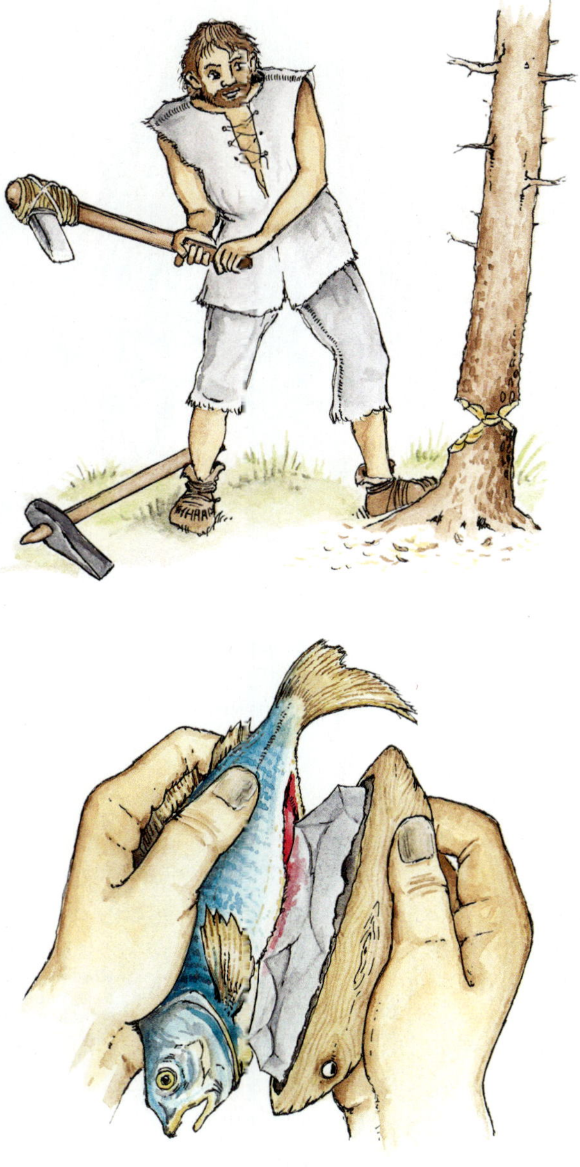

M 1 Verwendung von Werkzeugen

Menschen nutzen Steinwerkzeuge

Die Menschen der Altsteinzeit lebten hauptsächlich von der Jagd. Deshalb wollten sie ihre Jagdwaffen und Werkzeuge verbessern. Immer wieder bauten sie neue Geräte, die ihnen das Leben erleichterten.

Das älteste Werkzeug ist der Faustkeil. Er diente zum Ausgraben von Wurzeln, Töten von Beutetieren und Verarbeiten der Beute. Wichtigste Technik bei der Herstellung war das Abspalten von Feuersteinklingen (M 2): Schlugen sie den Feuerstein in einem bestimmten Winkel gegen einen harten Stein, so sprang eine scharfe, dünne Kante ab. Damit konnten die Menschen leichter Tierhäute schneiden. Auch andere Geräte wurden so hergestellt.

Außerdem gebrauchten sie den Feuerstein – wie sein Name sagt – zum Feuermachen. Sie fanden heraus, dass der Stein beim Schlagen Funken schlug. Diese Funken fingen sie mit einem getrockneten Baumschwamm, dem Zunder, auf. Begann er zu glühen, brachte er trockenes, harzhaltiges Holz zum Brennen. Damit beherrschten die Menschen das Feuer. Sie konnten sich Essen kochen, sich wärmen und wilde Tiere vertreiben. Der Winter wurde erträglicher.

All ihr erworbenes Wissen gaben die Menschen an ihre Kinder weiter.

AUFGABEN

1. *Nenne die wichtigsten Erfindungen der Altsteinzeit. Erkläre, wie die Steinzeitmenschen diese nutzten.*
2. *Beschreibe, wie die Menschen Faustkeile und Feuersteinklingen anfertigten (M 2).*
3. *Erkläre, warum Wissenschaftler diese Zeitspanne Steinzeit nennen.*
4. *Erläutere, wie sich mit der Zeit das Wissen der Menschen vergrößerte.*

M 2 Wie Steingeräte hergestellt wurden:
a) direkter Schlag (Technik für Faustkeil),
b) indirekter Schlag (Klingentechnik)

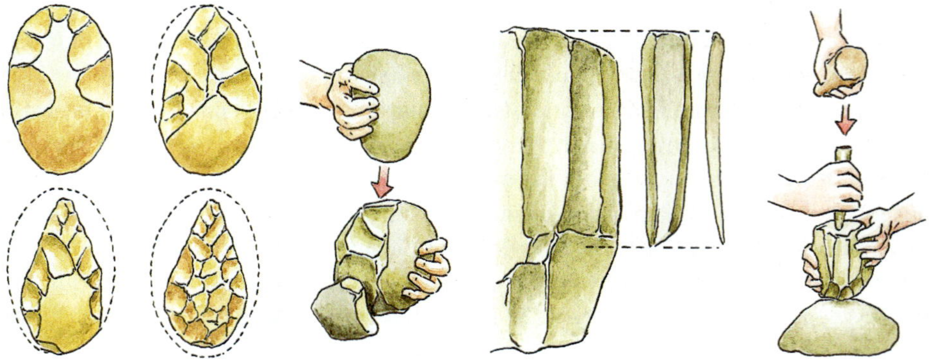

M1 Leben am Ende der Altsteinzeit

Die Menschen werden sesshaft

Vor rund 7000 Jahren veränderte sich die Lebensweise der Menschen grundlegend: Mit dem Ende der letzten Kaltzeit schmolzen allmählich die Gletscher.

Nach und nach breiteten sich ausgedehnte Wälder aus, auf fruchtbaren Böden wuchsen verschiedenste Gräser und Blumen.

Durch das wärmere Klima starben viele Großwildarten, zum Beispiel die Mammuts, aus. Die Rentierherden verschwanden aus Mitteleuropa und zogen in die kalten Klimazonen im Norden.

Die Jagd auf das Großwild bot daher den Menschen keine ausreichende Lebensgrundlage mehr. Sie mussten sich also neue Nahrungsquellen beschaffen.

Die Menschen fanden Plätze, wo sie das ganze Jahr leben konnten. So lebten sie am Bodensee im Winter von den Tieren, die zur Winterweide aus den Bergen kamen. Im Sommer zogen die Tiere in die Berge. Daher ernährten sich die Menschen im Sommer vom Fischfang und dem Sammeln von Früchten und Gräsersamen. So blieben sie an einem Ort und bauten sich festere Wohnstätten.

M2 Ausbreitung des Ackerbaus

M 1 Rekonstruktion eines Langhauses aus der Jungsteinzeit. Diese Häuser waren ca. 30 m lang und 5 bis 7 m breit. Querhölzer (1) gaben dem Haus Festigkeit.

Um 5000 vor Christus: Der Mensch wird Bauer

Den Menschen im **Zweistromland** zwischen Euphrat und Tigris war es gelungen, Wildsamen zu Getreide zu züchten und auf Feldern anzubauen. Um für die Zeit bis zur nächsten Ernte Nahrung zu haben, legten sie sich Vorräte an. Außerdem zähmten sie Tiere und hielten sie als Nutztiere, für die sie Futter beschafften.
Wo es das Klima erlaubte, wurde Getreide angebaut. Diese Wirtschaftsweise verbreitete sich vom Zweistromland aus bis nach Europa (> S. 143, M 2). Die **Ackerbauern** und **Viehzüchter** waren nicht mehr darauf angewiesen, jeden Tag Beute zu erlegen. Sie konnten an einem Ort bleiben und mussten nicht mehr den Tierherden hinterherziehen.

Mit Grabstöcken und einfachen Pflügen bearbeiteten sie mühsam kleine Ackerflächen. Dort bauten sie Gerste, Emmer (> S. 150), Weizen, Dinkel, Hirse, Erbsen, Linsen und Flachs an. Das Getreide wurde nach der Ernte gedroschen und mit Mahlsteinen zu Mehl gemahlen. Mit Wasser vermischt, backte man daraus auf heißen Steinen oder in Backöfen Fladenbrote.
Rinder, Schafe, Ziegen, Schweine, Hühner und Gänse lieferten jetzt Milch, Wolle, Fleisch, Eier, Häute und Knochen. Von Wölfen abstammende Hunde wurden zum Hüten und Wachen abgerichtet.

Die neue Lebensweise stellte die Menschen vor neue Probleme. Selbst erzeugte Lebensmittel erforderten eine Vorratshaltung. Um in den Wintermonaten und bei Missernten überleben zu können, musste vorgesorgt werden. Besonders galt es, Getreide zum Backen und für die neue Saat trocken aufzubewahren.

Bau von winterfesten Häusern

Die Menschen der Jungsteinzeit bauten große Langhäuser (M 1) und wohnten zusammen mit ihren Familien in Siedlungen.
Mit Steinbeilen fällten die Menschen Bäume für den Hausbau. Die angespitzten, tragenden Pfosten wurden in regelmäßigen Abständen in den Boden gerammt. Sie bildeten die Stützen für das Dach und die Wände. Das Dach wurde mit Schilf gedeckt.
Zwischen die Außenpfosten wurden dünne Stäbe gesteckt und mit Weidenruten durchflochten. Um die Wände abzudichten, verschmierte man sie mit Lehm.

Die Häuser hatten einen niedrigen Eingang, Fenster gab es noch nicht. Der Fußboden bestand aus gestampftem Lehm. Durch ein Loch an der Giebelspitze konnte der Rauch der Feuerstelle abziehen. Eine Flechtwand trennte die Tiere vom Wohnbereich. Das enge Zusammenleben mit den Tieren hatte den Vorteil, dass es während der kalten Jahreszeit im Haus warm wurde.

AUFGABEN

1. *Beschreibe die neue Lebens- und Wirtschaftsweise und stelle Unterschiede zur Altsteinzeit fest. Suche im Atlas die Flüsse Euphrat und Tigris.*
2. *Nenne Gründe, die dazu führten, dass die Menschen ihre Lebensweise veränderten.*
3. *Erkläre, wie die Menschen vorgingen, um sich ihre Nahrung, Kleidung und Wohnung zu erarbeiten.*
4. *Erkläre die Bedeutung der Sesshaftigkeit für die Menschheitsgeschichte.*

M 2 Nachbau von Pfahlhäusern im Pfahlbaumuseum Unteruhldingen (Bodensee)

Die Dorfgemeinschaft: Zusammenleben in der Sippe

In den einzelnen Langhäusern wohnten Großeltern, Eltern und Kinder als Großfamilie. Mehrere Häuser bildeten eine Siedlung.

Das Leben im Dorf verlangte von den Bewohnern enge Zusammenarbeit. Die Bauern mussten Acker- und Weideflächen friedlich verteilen. Viele Arbeiten konnten sie nur gemeinsam schaffen. So errichteten sie Flechtzäune, die Schutz vor Raubtieren boten und verhinderten, dass Vieh davonlief.

Mit der Sesshaftigkeit bekamen Eigentum und Besitz des Einzelnen eine andere Bedeutung. Nahrungsvorräte, Vieh und Hausrat lagerten die Bauern. Gefahr drohte den Bauern von umherziehenden Jägern, die sich von den Haustieren und Vorräten Beute versprachen.

Fortschritt durch Arbeitsteilung

Die neuen Herstellungstechniken erforderten zunehmend eine **Arbeitsteilung**. Einzelne Menschen entwickelten besonderes Geschick bei der Herstellung von Geräten. Sie fertigten ihre Produkte besonders schnell und gut. Die Menschen fingen an, diese Waren zu tauschen. Es brachte jedem den Vorteil, dass er gute Werkzeuge erhielt. Außerdem sparte er die Zeit, die er allein zur Herstellung gebraucht hätte. So entstanden Berufe und Werkstätten.

Lebensmittel oder Werkzeuge, die die Bauern nicht selbst benötigten, benutzten sie als Tauschmittel. So brauchten Werkzeugmacher Feuerstein, weil er sich gut bearbeiten ließ. Den tauschten sie gegen fertige Klingen oder Bohrer. Der Stein war aber nicht überall zu finden. Geeignete Feuersteine wurden oft über Hunderte von Kilometern von Händlern herangeschafft.

Lebensnotwendig war das Salz. Dieses gab es nur in bestimmten Gebieten. Die Ackerbauern und Viehzüchter brauchten mehr Salz, weil sie sich anders ernährten. So legten die Menschen Fleisch in Salzlake ein, damit es haltbar blieb. Das war besonders wichtig, wenn man große Tiere schlachtete. Salz brachte auch Würze in die Speisen. Zudem benutzte man Salz zum Gerben von Leder. So wurde es weich und ließ sich besser verarbeiten.

AUFGABEN

1 *Nenne Gründe, die die Menschen in der Sippe eng miteinander verband.*

2 *Die Menschen teilten sich die Arbeit. Erkläre, warum dies geschah und welche Vorteile sie daraus zogen.*

3 *Nenne Güter, mit denen sie handelten. Erkläre, welche Vorteile sie durch den Handel hatten.*

4 *Erläutere, welche neuen Probleme die Sesshaftigkeit mit sich brachte.*

5 *Diskutiert Vor- und Nachteile von Pfahlbauten (M 2).*

Z

Neue Erfindungen erleichtern das Leben der Menschen

M 1 Steinbeil

Ihre neue Lebensweise verlangte von den Menschen andere Werkzeuge. Im Laufe vieler tausend Jahre erfanden sie neue Techniken zur Arbeitserleichterung.

Werkzeugbearbeitung: Stein blieb in der **Jungsteinzeit** das wichtigste Material zur Herstellung von Arbeitsgeräten. Aber die Menschen benötigten für die Landwirtschaft und den Hausbau andere Werkzeuge als für die Jagd. Sie lernten Steine zu schleifen und zu durchbohren (M 5). So konnten schärfere und stabilere Werkzeuge hergestellt werden. Außerdem war es nun einfacher, Griffe an den Beilen anzubringen. Steinbeile waren sehr widerstandsfähig. Sie eigneten sich zum Baumfällen und als Hacke bei der Feldbestellung oder als Waffe.

M 2 Mahlstein mit Reibe

Töpferei: Vermutlich durch Zufall entdeckten die Menschen, dass Lehm oder Ton im Feuer hart wird. Sie formten Gefäße (M 6), ließen sie erst einige Zeit trocknen und brannten sie dann im Feuer. Eine weitere Erfindung war die Töpferscheibe. Mit ihr gelang es, gleichmäßigere und dünnwandigere Tongefäße herzustellen.
Die Töpferware eignete sich vorzüglich, um darin Fleisch und Gemüse zu kochen. Wertvolles Getreide konnte trocken gelagert werden. So blieb es den Winter über genießbar und es ließ sich im Frühjahr als Saatgut verwenden. Auch Mäuse gelangten nicht an das Getreide.

M 3 Tongefäß

Spinnen und Weben: Auf eine wichtige Erfindung der sesshaften Bauern deuten Funde von Spinnwirteln (M 4) und Webgewichten aus Ton hin. Die Menschen hatten herausgefunden, dass man die Tierhaare von Ziegen und Schafen sowie Pflanzenfasern zu Fäden zusammendrehen und zu warmen Stoffen weiterverarbeiten konnte. Gewebte Stoffkleider verdrängten nun die Fell- und Lederkleidung der Altsteinzeit.

Erste Räderwagen: Waren transportierten die Menschen bislang mit Rückentragen zu Fuß, auf einfachen Ziehschlitten oder auf Tieren. Als Transportmittel auf dem Wasser und zum Fischfang dienten **Einbäume**.
Eine wesentliche Erleichterung bedeutete die Erfindung des Rades. Große Baumscheiben als Räder wurden durchbohrt und auf Holzachsen gesteckt. Nun konnte man Frachten über weite Strecken transportieren (M 7).

M4 Spinnwirtel mit Webstuhl

M5 Steinbohrer

AUFGABEN

1 *Überlege Ursachen, durch welche die Menschen in der Jungsteinzeit zur Entwicklung neuer Techniken und Erfindungen herausgefordert wurden. (Beziehe auch die Seiten 143 – 145 ein.)*

2 *Nenne einige der neuen Techniken und Erfindungen.*

3 *Beschreibe an Beispielen die neuen Techniken und Erfindungen.*

4* *Erkläre, wie sich durch die Erfindungen das Arbeitsleben und Zusammenleben der Menschen veränderte.*

M6 Töpferei

M7 Räderwagen

M 1 Felsmalerei in einer Höhle (Lascaux, Frankreich)

M 2 Höhlenzeichnung (Frankreich)

Höhlenbilder, Gräber und Totenkult

Geheimnisvolle Höhlenbilder

Höhlenmalereien gehören zu den wichtigsten Funden aus der Steinzeit. Vor allem in Südfrankreich und Spanien entdeckte man weiträumige Höhlen mit Bildern von Tieren und Jagdszenen an den Felswänden. Die Höhlenmaler schufen mit einfachen Mitteln erstaunliche Kunstwerke. Doch die 10 000 bis 30 000 Jahre alten Bilder geben viele Rätsel auf. Wollten die Künstler die Höhlenwände verschönern?

Viele Geschichtsforscher glauben, dass die Bilder einem religiösen Brauch dienten, um die Tiere zu verehren oder zu beschwören. M 2 zeigt einen verkleideten Mann, der eine Maske sowie das Geweih und Fell eines erlegten Tieres trägt. Vielleicht stellt er einen tanzenden Zauberer bei einer Jagdzeremonie dar. Sollten Tanz und Verkleidung eine Wirkung auf die Jäger ausüben und ihnen eine erfolgreiche Jagd bescheren?

Totenkult

Schon in der Altsteinzeit bestatteten die Menschen ihre Toten feierlich. Offensichtlich glaubten sie auch an ein Leben nach dem Tod. In den Gräbern fand man beim Ausgraben rot verfärbte Erde. Wahrscheinlich wurden die Leichen mit roter Farbe als Symbol des Blutes und damit des Lebens bemalt.
Außerdem gaben die Steinzeitmenschen ihren Verstorbenen Vieles für das Leben im Jenseits mit ins Grab. Zu diesen Grabbeigaben gehörten Waffen und Werkzeuge sowie andere persönliche Gegenstände der Toten. In der Jungsteinzeit erhielten die Verstorbenen auch Tongefäße für das Essen und Trinken mit ins Grab.

In den Frauengräbern fanden die Archäologen oft Schmuck aus durchbohrten Tierzähnen, Muscheln, Knochen oder Elfenbein. Dagegen waren in den Männergräbern meist Axt-, Beil- und Dolchklingen sowie Pfeilspitzen aus Fels- oder Feuerstein zu finden.

M 3 Das „Mädchen von Molzbach“ (Fund und Rekonstruktion)

M4 Bau eines Großsteingrabes

Grabstätten

Viele Skelette wurden in ihren Gräbern in seitlicher Lage mit angezogenen Beinen gefunden (M5). Manche Geschichtsforscher vermuten daher, dass die Toten gefesselt waren. Häufig lagen sie mit dem Gesicht nach Osten.

In manchen Gegenden bestatteten die Menschen der Jungsteinzeit ihre Toten in Großsteingräbern (M4). Vor allem in Norddeutschland findet man Reste solcher Grabstätten. Man nennt sie **Hünengräber**, weil die Menschen in späterer Zeit glaubten, Hünen (Riesen) hätten die mächtigen Steinblöcke herbeigeschafft und die Gräber errichtet. Ursprünglich waren die Hünengräber von einem Erdhügel überdeckt. Ein schmaler Gang führte zur Grabkammer, die mit einer schweren Steinplatte abgedeckt war. Dennoch wurden viele Hünengräber ausgeraubt und zerstört.

M5 Skelett in einem Hockergrab

AUFGABEN

1. *Sucht auf einer topografischen Karte, ob in eurer Gegend Großgrabstätten eingezeichnet sind. Erkundigt euch darüber beim Heimatverein oder im Heimatmuseum.*
2. *Beschreibe die einzelnen Bauabschnitte beim Bau von Großsteingräbern (M4).*
3. *Stelle Vermutungen an, weshalb viele Skelette in Hockerstellung und mit dem Gesicht nach Osten in den Gräbern zu finden waren.*
4. *Informiert euch im Internet über das „Mädchen von Molzbach" (bei Fulda) und dessen glanzvollen Schmuck (M3).*
5. *Stelle zusammenfassend dar, warum Grabstätten für Archäologen und Historiker sehr aussagekräftig sein können.*
6. *Diskutiert, warum Verstorbene Grabbeigaben erhielten.*

Beobachtungen aus der experimentellen Archäologie

Große Fortschritte: Getreide, Mühlen und Brotbacken

Vor rund 5-10 000 Jahren gelang es den Menschen, wilde Tiere zu zähmen und Getreide anzupflanzen. Dadurch konnten die Menschen sesshaft werden. So wurden aus Jägern und Sammlern Bauern (> S. 143f.). Sie bauten verschiedene Getreidearten an, das Einkorn, den Emmer und die Gerste. Später entdeckten die Menschen den Dinkel und Weizen (M 1).

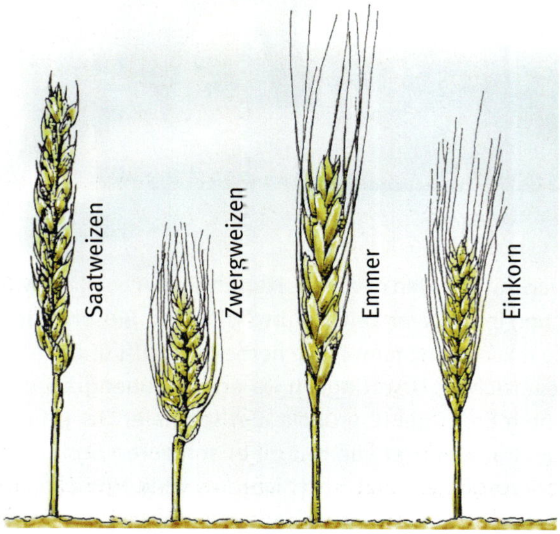

M 1 Getreidearten aus der Frühzeit

Die Menschen erkannten, dass zerriebene Getreidekörner verdaulicher und bekömmlicher waren und dass man das Mehl in unterschiedlicher Weise weiterverarbeiten konnte. Dazu mussten allerdings die Körner zerkleinert, d. h. gemahlen werden. Sie nutzten dazu „Reibemühlen", das sind muldenförmige flache Steine mit einer rauen Oberfläche, auf der das Getreide mit einem Reibestein („Läufer") gemahlen wird (M 2).

M 2 Mahlstein

Getreidemahlen – Entwicklung seit 5000 Jahren

Seit Stunden kniet der Junge in seiner Hütte und mahlt Getreidekörner. Dazu schiebt er den runden Stein über einen größeren, nach innen gewölbten Mahlstein hin und her. Er muss darauf achten, dass dabei die Körner im Mahlstein nicht herausfliegen. Das Mehl sammelt er in einem Tonkrug. Das grobe Mehl wird anschließend mit Wasser, Sauerteig und Salz verrührt und verknetet. Die fertigen, flachen und runden Brotlaibe kommen dann auf einen heißen Stein, der aus dem Feuer herausgezogen wurde, oder in einen Backofen.
Da diese Mahltechnik sehr mühselig und zeitaufwändig war, entwickelten die Menschen zum Zerkleinern der Getreidekörner effektivere Technologien.

M 3 Handdrehmühlen bestehen aus zwei flachen Scheiben: die obere wird auf die untere aufgesetzt. Das Loch in der Mitte dient zum Einfüllen von Getreide. Mit dem Holzstab wird der obere Mahlstein gedreht.

M 4 Getreidemühle aus der Römerzeit (Pompeij): Die Mahlsteine wurden von Sklaven oder Mauleseln bewegt.

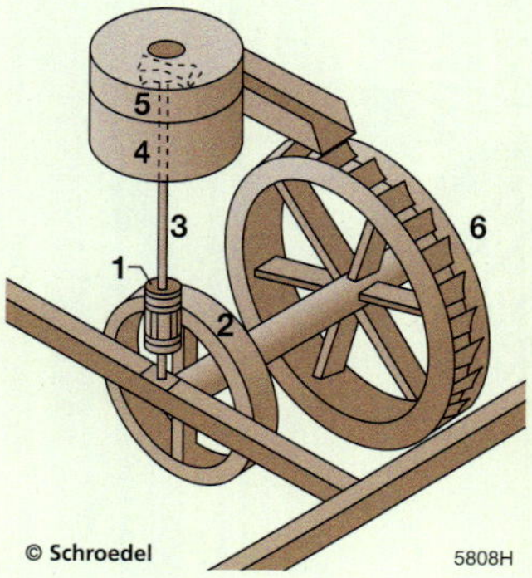

M 5 Mühlengetriebe: Wie lenkt man eine Drehbewegung aus der horizontalen in eine vertikale Bewegung um?
G = Getrieberad
K = Kammrad
M = Mühlachse
O = Läufer
U = Ständer
W = Wasserrad

Brotbacken – keine einfache Sache

Eines gleich vorweg: Einen Lehmofen zu bauen, ist keine einfache und schon gar keine schnelle Angelegenheit, grundsätzlich aber allen Interessierten möglich.

Hier die wichtigsten Arbeitsschritte:

1. Bauplatz suchen

Der Platz für unseren Lehmofen muss eben und trocken sein, gut belüftet und dennoch windgeschützt. Ist er nicht überdacht, so kann Regen den Lehm aufweichen. Auch Frost bekommt ihm nicht. Auf dem Fundament zieht man einen Kreis mit rund einem Meter Durchmesser, er markiert die Wand des Ofens.

2. Lehm auftreiben und mischen

Die einfachste Möglichkeit, zu Lehm zu kommen, ist, ihn selbst auszugraben. Im erdfeuchten Zustand kann er sofort eingesetzt werden. Fetter, also tonreicher Lehm, muss mit Sand „abgemagert" werden. Manche Lehmofenbauer mischen auch Stroh oder Heu dazu.

3. Die ersten Ringe aufziehen

Aus dem Lehm werden Bausteine in der Größe von Brotlaiben geformt, die entlang der Grundrisslinie aufgebaut werden. Ring für Ring arbeitet man sich in die Höhe. Die Wandstärke beträgt 15 – 20 cm. Vorne wird die Öffnung gebaut.

4. Kuppel fertigstellen

In rund 70 cm Höhe schließt eine Kuppel den Ofen ab. Sie ist freitragend möglich, also ohne Schalung oder Gerüst, oder mit Hilfe eines Weidenkorbs, der verbaut wird. Geglättet wird durch Schlagen und Klopfen, das geht auch mit der flachen Hand.

5. Ofen trocknen

Besonders lange haltbar ist ein Lehmofen, wenn er an der Luft trocknet. Das dauert allerdings, je nach Witterung, Wochen bis Monate. Die schnellere Methode ist das Trockenbrennen. Dafür wird in der Mitte des Ofens ein kleines (!) Feuer gemacht, das einen ganzen Tag lang durch ständiges Nachlegen am Lodern gehalten wird. Das Trockenbrennen muss behutsam und langsam erfolgen, weil sich sonst große Risse bilden.

6. Brot backen

Der Backvorgang ist zweistufig. Zunächst wird langsam geheizt. Trockenes Holz verwenden, sonst rußt es! Nach drei bis fünf Stunden ist der Ofen bereit für bis zu drei Backvorgänge. Jetzt wird nicht mehr nachgeheizt, man nutzt ausschließlich die Speicherwärme. Die Glut wird entweder an die Ränder geschoben oder ganz aus dem Ofen geholt.

Die Mehlprobe gibt Aufschluss über die richtige Temperatur: Man wischt den Boden feucht aus, streut etwas Mehl hinein und zählt bis zehn. Wenn das Mehl verbrennt, ist der Ofen noch zu heiß. Die Backdauer ist etwa gleich wie jene im neuzeitlichen Backrohr.

(gekürzt und verändert nach: http://www.biorama.at/archaologisches-brotbacken)

M6 Beim Bau eines steinzeitlichen Backofens

AUFGABEN

1 *Informiere dich über die im Text genannten Getreidearten und deren Ernteertrag.*

2 *Beschreibe anhand der Abbildungen den Wandel der Mahltechnik.*

3 *Versuche herauszufinden, welche Getreidemengen mit den einzelnen Mühlentechniken pro Stunde gemahlen werden können.*

4 *Überlege, ausgehend von den Beobachtungen zum Getreidemahlen und Brotbacken, mit welchem Zeitaufwand die Herstellung von Lebensmitteln verbunden war. Diskutiert, warum sich das Brotbacken dennoch für die Menschen gelohnt hat.*

5 *Diskutiert, welche Vorteile sich für die Menschen ergaben, als sie den Getreideanbau lernten.*

M

Filmanalyse: Der Ötztal-Mann und seine Welt

Zu dem Film „Der Ötztal-Mann und seine Welt. Das Jahr, bevor er schlief"
(Österreich 1999, 115 Minuten lang):

In diesem Spielfilm werden in aufwändiger wie auch in spannender Weise die Lebens- und Arbeitsverhältnisse der Jungsteinzeit nachgestellt. Dabei werden nicht nur spannende Tierjagden gezeigt, sondern auch viele Praktiken aus dem Alltag.
(Der Film ist auch als DVD erhältlich!)

„Ötzi" – der Mann aus dem Gletschereis

Bei einer Wanderung durch die Südtiroler Alpen entdeckte 1991 ein Nürnberger Ehepaar eine tief gefrorene Leiche. Diese Entdeckung erwies sich als wissenschaftliche Sensation.
Die 5300 Jahre alte Leiche bekam nach ihrem Fundort im „Ötztal" den Namen „Ötzi". Im Umkreis der Leiche wurden weitere Alltagsgegenstände von Ötzi gefunden.
Wissenschaftler haben diese Funde eingehend untersucht. Sie fanden heraus, dass Ötzi etwa 45 Jahre alt und 160 cm groß war. Wegen der Dinge, die er bei sich führte, vermutet man, dass er ein Händler oder ein Hirte war.
Er hatte ein Beil mit Kupferklinge dabei, das mit Lederriemen an einem Holzstiel befestigt war. In einer Scheide aus Bast saß ein Dolch mit Feuersteinklinge. Sein Bogen aus Eibenholz war 2 m lang. Pfeile mit Feuersteinklingen bewahrte er in einem Fellsackköcher auf. Die Ledersandalen waren mit Stroh ausgestopft. Er trug einen Mantel, der aus rund einem Meter langen Gräsern geflochten war. Eine Mütze aus Bärenfell bedeckte den Kopf.
Wie er sich ernährte, zeigten Reste in seinem Magen. Aber noch sind viele Fragen offen: Warum wollte er die Alpen überqueren? War er alleine? War er auf der Flucht? Wie kam er ums Leben?

M 1 So könnte Ötzi ausgesehen haben

M 2 Die Fundstelle von Ötzi

Über das Leben von „Ötzi" sind nur Vermutungen möglich. Der Film „Ötztal-Mann" kann daher nur das erfundene letzte Lebensjahr von Ötzi zeigen, so wie es sich dargestellt haben könnte. Gedreht wurde der Film hauptsächlich im Kärntner Bodental. In dem eigens für den Film errichteten Steinzeit-Dorf spielt sich das Leben des "Mannes aus dem Eis" ab: Geschildert wird der Kampf ums Überleben in einem kleinen Dorf, in dem Arkum – so heißt der Held des Films – zusammen mit seiner Sippe wohnt.

Arkum muss sich gegen Wölfe und Bären erwehren, gelegentlich gelingt es ihm, den Raubtieren ihre Beute streitig zu machen. Man sieht, wie die Menschen Lebensmittel herstellen und für den Winter (z. B. Trockenfleisch) haltbar machen, die Schaf- und Schweinezucht, die Aussaat und die Ernte sowie die Weiterverarbeitung von Einkorn, die Zubereitung von – giftigen –Tollkirschen und Fliegenpilzen, die bei dosiertem Genuss Halluzinationen und eine Heilwirkung auslösen können. Natürlich bekommt man auch einen Eindruck von der aufwändigen Kunst des Feuermachens und der Eisenverarbeitung.
Im Mittelpunkt des Films stehen Natur- und Jagdszenen, bei denen viel Blut fließt. Dieser naturgetreue Film bemüht sich um Authentizität, also um historische Glaubwürdigkeit.

Der Film arbeitet – wie auch andere Tier- und Abenteuerfilme – mit allen filmtechnischen Mitteln, mit verschiedenen Einstellungen, Kameraperspektiven und Musik.

1. Perspektiven:
Hier unterscheidet man die Normalansicht, die Kamera befindet sich auf der Augenhöhe der Personen; die Untersicht oder die Froschperspektive, hier blickt die Kamera eine Person von unten an; bei der Aufsicht oder Vogelperspektive wird das Geschehen oft in die Ferne gerückt.
2. Musik:
Mit ihr wird beispielweise eine traurige, dramatische, gruselige oder feierliche bzw. festliche Stimmung erzeugt, die das filmische Geschehen untermalt oder unterstützt.

Perspektive	Welche Situation wird dargestellt?	Wirkung auf Betrachter?
Normalsicht		
Untersicht		
Vogelperspektive		

AUFGABEN

Stelle in einer Tabelle jeweils zwei Filmszenen zusammen, bei denen unterschiedliche Kamera-Perspektiven eingesetzt werden:

1 *Nenne jeweils zwei Beispiele für die drei unterschiedlichen Perspektiven.*
2 *Nenne Filmszenen, bei denen die Musik eine besondere Rolle spielt.*
3 *Verfasse einen gegliederten Artikel: Vor welchen besonderen Herausforderungen standen die Menschen der Frühzeit?*
4 *Verfasse eine Filmbesprechung: Lohnt sich der Film, um etwas über frühere Kulturen zu erfahren?*

M 1 Metallschmuck

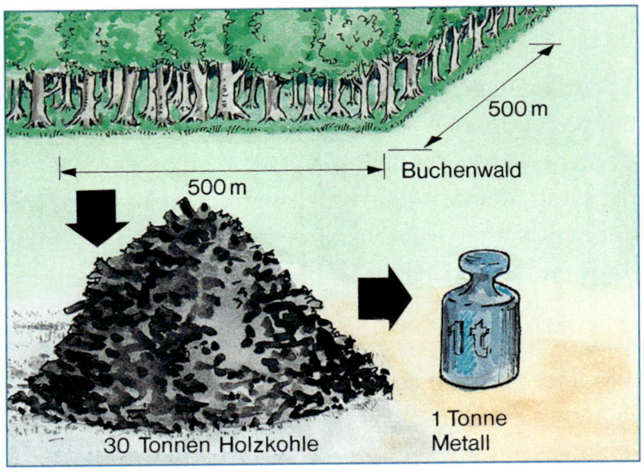

M 2 Zum Schmelzen von Erz wird viel Holz verbraucht.

Metalle verändern die Welt

In der Steinzeit benutzten die Menschen Tiersehnen, Knochen, Holz und Stein als Rohstoffe zur Herstellung ihrer Werkzeuge, Waffen und Schmuckstücke.

Dann wurde entdeckt, dass in Steinen Metalle vorkommen. Diese metallhaltigen Steine nennt man Erz. Die Menschen zerkleinerten die Steine und erhitzten sie. So schmolz das darin vorhandene Metall. Es wurde aufgefangen und konnte nun in Formen gegossen werden.

Händler brachten Kenntnisse über die Metallbearbeitung vom östlichen Mittelmeerraum auch zu uns.

Von der Bronze zum Eisen

Zuerst verarbeiteten die Menschen Kupfer. Da es sehr weich ist, verbogen sich aber die Werkstücke leicht. Um 2000 v. Chr. entdeckten Menschen im östlichen Mittelmeerraum, dass Kupfer härter wird, wenn man Zinn zugibt. So entstand Bronze. Aus diesem Metall wurden nun Werkzeuge, Waffen und Schmuck hergestellt. Da Zinn nur an wenigen Orten in Europa zu finden war, war Bronze sehr wertvoll. Die Bronze brachte viele Vorteile:

- Sie schmilzt bei niedrigerer Temperatur als Kupfer.
- Man kann sie in Formen gießen.
- Man kann sie wieder einschmelzen und zu Neuem verarbeiten.

Eisenerz ist häufiger zu finden. Um Eisen zu schmelzen, braucht man aber hohe Temperaturen, die mit einem einfachen Feuer nicht zu erreichen sind. Um 800 v. Chr. gelang es den Menschen, Öfen zu bauen, in denen man Eisen schmelzen konnte. Sie benutzten Holzkohle, um die große Hitze zu erreichen. Jetzt wurde die Bronze durch das härtere und billigere Eisen abgelöst.

AUFGABEN

1 *Erstelle eine Tabelle zu den Vor- und Nachteilen der Steinzeitwerkzeuge. Vergleiche diese mit den Vor- und Nachteilen der Bronze- und Eisenwerkzeuge. (Begriffe, die euch helfen, sind: Beschaffung, Preis, Haltbarkeit, Verfügbarkeit.)*

2 *Erkläre die einzelnen Arbeitsschritte beim Bronzeguss (M 4).*

3 *Zum Schmelzen von Eisen braucht man viel Holzkohle (M 2). Was bedeutet dies für die Umwelt?*

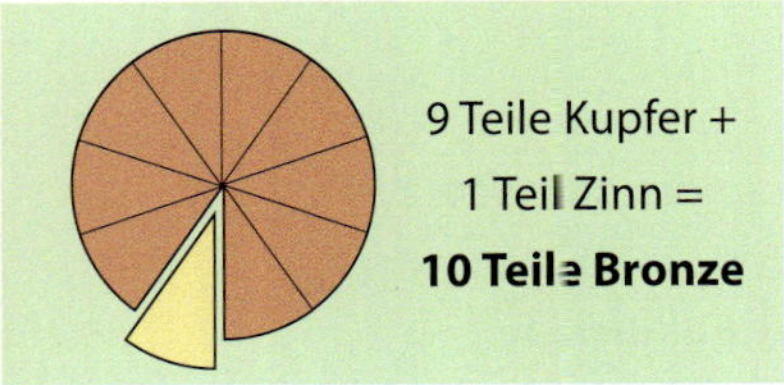

M 3 und 4 Bronzelegierung und Bronzeguss (Legierung = Mischung verschiedener Metalle durch Zusammenschmelzen)

M 5 Metallgewinnung aus Eisenerz

Das Zusammenleben verändert sich

Durch die Metallbearbeitung änderte sich das Zusammenleben der Menschen. Seit der Jungsteinzeit lebten die Menschen als Bauern in großen Familien, den Stämmen, zusammen. Durch die Entdeckung des Metalls entstanden nun neue Berufe, zum Beispiel der Bergmann, der das Erz abbaute.
Außerdem entwickelten sich Handwerksberufe. Der **Köhler** stellte die Holzkohle her und schmolz das Erz zu Metall, der Schmied verarbeitete es zu Werkzeugen und Schmuck. Händler tauschten Erze, Werkzeuge, Salz und Schmuck. Manche von ihnen legten auf ihren Handelsreisen bereits weite Strecken zurück.

Die Menschen teilten also die Arbeit unter sich auf. Dies bezeichnet man auch als Arbeitsteilung (> S. 145). Manche Bauern konnten mehr ernten, als sie und ihre Familien verbrauchten. Dadurch konnten die Handwerker ernährt werden, ohne dass sie selbst Ackerbau betrieben. Einzelne Händler, aber auch Bergwerksbesitzer und Handwerker machten gute Geschäfte.

Durch Funde konnten Forscher feststellen, dass die Menschen in der Metallzeit in größeren Gemeinschaften, die man „Völker" nennt, zusammenlebten. In unserem Raum waren das vor allem die Kelten (> S. 133).

AUFGABEN

1 *Ein Junge will das Schmiedehandwerk erlernen (M 1). Stelle dir vor, du wärst der Schmied und erklärst dem Jungen genau die Eisenherstellung.*

2 *Was bedeutet Arbeitsteilung? Erkläre den Begriff mit Beispielen aus dem Text.*

Wiederholen und Üben

Lückentext: Leben in der Jungsteinzeit

Übertrage den nachfolgenden Lückentext in dein Heft und füge die folgenden Begriffe ein:
Vorräte – Getreide – Werkzeuge – Arbeitsteilung – Siedlungen – Fähigkeiten – Schweine – sesshaft – Anbauflächen – Schafe – Hirten – Jagd – Wildtiere

In der Jungsteinzeit wurden aus Sammlerinnen und Jägern ... und Ackerbauern. Der Tauschhandel entstand. Die Menschen säten und ernteten Wildgetreide und legten ... an. Mit dieser Wirtschaftsweise stellten sich zahlreiche Neuerungen ein. Die Menschen wurden ..., sie zähmten ... Es entwickelten sich ... Der Wald wurde gerodet, um größere ... zu gewinnen. Hülsenfrüchte und ... wurden angebaut und geerntet. Man züchtete Rinder, ... , Ziegen und ... . Die Haustierhaltung drängte die ... in den Hintergrund.
Es entwickelte sich immer stärker eine ... . Die Menschen spezialisierten sich und erwarben damit spezielle ... und Erfahrungen. Im Handwerk entstanden neue Berufe oder Tätigkeitsfelder. Ein begabter Handwerker, der die Kunst des Metallgießens verstand, konzentrierte sich auf die Produktion seiner wertvollen ... und tauschte sie gegen Lebensmittel ein.

Entstehung fester Siedlungen

a) Beschreibe die Baumaterialien des Langhauses (M 1).
b) Heute sind keine Häuser mehr zu finden, in denen die Menschen der Jungsteinzeit bei uns wohnten. Nenne mögliche Gründe.
c) Beschreibe die Besonderheiten der Siedlung Çatal Hüyük (M 2).
d) Finde eine mögliche Erklärung dafür, warum dort die Hauseingänge auf dem Dach waren.
e) Vergleiche das Alter der Siedlungen in M 1 und M 2. Erläutere, was dies über die Ausbreitung des Ackerbaus aussagt.

M 1 (oben) Rekonstruktion eines etwa 6300 Jahre alten Langhauses aus der Jungsteinzeit im Freilichtmuseum Oerlinghausen (bei Bielefeld).

M 2 (links) Rekonstruktion der Siedlung Çatal Hüyük (bei Konya/Türkei) aus der Jungsteinzeit. Die eng aneinandergebauten Häuser wurden vor rund 8000 Jahren gebaut und beherbergten rund 10 000 Menschen – darunter Bauern, Viehzüchter und Handwerker. Ein großer Teil des Lebens spielte sich auf den Dächern ab.

Lebensweise in der Altsteinzeit und Jungsteinzeit – ein Vergleich

a) Vergleiche das Leben der Menschen während der Alt- und Jungsteinzeit. Benutze dazu das Schema auf dieser Seite.
b) Ergänze das Schema von Aufgabe a) mit kurzen Texten und Bildern.
c) Von einem Geschichtsfachmann stammt folgender Satz: „Die Steinzeitmenschen sind die größten Erfinder aller Zeiten." Nenne wichtige Erfindungen der Steinzeit.
d) Begründe den Satz des Historikers aus Aufgabe c).

Altsteinzeit

Jungsteinzeit

Lebensraum

Arbeit und Wohnung

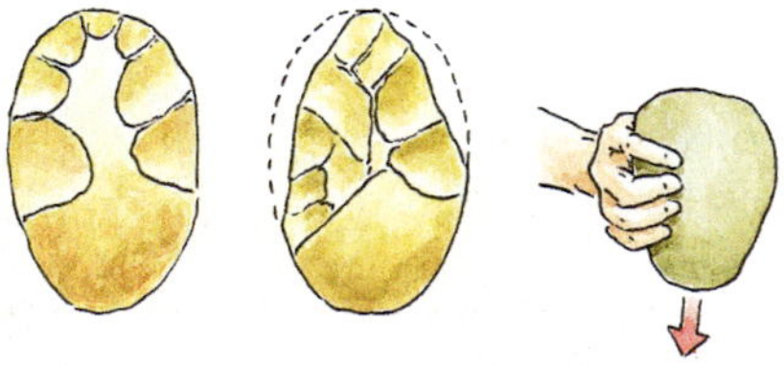

Erfindungen

Religion

Jäger und Sammlerinnen

sesshafte Bauern

Prüfe dich nun selbst! Du kannst ...

- ✓ ... anhand des Schemas auf dieser Seite das Leben in der Altsteinzeit und der Jungsteinzeit vergleichen;
- ✓ ... begründen, warum Archäologen sehr vorsichtig vorgehen müssen (> S. 132);
- ✓ ... verschiedene Quellenarten benennen (> S. 133);
- ✓ ... einen Zeitstrahl zeichnen und bestimmte Daten eintragen (> S. 130/131);
- ✓ ... wichtige Entdeckungen der Steinzeit benennen (> S. 138, 142);
- ✓ ... wichtige Erfindungen der Jungsteinzeit benennen (> S. 146f.);
- ✓ ... geschichtliche Spuren in deinem Heimatort nennen (> S. 136);
- ✓ ... den Begriff „Arbeitsteilung" erklären (> S. 145, 155).

6 Ägypten – eine frühe Hochkultur

M 1 Tempel bei Luxor

M2 Bewässerung in Ägypten heute

M3 Herstellung von Papyrus

M4 Der Hobbyarchäologe Howard Carter entdeckt das Grab des Pharao Tut-ench-Amun (1922).

- **Ägypten, fast nur eine Wüste, wie konnte hier eine Hochkultur entstehen?**
- **Wissenschaften – ein Mittel der Lebensbewältigung?**
- **Pyramiden- und Tempelbau: Warum erbrachten die Menschen unvorstellbare Arbeitsleistungen?**

Ägypten – ein Geschenk des Nils

Mit fast 6700 Kilometern ist der Nil der längste Fluss der Erde. In seinem Unterlauf fließt er von Süden nach Norden durch Ober- und Unterägypten. Über 1000 km zieht sich hier das Niltal wie eine **Oase** durch das Land. Begrenzt wird das Niltal durch die Arabische und die Libysche Wüste (M 1) – also durch ein Gebiet, in dem nahezu kein Niederschlag fällt. Dennoch wachsen hier Palmen, Getreide, Gemüse und Früchte.

Wie kommt das Wasser in die Wüste?

Dass der Nil nicht im Wüstensand versickert, verdankt der Fluss den starken Regenfällen in seinen Quellgebieten. Besonders im Hochland von Äthiopien, wo der Blaue Nil entspringt, regnet es im Sommer sehr viel. Diese Regenfälle lassen den Wasserstand des Nils einmal im Jahr um mehrere Meter ansteigen. Dann ist das Niltal von Mitte Juli bis Mitte Oktober überschwemmt und wirkt wie ein großer lang gestreckter See.
Seit dem Bau des Assuan-Staudammes (> S. 162) gibt es diese starken Hochwässer allerdings nicht mehr.

Der Nil hinterlässt wertvollen Schlamm

Wenn das Hochwasser abfließt, dann sind die beiden Flussufer mit einem schwarzen Schlamm bedeckt. Auf diesen Uferstreifen legen die Ägypter seit rund 6000 Jahren ihre Felder an. Die Ägypter sind dankbar für das Hochwasser, denn es ermöglicht ihnen dank ihrer vielfältigen Kanäle reiche Ernten.
Im alten Ägypten verehrten die Menschen den Nil wie einen Gott.

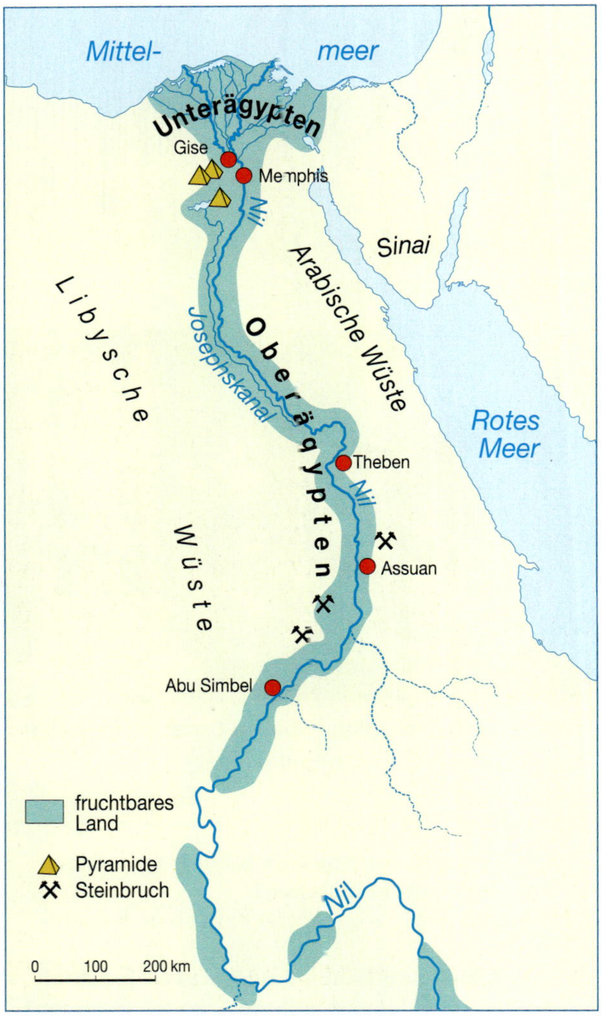

M 1 Ägypten – Land am Nil (um 1500 v. Chr.)

Z

Aus der Bibel

Die Bibel stellt kein Geschichtswerk dar, sie greift aber Erfahrungen der Menschen auf. So wird in der Bibel über einen Traum des Pharao berichtet:

„Er stand am Ufer des Nils, träumte er. Da stiegen sieben schöne, wohlgenährte Kühe aus dem Fluss und weideten in dem Schilf, das am Ufer wuchs. Nach ihnen stiegen sieben hässliche, magere Kühe aus dem Nil und stellten sich neben sie. Die mageren Kühe fielen über die fetten her und fraßen sie auf. Der Pharao wachte auf und schlief noch einmal ein. Wieder hatte er einen Traum. Er sah, wie auf einem einzigen Halm sieben schöne, volle Ähren wuchsen. Dann sah er sieben kümmerliche, vom Ostwind ausgedörrte Ähren aufwachsen. Die vertrockneten Ähren verschlangen die vollen. Da erwachte der Pharao und merkte, dass er geträumt hatte."

(Aus: 1. Buch Mose, Kapitel 41, Ausgabe: Die Bibel in heutigem Deutsch, Dt. Bibelgesellschaft, Stuttgart 1982)

Die herbeigerufenen Gelehrten und Wahrsager des Pharao vermochten den Traum nicht zu deuten. Einer seiner Diener erinnerte sich aber an einen jüdischen Strafgefangenen, der Träume deuten könne, und so holte er Josef zum Pharao. Durch seine Traumdeutung stieg dieser dann zum engsten politischen Vertrauten des Pharao auf.

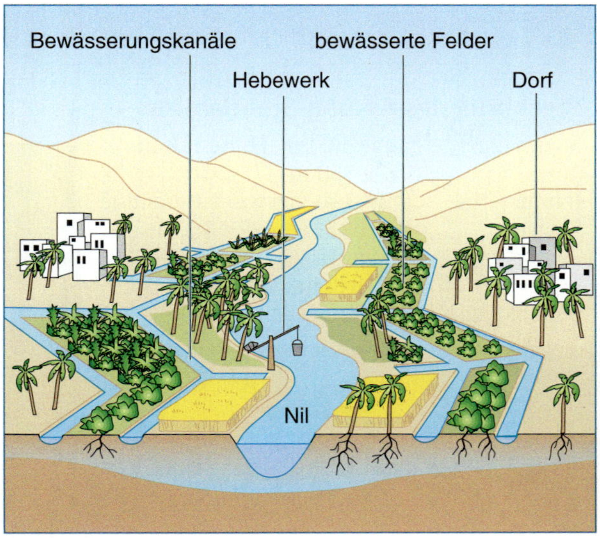

M 2 Bewässerungssystem am Nil

M 3 Modell eines Getreidespeichers

Der Nil stellt die Menschen vor Aufgaben

Der Nil war jedoch nicht nur ein Geschenk für die Menschen, sondern stellte sie auch vor schwierige Aufgaben.

- Wie ließ sich der Zeitpunkt der Überschwemmung bestimmen, um darauf vorbereitet zu sein?
- Wie sollte der einzelne Nilbauer nach der Flut wissen, welches sein Feld gewesen war?
- Wie konnte man mit der Flut fertig werden? Blieb das Wasser nämlich niedrig, so konnte nur wenig Land bebaut werden und es drohten Dürre und Hungersnot. War das Wasser höher als normal, riss es die Hütten der Menschen weg und zerstörte die Dörfer.

Die Ägypter bewältigen die Aufgaben

Die Ägypter meisterten diese Schwierigkeiten. So beobachteten ägyptische Priester die Sterne und entwickelten einen Kalender. Damit ließ sich der Beginn der Nilüberschwemmung berechnen. Die Menschen lernten auch, wie man Ackerflächen vermessen kann. Mithilfe von Staubecken, Kanälen und Schöpfwerken wurde das Wasser gespeichert und verteilt. Dämme schützten vor den Fluten. Einen Teil der Ernte brachten die Nilbauern in Vorratshäuser.

Ein Einzelner hätte dies alles nicht erreichen können. So zwang der Nil die Menschen, gemeinsam zu handeln.

M 4 Landwirtschaftliche Arbeiten. Ausschnitt aus einer Wandmalerei

AUFGABEN

1 *Erkläre, warum die Ägypter den Nil verehrten.*

2 *Beschreibe anhand von M 1, wo die Ägypter Landwirtschaft betreiben können.*

3 *Recherchiere zur Geschichte von Josef und dem Pharao: Wie hat Josef den Traum gedeutet und welchen Rat gab er dem Pharao?*

4 *Nenne Probleme, vor die der Nil die Menschen stellte.*

5 *Beschreibe, was auf M2 – 4 zu sehen ist. Erkläre anhand der Bilder, welches Problem dabei jeweils gelöst wurde.*

6 *Erläutere, welche Techniken die Ägypter entwickelten, um die fruchtbaren Nilüberschwemmungen klug für sich zu nutzen.*

Z

Ägypten und der Nil heute

Steckbrief des Assuan-Staudamms

Staumauer:	Länge 3,6 km, Höhe 110 m, Breite 980 m
Baumaterial:	ca. 17 x so viel wie 1 Pyramide
Stausee:	10 x die Fläche des Bodensees, 650 km lang, 160 Mrd. m^3 Wasser
Baukosten:	ca. 2 Milliarden Euro

M 1 Assuan-Staudamm

Auf den vorangegangenen Seiten habt ihr erfahren, wie der Nil im alten Ägypten das Leben der Fellachen, der Bauern, bestimmte. Brachte der Nil in einem Jahr zu wenig Wasser, dann drohten der Bevölkerung Hungersnöte, brachte er hingegen zu viel Wasser, dann wurden auch die höher gelegenen Dörfer überflutet.

Deshalb bauten die Menschen Kanäle (> S. 161, M 2) oder sie sammelten das Wasser in verschieden hoch gelegenen Auffangbecken. Das Wasser sollte also so gut wie möglich genutzt werden.
Doch immer wieder überlegten sich die Menschen in Ägypten, wie man das Wasser des Nils noch besser und noch länger nutzen konnte.

Der Assuan-Staudamm

Heute endet jede Nilkreuzfahrt flussaufwärts an der Staumauer bei Assuan. Dieses Bauwerk, der Sadd-El-Ali (arabisch = hoher Damm), wurde von 1960 bis 1971 gebaut. Was wollte man mit dem Projekt erreichen? Die Staumauer sollte die jährliche Nilflut aufhalten. Das im Stausee aufgestaute Wasser sollte über das ganze Jahr gleichmäßig verteilt in den Nil geschickt werden.

Heute kann man die Felder am Nil das ganze Jahr bewässern. Jetzt können die Bauern zwei-, dreimal im Jahr ernten. Seit es den Staudamm gibt, können die Ägypter durch Bewässerung ein Fünftel mehr Ackerfläche bebauen. Außerdem gibt es keine Überschwemmungen mehr.

M 2 Der Fellache Kemal beim Düngen

Kemal, ein ägyptischer Fellache, berichtet:
„Seit vielen Generationen lebt meine Familie von der Landwirtschaft. Wie zu Zeiten unserer Vorfahren bestimmt der Nil auch heute noch unser Leben.
Seit dem Bau des Staudamms hat sich für uns Fellachen jedoch einiges verändert. Das Nilwasser wird jetzt in einem riesigen Stausee aufgestaut. Unterhalb des Stausees wird es dann gleichmäßig verteilt in den Nil geschickt. Das bringt uns viele Vorteile.

Der Nil führt immer gleich viel Wasser mit sich. Wir brauchen also keine Angst vor Überschwemmungen zu haben. Seit dem Staudammbau können wir mehr Felder bewässern. Wir können Gebiete in der Wüste bewässern und so aus ihnen Ackerland machen. So haben wir jetzt mehr Anbaufläche. Außerdem ernten wir mehr Getreide und Gemüse, da wir mehr Wasser für unsere Pflanzen haben. Dadurch verdiene ich besser und meine Familie kann sich mehr leisten.

Allerdings hatte der Staudammbau auch Nachteile. Früher brachte der Nil mit der Überschwemmung auch den Nilschlamm. Dieser Schlamm diente auch unseren Feldern. Jetzt lagert er sich im Stausee ab. Um gute Ernten zu bekommen, müssen wir teuren Kunstdünger kaufen. Der Nilschlamm lagert sich vor allem am Zufluss des Stausees ab. Sollte er den Weg des Nilwassers blockieren, kann das Wasser nicht mehr in den Stausee fließen.
Ägypten liegt in der Wüste. Wenn wir die Felder bewässern, verdunstet viel Wasser, weil es so heiß ist. Im Wasser ist auch Salz gelöst. Das Salz verdunstet nicht, es bleibt im Boden und versalzt unsere Felder."

AUFGABEN

1. *Beschreibe mithilfe des Atlas die Lage des Assuan-Stausees.*
2. *Stelle gegenüber: Welche Erwartungen an das Staudammprojekt wurden erfüllt, welche nicht?*
3. *Können aus Vorteilen auch Nachteile entstehen? Erkläre dies am Beispiel des Staudammprojektes.*
4. *Informiert euch im Internet, welche mittel- und langfristigen Folgen die Versalzung des Bodens hat.*

M 3 Kemals Dorf am Ufer des Nil

M 1 Goldmaske des Pharao Tut-ench-Amun

Alle dienen dem Pharao

Wer regiert im alten Ägypten?

Ägypten wurde fast 3000 Jahre lang von verschiedenen Königen und Königinnen regiert. Von Wandmalereien und Inschriften kennen wir ihre Namen. Sie hießen z. B. Tut-ench-Amun, Echnaton oder Ramses.
Die Ägypter nannten ihren König nie beim Namen. Für sie war er nur der Pharao. Übersetzt heißt das „Großes Haus". Nach dem Glauben der Menschen war er kein normaler Mensch. Er war der Sohn des Sonnengottes „Re" (> S. 168) und herrschte im Auftrag der Götter. Die Ägypter verehrten ihn wie einen Gott, daher kommt auch die Bezeichnung Gott-König.

Zeichen der königlichen Macht

Der Pharao lebte in einem gut bewachten, prunkvollen Palast. Nur wenige Auserwählte durften zu ihm in den Thronsaal des Palastes kommen. Bei solchen Empfängen saß der Pharao auf seinem Thron. Auf dem Kopf trug er entweder eine Krone oder ein Kopftuch mit einer Schlange und einem Geierkopf. Am Kinn trug er einen geflochtenen Bart. Diesen Knebelbart durfte nur der König tragen. In den Händen hielt er Krummstab und Wedel. Um den Körper trug er einen kurzen Königsschurz.
All diese Dinge sollten dem Pharao Kraft und Schutz verleihen.

M 2 Schreiber schrieben im Schneidersitz (um 2500 v. Chr.). Sie trugen einen kurzen Schurz, der ihnen als Schreibunterlage diente. Die rechte Hand schreibt, die linke Hand entrollt die Papyrusrolle (> S. 167).

Schreiber – ein angesehener Beruf

Ein Gebildeter schrieb um 1250 v. Chr. an seinen Sohn, der eine Schreiberschule besuchen soll:

Ich lasse dich die Schriften mehr lieben als deine Mutter. Ich führe dir ihre Schönheit vor Augen; sie ist größer als die aller anderen Berufe und im ganzen Land gibt es nichts, was ihnen gliche. ... Der Töpfer steckt in seinem Lehm; der beschmiert ihn mehr als ein Schwein, bis er seine Töpfe gebrannt hat. Seine Kleidung ist steif vor Lehm. Die Luft bläst ihm ins Gesicht, wenn sie aus dem Ofen kommt. Er stampft den Lehm mit seinen Füßen und wird dabei selbst zerstoßen. ...
Wenn der Weber den Tag vollbracht hat, ohne zu weben, wird er mit 50 Peitschenhieben geschlagen. Der Wäscher wäscht auf dem Uferdamm, sein Nachbar ist das Krokodil. Er verzweifelt, wenn er den ganzen Tag lang den Waschbleuel schwingt und auf den Stein schlägt. ... Wenn du schreiben kannst, wird dir das mehr Nutzen bringen als alle Berufe, die ich dir genannt habe. Nützlich ist dir schon ein Tag in der Schule, und eine Ewigkeit hält die in ihr geleistete Arbeit vor.

(Aus: Geschichte in Quellen, Altertum, bearb. von Walter Arend, 4. Auflage, München 1989, S.29f.)

Beamte dienen dem Pharao

Im alten Ägypten, also etwa 1000 v. Chr., lebten etwa ein bis zwei Millionen Menschen. Die Bewohner, das Land, der Nil und die Ernte gehörten dem Pharao. Dieser hatte die Pflicht, alle seine Untertanen vor Bedrohungen wie Kriegen und Hungersnöten zu beschützen.
Wichtige Entscheidungen traf der Pharao selbst. Seine Beamten wachten darüber, ob seine Entscheidungen ausgeführt wurden. Der höchste Beamte war der **Wesir**. Er musste täglich im königlichen Palast dem Pharao berichten. Die Ägypter nannten ihn deshalb auch „Gefährte des Königs beim Beraten" und „Vorsteher der Aufträge".

Woher bekam er seine Informationen über die Geschehnisse im Land? Ägypten war in Bezirke aufgeteilt, die man Gaue nannte. In jedem Gau herrschte ein vom Pharao ausgesuchter Gaufürst.
Die Schreiber kontrollierten die Arbeit auf dem Feld sowie in den Werkstätten der Handwerker und schrieben alles genau auf. Sie wussten, wie viele Tiere ein Bauer hatte, wie gut die Ernte war, was ein Handwerker produzierte und wie viele Abgaben jeder zu entrichten hatte. Die Schreiber sorgten auch dafür, dass die Befehle des Pharao von den Ägyptern befolgt wurden. Die Beamten waren in der Bevölkerung sehr angesehen.

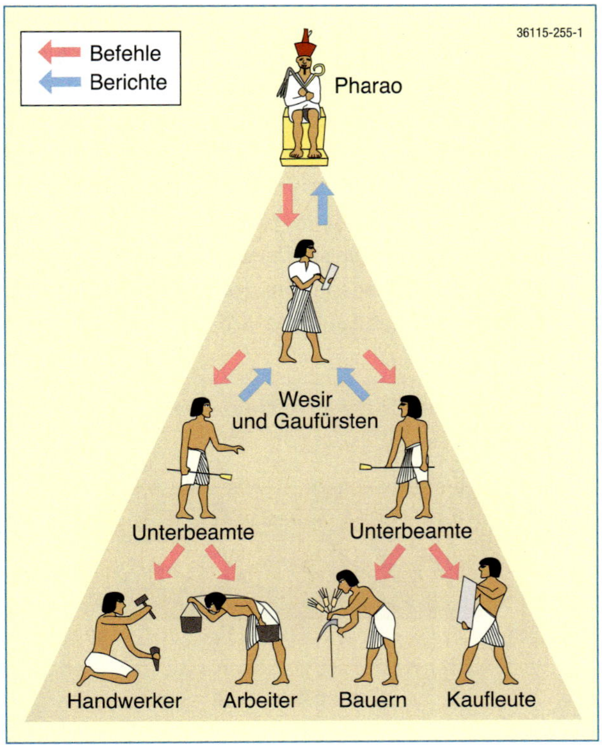

M 3 Aufbau der ägyptischen Gesellschaft

M 4 Schreiner bohrt ein Loch in die Sitzfläche eines Stuhls.

Bauern und Handwerker tragen den Staat

Die Menschen im alten Ägypten teilten sich die Arbeit. So entstanden verschiedene Berufsgruppen. Die Aufgaben der Beamten habt ihr oben schon kennen gelernt. Die meisten Menschen arbeiteten aber in der Landwirtschaft, als Handwerker oder Kaufleute.
Die Bauern hatten die Aufgabe, für die Ernährung der Bevölkerung zu sorgen. Die Handwerker stellten Geschirr, Stoffe, Schmuck oder Werkzeuge her. Viele arbeiteten auch in den Palastwerkstätten des Pharao.
Kaufleute reisten in die Nachbarländer und tauschten Stoffe, Getreide und Papyrus gegen Gold, Holz und Weihrauch ein. Geld kannten die Ägypter noch nicht.

AUFGABEN

1 *Nenne am Bild von Tut-ench-Amun (M 1) die Zeichen der Macht.*

2 *Erkläre die Bedeutung der drei Berufsgruppen Beamter, Bauer und Handwerker für die ägyptische Gesellschaft.*

3 *Erläutere, warum ein Schreiber im alten Ägypten eine machtvolle und angesehene Stellung innehatte.*

4 *Übertrage Tabelle M 5 in dein Heft und vervollständige sie.*

5 *Spielt im Klassenzimmer einen Empfang beim Pharao nach. Was kann der Wesir berichten? Welche Aufträge gibt ihm der Pharao?*

	Ihm gehörte Ägypten. Er hatte seine Untertanen vor Bedrohungen zu beschützen.
	Gefährte des Königs beim Beraten
Schreiber	
	Sie sorgten für die Ernährung der Bevölkerung.
Handwerker	

M 5

Hieroglyphen und Papyrus

Hieroglyphen und ihre Bedeutung

Hieroglyphe	Bildbedeutung	ägyptologische Bedeutung
	Geier	a
	zwei Schilfblätter	i
	Haarlocke	u und o
	Bein	b
	Strick	ch
	Hand	d
	Viper	f
	Krugständer	g
	Hof	h
	Kobra	dj wie in Englisch „journal“
	Sandböschung	k
	Löwe	l
	Eule	m
	Wasser	n
	Hocker	p
	Mund	r
	Türriegel	weiches s
	gefalteter Stoff	scharfes s
	Teich (Grundriss)	sch
	Brotlaib	t
	Wachtelküken	w

M 1 Aus dem ägyptischen Alphabet

Die Beamten im Reich des Pharao mussten die Ernten überwachen, die Einhaltung der Gesetze beaufsichtigen und wichtige Ereignisse festhalten. So entwickelten sie um 3000 v. Chr. eine Schrift aus Bildern, die es sonst nirgendwo auf der Welt gab, die **Hieroglyphen**.

Das Geheimnis der Hieroglyphen

Fast 4000 Jahre lang konnte niemand die Papyrusrollen oder Inschriften in Grabkammern entziffern. 1799 fanden Soldaten des Generals Napoleon im Nildelta einen schwarzen Stein. In diesem war in drei verschiedenen Schriften etwas eingeritzt: in Hieroglyphen, in demotischer (einer späteren ägyptischen) Schrift und in Griechisch.
1822 fand der Franzose Champollion heraus, dass alle drei Inschriften den gleichen Inhalt hatten. So konnte er das Geheimnis der Hieroglyphen lüften. Er fand heraus, dass die Hieroglyphen nicht nur Bilder und Begriffe darstellten, sondern auch einzelne Laute.

Die Ägypter kannten keine Rechtschreibung. Richtig war, was gut aussah. Sie schrieben senkrecht von oben nach unten oder waagrecht von rechts nach links oder links nach rechts. Man erkennt die Richtung daran, dass die Menschen oder Tierbilder immer zum Zeilenanfang hin schauen. Ans Ende eines männlichen Namens schreibt man einen sitzenden Mann, ans Ende eines weiblichen Namens eine sitzende Frau.
Namen der Pharaonen umrandete man immer mit einer Kartusche, die aussah wie ein ovaler Ring (M 2).
Die Ägypter schrieben mit Schilfrohr sowie roter und schwarzer Tusche auf **Papyrus** (M 4). Dieses „Papier“ wurde aus einer Schilfpflanze hergestellt, die am Nilufer wuchs. Heute gibt es diese Pflanze kaum noch. Sie wurde nicht nur zu Papier, sondern auch zu Seilen, Matten, Booten oder Mumienhüllen verarbeitet.

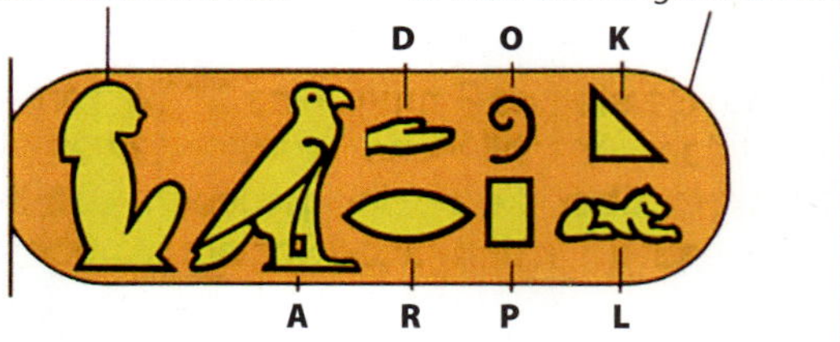

Wenn wir von rechts nach links lesen, lautet der Name:

KL(E)*OP(A)*DRA

*Das E und A müssen wir in der Hieroglyphenschrift ergänzen.

M 2 Name einer ägyptischen Königin in Hieroglyphen

M 3 Schreiber. Grabrelief um 2400 v. Chr.

M 4 Herstellung von Papyrus

AUFGABEN

1 *Versucht, die folgenden Namen zu lesen:*

2 *Schreibt mithilfe des Hieroglyphen-Alphabetes euren Namen. Fehlt im Hieroglyphen-Alphabet (M 1) ein Buchstabe, so müsst ihr ihn weglassen und durch eine ähnlich klingende Hieroglyphe ersetzen. Am Ende des Namens (also jeweils links!) folgte bei Frauen und Mädchen bzw. bei Männern und Jungen ein entsprechendes Symbol.*

M

Ein Hieroglyphen-Fries mit dem eigenen Namen herstellen

Ein Hieroglyphen-**Fries** ist ein waagrechter gemalter oder eingemeißelter Zierstreifen, wie er viele ägyptische Bauten schmückt. Einen Fries könnt ihr aus Gips herstellen, indem ihr, ähnlich wie die alten Ägypter, eure Namen in Hieroglyphen „meißelt".

Was benötigt ihr dazu?

- Papier und Bleistift
- eine längliche Schachtel
- Modellgips
- ein Ritzmesser o. Ä.
- einen Haarpinsel
- Deckfarben

Arbeitsanleitung

1. Übertragt die Grundfläche der Schachtel auf ein Blatt Papier.
2. Stellt einen flüssigen Gipsbrei her (1 Teil Wasser, 2 Teile Gips).

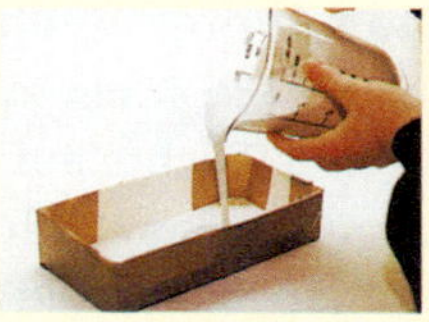

3. Gießt diesen in die abgedichtete Schachtel. Rüttelt die Form, bis der Gips eine glatte Oberfläche hat.
4. Reinigt sofort die benutzten Gefäße mit Wasser.
5. Trocknet den Gips etwa 30 Minuten. Erarbeitet euch in dieser Zeit anhand des Hieroglyphen-Alphabets euren Namen. Übertragt ihn auf das Papier.
6. Prüft vorsichtig, ob der Gips fest geworden ist, nehmt ihn aus der Form und legt ihn mit der glatten Seite nach oben.
7. Legt das Blatt Papier mit den Hieroglyphen eures Namens auf die Gipsfläche, zeichnet sie mit dem Bleistift nach, sodass sie auf den Gips übertragen werden.

8. Nehmt das Ritzmesser und ritzt die Hieroglyphen ein (nicht zu tief, sonst bricht der Gips).
9. Säubert dann die Vertiefung mit dem Haarpinsel.
10. Malt die Hieroglyphen mit Deckfarben aus.
11. Wenn ihr die Gipstafeln nebeneinander anordnet, dann habt ihr euren Hieroglyphen-Fries.

M 1 Altägyptische Götter

Glaube und Totenkult

Die Ägypter verehren viele Götter

Tag für Tag erlebten die Ägypter die Kraft der Sonne. Sie ließ Früchte auf den Feldern wachsen, ihre Hitze konnte aber auch Tod und Verderben bringen. Diese Kraft schrieben die Ägypter dem Sonnengott Re zu. Sie bildeten ihn mit der Sonnenscheibe auf dem Kopf ab (M 2).

Aber nicht nur in der Sonne, auch im Wind, im Regen, in Erdbeben, im Wachsen der Pflanzen, in bestimmten Eigenschaften von Tieren (Kraft, Schnelligkeit, Flugkünste) – überall sahen die Ägypter Götter wirken. So vielfältig wie die Erscheinungen in der Welt waren auch die Götter, die die Ägypter verehrten.

Viele Götter wurden mit dem Körper eines Menschen und dem Kopf oder Körperteil eines Tieres dargestellt (M 1). Dies sollte eine Eigenschaft des Gottes verdeutlichen. Mit dem Aussehen des Gottes hat das nichts zu tun, denn die wahre Gestalt blieb den Lebenden verborgen. Erst nach dem Tod konnten die Menschen sie anschauen.

M 2 Sonnengott Re (Wandmalerei um 1250 v. Chr.)

Die Tempelanlagen waren aus Stein gebaut, denn sie sollten ewig halten. Tief im Inneren des Tempels wurde die Statue der Gottheit aufgestellt. Dort konnte der Gott wohnen. Nur ein Priester durfte dieses Allerheiligste besuchen und den Gott wecken.

Zu jedem Tempel gehörten ein Tempelbrunnen und ein Heiliger See. Auf ihm konnte die Gottheit Spazierfahrten machen. Eine gerade Straße führte vom Tempel zum Nil. Auf ihr wurde an Festtagen die Statue des Gottes in einer Prozession zur Anlegestelle der Heiligen Barke (= Ruderschiff) getragen. Die Tempel von Luxor oder Abu Simbel geben noch heute Zeugnis vom Götterglauben der Ägypter.

Glauben an ein Weiterleben nach dem Tod

Für die Ägypter gehörten das Leben im Diesseits (= in der Welt) und das Leben im Jenseits (= im Reich der Toten) eng zusammen. Für beides hatten sie nur ein Wort: „anch“. Starb ein Mensch, so musste er nur von einem Leben ins andere wechseln. Allerdings waren dafür einige Voraussetzungen nötig. Nur reiche Ägypter konnten sich eine aufwändige Bestattung für die Wanderung in das Totenreich leisten.

Einbalsamierung und Mundöffnung: Für das Leben nach dem Tod musste der Körper erhalten bleiben. Ausgebildete Einbalsamierer sorgten dafür: Sie nahmen das Gehirn und die Eingeweide heraus, reinigten die leere Körperhülle mit Palmwein, füllten sie mit Gewürzen und Harz, umwickelten den Körper mit Leinen und strichen ihn mit einer gummiartigen Masse ein.
Die Mumie, d.h. die einbalsamierte Leiche, wurde in einen Sarg gelegt und auf eine Barke zur Überfahrt über den Nil gehoben. Wenn der Leichenzug am Grab ankam, öffnete ein Priester der Mumie Mund und Augen, damit der Tote atmen und sehen konnte.
Totengericht: Auf den Toten wartete nun das Totengericht. In der Vorstellung der Ägypter wog der Gott Anubis dabei das Herz des Toten. Hatte dieser kein ordentliches Leben geführt, wurde sein Herz vom Totenfresser vernichtet. Bestand er die Prüfung, wurde er von Osiris im Reich der Toten aufgenommen (M 4).
Grabbeigaben: Das Grab wurde wie ein Wohnhaus mit Zimmern eingerichtet. Wichtig waren die Grabbeigaben. Sie wurden in der Vorkammer abgelegt und sollten dem Toten ein unbeschwertes Leben sichern: Nahrung, Möbel, Waffen, Schmuck, Tiere. Manchmal wurden auch Diener des Verstorbenen mit bestattet.

M 3 Bestattungszeremonie: Einbalsamierung, Leichenzug und Mundöffnungsritual

AUFGABEN

1 * *M 1 zeigt verschiedene Götter mit Tierköpfen. Versuche zu erklären, was damit jeweils ausgedrückt werden sollte.*
2 *Kläre die Beziehung: Menschen – Pharao – Götter. Lies dazu noch einmal die Seite 164.*
3 *Beschreibe, wie sich die Ägypter das Weiterleben nach dem Tode vorstellten.*
4 *Erkläre mithilfe des Textes, welchen Sinn die Einbalsamierung hatte.*
5 * *Beschreibt die verschiedenen Stationen des Totengerichts (M 4). Diskutiert, welche Folgen diese Vorstellungen für das Leben des einfachen Ägypters hatten und welche Haltung er zum Pharao einnahm.*

M 4 Totengericht (aus dem Totenbuch des Schreibers Hunefer um 1300 v. Chr.)

M1 Pyramiden im Tal der Könige

Pyramiden – Häuser für die Ewigkeit

Denkt ihr an das alte Ägypten, so fallen euch wahrscheinlich als erstes die **Pyramiden** ein. Pyramide heißt übersetzt „Haus für die Ewigkeit". Bis heute wissen die Forscher nicht alles über die Bedeutung der Pyramiden. Es ist auch noch nicht völlig klar, wie sie genau erbaut wurden. Wir wollen diesem Geheimnis auf die Spur gehen.

Wozu wurden die Pyramiden gebaut?

Die Ägypter glaubten an ein Leben nach dem Tod. Das Totenreich vermuteten sie im Westen des Landes, da dort der Sonnengott Re (> S. 168) jeden Abend hinabsteigt. Alle Gräber befinden sich daher am westlichen Nilufer (> S. 160, M 1). Insgesamt wurden fast 100 dieser riesigen Grabstätten errichtet. Nur Pharaoninnen und Pharaonen durften sich eine Pyramide als Grabmal bauen.

Der Pharao Cheops gab etwa 2500 v. Chr. zu Beginn seiner Regierungszeit folgenden Befehl:
„Ich will mir ein riesiges Grabmal errichten, hoch und fest wie die Felsen im Süden meines Landes. Es soll meinen Leib schützen vor Räubern und Feinden. In dem Grabmal will ich weiterleben bis in alle Ewigkeiten. Das Denkmal soll den Ruhm meiner Herrschaft verkünden Jahrtausende lang."

Als erstes wurde dafür ein Bauplatz am Nil gesucht. So konnten die schweren Steinblöcke mit Schiffen zur Baustelle transportiert werden. Der Baugrund wurde so vermessen, dass die vier Seiten nach den vier Himmelsrichtungen ausgerichtet waren. Die Cheopspyramide hat eine Grundfläche von 230 m x 230 m. (Zum Vergleich: Ein Fußballfeld ist ca. 100 m x 60 m groß.)
Alleine für die Cheopspyramide wurden in 20 Jahren etwa 2,3 Millionen Steinblöcke mit einem durchschnittlichen Gewicht von 2,5 Tonnen verbaut. Würde man alle Steine der Cheopspyramide auf einen Güterzug laden, so wäre dieser Zug etwa 2000 km lang.
Man vermutet, dass etwa 1000 Facharbeiter ganzjährig fest angestellt waren als Maurer, Steinmetze, Zimmerleute, Geometer und Kunsthandwerker. Sie wohnten in Siedlungen nahe der Baustelle. Hinzu kamen Zehntausende Bauern, die während der Nilüberschwemmung 3 Monate lang für ihren Pharao arbeiteten.

M 2 In Steinbrüchen schlugen die Arbeiter mit Hämmern, Bohrern und Meißeln aus Kupfer die Steinblöcke aus den Felsen. Sie wurden mühevoll auf Schlitten zum Nil gezogen, auf Schiffe verladen und dann zur Baustelle gebracht.

M 3 Nun wurden Rampen aus Schutt und Ziegeln gebaut, auf denen die Blöcke mit Tauen hochgezogen wurden.

M 4 Außenflächen des Bauwerks wurden mit Kalksteinplatten verhängt. Die Pyramide bekam so eine glatte Oberfläche.

Im Inneren der Cheops-Pyramide

Der Steinsarg des Pharao Cheops muss bereits während des Baus der Pyramide in die Grabkammer gebracht worden sein. Er war so groß, dass er nicht mehr durch die Gänge der fertigen Pyramide gepasst hätte.
Die Grabkammer wurde mit Wandbemalungen verziert, die die Taten des Pharao priesen. Sie hatte eine Decke aus neun Granitblöcken, die zusammen 400 Tonnen wogen und von weiter Entfernung hergeschafft werden mussten.

Neben der Cheops-Pyramide wurden ein Totentempel sowie Grabanlagen für die Familie des Pharao errichtet. Der Sphinx, ein steinerner Löwe mit einem Menschenkopf, bewachte die Toten.

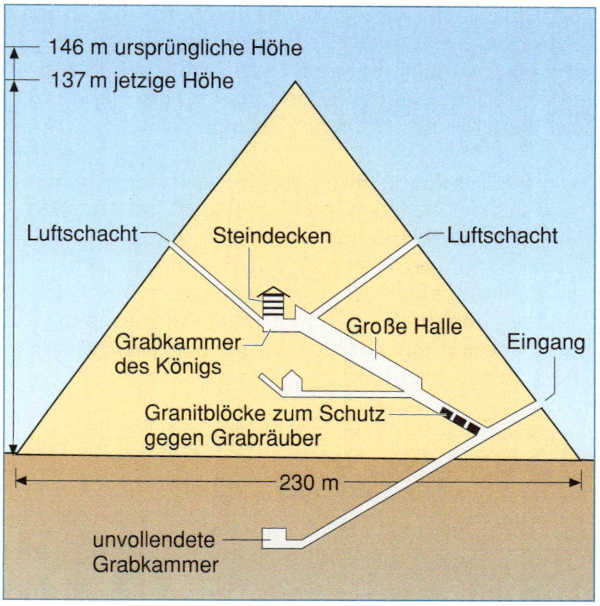

M 5 Schnitt durch die Cheops-Pyramide

AUFGABEN

1 *Berechne, wie viele Fußballfelder in die Grundfläche einer Pyramide passen.*

2 *Vergleiche die Höhe der Cheops-Pyramide (M 5) mit Bauwerken in deiner Umgebung.*

3 *Erkläre, warum sich der Pharao so ein gewaltiges Grabmal bauen ließ.*

4 *Die Ägypter wurden nicht zum Bau der Pyramiden gezwungen. Für sie war der Pyramidenbau eine Art Gottesdienst. Erkläre.*

Z

Merkmale und Verbreitung der frühen Hochkulturen

Ägypten – Beispiel einer frühen Hochkultur

Mit der Arbeitsteilung bildeten sich vor allem im Gebiet des „Fruchtbaren Halbmonds“ (Ägypten und Mesopotamien) erste Hochkulturen. Hochkulturen entstanden auch in Asien (M 2)

Besonders lange hielt sich das um 3000 v. Chr. entwickelte Reich der ägyptischen Pharaonen. Kennzeichnend für diese Hochkultur waren die künstliche Bewässerung, die Erfindung des Kalenders, die Entwicklung der Geometrie und von Vermessungstechniken, die Vorratswirtschaft, die Entwicklung von Schriftzeichen (Hieroglyphen) und schriftlich festgehaltenen Gesetzen, das Entstehen einer Verwaltung mit einer sozialen Rangfolge vom göttlichen Pharao über seine mächtigen Mitarbeiter bis zum Handwerker, Bauern und schließlich Zwangsarbeiter.

Der Jenseitsglaube forderte die Einhaltung religiöser und sozialer Gebote. Gewaltige Bauten, besonders die Pyramiden, zeigen, dass die Menschen zu gewaltigen Planungen, aber auch zu beachtlichen technischen und künstlerischen Leistungen in der Lage waren. Umstritten ist, in welchem Maße die ägyptische Bevölkerung zu sklavenähnlicher Zwangsarbeit herangezogen wurde.

M 1

Ein Historiker zu den Lebensbedingungen der ägyptischen Bauern:

„Alle Bauerndörfer waren eine Ansammlung von grauen, schäbigen, wahllos aneinander gebauten Häusern, zwischen denen ein Labyrinth von ... Wegen und Sackgassen verlief. Eigentlich ist es eine Übertreibung, hier von "Häusern" zu sprechen, denn im Grunde waren es nur elende, einstöckige, fensterlose Hütten mit finster gähnenden Türöffnungen.

Drinnen befand sich meist nur ein kleiner Raum. Das Dach aus Palmblättern oder aus Schilf und Rohr war so zerbrechlich und so niedrig, dass ein mittelgroßer Mann ein Loch hineinreißen konnte, wenn er sich unvorsichtig aufrichtete. Man hauste direkt auf der festgestampften Erde.

Diese war nur selten richtig trocken und außerdem ständig verschmutzt ... Das war darauf zurückzuführen, dass nachts Männer, Frauen, Kinder und Vieh in der stickigen, schmutzigen Hütte zusammengepfercht waren. Es gab keine Möbel, keine Stühle und auch keine Betten. Der Bauer besaß so wenig, dass er die Tür – wenn es eine gab –Tag und Nacht offen stehen ließ.“

(Aus: Sergio Donadoni (Hrsg.): Der Mensch des alten Ägypten, übers. von Asa-Bettina Wuthenow, Frankfurt am Main/New York 1992, S. 43)

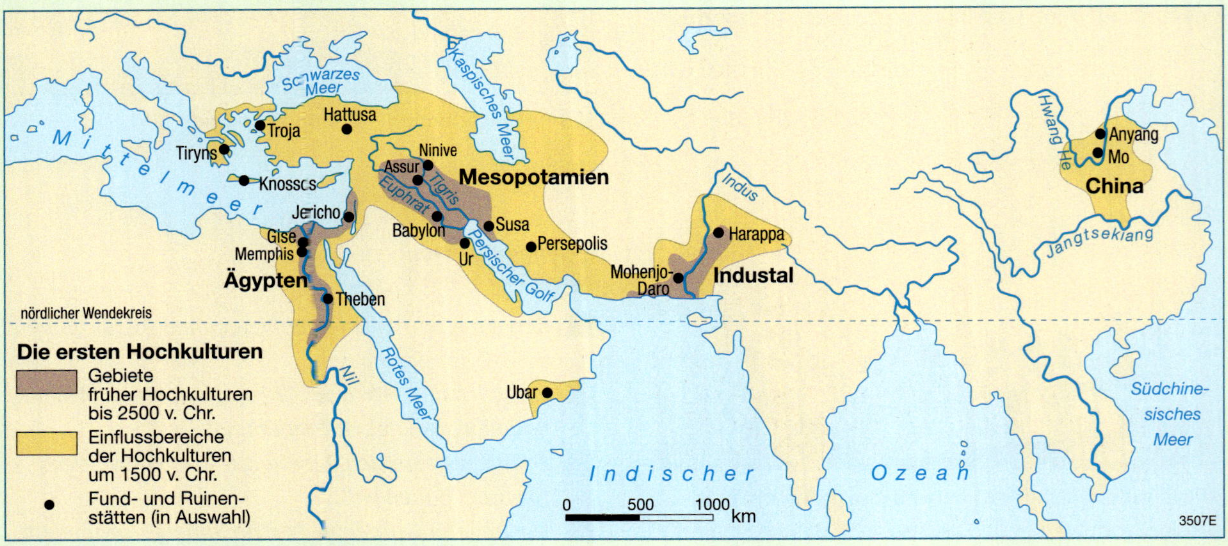

M 2 Lage früher Hochkulturen

Zwangsarbeit im alten Ägypten?

Der griechische Historiker Herodot zum Bau der Pyramiden

„Bis auf die Zeiten des Königs Rhampsinitos ... herrschte in Ägypten überall Recht und Gesetz, und das Land blühte ...
Der nachfolgende König Cheops aber bedrückte in vielfältiger Weise das Land. Denn erst verschloss er alle Tempel und verbot ihnen alle ihre Opfer und Feste, danach zwang er alles Volk, ihm Zwangsdienste zu leisten. Die einen mussten Steine aus den Steinbrüchen vom arabischen Gebirge bis zum Nil schleppen, und nachdem die Steine auf Schiffen über den Strom geschafft waren, mussten andere bereitstehen, sie zu nehmen und weiterzuschleppen ...

So leisteten jedes Mal je hunderttausend Menschen drei Monate lang Zwangsarbeit, und die Not des Volkes währte zehn Jahre, zuerst beim Bau der Straße, auf der sie die Steine heranschafften, ein Werk, das mir ebenso gewaltig scheint wie der Bau der Pyramide selbst. ...
An dieser Straße brachten sie zehn Jahre zu, ebenso an den unterirdischen Kammern auf der Anhöhe, wo die Pyramiden stehen. Denn diese Kammern baute er für sich als Grabstätte auf einer Insel, wozu er vom Nil her einen Graben einleitete."

(Aus: Herodot, zit. nach Neun Bücher der Geschichte, bearbeitet und ergänzt von Wolfgang Stammler, Essen 2006, S. 138)

M 3 Beim Pyramidenbau

	Alt- und Jungsteinzeit	Hochkultur
Gibt es eine Schrift?		
Ist die Gesellschaft gegliedert? Gibt es Sklaverei?		
Gibt es unter den Menschen eine Arbeitsteilung?		
Wer übt die Herrschaft aus?		
Gibt es eine Verwaltung und Gesetze?		
Gibt es eine Vorratswirtschaft?		
Welche Rolle spielen die Flüsse beim Handel?		
Gibt es eine Wissenschaft?		
Kennen und kultivieren die Menschen eine Religion?		

M 4 Von der Steinzeit zur Hochkultur

„Von wegen Sklaverei – für Pyramiden-Bauer gab es Bier und Ehre

Wer baute die Pyramiden? Sklaven, wie in Hollywood-Filmen dargestellt? ... Alles falsch, sagen ägyptische Archäologen. Sie stellten jetzt Gräberfunde vor, die sie und andere Experten in ihrer ... Annahme bestärken: Die Pyramiden wurden von ganz normalen Arbeitern errichtet, die sich aus Verehrung für den Pharao krumm schufteten, für ihre Arbeit bezahlt und mit einer letzten Ruhestätte an den gigantischen Bauwerken belohnt wurden.

In den vergangene Woche entdeckten Gräbern fanden sich ein Dutzend Skelette ... Dabei lagen Krüge, die einmal Bier und Brot als Speise im Jenseits enthalten hatten."

(http://www.tagesanzeiger.ch/wissen/geschichte/Von-wegen-Sklaverei-fuer-PyramidenBauer-gab-es-Bier-und-Ehre/story/11327880)

AUFGABEN

1 *Erstelle mithilfe des Textes M 1 eine Liste mit den Merkmalen einer Hochkultur.*

2 *Die Karte M 2 zeigt die Verbreitung früher Hochkulturen. Beschreibe deren Lage. Was ist allen gemeinsam? Finde mithilfe des Atlas heraus, in welchen heutigen Ländern diese Hochkulturen lagen.*

3 *Recherchiert in Büchern und im Internet über diese Hochkulturen. Erstellt ein Plakat mit den wichtigsten Informationen.*

4 *Stelle mithilfe der Textquellen Pro- und Kontra-Argumente zusammen, ob die Rede von einer Zwangsarbeit in Ägypten berechtigt ist.*

5 *Füllt mithilfe der Seiten 140 – 155 (Alt- und Jungsteinzeit) sowie 160 – 171 (Ägypten) die Tabelle (M 4) aus. Arbeitet in Gruppen.*

Wiederholen und Üben

Der Nil – eine Flusskultur

1 a) Erkläre deinem Nachbarn, warum die Landvermessung und Geometrie in Ägypten und allgemein in einer Flusskultur von besonderer Bedeutung ist.
b) Stelle dar, warum der Nil für besondere Personengruppen sehr wichtig war. Erstelle eine Tabelle nach dem Muster von M 1.

Personen-gruppen	Pharao	hohe Beamte, Militär	Händler, Handwerker	Bauern
Warum ist der Nil für diese Person bzw. Personen-gruppe sehr wichtig?				

M 1

2 Immer wieder haben Menschen nützliche Erfindungen entwickelt. Betrachte M 2 und M 3 und bewerte, wie wichtig die dort abgebildete Erfindung war.

M 2 und 3 Bewässerung am Nil. Links: Bauer schöpft Nilwasser (Grabmalerei um 1500 v. Chr.); rechts: Bauer heute

Alles im Dienste des Pharao

3 Das Holzmodell aus dem Grab eines Hofverwalters (um 2000 v. Chr.) zeigt eine Viehzählung (M 4).
a) Beschreibe die Abbildung.
b) Erläutere die Bedeutung der Schreiber im antiken Ägypten.
c) Erörtert, wer Vor- oder Nachteile von der staatlichen Viehzählung hat. Wer profitiert von der Staatsverwaltung?

4 Verfasse einen kurzen Lexikonartikel zur ägyptischen Geschichte, in der die Begriffe „Hieroglyphen", „Hochkultur", „Pharao", „Pyramiden" und „Wesir" verwendet werden.

M 4

Verbindung von Sachverhalten zum Thema Hochkultur

5 a) Zeichne die Abbildung M 5 in dein Heft ab. Ergänze dann noch weitere Merkmale von Hochkulturen.
b) Verbinde die Sachverhalte, die sich gegenseitig beeinflussen, mit Pfeilen, beispielsweise den Begriff „Arbeitsteilung" mit dem Begriff „Spezialisierung".

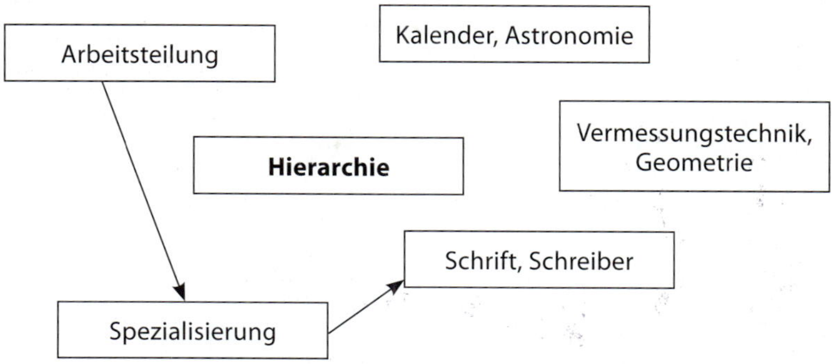

M 5

Eine Reise nach Ägypten?

In einem Prospekt für eine Ägypten-Rundreise liest ein Kunde folgende Informationen: Wir stellen Ihnen einen ausgezeichneten Reiseführer zur Verfügung, der auch einen Überblick über die ägyptische Hochkultur verfasst hat (M 6). Der Kunde überfliegt den Text, runzelt die Stirn und wird stutzig. Er beschließt, die Reise nicht bei diesem Reisebüro zu buchen.

6 Lies noch einmal genau den Text M 6 durch und nenne dann insgesamt 10 Gründe für die Absage des Touristen.

7 Die Bauten aus der Pharaonenzeit sind für den heutigen Tourismus wichtige Attraktionen.
a) Recherchiert im Internet über den Tourismus im Ägypten von heute (z. B. Sehenswürdigkeiten, wichtige Reiseziele, politische Situation).
b) Entwerft einen eigenen Werbeprospekt über das Reiseland Ägypten.

Ein Pharao ließ den Assuan-Staudamm errichten, um den Wasserzufluss des Nils nach Ägypten regulieren zu können. In Ägypten gab es eine Hierarchie, alle Menschen waren also gleichgestellt. Alle Menschen hatten Zugang zu den Heiligtümern.
Die Pyramiden wurden von versklavten Kriegsgefangenen, den Wesiren, gebaut. Die Steinquader für die Pyramiden wurden von den Römern importiert und den Nil aufwärts transportiert. Die Pyramiden wurden außen mit Gold verkleidet.
Die Pharaonen waren immer kluge, alte Männer. Sie führten keine Kriege mit den Nachbarvölkern.

M 6

Prüfe dich nun selbst! Du kannst ...

- ✓ ... die Entstehungsbedingungen und die Erscheinungsformen der ägyptischen Hochkultur wiedergeben (> S. 160 f);
- ✓ ... die Bedeutung des Nils für die ägyptische Landwirtschaft und Zivilisation darlegen (> S. 160 f);
- ✓ ... die heutige Nutzung des Nils darstellen und bewerten (> S. 162/163);
- ✓ ... die gesellschaftliche Stellung eines ägyptischen Schreibers darstellen (> S. 164);
- ✓ ... erklären, was Hieroglyphen sind (> S. 168 f);
- ✓ ... darlegen, warum ägyptische Götter Merkmale von Tieren trugen (> S. 168);
- ✓ ... erklären, warum die Ägypter Pyramiden errichteten (> S. 170 f);
- ✓ ... wichtige Merkmale von Hochkulturen nennen (> S. 172 f).

7 Räumliches Orientierungswissen

M 1 Europa hat viele Gesichter

- Wie sind die abwechslungsreichen Landschaften Europas entstanden?
- Wie ist es zur Stellung Deutschlands innerhalb Europas gekommen?
- Mittelmeerländer – Wie viele Touristen hält die Mittelmeerregion aus?

Ein Staat mit 16 Bundesländern

Schwarz, Rot, Gold sind die Farben der Flagge der Bundesrepublik Deutschland. Berlin ist die Hauptstadt. In Deutschland leben etwas mehr als 80 Millionen Menschen.
Die Bundesrepublik Deutschland besteht aus 16 **Bundesländern**. Jedes Bundesland hat eine Landeshauptstadt, eine Landesregierung und ein eigenes Landeswappen. Die Bundesländer Berlin, Hamburg und Bremen bestehen jeweils nur aus der Stadt (zu Bremen gehört außerdem die Stadt Bremerhaven). Man bezeichnet sie daher auch als Stadtstaaten.

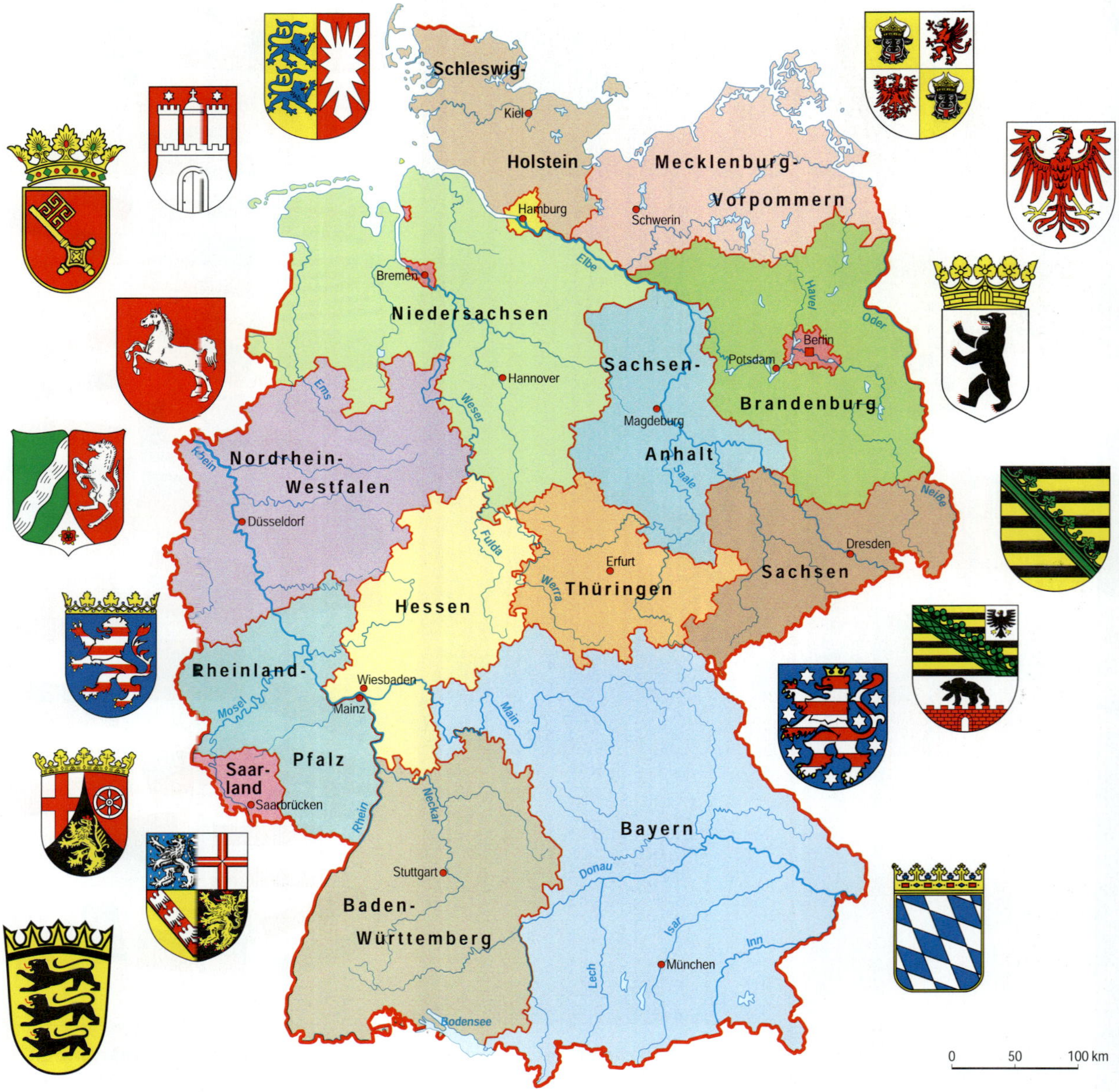

M 1 Politische Karte der Bundesrepublik Deutschland

Z

Die Teilung Deutschlands

Nach dem Zweiten Weltkrieg wurde Deutschland geteilt. Von 1949 bis 1990 gab es die Bundesrepublik Deutschland (BRD) und die Deutsche Demokratische Republik (DDR). Auch Berlin wurde geteilt, in West- und Ostberlin. Zur Trennung ließ die DDR-Regierung 1961 eine Mauer in der Stadt bauen.

1989 erzwangen die Bürger der DDR in friedlichen Demonstrationen den Rücktritt ihrer Regierung.

M2 Die Berliner Mauer am 10. November 1989

M3 Zwei deutsche Staaten

Am 3. Oktober 1990 trat die Deutsche Demokratische Republik der Bundesrepublik Deutschland bei. Seitdem ist Deutschland wiedervereint.

Deshalb ist der 3. Oktober als „Tag der Deutschen Einheit" ein gesetzlicher Feiertag.

Bundesland	Fläche in km²	Einwohner in Mio.
Flächenstaaten		
Baden-Württemberg	35 751	10,5
Bayern	70 552	12,4
Brandenburg	29 480	2,5
Hessen	21 115	6,0
Mecklenburg-Vorpommern	23 185	1,6
Niedersachsen	47 625	7,8
Nordrhein-Westfalen	34 086	17,5
Rheinland-Pfalz	19 853	4,0
Saarland	2 569	1,0
Sachsen	18 418	4,1
Sachsen-Anhalt	20 447	2,3
Schleswig-Holstein	15 799	2,8
Thüringen	16 172	2,2
Stadtstaaten		
Berlin	891	3,3
Bremen	404	0,7
Hamburg	755	1,7
Deutschland	357 102	80,4

M4 Bundesländer (Zählung 2011)

AUFGABEN

1 *Erstelle anhand der Tabelle M 4 zwei Ranglisten der Bundesländer:*
a) nach der Flächengröße,
b) nach der Einwohnerzahl.
Beginne jeweils mit dem größten Wert.

2 *Ordne in der Tabelle jedem Bundesland die entsprechende Landeshauptstadt zu. Arbeite mit dem Atlas.*

3 *Ein Quiz: Welche Bundesländer sind gemeint?*
a) Es hat sechs Nachbarn.
b) Es ist das größte Bundesland.
c) Es hat die meisten Einwohner.
d) Durch diese Bundesländer fließt die Elbe.
e) Es hat die geringste Fläche und die wenigsten Einwohner.
f) Es ist das zweitgrößte Bundesland.

4 *Erstelle eine Kartenskizze von Deutschland nach dem gleichen Muster, wie du es auf den Seiten 62/63 gelernt hast. Schreibe die Namen der Nachbarstaaten um die Skizze herum.*

„... wir fahren nach Berlin!"

M 1 Lage von Berlin

M 2 Im Berliner Olympiastadion beim Pokalfinale

Ins Olympiastadion zum Pokalfinale

Das war schon immer ein Traum der beiden Fußballfans Benny und Alex. In diesem Jahr ist es besonders spannend, weil nämlich die Lieblingsvereine der beiden gegeneinander antreten. Die Eltern von Benny und Alex haben beschlossen, mit ihren Söhnen nach Berlin zu fahren. Eine Bedingung haben sie aber gestellt. Die Planung müssen die beiden selbst erledigen ...

Benny: „Mensch, Alex, ich wusste gar nicht, wie weit es nach Berlin ist. Das sind ja fast 600 Kilometer!"
Alex: „Mit dem Auto wird das ganz schön dauern!"
Benny: „Stimmt, dafür kommen wir durch viele Bundesländer, die wir noch nicht kennen. Unterwegs gibt's bestimmt einiges zu sehen."
Alex: „Rechne mal aus, was die Fahrt kosten würde. Wir brauchen ungefähr 8 Liter Super pro 100 Kilometer ..."
Benny: „Warte, ich schaue mal im Internet nach, was ein Flug kostet. Vielleicht finden wir ja Billigflüge von einem kleinen Flughafen in der Nähe."
Alex: „Und schau auch mal bei der Bahn nach, ob's Gruppentickets gibt."

Benny: „Hm, dann haben wir ja in Berlin gar kein Auto dabei?!"
Alex: „Na und? Wäre das denn schlimm?"
Benny: „Irgendwie kommen wir schon nach Berlin. Dann muss nur noch die richtige Mannschaft gewinnen ..."

M 3 Benny und Alex

AUFGABEN

1 *Beschreibe die Lage Berlins.*
2 *Erstelle eine Liste mit Vor- und Nachteilen, die eine Anreise nach Berlin mit dem Auto, dem Bus, der Bahn oder dem Flugzeug hat.*
3 *Beschreibe mithilfe des Atlas eine Reiseroute von deinem Heimatort nach Berlin.*
4 *Ermittle für jede der Reisemöglichkeiten aus Aufgabe 2 einen ungefähren Preis.*

Benny und Alex sind mit ihren Eltern in Berlin angekommen. Vor ihrem großen Spiel schauen sie sich noch einige der zahlreichen Sehenswürdigkeiten der Hauptstadt an. Immer dabei ist der Reiseführer, der den beiden Jungen und ihren Eltern viele neue Informationen über Berlin gibt.

M4 Das Reichstagsgebäude – Sitz des Deutschen Bundestages

M5 Das Brandenburger Tor – Wahrzeichen Berlins

AUFGABEN

1 * *Erkläre die besondere Bedeutung Berlins für Deutschland und Europa.*

2 *Informiere dich über eine weitere Sehenswürdigkeit in Berlin und stelle sie in der Klasse vor.*

3 *Erstelle mithilfe von M 6 eine Mindmap zu Berlin.*

Berlin in Zahlen

Mit 3,3 Mio. Einwohnern ist Berlin die größte Stadt Deutschlands.
Sie hat eine maximale Ausdehnung von 45 Kilometern in West-Ost-Richtung und von 38 Kilometern in Nord-Süd-Richtung.
Die Fläche Berlins beträgt fast 900 Quadratkilometer und entspricht der Fläche von Frankfurt, Stuttgart und München zusammen.

Politik

Zwischen 1945 und 1989 war Berlin in einen West- und Ostteil getrennt (> S. 179). Seit 1991 ist Berlin wieder die Hauptstadt des vereinigten Deutschland. Heute arbeiten und leben die Bundeskanzlerin oder der Bundeskanzler, der Bundespräsident und die Minister in Berlin. Im Reichstagsgebäude werden Gesetze beschlossen.

Verkehr

Aufgrund seiner zentralen Lage in Europa stellt Berlin einen wichtigen Verkehrsknotenpunkt dar.
In der Stadt gibt es zwei Flughäfen (Schönefeld und Tegel), der neue Großflughafen BER Berlin Brandenburg „Willy-Brandt" wird demnächst in Betrieb genommen, die anderen Flughäfen werden dann geschlossen.
Der neue Hauptbahnhof ist einer der größten Europas. Über 200 Fernzüge aus vielen großen Städten Europas halten hier täglich.

Tourismus

Jährlich kommen etwa zehn Millionen Besucher aus aller Welt nach Berlin. Es gibt viel zu sehen: Zahlreiche Museen, Theater- und Konzertveranstaltungen ziehen Besucher aus aller Welt an.
Ein besonders beliebtes Ziel ist das Brandenburger Tor, ein Wahrzeichen der Stadt. Das Tor ist auf der Rückseite der deutschen 10-, 20- und 50-Cent-Münze zu sehen.
Neben dem Reichstagsgebäude, das täglich von 8000 Besuchern bestaunt wird, stellt auch der Potsdamer Platz ein Muss für Touristen dar. Er wurde ab 1990 neu gestaltet. Auf einer Fläche von 50 Hektar befinden sich hier heute zahlreiche Einkaufsmöglichkeiten und mehrere Kinos.

M6 Aus einem Reiseführer

Ein Flug über Deutschland

Stell dir vor, du könntest an einem Flug über Deutschland teilnehmen. Du fliegst von Norden nach Süden. Wenn du aus dem Fenster schaust, siehst du unter dir Städte, Flüsse und ganz unterschiedliche Landschaften.

Nach ihren Oberflächenformen unterscheidet man vier große Landschaften in Deutschland. Sie heißen Tiefland, Mittelgebirge, Alpenvorland und Alpen.
Auf den folgenden Seiten wirst du diese Großlandschaften näher kennen lernen. Dabei erfährst du viele Einzelheiten. Es ist sinnvoll, sie zu ordnen.

AUFGABE

1 *a) Lege dazu eine Tabelle an (M 2). Zeichne sie auf ein DIN-A4-Blatt im Querformat. Nutze die ganze Fläche, denn du wirst noch viel eintragen!*
b) Fülle die Tabelle aus, wenn du jeweils die Seiten über die Landschaft bearbeitet hast. Benutze dabei auch den Atlas.
c) Suche dazu passende Bilder.

M 1 Unsere Flugroute

Großlandschaft	Lage in Deutschland	Aussehen der Landschaft	Besonderheiten
Tiefland	von der Nord- und Ostsee bis zu den Mittelgebirgen	flachwellige Landschaft …	Ackerbau und Grünlandwirtschaft, gute Böden in den Börden …
Mittelgebirge			
Alpenvorland und Alpen			

M 2 Tabelle

M3

M4 Im Tiefland bei Braunschweig (Bildmitte: ein Seitenkanal des Mittellandkanals

Im Tiefland

Unser Flug startet im nördlichsten Bundesland. Auf den ersten 250 Kilometern liegt das Tiefland unter uns. Es erstreckt sich von der Nord- und Ostsee bis zu den Mittelgebirgen.

Wir schauen auf eine flachwellige Landschaft. Die wenigen Hügel sind nicht höher als 200 Meter. Große Gebiete liegen sogar nur wenige Meter über dem Meeresspiegel.

Das Tiefland wird überwiegend zum Ackerbau und zur Grünlandwirtschaft genutzt. Am Übergang vom Tiefland zum Mittelgebirge liegen die sogenannten Börden. Sie sind besonders fruchtbar und liefern den Landwirten hohe Ernteerträge.

Die Küsten der Nord- und Ostsee sind beliebte Urlaubsziele. Große Seehäfen, zum Beispiel in Hamburg (M 5), sind für die Wirtschaft und die Versorgung wichtig. Täglich werden hier Hunderte Schiffe mit Waren aus aller Art be- oder entladen.

M5 Im Hamburger Hafen

AUFGABEN

1 *Notiere die Bundesländer, die ganz oder zum Teil im Tiefland liegen.*

2 *Schreibe mithilfe deines Atlas die Namen von deutschen Inseln auf. Gliedere sie nach Nordsee und Ostsee.*

3 *Durch welche Bundesländer führt der Mittellandkanal?*

4 *Ermittle mithilfe deines Atlas, wo die großen Flüsse entspringen, die an der deutschen Küste in die Nord- bzw. Ostsee münden.*

5 *Ergänze in deiner Tabelle im Heft den Teil für das Tiefland (siehe Beispiele in M 2).*

M 1 Im Mittelgebirge (Rhön)

M 2

M 3 Im Rheintal

Im Mittelgebirge

Unser Flugzeug muss nun höher steigen. Wir erreichen die Mittelgebirge. Diese erstrecken sich vom Harz und vom Weserbergland über 400 Kilometer nach Süden bis zur Donau. Die Mittelgebirge sind der größte Landschaftsraum Deutschlands.

Wir sehen unter uns zahlreiche Höhenzüge mit Höhen zwischen 500 und 1500 Metern. Zum Teil sind sie dicht bewaldet. Dazwischen erstrecken sich weite Täler. Sie sind in Millionen von Jahren von Flüssen geformt worden. Einige der Flüsse münden in die Nordsee oder in die Ostsee.

Immer wieder sehen wir im Mittelgebirge Großstädte. Viele von ihnen liegen an Flüssen, zum Beispiel am Rhein. Er fließt rund 700 Kilometer durch Deutschland. Der Rhein ist ein viel benutzter Transportweg für Güter. Entlang des Flusses haben sich große Industriegebiete entwickelt.

AUFGABEN

1 *Arbeite mit deinem Atlas:*
a) In welche Gewässer münden die Flüsse Rhein, Weser, Ems, Neckar, Main, Saale, Werra, Lahn und Fulda?
b) Die höchsten Berge in den Mittelgebirgen sind der Brocken im Harz und der Feldberg im Schwarzwald. Wie hoch sind sie?

2 *Notiere Großstädte, die im Bereich der Mittelgebirge und gleichzeitig an Flüssen liegen. Bilde Pärchen, zum Beispiel: Stuttgart – Neckar, Frankfurt – Main, …*

3 *Ergänze deine Tabelle von S. 182 mit dem Teil für die Mittelgebirge.*

M4

M5 Das Alpenvorland, im Hintergrund die Alpen (Hochgebirge)

Im Alpenvorland und in den Alpen

Inzwischen befinden wir uns auf unserem Flug über der Donau. Das Alpenvorland beginnt. Es reicht über 150 Kilometer bis zur natürlichen Südgrenze Deutschlands, den Alpen.

Unter uns liegen zunächst ebene Flächen und weiter nach Süden immer mehr waldbedeckte Hügel. Es gibt zahlreiche Seen. Sie reichen vom Bodensee im Westen bis zum Chiemsee im Osten. Ganz in der Ferne sind bereits die Alpen zu erkennen.

Die Alpen sind ein Hochgebirge. Nur ein kleiner Teil gehört allerdings zu Deutschland. Dort liegt auch die Zugspitze, sie ist mit 2962 Metern Deutschlands höchster Berg.

Das südliche Alpenvorland und die Alpen sind ein bedeutendes Erholungs- und Feriengebiet, im Sommer wie im Winter. Vom **Tourismus** leben viele Menschen in diesem Naturraum (> S. 256f.). Der Flug endet auf einem Flugplatz bei Garmisch-Partenkirchen.

M6 Garmisch-Partenkirchen mit der Zugspitze

AUFGABEN

1 *Arbeite mit dem Atlas:*
a) Nenne weitere Staaten, die Anteil an den Alpen haben.
b) Suche die Namen von Seen im Alpenvorland.
c) Verfolge den Verlauf der Donau. In welches Gewässer mündet der Fluss?

2 *Ergänze deine Tabelle von S. 182 mit dem Teil für das Alpenvorland und die Alpen.*

3 *Ordne folgende Wörter den deutschen Großlandschaften zu: zahlreiche Höhenzüge – viele Großstädte – Hochgebirge – Seehäfen – flachwellige Landschaft – Erholung im Gebirge – ebene Flächen.*

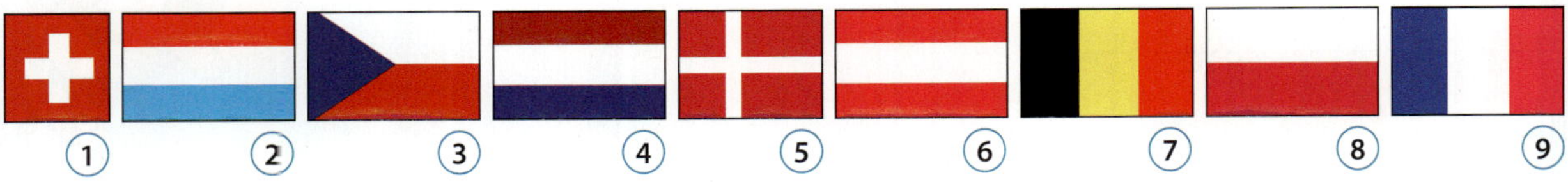

Deutschland und seine Nachbarstaaten

Deutschland liegt im „Herzen", also im Zentrum Europas. Doch wie heißen unsere Nachbarstaaten? Die Kinder und dein Atlas helfen dir bei der Antwort.

AUFGABEN

1 *Lege in deinem Heft eine Tabelle an und trage die Nachbarstaaten Deutschlands, deren Hauptstädte und Nationalitätenkennzeichen ein (> S. 188/189). Ordne anschließend die Flaggen und die Namen der Kinder zu.*

2 * *Beschreibe die Lage Deutschlands in Europa und erläutere Vor- und Nachteile dieser Lage. Verwende eine geeignete Karte im Atlas.*

3 *Du fährst mit dem Auto von München nach Warschau. An welchen großen Städten kommst du vorbei? Gib zwei Fahrtrouten an.*

W

Wiederholen und Üben

Das Deutschland-Silbenrätsel zur Orientierung

Die Anfangsbuchstaben der Lösungswörter ergeben den Namen eines Nachbarstaates von Deutschland.

1. Gebirge in der Nähe von Bayreuth
2. Stadt am Nord-Ostsee-Kanal
3. Nebenfluss der Donau
4. Landschaft in Brandenburg
5. Höchster Berg im Rothaargebirge
6. „Blumige" Stadt am Inn
7. Hauptstadt von Thüringen
8. Fluss durch München
9. Großer See in Bayern
10. Gebirge südlich von der Mosel

alt – as – bir – burg – chiem – der – er – fich – furt – ge – ge – heim – huns – i – kah – lau – ler – mühl – nie – rends – ro – rück – sar – see – sen – sitz – tel – ten

Landschaften in kleinen Teilen

Die Teile A, B, C und D sind aus Fotos der Großlandschaften ausgeschnitten. Finde heraus, zu welchen Landschaften sie gehören.

Wahr oder falsch?

Entscheide, ob die Sätze wahr oder falsch sind. Verbessere die falschen Sätze.
Die Lösungsbuchstaben ergeben den Namen einer Großlandschaft in Deutschland.

	Lösungsbuchstabe *wahr*	*falsch*
1. Die Hauptstadt von Hessen ist Mainz.	B	T
2. Das Mittelgebirge ist der größte Landschaftsraum Deutschlands.	I	E
3. Der höchste Berg Deutschlands heißt Zugspitze.	E	R
4. Der Hamburger Hafen liegt direkt an der Nordsee.	R	F
5. Niedersachsen ist das größte Bundesland.	G	L
6. Das Brandenburger Tor ist ein Wahrzeichen von Hannover.	W	A
7. Der höchste Berg Hessens liegt in der Rhön.	N	H
8. Bis 1995 gab es zwei deutsche Staaten in Europa.	C	D

Prüfe dich nun selbst! Du kannst ...

✓ ... die 16 Bundesländer und ihre Landeshauptstädte benennen (> S. 178).
✓ ... das größte und das kleinste Bundesland und das Bundesland mit den meisten und das mit den wenigsten Einwohnern benennen (> S. 179).
✓ ... die Großlandschaften Deutschlands von Norden nach Süden nennen (> S. 182).
✓ ... die wesentlichen Merkmale dieser Landschaften beschreiben (> S. 182 – 185).
✓ ... die Nachbarstaaten von Deutschland und ihre Hauptstädte benennen (> S. 186, 188).

Die Teilräume Europas

MK

SRB

GR

IS

AND

L

BIH

E

AL

MC

GB

I

SLO

DK

P

MD

D

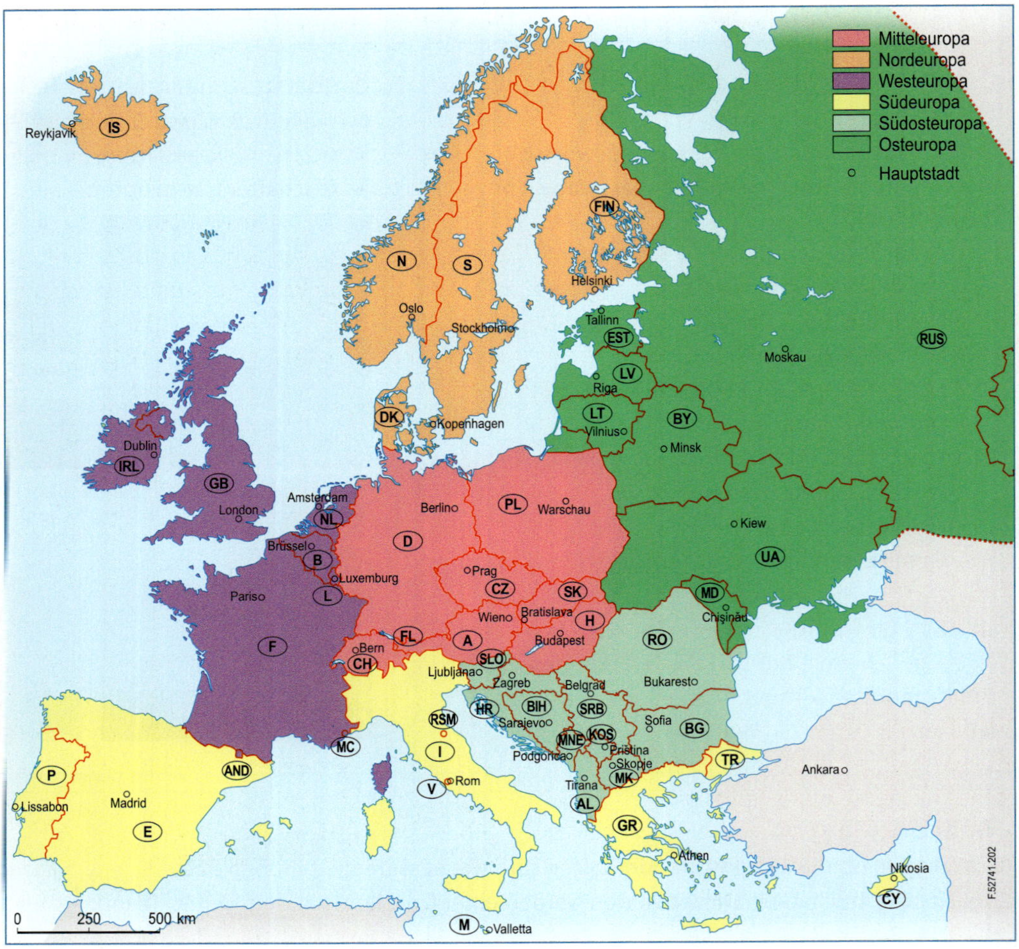

M 1 Teilräume in Europa

Bundesrepublik Deutschland

Lage:	Mitteleuropa
Hauptstadt:	Berlin
Fläche:	357 102 km²
Einwohner:	80 400 000

AUFGABEN

1 *Nenne ... das Land mit den meisten Nachbarn,*
... die Länder, die am Mittelmeer liegen,
... die Länder, die an der Nordsee liegen,
... Länder mit Anteil an der Ostsee,
... das südlichste Land Europas.

2 *Nenne zu jedem der europäischen Teilräume Staaten (M 1).*

3 *Erstelle für ein europäisches Land einen Steckbrief wie für das Beispiel Deutschland (siehe links). Besorge dir die Daten im Internet oder Lexikon.*

UA

A

KOS

IRL

S

CZ

V

M2

Europa wächst zusammen

12 Sterne auf blauem Hintergrund zieren die Flagge der **Europäischen Union** (EU). Seit 1955 symbolisiert sie die Einheit der Völker Europas. Seit dem Beitritt Kroatiens im Jahr 2013 besteht die EU aus 28 Staaten.
Durch diesen Zusammenschluss soll verhindert werden, dass es wieder zu Kriegen zwischen den Ländern kommt. Aber auch die Wirtschaft der beteiligten Länder sollte davon profitieren. Die rund 505 Millionen Menschen, die in der EU leben, können heute ohne Grenzkontrolle reisen und ihren Wohnsitz und Arbeitsplatz innerhalb der EU wechseln. Mittlerweile kann man in vielen Staaten der EU mit der gemeinsamen Währung, dem Euro, bezahlen.

AUFGABEN

1 *Finde mithilfe des Atlas heraus, welche Länder zur EU gehören.*
2 *Formuliere Vorteile, die die Menschen in Europa durch einen EU-Beitritt erfahren.*

M

Europa-Domino

Welche Flagge hat welches europäische Land? Wie heißt die Hauptstadt von Portugal? Welche Sehenswürdigkeit steht in Kopenhagen? Diese und andere Dinge könnt ihr ganz einfach lernen, indem ihr euer eigenes Europa-Domino erstellt und anschließend spielt.

So gestaltet ihr euer Domino:

1. Zeichnet auf ein DIN-A4-Blatt gleich große Rechtecke. Jedes Dominokärtchen sollte durch eine Mittellinie unterteilt sein.
2. Ihr benötigt ein Kärtchen, auf dem links „Start" steht, und eins, auf dem rechts „Ziel" steht.
3. Auf das Startkärtchen zeichnet ihr den Umriss von einem Land, notiert die Hauptstadt, zeichnet die Flagge oder eine Sehenswürdigkeit.

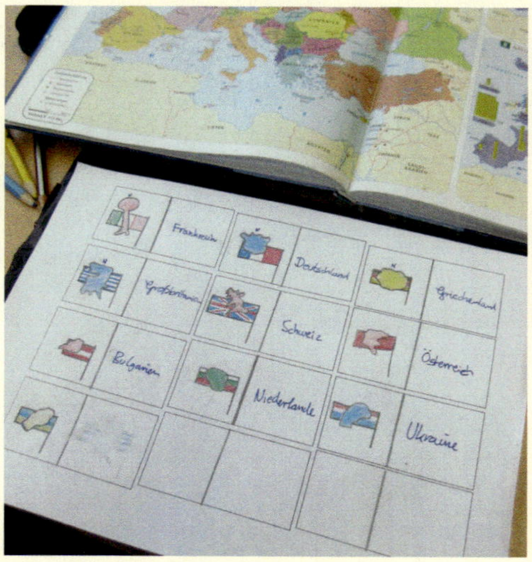

M3 Domino-Kärtchen

4. Auf das nächste Kärtchen zeichnet ihr das entsprechende Gegenstück.
5. Geht für alle weiteren Kärtchen genauso vor.

N

CY

EST

HR

RO

RSM

NL

PL

LT

B

FL

MNE

M

SK

LV

TR

RUS

F

BG

BY

CH

H

FIN

Europa – ein reich gegliederter Kontinent

M 1 Panoramabild von Europa

Die Großlandschaften in Europa

Wenn ihr das Panoramabild von Europa betrachtet, dann bemerkt ihr, dass der Kontinent eine sehr abwechslungsreiche Form hat. Besonders auffällig sind die zahlreichen Inseln und Halbinseln.

Die Oberflächenformen Deutschlands hast du auf den Seiten 182–185 bereits kennen gelernt. Diese Oberflächenformen setzen sich in Europa über die Grenzen von Deutschland fort:
Von der französischen Atlantikküste bis nach Russland erstreckt sich das mittel- und osteuropäische Tiefland. Es wird im Norden von den Britischen Inseln und Skandinavien begrenzt. Im Süden wird es von einer Mittelgebirgszone eingerahmt. Weiter südlich folgt die Zone mit den Pyrenäen, den Alpen und den Karpaten. Das Gebiet um das Mittelmeer stellt eine weitere europäische Großlandschaft dar (S. 190, M 3 und S. 195, M 1).

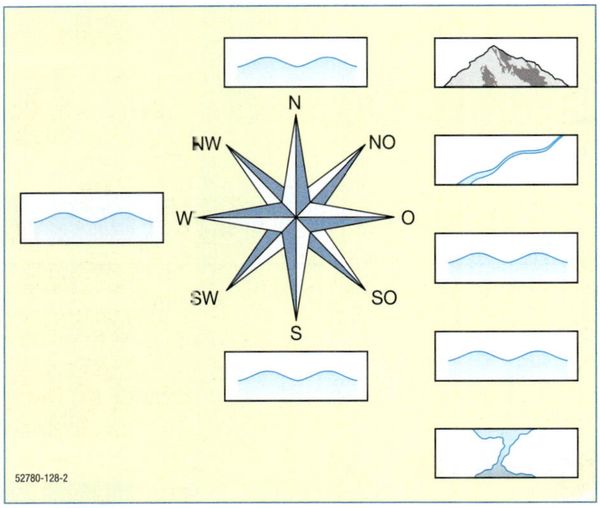

M 2 Die Grenzen Europas

Die Grenzen Europas

Europa wird von drei Meeren eingegrenzt: vom Atlantischen Ozean, vom Europäischen Nordmeer und vom Mittelmeer. Als Grenze im Osten gilt folgende gedachte Linie: *Uralgebirge – Uralfluss – Kaspisches Meer – Schwarzes Meer – Bosporus.*

AUFGABEN

1 *Notiere Länder, Gebirge und Inseln, die du auf M1 erkennen kannst. Erstelle eine Tabelle.*

2 *Nenne die europäischen Großlandschaften.*

3 *Übernimm die Abbildung M 2 in dein Heft und trage die natürlichen Grenzen Europas ein.*

4* *Suche Meeresteile des Mittelmeers (z.B. Adria) und bestimme ihre Lage.*

M3 Lernkarte: Europa und seine natürlichen Grenzen

AUFGABEN

1 *Ermittle mithilfe der Maßstabsleiste (> S. 56) die Nord-Süd- und die Ost-West-Ausdehnung Europas.*

2 *Benenne die markierten Inseln (grüne Nummern) und Halbinseln (gelbe Nummern).*

3 *Erkläre mithilfe einer Staatenkarte, warum der Bosporus eine besondere Meerenge ist.*

M4 Am Bosporus

M1

M2 Der Frankfurter Flughafen

M3 Abflugtafel

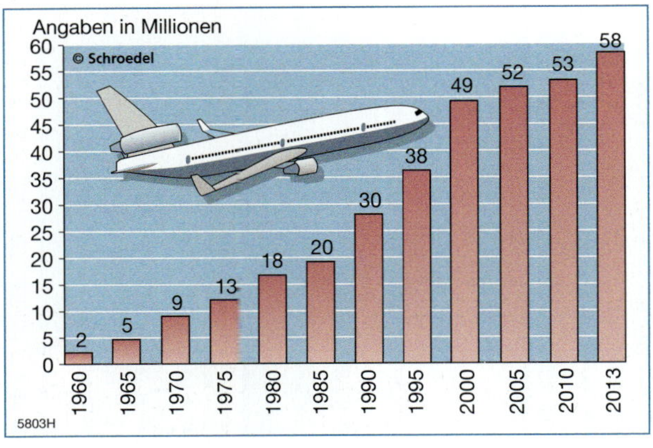

M4 Entwicklung der Fluggastzahlen in Frankfurt

Der Frankfurter Flughafen – Tor zur Welt

Der Frankfurter Flughafen ist ein Flughafen der Superlative. Seine Fläche beträgt 19 Quadratkilometer, das sind etwa 3800 Fußballfelder. Fast 60 Millionen Fluggäste wurden hier 2013 registriert, das sind an manchen Tagen nahezu 200 000 Passagiere. Mit diesem Passagieraufkommen ist Frankfurt der drittgrößte Flughafen in Europa und der achtgrößte Flughafen weltweit.

Für einen reibungslosen Ablauf arbeiten 68 000 Menschen am und für den Flughafen. Die Mitarbeiter sorgen auch dafür, dass die 38 Millionen Gepäckstücke beim Ein- oder Umsteigen ins richtige Flugzeug gelangen oder nach der Landung schnell wieder bei ihren Besitzern sind.

Eine bedeutende Rolle spielt der Frankfurter Flughafen auch beim Transport von Luftfracht. Hier nimmt er ebenfalls eine Spitzenstellung in Europa ein.

Über 150 Fluggesellschaften aus aller Welt benutzen die drei 4000 Meter langen Start- und Landebahnen. Alle 45 Sekunden hebt eine Maschine ab oder kommt eine Maschine an.

Da der Frankfurter Flughafen ausgelastet ist, aber die Fluggastzahlen stetig steigen, soll er in den kommenden Jahren weiter ausgebaut werden. Gegen diesen geplanten Ausbau protestieren viele Bewohner in den Gemeinden rund um den Flughafen, die schon jetzt unter Lärm und schädlichen Abgasen leiden.

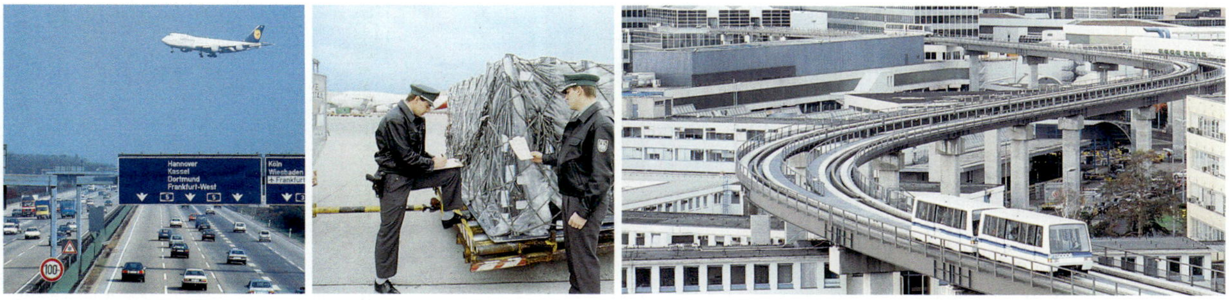

M5–7 Am Frankfurter Flughafen

Menschen aus ganz Deutschland und aus den angrenzenden Nachbarländern nutzen den Frankfurter Flughafen. Deswegen besitzt der Flughafen auch einen eigenen ICE-Bahnhof, einen S-Bahn-Anschluss sowie eine eigene Autobahnzufahrt. Die Möglichkeit, den Flughafen mit verschiedenen Verkehrsmitteln erreichen zu können, stellt einen großen Vorteil des Frankfurter Flughafens dar.

Hinzu kommt, dass Frankfurt eine zentrale Lage innerhalb Deutschlands hat. Am Verkehrsknotenpunkt Frankfurt treffen Autobahnen aus allen Himmelsrichtungen sowie zahlreiche Eisenbahnlinien aufeinander. Auch der Frankfurter Flughafen selbst stellt einen Verkehrsknotenpunkt dar. Menschen aus aller Welt steigen hier nicht nur ein und aus, sondern steigen auch in andere Maschinen um.

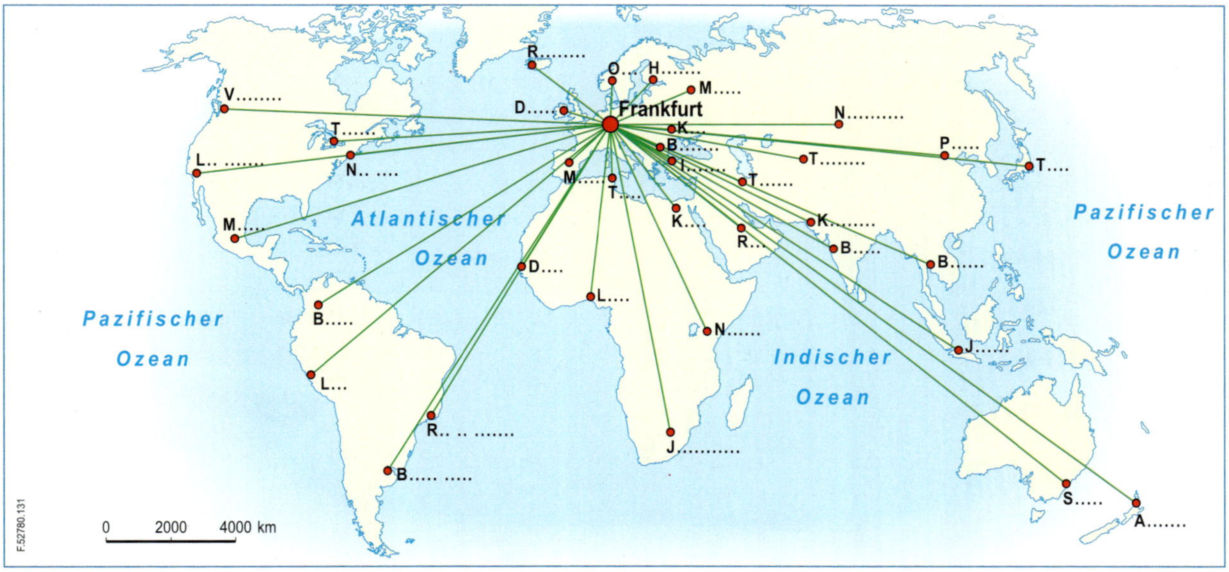

M8 Direktflüge ab Frankfurt (Auswahl)

AUFGABEN

1. *Beschreibe die Entwicklung der Fluggastzahlen des Flughafens (M 4).*
2. *Im Text findest du zahlreiche Fakten zum Flughafen. Erstelle einen Steckbrief.*
3. *Erkläre, warum der Flughafen über eine sehr gute Verkehrslage verfügt.*
4. *Beschreibe die Bedeutung des Frankfurter Flughafens für Deutschland und die Welt.*
5. *Warum stellt auch der Flughafen selbst einen Verkehrsknotenpunkt dar?*
6. *Benenne die Städte in der Karte M 8. In welchen Ländern liegen sie?*
7. *Erkläre die Überschrift: „Der Frankfurter Flughafen – Tor zur Welt“.*
8. *Welche Vor- und Nachteile hat der Flughafen für die Menschen, die in seiner Nähe wohnen?*

Urlaubsziele am Mittelmeer

Zeichenerklärung

Orte (Einwohner)
- über 5 000 000 E.
- 1 000 000 - 5 000 000 E.
- 500 000 - 1 000 000 E.
- 100 000 - 500 000 E.
- unter 100 000 E.

Staatsgrenze
MADRID Hauptstadt
Fluss, Kanal
• 4807 Höhe in Meter

0 250 500 km
Maßstab 1 : 17,5 Mio.

M1 Physische Karte des Mittelmeerraums

AUFGABEN

1 *Ordne die Bilder A – F den entsprechenden Zahlen 1 – 6 in der Karte M 1 zu.*

2 *Zu welchen Ländern gehören die Bilder? Nenne die jeweilige Hauptstadt des Landes.*

3 *Erstelle einen Steckbrief zum Ölbaum.*

4 *Nenne mithilfe eines Lexikons oder des Internets weitere Pflanzen, die typisch für den Mittelmeerraum sind.*

Z

M2 Der Ölbaum – Wahrzeichen des Mittelmeerraums

Der Ölbaum ist ein typischer Baum des Mittelmeerraums. Dort haben sich die Pflanzen den hohen Temperaturen und der Trockenheit angepasst. So haben viele Pflanzen dicke und harte Blätter, die mit einer Wachsschicht überzogen sind. Das schützt sie vor Austrocknung.

Besonders gut ist diese Anpassung beim Ölbaum zu erkennen. Er wurde bereits im Altertum von den Menschen so sehr verehrt, dass man den Siegern bei den Olympischen Spielen in Griechenland einen Kranz aus Ölbaumzweigen überreichte.

Heute werden die Früchte des Ölbaums, die Oliven, zum größten Teil zu Speiseöl verarbeitet. Weltweit kommen mehr als 95 Prozent der Oliven aus den Mittelmeerländern.

Der Ölbaum wächst nur langsam und kann über 1000 Jahre alt werden. Er ist zäh und anspruchslos. Hohe Temperaturen machen ihm nichts aus und er geht sehr genügsam mit Wasser um. Nur Frost verträgt er nicht. Aufgrund dieser Merkmale sieht man seine Anbaugrenze oft auch als Grenze des Mittelmeerraums an.

M

Urlaubsplanung im Internet

M1 Die Jugendherberge auf Sylt

Möchtet ihr etwas über ein Thema erfahren, gibt es verschiedene Möglichkeiten, sich zu informieren. Vielleicht findet ihr etwas in eurem Schulbuch, einem Lexikon oder auch im Internet.

Vor allem bei der Urlaubsplanung oder der Vorbereitung einer Klassenfahrt bietet es sich an, mehr über einen Ort mithilfe des Internets herauszufinden.

In List auf der Nordseeinsel Sylt liegt die nördlichste Jugendherberge Deutschlands. Was ihr über sie im Internet erfahren könnt und wie ihr dabei vorgeht, lernt ihr auf diesen beiden Seiten.

Die einfachste Art, sich im Internet zu informieren, ist es, den Begriff direkt bei der Suchmaschine (z.B. Google) einzugeben. Dazu müsst ihr allerdings die entsprechende Internetadresse kennen.

M2 Startbildschirm der Internetseite: www.jugendherberge.de/jh/list

Steckbrief Jugendherberge
List-Mövenberg

- Entfernung zum Strand: ______
- Anzahl der Häuser: __________
- Anzahl der Betten: __________
-

Aktivitäten
- ...
- ...

- Verpflegung: ______________

M4 Steckbrief

M3 Nils und Karo bei der Recherche

Eine weitere Möglichkeit, das Internet sinnvoll zu nutzen, stellt die Arbeit mit dieser Internetseite dar: www.googlemaps.com

Auf dieser Internetseite könnt ihr euch Fahrtrouten mit Entfernungen berechnen lassen oder euch auf einem Satellitenbild über Sehenswürdigkeiten in einer Region informieren.

Vor einer Klassenfahrt könnt ihr so zum Beispiel herausfinden, wie weit es von der Jugendherberge zum Strand ist. Auch Informationen aus einem Reiseprospekt lassen sich so gut überprüfen.

Arbeiten mit „Google maps“

1. Nach einem Ort suchen

Gib auf der Seite www.googlemaps.com den Namen des Ortes ein, nach dem du suchst. Gibst du zusätzlich noch eine Straße an, dann wird das Ergebnis noch genauer.

2. Darstellung auswählen

Um eine übersichtliche Darstellung mit Straßennamen zu erhalten, wählst du „Karte“. Die Kartenart „Satellit“ zeigt dir ein Satellitenbild, auf dem du mehr Details erkennen kannst.

3. Zoomfunktion nutzen

Um näher an das Ziel heranzuzoomen oder um den Kartenmaßstab zu verkleinern, kannst du die Einstellung mit „+“ und „–“ verändern.

4. Bilder einblenden

Unter dem Menüpunkt „Mehr“ lassen sich weitere Informationen einblenden. Vor allem die zahlreichen Fotos, die meistens angeboten werden, geben einen guten Einblick, wie es auf dem gewählten Kartenausschnitt aussieht und was es dort zu sehen gibt.

5. Entfernungen berechnen

Wähle den Unterpunkt „Route berechnen“ an. Hier findest du die Entfernungen zwischen zwei Orten heraus. Als Erstes musst du eingeben, von wo aus die Reise startet (A). Als Nächstes gibst du dein Ziel ein (B). Das Programm zeigt auf der Karte nun die Route, die Entfernung und die ungefähre Fahrzeit an. Bei kurzen Entfernungen kannst du auch die Zeit per Bus oder Fahrrad angeben.

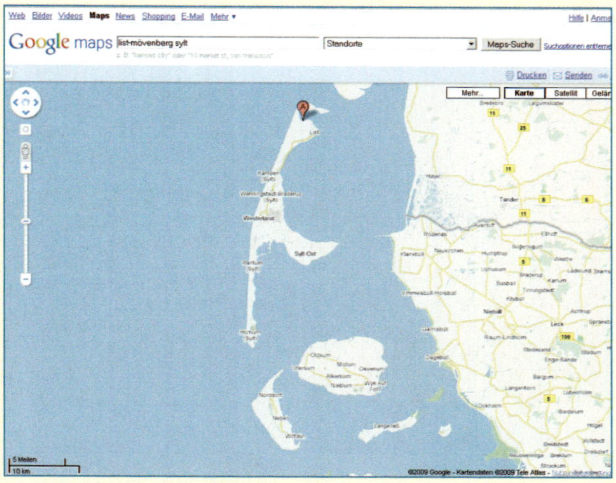

M5 Darstellungsart Karte

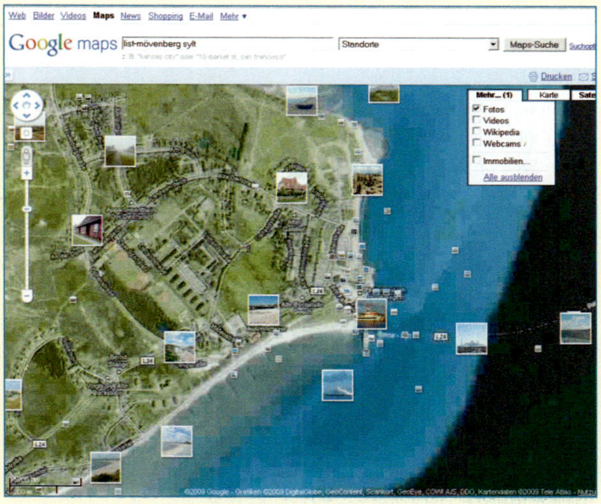

M6 Einblenden von Bildern

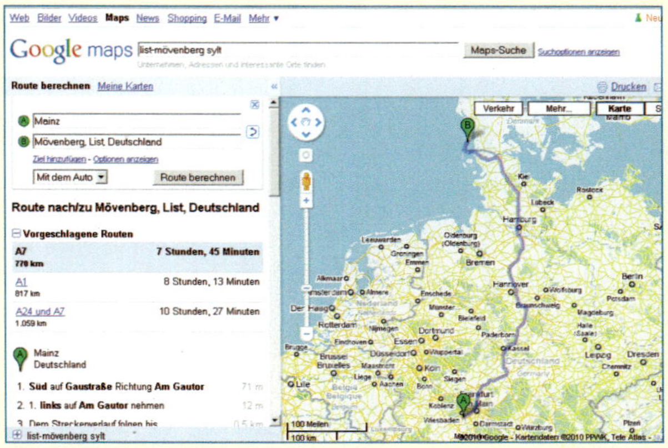

M7 Berechnen von Entfernungen

AUFGABEN

1 *Vervollständigt mithilfe des Internets den Steckbrief (S. 196, M 4) zur Jugendherberge List-Mövenberg.*

2 *Plant nun mithilfe der Seite der Jugendherberge ein Programm für eine Klassenfahrt.*

3 *Was gibt es auf Sylt alles zu sehen? Informiert euch mithilfe von Google maps.*

4 *Berechnet mithilfe von Google maps die Entfernung von List nach Westerland, der größten Stadt Sylts.*

5 *Berechnet außerdem die Entfernung von eurem Schulort nach Westerland. Beschreibt nun mithilfe des Atlas die Route dorthin.*

Mallorca – ein beliebtes Urlaubsziel der Deutschen

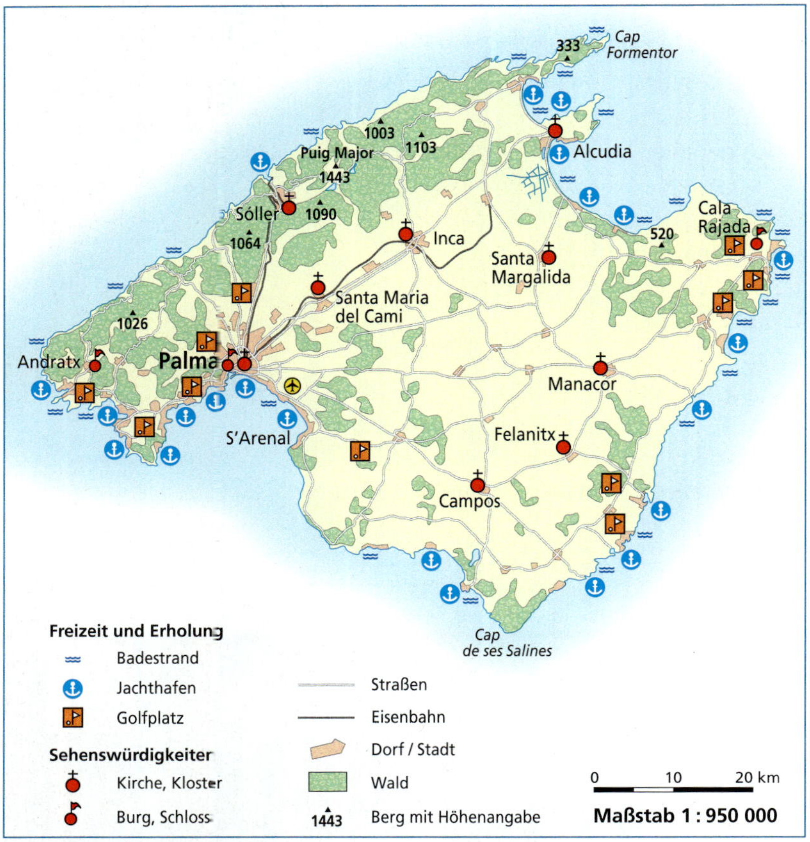

M 1 Freizeitmöglichkeiten und Sehenswürdigkeiten in Mallorca

Klimadaten Palma	J	F	M	A	M	J	J	A	S	O	N	D
Temperatur (in °C)	10	11	12	15	17	21	24	25	23	18	14	12
Niederschlag (in mm)	39	34	36	28	27	20	4	23	56	77	56	51
Wassertemperatur (in °C)	14	14	14	15	17	21	24	25	24	21	17	15
Sonnenstunden pro Tag	5	6	7	7	10	10	11	11	8	6	5	4

Klimadaten Sylt	J	F	M	A	M	J	J	A	S	O	N	D
Temperatur (in °C)	1	0	2	6	11	14	16	17	14	10	6	3
Niederschlag (in mm)	48	35	31	34	40	42	65	88	79	76	60	53
Wassertemperatur (in °C)	7	6	6	7	9	12	14	15	13	12	10	8
Sonnenstunden pro Tag	2	3	4	6	8	8	8	8	5	3	2	1

M 2 Klimadaten von Palma und Sylt im Vergleich

M 3 Mallorca: Entwicklung der Einwohner- und Touristenzahlen sowie Herkunft der Touristen

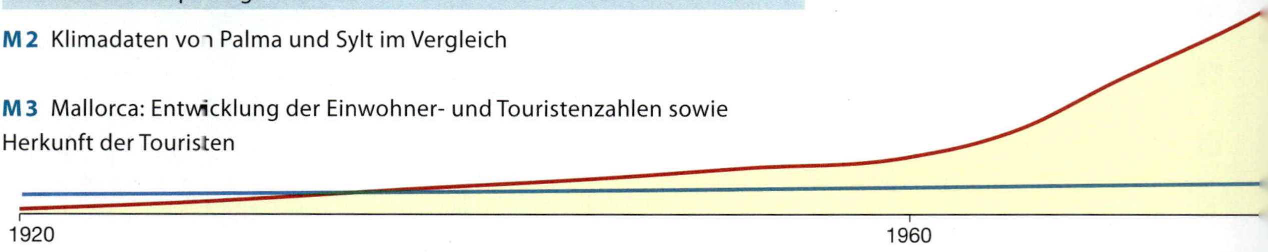

Im Jahr 1903 wurde das erste Hotel auf Mallorca eröffnet. In dieser Zeit kamen hauptsächlich Urlauber vom spanischen Festland auf die Insel. Der Transport mit dem Schiff dauerte damals noch viel länger als heute und war äußerst mühselig.
In den folgenden Jahren besuchten immer mehr Touristen Mallorca. Seit der Eröffnung des Flughafens in der Nähe von Palma, der größten Stadt Mallorcas, strömen immer mehr Menschen auf die Baleareninsel. Schon in den 1960er-Jahren waren es mehr als eine Million.
Seit Ende der 1990er-Jahre ist Mallorca das Touristenziel Nummer eins in Europa. 2012 besuchten mehr als 10 Millionen Touristen die Insel, etwa 4 Millionen davon aus Deutschland.

Gründe für die große Attraktivität der Baleareninsel gibt es viele. So benötigt man mit dem Flugzeug von Deutschland nur zweieinhalb Flugstunden in die Sonne Mallorcas. Zudem ist vor allem in Palma immer etwas los. Entlang der Küstenstrecke bei Palma finden die Touristen auf nur sechs Kilometern Strandlänge 250 Hotels.
Mallorca hat jedoch nicht nur Partytouristen etwas zu bieten. So gibt es in Palma und den anderen Städten der Insel zahlreiche Museen und Sehenswürdigkeiten wie die Kathedrale La Seu.

M 4 Strand bei Palma

M 5 Strand bei Cap Formentor

Viele Menschen kommen auch, um die „Insel der Stille" bei einer Wanderung in einem der Landschaftsschutzgebiete von ihrer anderen Seite kennen zu lernen. Sie achten auf die Natur, benutzen ausgewiesene Wanderwege und vermeiden Müll. Diese Form des Tourismus heißt **sanfter Tourismus** (> S. 201).
Von den über 550 Kilometern Küste von Mallorca sind rund 50 Kilometer davon Strände. Insgesamt gibt es hier 180 Strände. Jedoch nutzt der schönste Platz zum Baden nichts, wenn das Wetter nicht stimmt. Vergleicht man die Klimadaten Mallorcas mit denen von Sylt (M 2), wird deutlich, welche Vorteile die Insel sonnenhungrigen Urlaubern zu bieten hat.

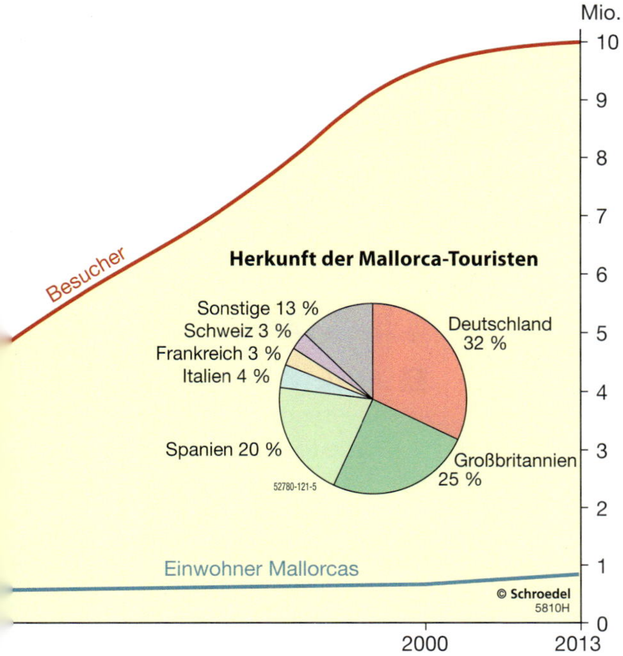

M 6 Berglandschaft auf Mallorca

AUFGABEN

1 *Beschreibe die Lage Mallorcas. Nenne weitere Inseln der Balearen.*

2 * *Vergleiche die Entwicklung der Touristenzahlen und die der Einwohnerzahlen Mallorcas (M 3).*

3 *Erkläre, warum Mallorca ein so beliebtes Urlaubsziel ist. Arbeite mit den Materialien auf Seite 198/199.*

4 *Aus welchen Ländern kommen die meisten Besucher Mallorcas (M 3)? Welche Touristen haben von ihrer Hauptstadt aus die längste Anreise (Atlas)?*

5 *Vergleiche die Klimadaten von Palma und von Sylt (M 3) und begründe, wo du lieber Urlaub machen möchtest.*

6 *Informiere dich über weitere Ziele des Massentourismus im Mittelmeerraum.*

Folgen des Massentourismus

Nicht nur auf Mallorca, sondern auch in vielen anderen Gebieten am Mittelmeer sah das Leben der Menschen vor 50 Jahren noch völlig anders aus. Sie lebten vom Fischfang oder von der Landwirtschaft und wohnten in kleinen Dörfern. Heute findet man dort viele Ferienorte mit großen Hotelanlagen.

Die Fischer und Landarbeiter haben seitdem als Bauarbeiter und Hotelbedienstete bessere Verdienstmöglichkeiten. Die Bauern aus den Dörfern können nun ihre Produkte an die Touristen verkaufen. Daneben hat vor allem der **Massentourismus** auch negative Folgen für die Natur und die Menschen.

Massentourismus ist eine Form des organisierten Reisens, die es vielen Menschen ermöglicht, Urlaub zu machen. Merkmale sind:

- preisgünstige Pauschalreisen, das heißt die Kosten für Anreise, Unterkunft und Verpflegung werden durch einen Reiseveranstalter zu einem Preis zusammengefasst,
- die Reiseziele sind auf wenige Orte beschränkt, in denen die Touristen „in Massen" auftreten,
- das touristische Angebot wird an die Ess- und Lebensgewohnheiten der Gäste angepasst.

M 1 Was ist Massentourismus?

AUFGABEN

1 *Nenne Vor- und Nachteile, die der Tourismus den Bewohnern Mallorcas und den Urlaubern bietet.*

2 *Diskutiert Vor- und Nachteile des Massentourismus.*

3 *Nenne Voraussetzungen, die gegeben sein müssen, damit es zum Massentourismus kommen kann.*

M2 Das Dorf Finestrat bei Benidorm hat seine Ursprünglichkeit bewahrt.

Die Idee des „sanften Tourismus"

Man mag es kaum glauben, aber das oben abgebildete Dorf liegt ebenfalls an der spanischen Mittelmeerküste. Und doch sieht es so anders aus. Denn dieses kleine Dorf namens Finestrat hat sich seine Ursprünglichkeit bewahrt – obwohl auch hier alljährlich viele Touristen ihren Urlaub verbringen. Die alten Häuser mussten aber keinen großen Hotels weichen, sodass sich der Ort bis heute sein typisches Aussehen erhalten hat.
Doch das für Urlaubsgegenden wie Mallorca charakteristische touristische Angebot mit seinen Vergnügungsmöglichkeiten, Restaurants und Einkaufsgelegenheiten findet man in Finestrat nicht.
Dagegen stehen Ruhe und Erholung im Vordergrund. Den Urlaubern soll die Möglichkeit gegeben werden, Land und Leute wirklich kennen zu lernen. Geschichtlich Interessierten werden archäologische Führungen zu Ausgrabungsstätten angeboten, sportliche Menschen können Bergwandern, Schwimmen oder sich im Paragliding versuchen. Auch traditionelles Handwerk wird den Gästen näher gebracht. Fernab von der Hektik des Massentourismus gewinnt der Urlauber so einen Einblick in die spanische Kultur und Lebensweise.

Merkmale des sanften Tourismus

umweltverträglich:
- Erhalt der naturnahen Landschaft, Schutz von Pflanzen und Tieren
- Vermeidung von Umweltverschmutzung
- Vermeidung langer Transportwege (z. B. Nutzung heimischer Produkte)
- Nutzung umweltverträglicher Verkehrsmittel

sozialverträglich:
- Kultur und Lebensweise der Einheimischen werden nicht beeinträchtigt
- gegenseitiges Verständnis zwischen Einwohnern und Gästen
- Verdienstmöglichkeiten für die Einwohner (z. B. Zusammenarbeit von Unternehmen vor Ort)

Trotz alledem: Der sanfte Tourismus ist für die Urlauber meistens teurer!

M2

AUFGABEN

1 *Stelle das touristische Angebot von Mallorca (> S. 198/199) dem von Finestrat gegenüber. Welche Unterschiede erkennst du?*

2 *Vergleiche die Merkmale des „sanften Tourismus" mit den Kennzeichen des Massentourismus (> S. 200). Worauf wird beim „sanften Tourismus" besonders geachtet?*

3 *Überlege, wie jeder einzelne Urlauber durch sein Verhalten dazu beitragen kann, dass die Ursprünglichkeit eines Ferienortes erhalten bleibt.*

Wir erstellen eine Collage und eine Länderbox

Im Gesellschaftslehre-Unterricht arbeitest du immer wieder mit Bildern. Neben dem Beschreiben und Auswerten von Bildern gibt es noch weitere Möglichkeiten, mit Bildern zu arbeiten.
Eine davon ist das Erstellen einer Collage (M 1). Hier entsteht aus vielen Einzelbildern ein eigenes und ganz neues Bild. Eine zweite ist die Länderbox. Auch hier arbeitest du mit Bildern. Zusätzlich zeichnest du aber eine Skizze und kannst außerdem verschiedene Gegenstände verwenden.

M 1 Beispiel für eine Collage (Großbritannien)

So erstellst du eine Collage

1. Entscheide dich zunächst für ein Thema. Dies kann z.B. das Thema Massentourismus, Mittelmeerraum oder Großbritannien sein.
2. Sammle möglichst viele Bilder aus Reisekatalogen und Prospekten oder von eigenen Urlaubsreisen. Du kannst auch selbst Bilder zeichnen.
3. Kombiniere die einzelnen Bilder oder Teile davon nun zu einem neuen Bild. Oft bietet es sich an, Gegensätze herauszustellen oder Bilder miteinander zu verbinden, die eigentlich gar nicht zusammenpassen.

M 2 Beispiel für eine Länderbox (Italien)

Viele Informationen: die Länderbox

1. Besorge dir eine Box aus Karton, z.B. einen Schuhkarton. Die Box sollte nicht allzu groß sein.
2. Zeichne eine Skizze des Landes. Sie kommt in die Innenseite des Deckels.
3. Gestalte den Deckel und den Rest der Box mit Farben. Hier bieten sich die Farben an, die auch in der Flagge des Landes vorkommen.
4. Eine Landesflagge von dem ausgewählten Staat sieht auf dem Deckel gut aus.
5. Um deine Länderbox zu füllen, wählst du vor allem solche Dinge aus, die typisch für das Land sind.
6. Stelle schließlich deine Box der Klasse vor. Erkläre, was die Gegenstände mit dem ausgewählten Land zu tun haben.

AUFGABEN

1 *Wählt ein Thema aus dem Buch aus (z.B. Müll, Kinder der Welt) und erstellt dazu eine eigene Collage.*

2 *Für welches europäische Land interessiert ihr euch? Erstellt eine eigene Länderbox und präsentiert sie in eurer Klasse.*

W

Wiederholen und Üben

Zahlenrätsel zur Orientierung in Europa

Löse das Europa-Rätsel. Die richtigen Antworten wurden durch einen Geheimcode verschlüsselt. Übernimm die Lösungen in dein Heft.

1	22	12	9	13	18					
2	19	16	13	26	9	18	6	5	25	17
3	23	20	22	9	9					
4	13	22	16	5	18	8				
5	18	9	25	18						
6	6	19	23	20	19	22	25	23		
7	7	9	16	10						
8	22	25	23	23	16	5	18	8		
9	25	22	5	16						
10	6	16	5	25						

1 Fluss, der Deutschland und Frankreich abgrenzt
2 anderer Name für den Ölbaum
3 Fluss, der durch Berlin fließt
4 gehört zu den Britischen Inseln, nicht aber zum Vereinigten Königreich
5 Anzahl der Nachbarstaaten Deutschlands (als Wort)
6 Meerenge, die Europa von Asien abgrenzt
7 der Frankfurter Flughafen – Tor zur ….
8 größtes Land der Erde, liegt auf zwei Kontinenten
9 Gebirge, das Europa von Asien trennt
10 Farbe der Flagge der EU

Europäische Umrisse

Mit etwas Fantasie kannst du auf der Europakarte Figuren entdecken. Was ist auf den Zeichnungen A – C dargestellt? Finde eigene Figuren und zeichne sie.

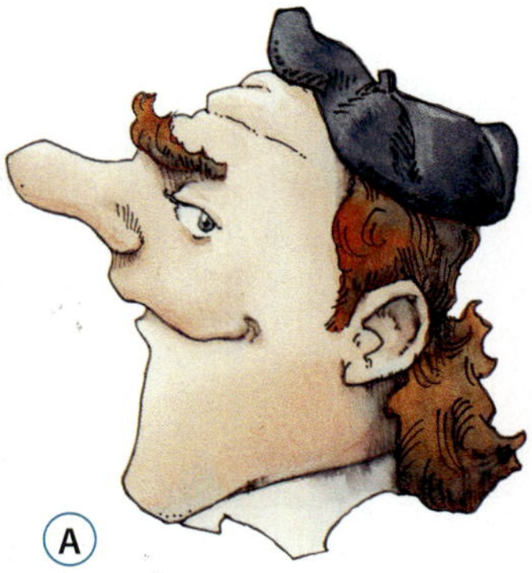
A

B

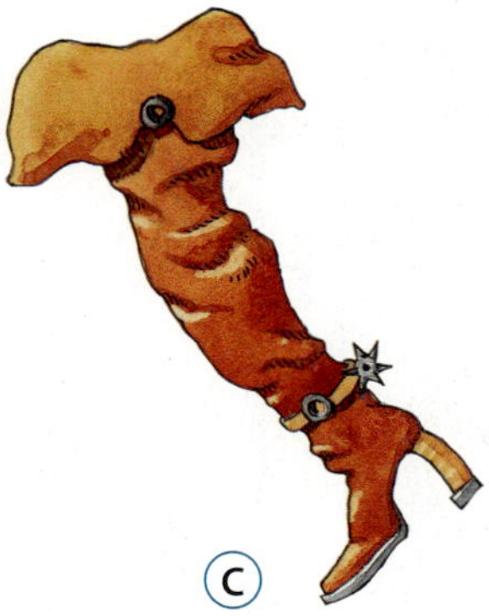
C

Prüfe dich nun selbst! Du kannst …

- ✓ … ausgewählte Staaten und Landeshauptstädte Europas nennen und lokalisieren (> S. 188);
- ✓ … die Großlandschaften Europas benennen (> S. 188);
- ✓ … die natürlichen Grenzen Europas benennen (> S. 190);
- ✓ … die Bedeutung des Frankfurter Flughafens als Verkehrsknotenpunkt beschreiben (> S. 192/193);
- ✓ … eine Reise mithilfe des Internets planen (> S. 196/197);
- ✓ … am Beispiel von Mallorca den Mittelmeerraum als touristisches Ziel beschreiben (> S. 198/199);
- ✓ … den Massentourismus und sanften Tourismus beschreiben (Gründe, Folgen) (> S. 200/201);
- ✓ … ein Reiseziel anhand einer Collage darstellen (> S. 202).

8 Nachhaltig leben

M 1 Ein Indonesier sammelt Plastik aus einem mit Müll bedeckten Fluss in Jakarta.

M2 An einem Trinkwasserbrunnen in Afrika

- Zum Wegwerfen viel zu schade: Warum kann Müll sehr wertvoll sein?
- Wasser – beliebig vorhanden oder ein bedrohter Rohstoff?

Unser Abfallberg

M 1 Überquellender Müllcontainer – alles Müll?

AUFGABE

Teste dein Vorwissen. Übertrage die Tabelle M 2 in dein Heft. Schreibe in die linke Spalte zehn Produkte, die später in den Müll wandern. Überlege, wie dieser Müll eingeordnet werden kann. Kreuze dazu die jeweiligen Felder in der Tabelle an.

Produkt, das in den Müll wandert	nützlich, wiederverwertbar	hochgiftig, gefährlich	weiß ich nicht
Pappe, Papier			
Essensreste, Kaffeefilter u. Ä.			
...			

M 2

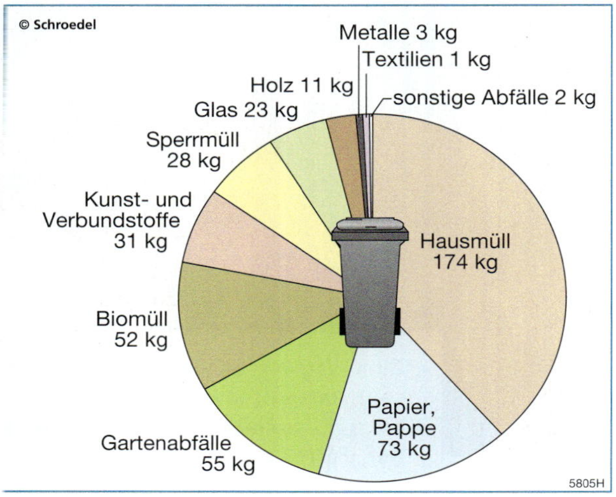

M 3 Jedes Jahr verursacht ein Deutscher rund 450 kg Müll, das sind 8,5 kg pro Woche.

Wie viel Müll produzieren wir?

Im Jahr 2011 produzierte jeder hessische Einwohner im Durchschnitt 476 Kilogramm Abfall – wie das Statistische Landesamt in Wiesbaden mitteilte.

Die Einwohner des Kreises Hersfeld-Rotenburg warfen mit durchschnittlich 357 Kilogramm pro Person am wenigsten weg, die Menschen im Schwalm-Eder-Kreis mit 593 Kilogramm hingegen am meisten.

„Felix, bringst du bitte den Müll runter?" Felix meckert zwar leise, aber schließlich hat er sich mit seinen Eltern darauf geeinigt, dass er den Job Müll-Entsorger in der Familie übernimmt. Er packt zuerst den dicken Zeitungsstapel, denn er weiß, der kommt in den Papiercontainer. Als Nächstes holt er den Müllbeutel aus der Küche. Doch außerdem steht da noch ein muffelig riechender Beutel mit Essensresten.
„Wo soll der denn rein?", fragt er seinen Vater. „Ach, wirf den doch einfach in den Müll!" Aber Felix erinnert sich, dass sie in der Schule über das Thema Kompost gesprochen haben. Dieser Müll sei keineswegs wertlos, hat er gelernt, denn aus ihm lässt sich wertvolle Gartenerde herstellen. „Essensreste gehören in die Biotonne", ist sich Felix sicher. „Aber in der Zeitung stand", widerspricht ihm sein Vater, „dass Fleisch nicht in die Biotonne gehört, weil sonst Fliegen ihre Eier dort ablegen." Es ist also gar nicht immer so einfach, richtig zu entsorgen.

Felix hat auch mitbekommen, dass manchmal Jugendgruppen alte Zeitungen sammeln, die sie dann zu Geld machen. Manchmal streiten sich sogar verschiedene Firmen darüber, welche den Papiermüll einsammeln darf. Denn das ist ein lohnendes Geschäft.

Außerdem war Felix schon einmal mit seinem Vater auf dem städtischen Wertstoffhof, wo sie den alten Fernseher und anderen Kram hingebracht haben. Sein Vater erklärte ihm, dass dort der Müll weitertransportiert und dann „recycelt", also neu verwertet wird. Müll sei manchmal gefährlich und hochgiftig, oft aber auch ein wertvoller **Rohstoff**. Nicht immer ist also der Müll einfach nur „Müll".

Früher wurden Haushaltsabfälle meistens wiederverwertet, Essensreste wanderten in den Stall oder auf den Misthaufen. Mit Mist wurden die Felder gedüngt. Kaputte Kleidung und Schuhe wurden geflickt und repariert, auch Möbel und Haushaltsgegenstände. Kaum etwas landete auf dem „Müll". Das Wort – und damit der Gegenstand – „Mülleimer" entstand erst im 19. Jahrhundert.
Müll kommt von „mul" oder „mül", was Staub oder lockere Erde meint. Die Silbe ist noch im „Torfmull" enthalten. Dieser entspricht in etwa unserer feinen, fruchtbaren Erde, dem Humus. Müll bedeutete früher etwas, das durch Zermahlen oder Zerkleinern entstanden war. In der Bezeichnung „Müller", der Getreide mahlt, ist diese Bedeutung noch enthalten.

M4 Woher stammt eigentlich das Wörtchen „Müll"?

M5 Unser Müllberg – höher als das Matterhorn (4478 m hoch): Würde man den gesamten häuslichen Abfall eines Jahres in Deutschland auf einem Fußballfeld von 105 mal 68 Metern aufstapeln, wäre der Stapel fast 6000 Meter hoch – 1500 Meter höher als das berühmte Matterhorn!

AUFGABEN

1 * *Entwickelt in eurer Klasse eine Mindmap (> S. 255), die zeigt, welche weiteren Probleme mit dem Müll zusammenhängen.*

2 *Untersucht den Inhalt des Mülleimers in eurer Klasse: Welche Abfallprodukte könnten wiederverwendet (= recycelt) werden. Begründet eure Antworten. Oder trennt ihr schon?*

3 *Überlegt gemeinsam, ob und warum eine Wiederverwertung des Mülls sinnvoll sein könnte.*

Was geschieht mit dem Müll?

M 1 und 2 Müllsortierung

Städtische Müllverwertung – eine Reportage

"Wenn der Hamburger Müll zu Alfred Eisenberg in den Bunker kommt, ist es zu spät für die Mülltrennung. Alles, was hier vor Eisenberg liegt, wird verbrannt. ...

5000 Tonnen Müll liegen im Bunker – von der Kanzel aus blickt Eisenberg auf einen riesigen Abfallhaufen. Er lässt seinen Greifer losfahren, steuert ihn mit einem Joystick. Fünf Tonnen sind jetzt im Greifer. Der Arm reicht bis zu einem Förderband, das den Restmüll ins Kesselhaus transportiert. Bei 800 Grad Celsius wird Hamburgs Restmüll verbrannt.

Doch das meiste, was hier in der Müllverbrennungsanlage ... ins Feuer kommt, müsste gar nicht brennen. Es könnte zu Kunststoff recycelt [aufbereitet] werden. Oder wieder zu Papier werden. Oder in Biogas oder Kompost verwandelt werden.

700 000 Tonnen Müll produzierten die Hamburger im vergangenen Jahr. Pro Kopf sind das rund 400 Kilo. Der größte Teil davon ist Restmüll – pro Kopf 265 Kilo. …

Die Entsorger können nicht verhindern, dass auch Dinge in ihren Laster plumpsen, die gar nicht hineingehören: Rotweinflaschen zum Beispiel. Häufig finden sie auch Eimer mit Farbe, Autoteile oder Restmüll. Fällt ihnen das vor dem Aufladen auf, lassen sie die Tonne stehen.

Rückwärts fahren die Müllaster auf eine Rampe, die Luke wird geöffnet – und der Müll fällt in eine riesige Halle. Es riecht süßlich hier, Mücken schwirren herum. ...

Ein Mitarbeiter schiebt den Müll mit seinem Frontlader auf ein Fließband, eine Zackenwalze reißt die gelben Säcke auf. Das Sortieren kann beginnen. Ein Magnet zieht Eisenmetalle ab – Dosen, Kronkorken, Marmeladenglasdeckel, Aluminium, Kupfer und Messing werden elektrisch aufgeladen und ebenfalls mit einem Magneten abgezogen. Sensoren entdecken Papier, Folien und Plastiktüten.

Die Anlage filtert die verschiedenen Kunststoffe heraus – Kunststoffe, aus denen Waschmittelverpackungen gemacht sind, oder Kunststoffe, die als Material für Joghurtbecher dienen. Kunststoffe, die nicht getrennt werden können, kommen als „Mischkunststoffe" aus der Anlage.

Ein Sechstel des Materials, das hier ankommt, kann nicht mehr recycelt werden. Es wird zerkleinert – und als Ersatzbrennstoff statt Kohle genutzt, z. B. in Zementfabriken. ...

Die Arbeiter leeren die grüne Tonne: Rasenschnitt, Blätter, Blumensträuße, Obstreste. Die Auflader finden jedoch auch häufig Gehwegplatten und Sand in den grünen Tonnen. Schon am Gewicht merken sie dann, dass etwas nicht stimmt – und lassen die Tonne stehen.

... Es klingt alles so wunderbar: Wertstoffe werden zu Putzeimern. Altpapier zu neuem Papier. Biomüll zu Energie und Kompost. Und Restmüll zu Strom und Schlacke."

(gekürzt und leicht verändert nach: Volker ter Haseborg http://www.abendblatt.de/ratgeber/article118433488/Wir-Wegwerfer-und-Muelltrennungs-Muffel.html)

M 3 und 4 In der Müllverbrennungsanlage: Ein Greifer belädt den Verbrennungsofen (links). Verbrennungskammer

AUFGABEN

1. *Fasse die wichtigsten Punkte der Reportage zusammen.*
2. *Erkläre, was an den einzelnen Stationen des Müllkreislaufs (M 5) geschieht.*
3. *Erläutere mit eigenen Worten den Begriff „Restmüll".*
4. *Nenne Gründe, warum der gesamte Müll nicht einfach auf eine riesige Müllhalde kommt.*

INFO

Verbraucher: Personen oder die Gesamtheit aller Menschen, die Waren kaufen oder Dienstleistungen gegen Bezahlung in Anspruch nehmen.

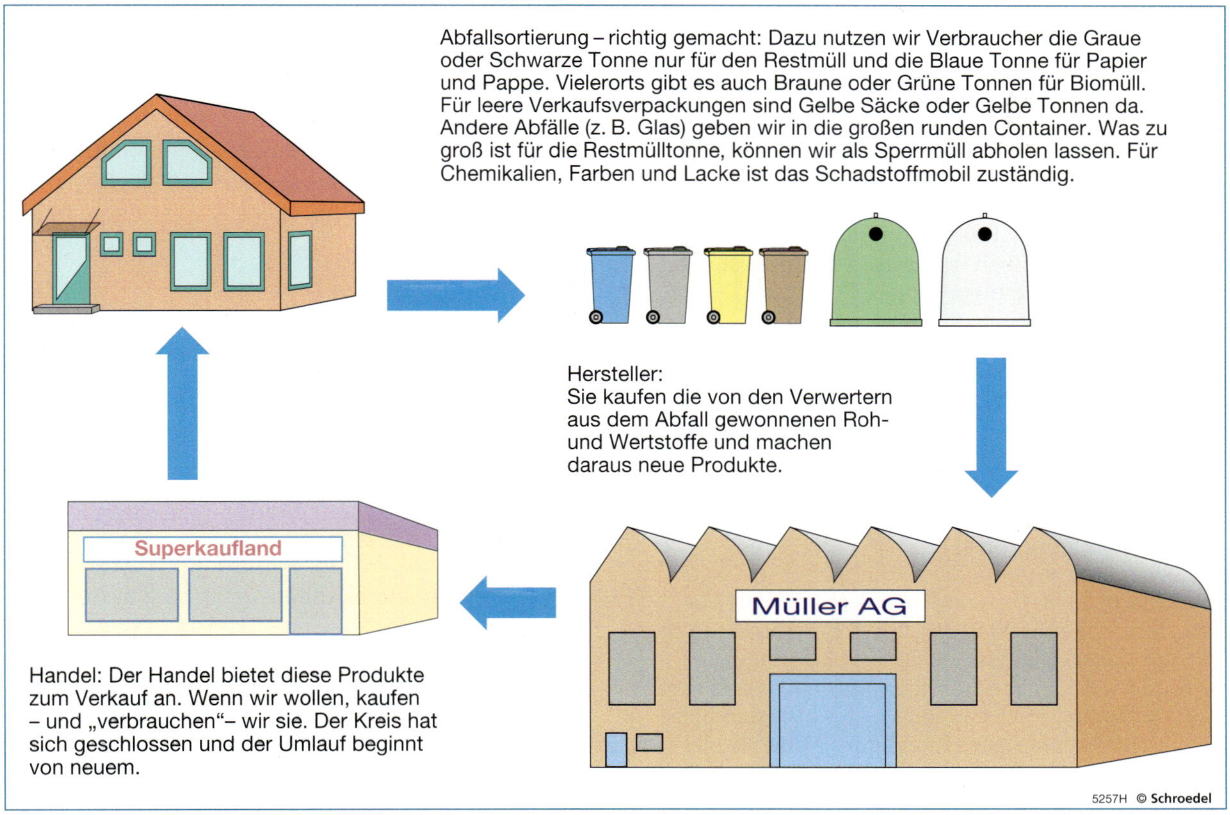

M 5 Der Müllkreislauf

M 1 Abfalltonnen vor der Haustür

M 2 Sammelcontainer im Ortsteil

Entsorgen will gelernt sein

In der Regel weiß Felix, welcher Müll in welche Tonne gehört. Doch manchmal ist er unsicher. „Warum kommt der Müll nicht einfach in ein riesiges Loch, das anschließend abgedeckt wird?", fragt er seinen Vater. „Dann könnten viele Giftstoffe ins Grundwasser gelangen. Und das wäre eine Katastrophe! Solche Mülldeponien gibt es bei uns kaum noch", erklärt ihm sein Vater.

Abfalltrennung – Was darf nicht in die Tonne?

Problemmüll: Schadstoffhaltige Abfälle müssen extra gesammelt werden Problemmüllsammelstellen oder Wertstoffhöfe nehmen begrenzte Mengen kostenfrei an. Zum Problemmüll gehören z. B.:

- Altöl
- Batterien, Akkus
- Chemikalien, Gift
- Elektrogeräte (z. B. Fernseher, Toaster, PC, Kaffeemaschine, Staubsauger, Kühlschrank, Waschmaschine, E-Herd)
- Energiesparlampen, Leuchtstoffröhren
- Lacke, lösemittelhaltige Farben
- Spraydosen mit Inhalt

Bauschutt: Auch Bauschutt wie Beton, Ziegel, Fliesen, Steine, Keramik, Erdaushub gehören nicht in die Tonne. Bauschutt muss fachgerecht in Containern entsorgt werden. Er wird zerkleinert und später z. B. im Straßenbau wiederverwertet. (Nicht in den Bauschutt gehören übrigens z. B. Rigips, Mineralwolle und asbesthaltige Stoffe!)

M 3 Was darf nicht in die Tonne?

„Mit der Müllentsorgung lässt sich aber auch Geld verdienen – oder Geld sparen, wenn die strengen Vorschriften nicht eingehalten werden", fährt der Vater fort. „Früher wurde sogar Problemmüll auf den Müllkippen entsorgt oder giftige Abwässer einfach in die Flüsse geleitet. Giftmüll wurde manchmal einfach nach Osteuropa transportiert – heute landet er bisweilen in Afrika (> S. 220). Das ist billiger, als das Zeug bei uns umweltgerecht zu entsorgen."

„Dann hat Müllentsorgung also etwas mit Politik zu tun?", unterbricht Felix. „Genau!", meint sein Vater. „Denn bei diesem Thema kommen unterschiedliche Interessen ins Spiel. Und darum ist die Politik gefragt." „Was meinst du damit?", will Felix wissen.

„Naja, da geht es beispielsweise darum, was in die Flüsse geleitet werden darf, welche Abfälle als Sondermüll verbrannt werden müssen, was in die Kläranlage gelangen darf und was nicht – oder welche Rohstoffe wir wieder aus dem Müll gewinnen können. Außerdem geht es bei der Mülltrennung nicht nur um die Aussonderung von Gift und um die Wiederverwertung von Rohstoffen, sondern auch um riesige Geldbeträge. Das wäre bestimmt ein spannendes Thema für euch in der Schule!"

Es gibt Stoffe oder Müllarten, soviel ist jetzt Felix klar, die in keiner Mülltonne etwas zu suchen haben, sondern giftig oder auf andere Weise gefährlich sind.

Viele Kommunen geben hierzu genaue Informationen heraus (> M 4 Tipps zur Mülltrennung).

INFO

Eigentlich ist Mülltrennen denkbar einfach. Plastik in den Gelben Sack, Organisches in die Biotonne, Glas in den Container und so weiter. Dennoch kann man beim Trennen ein paar Fehler vermeiden:

Wohin mit blauem Glas?
Wer Glasflaschen zum Glascontainer bringt, sollte darauf achten, sie möglichst farbrein zu entsorgen: also beachten, dass weißes, grünes und braunes Glas in die entsprechenden Behälter kommen.

Da die Glascontainer nur in die Farbgruppen Weiß, Braun und Grün eingeteilt sind, wissen viele Verbraucher nicht, wo sie blaues oder andersfarbiges Glas entsorgen sollen. Dabei muss man sich nur merken: Alle Farben, die sich nicht einwandfrei zuordnen lassen, gehören in den Sammelbehälter für Grünglas.

Deckel ja, Spiegel nein!
Obwohl Verschlüsse und Deckel grundsätzlich in den Gelben Sack gehören, können moderne Sortieranlagen sie mittlerweile automatisch vom Glas trennen – egal ob sie aus Aluminium, Kunststoff, Weißblech oder Kork sind. Es ist also im Gegensatz zu früher kein Problem, wenn Verbraucher Deckel auf den Gläsern lassen. Tabu für Glascontainer sind dagegen Keramik- oder Tonscherben, Glühbirnen, Fensterglas, Spiegel und auch Trinkgläser. Sie haben einen anderen Schmelzpunkt als Getränkeflaschen …

Weder Konservenbüchsen noch Gurkengläser oder Joghurtbecher sollte man ausspülen. Sie müssen nicht sauber in die Sortieranlagen oder zur Verbrennung. Das überflüssige Spülen verbraucht lediglich Energie und Wasser und belastet die Umwelt durch Spülmittel.

Taschentücher nicht ins Altpapier!
Nicht alles, was wie Papier aussieht, gehört in die Altpapiertonne. Tetrapacks beispielsweise haben hier nichts verloren: Sie bestehen zwar von außen aus Karton, sind aber beschichtet. Auch verschmutztes Papier, Taschen- und Haushaltstücher, Tapeten, Back-, Transparent- und Kohlepapier sowie Fotos dürfen nicht zum Altpapier, sondern müssen in den Restmüll.

Wer Verpackungskartons entsorgt, sollte sicherstellen, dass etwaiges Dämmmaterial wie zum Beispiel Styropor nicht mit in die Papiertonne fliegt.

Tipps für den Biomüll!
Gekochte Essensreste wie Fleisch, Fisch und Suppen sollten grundsätzlich nicht in die Biotonne, da sie Fliegen und anderes Ungeziefer anlocken. Andere Bioabfälle aus der Küche wickelt man am besten in Zeitungspapier, das die Feuchtigkeit aufnimmt und so verhindert, dass sich Maden bilden. Auch den Boden der Tonne sollte man mit einer dicken Schicht zerknüllter Zeitungen bedecken.

(Mareike Potjans/Melanie Wieland, http://www.planet-wissen.de /alltag_gesundheit/muell/muellentsorgung/muell_trennen.jsp, gekürzt)

M 4 Tipps zur Mülltrennung

AUFGABEN

1 *Erläutere, warum die Mülltrennung wichtig ist.*

2 *Informiere dich über die Gründe, warum bestimmte Stoffe (> M 3) nicht in der Mülltonne entsorgt werden dürfen.*

3 *Diskutiert in der Klasse, welche unterschiedlichen Interessen bei der Müllentsorgung betroffen sind.*

4 *Schreibe eine Woche lang auf, welche Art und Menge von Abfall bei euch zu Hause anfällt. Welcher Müll hätte sich vermeiden lassen? Ordne diese entsprechenden Müllarten in folgender Tabelle:*

Glas	Papier	Kunststoff	Bio-Abfall	Sperrmüll	Restmüll

5 *Besorge dir einen Abfallkalender deiner Gemeinde. Finde heraus, wie, wann und wo du die verschiedenen Müllarten entsorgen kannst.*

Was aus Müll alles werden kann – Recycling

Schon immer hatten Gebrauchsgegenstände nur eine begrenzte Lebensdauer. Früher wurden jedoch Möbel für Jahrzehnte gebaut und nicht bloß für wenige Jahre, Geschirr wurde weitervererbt. Modische Kleidung prägte Epochen und nicht nur einen Sommer. Weil die meisten Produkte früher deutlich teurer waren, wurde mit ihnen sorgsam umgegangen.

Aufgrund der Massenproduktion sind heute viele Industrieprodukte billiger. Außerdem sind viele Geräte so gebaut, dass sich Reparaturen nicht mehr lohnen. Darum sind die Waren nicht mehr so langlebig und werden nach dem Gebrauch auf den Müll geworfen. Folge dieser Entwicklungen ist die sogenannte „Wegwerfgesellschaft".

M 1 Modell des Waldspirale-Hauses in Darmstadt (nach einem Entwurf des österreichischen Künstlers Hundertwasser). Beim Bau wurde Recycling-Beton verwendet. Durch Wiederverwendung von Abbruchmaterialien wurden natürlichen Ressourcen wie Kies und Sand gespart und der Deponiebedarf für den Bauschutt reduziert.

In der Kreislaufwirtschaft gelangen die Rohstoffe, die bei der Herstellung eines Produktes verwendet wurden, wieder in den Produktionsprozess zurück – d. h. aus Altem wird Neues. Man bezeichnet diesen Vorgang als **Recycling**. Solchen neuen Produkten sieht man es nicht an, dass sie nicht selten aus „Müll" hergestellt worden sind (M 1 bis M 5).

Nachhaltig wirtschaften bedeutet, die Umwelt zu schonen, sparsam mit knappen Rohstoffen umzugehen, Müll zu vermeiden und Rohstoffe wiederzuverwenden. Bei der Papierherstellung aus Altpapier wird z. B. viel Wasser und Energie gespart (> S. 214). Heute werden die getrennt gesammelten Wertstoffe meist recycelt.

Der Anteil der wiederverwendeten Bestandteile eines Produktes wird als Recyclingquote bezeichnet. Diese ist in den Staaten unterschiedlich hoch (M 7). Kunststoffe werden heute zu über 80 Prozent recycelt, vor zwanzig Jahren waren es nur 3 Prozent (M 8).

Heute ist Recycling allerdings noch nicht bei jeder Müllart möglich. So müssen Lacke, Arznei- oder Holzschutzmittel als Sondermüll entsorgt werden (> S. 210) Wissenschaftler, Ingenieure und Techniker erforschen, auf welche Weise Problem- und/oder Sondermüll ebenfalls weiterverwertet werden kann.
Mancher Müll ist so giftig, dass er als Sondermüll verbrannt werden muss. Aber Sondermüll enthält oft wertvolle chemische Stoffe.

M 2 Tische und Bänke können aus recycelten Rohstoffen hergestellt werden.

M 3 Brasiliens Fußballer Neymar da Silva Santos präsentiert das neue Trikot: In jedem sind 13 PET-Flaschen recycelt.

M4 und 5 Schulranzen – hergestellt aus alten Plastikflaschen: Die Flaschen werden zunächst geschreddert, dann gereinigt, zu einem Pulver verarbeitet und eingeschmolzen. Diese Masse wird zu einem Faden verarbeitet, aus dem schließlich Ranzen genäht werden.

Das Europäische Parlament hat beschlossen, dass in der Europäischen Union künftig 85 Prozent des anfallenden Elektroschrotts eingesammelt und ein Großteil wiederverwertet werden soll. Händler ab einer Verkaufsfläche von 400 Quadratmetern müssen kleine Geräte mit einer Länge von weniger als 25 Zentimetern zurücknehmen, auch wenn der Kunde kein neues Gerät kauft.
Angesichts des drohenden Rohstoffmangels sei alles daranzusetzen, die in Altgeräten enthaltenen Materialien zurückzugewinnen. Um dieses Ziel zu erreichen, müsse der Handel einbezogen werden. Denn ansonsten bestehe die Gefahr, dass doch wieder viele Geräte im Müll landeten. Ob die Rücknahmepflicht auch für Internethändler gilt, ist unklar.

M6 Rücknahmepflicht bei Elektroschrott?

INFO

Nachhaltigkeit:
Nachhaltig wirtschaften meint, dass Umweltschäden vermieden werden und nur so viele Rohstoffe eingesetzt werden, dass auch nachfolgende Generationen noch über diese verfügen können.

AUFGABEN

1 *Informiere dich über die Herstellung eines Recyclingproduktes (M 1 – 5) im Internet. Berichte darüber in der Klasse.*

2 *Untersucht arbeitsteilig die Recyclingquoten verschiedener Produkte (M 7 und 8).*

3 *Stelle gegenüber: Wer profitiert von dem Recycling, wer hat Nachteile? Begründe deine Antwort.*

4 *Diskutiert die Rücknahmeverpflichtung von Händlern. Sollten auch Internethändler einbezogen werden?*

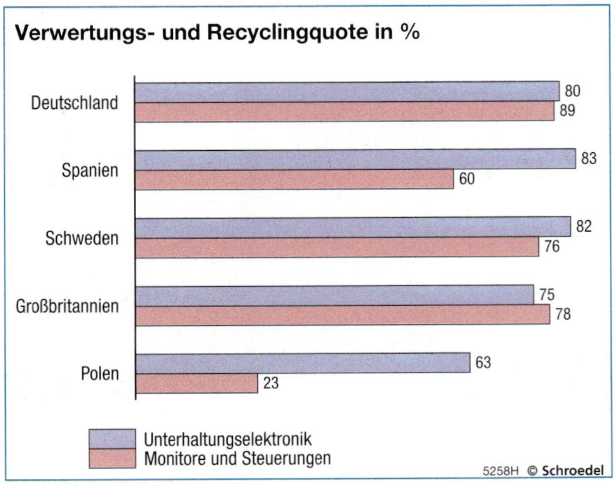

M7 Recyclingquoten (= Anteil des Mülls, der wiederverwertet wird) verschiedener Staaten

M8 (rechts) Recyclingquoten verschiedener Produkte

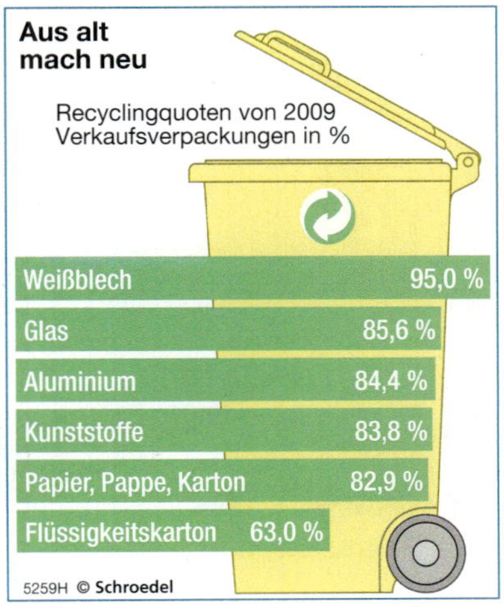

Z

Altpapier – ein umkämpfter Rohstoff

Im Durchschnitt verbraucht jeder von uns fast 250 kg Papier, Pappe und Karton im Jahr. Gäbe es keine Altpapierverwertung in Deutschland, so wären bei uns jährlich 16 Millionen Tonnen Holz nötig, um unseren Papierhunger zu stillen. Zum Transport dieser Holzmenge wären 400 000 Sattelschlepper nötig!
Inzwischen wird bei uns ein Großteil des Papiers aus Altpapier hergestellt. Die Altpapierverwertung ist deshalb aktiver Umweltschutz, aber auch ein Geschäft für viele Entsorgungsfirmen.

M1 Altpapierstapel

Recyclingpapier schont die Umwelt. Aber warum genau?

Klar, Recyclingpapier ist umweltfreundlich, weil für seine Herstellung weniger Holz benötigt wird. Aber vielen Verbrauchern ist nicht bewusst, dass durch den Verzicht auf Frischfaserpapier noch andere Rohstoffe [**Ressourcen**] eingespart werden.

... Wenn du statt zu einem Packen Frischfaserpapier zum Recyclingpapier greifst, tust du der Umwelt einen großen Gefallen: Du sparst 4,7 Kilogramm Holz, 16,5 kWh Energie, 400 Gramm CO_2 und ganze 79 Liter Wasser! Mit der eingesparten Energie könntest du über 100 Stunden lang eine 11-Watt-Energiesparlampe betreiben und mit den 79 Litern Wasser je nach Effizienzgraden einer Waschmaschine 1 – 2 Waschgänge durchführen.

Der Einsatz von Recyclingpapier spart Ressourcen und Treibhausgase

Es lohnt sich also schon, in kleinem Rahmen auf Recycling-Papier umzusteigen. Das Einspar-Potential ist enorm … Deutschland ist der viertgrößte Papierverbraucher weltweit hinter den USA, China und Japan.

(http://www.econitor.de/magazin/lifestyle/recyclingpapier-schont-die-umwelt-aber-warum-genau_5463.html)

M2 Warum Recycling-Papier?

M3 Papierherstellung aus Altpapier

M4 Produkte aus Recycling-Papier

Aus alt wird neu

Auch das Altpapier wird sortiert ... Für die Trennung sorgt ein großes Gebläse: Schweres Material wie Pappe fällt nach unten, leichtes Zeitungspapier schwebt nach oben.
... Vor der Papierfabrik stehen riesige Ballen Altpapier. Die Ballen werden auf Förderbänder verladen und aufgerissen. In einer Trommel wird das Papier mit Wasser vermischt, die Papierfasern rutschen durch ein Sieb. Kunststoff, Metall und Glas werden herausgefiltert, die Farbe aus dem Papier herausgewaschen.

Am Ende wird das Wasser aus dem Gemisch herausgepresst, übrig bleibt der „Pulp", der aufgelöste Faserstoff. Dieser wird wieder mit Wasser versetzt. Die weiße Flüssigkeit ... besteht zu 99 Prozent aus Wasser und zu einem Prozent aus Fasern. Mit hoher Geschwindigkeit wird das Gemisch auf ein gelochtes Fließband geschossen, sodass die Fasern die feinen Löcher verstopfen und sich eine Papierfaser-Oberfläche bildet. Unter Dampfdruck wird das Material getrocknet und gepresst. ...

20 Tonnen wiegt die komplette Rolle, 55 Kilometer Papier sind drauf. Daraus stellt die Papierfabrik vier Millionen DIN-A4-Blätter her. Im Schnitt, so die Firma, können aus einer blauen Tonne mit 100 Kilo Füllgewicht 10 000 Blatt Papier produziert werden.

(http://www.abendblatt.de/ratgeber/article118433488/Wir-Wegwerfer-und-Muelltrennungs-Muffel.html, stark gekürzt und leicht verändert)

M5 Aus alt wird neu

Kampf ums Altpapier

Private und gemeinnützige Entsorger streiten sich um den kostbaren Rohstoff, stellen ungefragt ihre blauen Tonnen in die Einfahrt, neben den Zaun, vor die Tür und räumen die Behälter der Konkurrenz kurzerhand aus dem Weg. [Private Entsorger wollen Gewinne erzielen, gemeinnützige dürfen dies hingegen nicht.]

Auslöser der Auseinandersetzung ist ein Beschluss des Oberverwaltungsgerichts Lüneburg, der den Markt für gewerbliche Altpapierentsorger öffnete. Allein sechs Unternehmen und Vereine kämpfen seitdem um Straßenzüge und Stadtteile.

Sie markieren ihr Revier mit Tonnen, die ihr Logo zieren. Kostenlos stellen sie die Behälter den Bürgern zur Verfügung ... „Das Geschäft mit Altpapier ist für sie derart einträglich, dass sie sich diesen Luxus leisten können", sagt [der] Geschäftsführer des Bundesverbands deutscher Entsorgungswirtschaft (BDE).

... Altpapier in Deutschland ist mittlerweile eine rare Ressource: ... der Verbrauch lag bei 15,75 Millionen Tonnen – eine halbe Million mehr als im Vorjahr. Dagegen ist die eingesammelte Menge kaum gestiegen. Die Folge: Im vergangenen Jahr musste Deutschland erstmals mehr Altpapier importieren als exportieren.

(http://www.spiegel.de/wirtschaft/kostbarer-muell-brutaler-kampf-ums-altpapier-a-543315.html, gekürzt)

M6 Kampf ums Altpapier

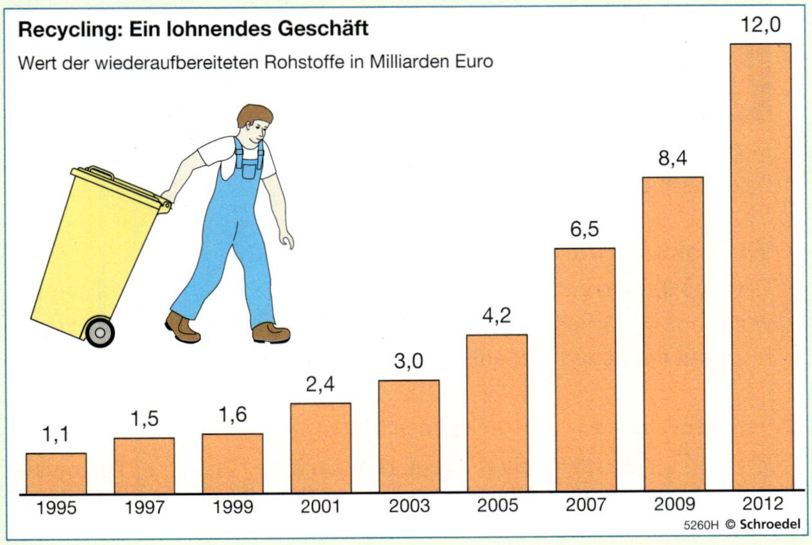

M7 Recycling – ein lohnendes Geschäft

AUFGABEN

1. *Erkundige dich nach dem Gütesiegel „Blauer Engel". Was bedeutet dieses Zeichen?*
2. *Stelle Gründe zusammen, warum Papier-Recycling die Umwelt schont.*
3. *Erkläre, warum Papier aus Altpapier deutlich billiger ist.*
4. *Erkläre, warum sich verschiedene Firmen um das Altpapier streiten.*

Eine Umfrage durchführen: Wie lässt sich Müll vermeiden?

Der umweltfreundlichste Müll ist der, der gar nicht erst entsteht. Müllvermeidung beginnt bereits beim Einkaufen. Denn jeder einzelne Kunde entscheidet, wenn er auf überflüssige Verpackungen verzichtet.
Die 6. Klasse einer Gesamtschule will genauer untersuchen, wo überflüssiger Müll entsteht. Deshalb plant die Klasse eine Umfrage.
Bei einer Befragung werden nur einzelne Personen um Auskunft gebeten. Bei einer Umfrage geht es darum, von möglichst vielen Personen Informationen zu erlangen.
Um zu guten Ergebnissen zu kommen, geht die Klasse planvoll vor.

M 1 Alles überflüssiger Verpackungsmüll?

Welche Fragestellung/welches Thema wollen wir untersuchen?

Zunächst entscheidet sich die Klasse für ein bestimmtes Thema (z. B. Verwendung von überflüssigen Plastiktüten beim Einkauf, Einsatz von Energiesparlampen im Haushalt, Konsum von Wegwerfprodukten).
Als Anregung dienen die 10 Tipps des Umweltbundes Leipzig (M 3).

Wie gehen wir dabei vor?

Anschließend legt die Klasse fest, wie die Recherchen durchgeführt werden sollen. Es gibt zahlreiche Vorschläge: Sollen alle Glühbirnen im Haushalt gezählt und soll dann erfasst werden, wie viele davon Energiesparlampen sind? Oder soll eine Woche lange gezählt werden, wie viele Plastiktüten jeweils im Haushalt genutzt werden?
Oder soll (wenn alle einverstanden sind!) untersucht werden, wie unser Pausenbrot und die Getränke verpackt sind – in wiederverwertbaren Gefäßen oder in Verpackungen, die im Müll landen?

M 2 Einkauf mit Plastiktüten – heute ein alltägliches Bild, vielleicht aber bald Geschichte ...

Wie dokumentieren wir unsere Ergebnisse?

Dann überlegen die Schüler gemeinsam, wie die Ergebnisse präsentiert werden sollen. Die Klasse entscheidet sich schließlich dafür, ihre Ergebnisse mit einfachen Statistiken darzustellen.

Beispiel: Klasse 6a – Getränke im Schulranzen

	Plastikflaschen (mit Pfand)	Verpackungen, die im Müll landen	Glasflaschen	Thermosflaschen
Anzahl der Fälle	8	10	9	5

Wollen wir unsere Ergebnisse und Handlungsempfehlungen anderen mitteilen und für unsere Tipps werben?

Zum Schluss muss die Klasse noch klären, ob sie eine begründete Empfehlung formulieren soll und ob bzw. wie sie ihre Ergebnisse anderen Menschen, z. B. Mitschülern, mitteilen will. Die Schüler einigen sich darauf, ihre Ergebnisse auf einem gemeinsamen Plakat zu dokumentieren. Die Tipps zur Präsentation helfen ihnen dabei.

Tipps zur Präsentation eines Plakates:

- Schlagzeilen machen die Betrachter neugierig
- für eine übersichtliche Gestaltung des Plakates sorgen
- das Plakat nicht mit Informationen überladen
- die Lesbarkeit durch eine große Schrift oder eine entsprechende Vergrößerung verbessern
- ein passendes Bild sagt oft mehr als 1000 Worte

10 Tipps zur Müllvermeidung: Wie einfach jeder Umwelt und Brieftasche schonen kann

Verzichten Sie auf Plastiktüten
Rund 500 Plastiktüten pro Person werden jährlich verbraucht. Nehmen Sie keine Plastiktüte extra beim Einkauf. Verwenden Sie Tragetaschen oder Körbe.

Keine Verpackungen bei Obst und Gemüse
Verzichten Sie auf Verpackungen bei Obst und Gemüse. Blumenkohl oder Bananen kann man auch lose im Korb oder Stoffbeutel transportieren.

Mehrwegflaschen benutzen
Mehrweg ist immer besser als Einweg. Eine Mineralwasser-Glasflasche wird durchschnittlich 50-mal wieder befüllt.

Mini-Portionen vermeiden
Sie erzeugen im Verhältnis zum verpackten Inhalt viel Müll (z. B. Kaffeesahne, Butter, Marmelade, ...).

Verzichten Sie auf Wegwerfprodukte und Mogelverpackungen
Einwegfeuerzeug, Einwegrasierer, Einwegkugelschreiber, Billiguhren, Wegwerfkameras usw. lassen sich vermeiden.

Statt Batterien können Sie Akkus verwenden
Akkus, die wiederaufladbar sind, schonen die Umwelt. Besser sind Geräte mit einem Netzanschluss oder Geräte, die mit Solarzellen betrieben werden.

Achten Sie beim Kauf von Geräten und Kleidung auf Langlebigkeit und Wiederverwendbarkeit ...
Dies gilt z. B. bei der Beschaffung oder Verwendung von Materialien und Gebrauchsgütern.

Welche Packungsgröße brauchen Sie?
Die Einsparung bei Groß-Packungen wird zum Bumerang, wenn Sie die Hälfte des Inhalts wegwerfen.

Sortieren Sie Ihre Abfälle
Je genauer Sie Ihren Abfall sortieren, desto weniger Gebühren müssen Sie zahlen. Auf diese Weise wird Ihr umweltbewusstes Verhalten berücksichtigt.

Zu guter Letzt: Reparieren statt Wegwerfen
Die Herstellung und Entsorgung von Produkten belastet die Umwelt. Wer kaputte Gegenstände repariert, schont die Umwelt.

(http://www.oekoloewe.de/text,2108,Abfall.html gekürzt)

M3 Vorschläge des Umweltbundes Leipzig

M4 Eine Kirche, mit Plastiktüten eingepackt. Nur eine verrückte Idee?

Essen im Müll – die große Verschwendung

Allein in Europa und in Amerika werden jedes Jahr Nahrungsmittel im Wert von 100 Mrd. Euro weggeworfen. Das entspricht ungefähr der Hälfte der dort produzierten Lebensmittel (M 5) – und es wäre genug, um drei Milliarden Menschen zu ernähren. Die weggeworfenen Nahrungsmittel würden mehr als dreimal ausreichen, um alle Hungernden auf der Erde zu versorgen.

In den Industrieländern verführen vor allem das riesige Lebensmittelangebot sowie eine geschickte Werbung dazu, dass die meisten Menschen zu viel Nahrung einkaufen.

M 1 Große Mengen von Lebensmitteln landen jeden Tag im Müll.

M 2 Vernichtung einer überschüssigen Tomatenernte

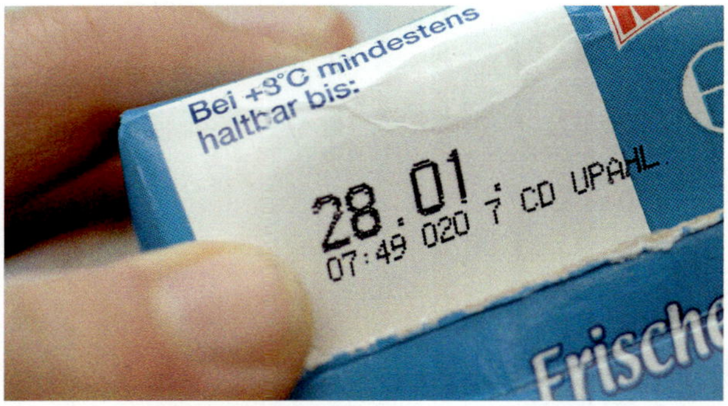

M 3 Oft werden Lebensmittel wegen Überschreitung des Mindesthaltbarkeitsdatums weggeworfen. Verbraucherschützer weisen darauf hin, dass die Produkte bei richtiger Lagerung auch nach diesem Datum noch genießbar sind.

Halb aufgegessene Pizzen, schrumpeliges Gemüse: Weltweit werden einer neuen Studie zufolge jährlich bis zu zwei Milliarden Tonnen Lebensmittel weggeworfen …

Der angebrochene 500-Gramm-Becher Jogurt, die Banane, die am einen Ende schon ganz dunkelbraun ist: Nahrungsmittel wegzuwerfen, auch wenn sie vielleicht noch genießbar wären, ist fester Bestandteil unseres Konsumverhaltens. 82 Kilogramm im Gegenwert von 235 Euro wirft jeder Deutsche pro Jahr durchschnittlich in die Tonne. Das hat im Frühjahr 2012 eine Studie des Verbraucherschutzministeriums ergeben.

Doch viele Lebensmittel erreichen unsere Kühlschränke nicht einmal. Insgesamt 1,2 bis zwei Milliarden Tonnen aller weltweit produzierten Nahrungsmittel landen Jahr für Jahr im Abfall: Weil die Ernte auf Feldern verfault, wo Transportwege fehlen. Weil Gemüse nicht den Standards entspricht. Weil Supermärkte nur allerfrischeste Ware einkaufen. Und weil Lebensmittel vom Discounter immer wieder vom Kühlschrank in die Tonne wandern.
Insgesamt werden so etwa 30 bis 50 Prozent aller Lebensmittel weggeschmissen.

(http://www.sueddeutsche.de/panorama/2.220/studie-zur-lebensmittelindustrie-die-haelfte-aller-nahrungsmittel-landet-im-muell-1.1569461, Autorin: Lena Jakat)

M 4 Fast die Hälfte aller Nahrungsmittel landet im Müll

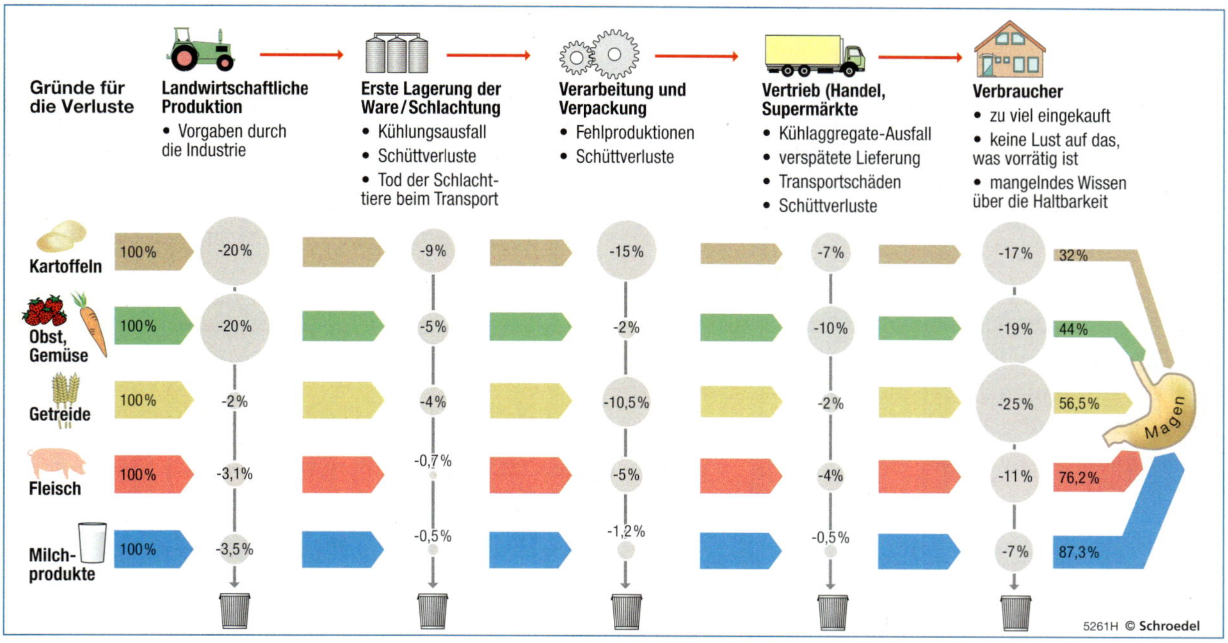

M5 Welcher Anteil der Lebensmittel landet zum Schluss im Magen der Verbraucher?

Es ist eine Verschwendung von unvorstellbarem Ausmaß: Laut einem UNO-Bericht wird mehr als ein Viertel der weltweiten Ackerfläche zur Produktion von Nahrung genutzt, die direkt in die Mülltonne wandert. Gleichzeitig hungern 870 Millionen Menschen.

Jedes Jahr landen weltweit 1,3 Milliarden Tonnen Lebensmittel auf dem Müll. Nach einem aktuellen Bericht der Vereinten Nationen sorgt diese Verschwendung nicht nur für enorme Wirtschaftseinbußen, sondern richtet auch riesige Umweltschäden an.

Demnach werden 28 Prozent des gesamten weltweiten Ackerlandes genutzt, um Nahrung zu produzieren, die nie gegessen wird. ...

Die Produktion von Lebensmitteln, die nicht verzehrt werden, verbrauche jährlich etwa 250 000 000 000 Liter Wasser. Das entspricht dem fünffachen Volumen des Bodensees ...

Laut dem UNO-Bericht gehen 54 Prozent der verschwendeten Nahrungsmittel bereits während der Produktion, Nachernte und Lagerung verloren. Entwicklungsländer seien von diesem Teil des Problems besonders stark betroffen. Die Verschwendung bei Weiterverarbeitung, Auslieferung und Konsum ... ist stärker ein Problem der Industrieländer. ...

In Deutschland wirft laut einer Regierungsstudie jeder Bundesbürger pro Jahr statistisch gesehen knapp 82 Kilo Lebensmittel weg.

(http://www.spiegel.de/wissenschaft/mensch/uno-bericht-ein-viertel-der-nahrung-landet-im-muell-a-921677.html, gekürzt)

M6 Aus einem UNO-Bericht

AUFGABEN

1 *Erstelle eine Tabelle über die unterschiedlichen Gründe zur Vernichtung von Lebensmitteln (M5). Beachte dabei die unterschiedlichen Stationen von der Produktion bis zum Verbraucher.*

2* *Diskutiert Möglichkeiten, die die Verbraucher gegen eine Vernichtung von Lebensmitteln unternehmen könnten.*

3 *Informiert euch über die „Tafeln", die Lebensmittel an Bedürftige ausgeben.*

4 *Verfasst einen Leserbrief zu diesem Thema. Etwa: Warum können Lebensmittel nicht einfach in Hungerregionen transportiert werden?*

Großverbraucher	1 900 000 (17 %)
Haushalte	6 670 000 (61 %)
Industrie	1 850 000 (17 %)
Handel	550 000 (5 %)

M7 Verteilung der Lebensmittelabfälle nach verschiedenen Bereichen (Tonnen pro Jahr)

Wenn Elektromüll auf Reisen geht: Unser Giftmüll und die Kinder in Accra

Was passiert mit dem kaputten Computer, den Bildschirmen, dem ausgedienten Handy? Sie landen auf Flohmärkten, bei ebay oder auf dem Wertstoffhof. Diese Geräte enthalten viele Giftstoffe, aber auch wertvolle Materialien wie Gold, Silber, Kupfer und **Seltene Erden**.

Das macht sie gleichermaßen gefährlich und interessant. Denn manche Sammler und Händler schicken diese Geräte auf eine weite Reise und verdienen gut daran. Viele Geräte werden als Second-Hand-Ware deklariert und in Entwicklungsländer verschifft. Dadurch spart man teure Entsorgungskosten.

Allein aus der EU werden über 250 000 Tonnen Elektroschrott pro Jahr nach Westafrika und Asien verschifft. Ausgangspunkt für viele Transporte ist der Hamburger Hafen. Dort werden sie gehandelt und in Container gepackt: Altgeräte, die abgeholt werden, bevor die Sperrmüll-Mitarbeiter kommen. Geräte, die auf Flohmärkten oder bei Recyclinghöfen billig gekauft werden.
Die nutzbaren Geräte werden ganz vorne in die Container gepackt, so dass Zoll und Wasserschutzpolizei bei Stichproben-Kontrollen tatsächlich brauchbare Gebrauchtgeräte finden. In Afrika angekommen, kaufen ortsansässige Händler die Container. Obwohl nur rund ein Fünftel für sie nutzbar ist, rechnet sich für sie das Geschäft
(Bundeszentrale für politische Bildung
http://www.fluter.de/de/121/thema/11506 Autorin Nicole Walter)

M 1 Eine Journalistin über Giftmüll auf Reisen

M 2 Ausgangspunkt des Elektroschrotts: Ein Container in Deutschland

Im Höllenfeuer der Hightech-Welt

Tausende Menschen in Ghanas Hauptstadt Accra leben vom westlichen Computerschrott. Sie riskieren Leben und Gesundheit.

Was für ein elender Ort. Der Rauch hier ist so dicht und schwarz, dass man das Kind zunächst kaum erkennt. Je näher man ihm kommt, desto mehr tränen die Augen, desto mehr brennt es jedoch in der Nase, im Mund und im Rachen. Dann aber sieht man, dass der kleine Junge auf einer Müllkippe sitzt, auf einem Berg voller Glasscherben und Computertrümmern. …
Er gehört auf der Mülldeponie hinter dem Agbogbloshie-Markt in Ghanas Hauptstadt Accra schon zu den älteren Kindern, er ist zehn Jahre alt, viele sind erst fünf oder sechs.

Sie zerschlagen Computerbildschirme mit Steinen. Schnittwunden haben sie alle, aber das ist das kleinste Problem. Der größte Elektroschrottplatz des westafrikanischen Landes ist eine gigantische Giftmüllhalde, eine, in der sich Konzentrationen von Blei, Kadmium ... und andere Giftstoffe finden lassen, die bis zu 100-fach die Normalwerte übersteigen.

Wie viele Kinder und Jugendliche schon erkrankt oder gestorben sind, weiß kein Mensch. Sicher aber ist, dass es diesen Ort nicht gäbe, wenn Exporteure in Europa und Amerika ihren giftigen Computerschrott nicht nach Ghana schicken würden. ...

Ausgeweidete PC-Gehäuse und zersplitterte Bildschirme türmen sich bis zu vier Meter hoch. Der Boden besteht fast nur aus Asche. Überall liegen Kabel herum, zerbrochene Platinen, Tastaturen, Prozessoren, Transformatoren …

Jedes Jahr, so schätzt das UN-Umweltprogramm, fallen weltweit 50 Millionen Tonnen des giftigen Mülls an, allein in Deutschland sind es rund eine Million Tonnen. Und die Menge nimmt zu. Dafür sorgen schon die Hersteller mit immer schnelleren Prozessoren, noch größeren Flachbildschirmen und leistungsfähigeren Handys. Mit jeder technischen Neuerung wächst der Elektroschrottberg in Afrika, China und Indien.
(SZ Wissen, Ausgabe 10/2008, Verfasser Michael Bitala,
http://www.sueddeutsche.de/wissen/2.220/ghana-im-hoellenfeuer-der-hightech-welt-1.689901, Abruf: 9.5.2013)

M 3 Zeitungsreportage über die Kinder vom „Computerfriedhof“

M4 Der Elektroschrott aus den Industrieländern ist in Ghana angekommen. Der Export ist zwar verboten, doch findige Exporteure bezeichnen die Schrottladungen als Gebrauchtware oder geben sie als Spende für bedürftige Einrichtungen aus.

M5 Von der Müllkippe in Ghanas Hauptstadt Accra leben Tausende Menschen – wie diese beiden Achtjährigen. Aus dem Müll brennen und sammeln sie Metallteile, um sie beim Schrotthändler zu verkaufen. Die Scheiben der Bildschirme zerschneiden ihnen immer wieder die Hände.

M6 Viele Kinder leiden unter Schwindel und Kopfschmerzen, da die Monitore das Nervengift Blei enthalten. Das ebenfalls enthaltene Kadmium greift die Lungen an und kann Krebs auslösen. Dabei beträgt die Ausbeute der Kinder meist nur wenige Cent am Tag.

M7 Lohnend ist die Arbeit derjenigen, die mit Feuer die Kabelummantelungen der Kupferdrähte freilegen. Für Kupfer zahlen die Metallhändler oft besser. Beim Abfackeln der Kabel entstehen allerdings hochgiftige Dämpfe, zum Beispiel das hochgiftige Dioxin.

M8 Der 45-jährige Umweltaktivist Mike Anane aus Ghana kämpft seit Jahren gegen den illegalen Müllhandel mit dem Elektroschrott. Denn „was hier stattfindet", sagt Mike, „ist ein Verbrechen gegen die Kinder und gegen die Umwelt."

AUFGABEN

1 *Stelle Gründe zusammen, warum der Berg aus Elektroschrott weltweit immer schneller wächst.*

2 *Schreibe mithilfe der Bilder M 4 – 8 eine Geschichte über den achtjährigen Kwaku Yeboah, der auf dem Schrottplatz in Accra arbeitet.*

3 *Überlege, warum der Elektromüll oft in arme Länder verschickt wird. Denke dabei auch an die Kosten der Entsorgung.*

4 *Stelle in einer Tabelle gegenüber: Wer profitiert von diesem Müllhandel und wem schadet er?*

M 1 2014 klebten Wissenschaftler auf den Globus im Meeresmuseum Stralsund Plastikenten. Mit der Aktion erinnerten sie an ein Frachtschiff, das 1992 im Nordpazifik einen Container mit Plastikspielzeug verloren hatte. Seitdem treiben die Plastikenten über die Weltmeere. Einige wurden später am Strand von Indonesien, Australien oder Südamerika entdeckt.

Plastikmüll zerstört die Meere

Forscher untersuchten einen zehn Meter langen Pottwal, der an der spanischen Küste gestrandet war. Dabei entdeckten sie in seinem Körper Plastikteile, die 17 Kilo wogen, z. B. Folien aus Gewächshäusern, Eiswürfelformen und Kleiderbügel. So wie dieser Wal sterben jährlich Millionen anderer Tiere, Seevögel, Delfine und Schildkröten.
Der Müll gelangt auf unterschiedliche Weise ins Meer. Viele Millionenstädte kennen keine Müllentsorgung, wie sie bei uns üblich ist, da landen riesige Müllmengen einfach im Meer. Zudem hinterlassen Touristen an den Stränden viel zu billige Plastiktüten und Plastikflaschen, die dann ins Meer gespült werden. Auch manche Schiffe entsorgen ihren Müll illegal über die Reling.

Mittlerweile treiben auf dem Meer riesige Müllhalden. Rund 80 % dieses Mülls besteht aus Plastik. Da die Plastikteile mit der Zeit immer kleiner werden, ist nicht auszuschließen, dass sie mal in der menschlichen Nahrungskette auftauchen.
Im Pazifik gibt es einen Plastikstrudel, der die Fläche von Zentraleuropa einnimmt. Aufgrund der Meeresströmungen dreht er sich langsam im Uhrzeigersinn. Wissenschaftler konnten fast eine Million kleine und größere Plastikteile auf einem Quadratkilometer entdecken.
Verantwortlich für die Plastikwirbel scheint sich aber niemand zu fühlen, befinden sie sich doch in internationalen Gewässern. Wie das Beispiel der Plastikenten zeigt (M 2), bewegt sich der Plastikmüll über riesige Entfernungen.

Im Jahr 1992 verliert ein Frachter aus China auf seiner Reise in die USA einen Teil seiner Fracht. Fast 29 000 gelbe Entchen, grüne Frösche und rote Biber gehen über Bord. Anstatt in irgendeiner Badewanne schwimmen zu dürfen, sind zahlreiche von ihnen immer noch auf der Reise und kämpfen weiter gegen Salzwasser, Wellen oder die Hitze am Äquator. Einige von ihnen konnten sich retten und wurden an zahlreiche Strände gespült.

Für Wissenschaftler stellt das Unglück der Plastikenten eine hervorragende Gelegenheit dar, Informationen über die weltweiten Meeresströmungen zu gewinnen. Gleichzeitig können sie beobachten, wie lange sich Plastikmüll im Salzwasser hält, bevor er verrottet.
(nach: Spiegel Online vom 30. Juni 2007)

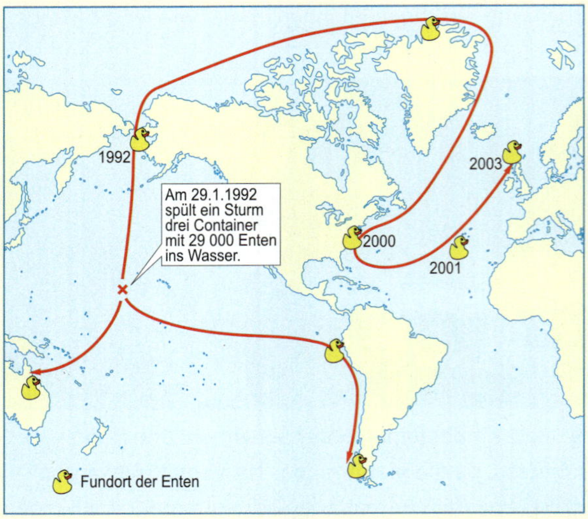

M 2 Die lange Reise der kleinen Plastikenten

Auf einer Fläche, so groß wie Zentraleuropa, schwimmt im Pazifik ein Müllteppich. Davon berichtet der Meeresbiologe Thilo Maack von Greenpeace. Meerestiere und Vögel verwechseln die Teile mit Futter und verenden, weil keine echte Nahrung mehr in den Magen passt. ...

In allen Ozeanen der Erde schwimmt Plastikmüll. Zwischen Hawaii und dem amerikanischen Festland landet viel Müll aus Amerika und Asien.

„In Mega-Städten in Indonesien oder Thailand funktioniert die Entsorgung nicht so, wie wir sie kennen", erklärt Thilo Maack. „Im Meer landen aber auch viele Vorprodukte von Plastik. Da schwimmen Plastikkügelchen aus verloren gegangenen Containern. Außerdem werden ganze Wagenladungen ins Wasser gekippt." ...

Meerestiere fressen die Plastikteile und werden so zum zweiten Giftopfer. Größere Meerestiere schließlich, die die kleineren fressen, speichern die Gifte weiter. So geht das immerfort – bis es beim Menschen ankommt, der die Meerestiere verspeist. ...

Für Thilo Maack gibt es eine Forderung für die Zukunft: „Alle müssen ihre Müllpolitik überdenken." Ein anderes Problem aus seiner Sicht: Kapitäne müssen für jede Müllentsorgung bezahlen, wenn sie von See kommen. Um Geld zu sparen, kippen sie Abfälle ins Meer. „Wenn die Entsorgung an Land kostenlos wäre, brächten Kapitäne mehr Müll mit", so Maack.

http://www.welt.de/wissenschaft/article701251/Riesige-Flaeche-Plastikmuell-schwimmt-im-Pazifik.html (Autorin Claudia Liebram) Zugriff am 13.9.2013.

M 3 Beobachtungen des Meeresbiologen Thilo Maack

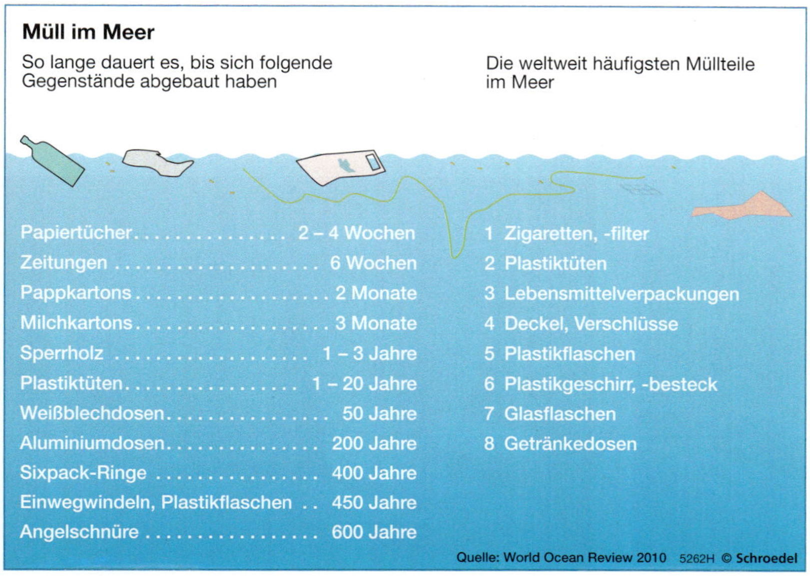

M 4 Müll im Meer

AUFGABEN

1. *Entwickle eine Liste, aus der deutlich wird, auf welche Weise Müll ins Meer gelangt.*
2. *Nenne die Stationen (Ozeane, Staaten) der Plastikentchen (M 2).*
3. *Untersuche die Statistik M 4. Erläutere, welche Müllarten für das Meer besonders bedrohlich sind.*
4. *Erkläre, warum der Müll im Meer auch für den Menschen gefährlich werden kann.*
5. *Entwickelt und diskutiert Lösungsvorschläge, wie man der Belastung der Weltmeere mit Müll entgegenwirken könnte. Nehmt dazu M 3 zuhilfe.*

M 1 und 2 Wofür wir Wasser verwenden: beim Schwimmen und beim Teetrinken

Ohne Wasser kein Leben

Ohne Wasser wäre unser Leben nicht denkbar. Es zählt zu unseren wichtigen Lebensmitteln. Dabei erscheint uns das Wasser auf den ersten Blick als nichts Besonderes: Schließlich folgt mehrmals am Tag unser Griff zum Wasserhahn – ohne nachzudenken, wo das Wasser überhaupt herkommt. Dieses kostbare Gut scheint immer verfügbar zu sein. Bei uns in Deutschland, aber auch in den meisten Ländern auf der Nordhalbkugel, ist Wasser ausreichend vorhanden. Wir nutzen es zum Trinken, Waschen, Duschen, zur Toilettenspülung und Vielem mehr.

Allerdings ist Wasser nicht unerschöpflich vorhanden. Eine uneingeschränkte Verfügbarkeit ist für die Zukunft nicht selbstverständlich. In vielen Teilen der Welt herrscht heute sogar schon Wassermangel.

In weiten Teilen Afrikas und Asiens sowie in Lateinamerika steht den Menschen kaum oder gar kein sauberes Trinkwasser zur Verfügung. Auch Filteranlagen (M 4) gibt es dort nur selten. Die Armensiedlungen vieler Millionenstädte sind oft nicht ans Wassernetz angeschlossen. Bereits heute schränkt in vielen Regionen der Welt der Wassermangel die weitere wirtschaftliche und soziale Entwicklung ein.

So ist Wasser zu einer begehrten Ware geworden. In naher Zukunft sind sogar Konflikte um die Wasservorräte zu erwarten.

M 3 Wasser – in der Landwirtschaft unverzichtbar

M 4 Wasserfiltervergleichsproben in Somalia

Wofür wird das Trinkwasser verwendet?

Das Lebensmittel Trinkwasser lässt sich durch nichts ersetzten. Jeder Einzelne von uns verbraucht pro Tag 128 Liter (M 6 oben). Nach Gebrauch verwandelt sich das Trinkwasser zu Abwasser. Bei einer dreiköpfigen Familie sind das etwa 140 Kubikmeter im Jahr.
Dennoch ist der Verbrauch der deutschen Privathaushalte vergleichsweise gering. Vor allem die Industrie und die Kraftwerke verbrauchen enorme Mengen an Wasser (M 6 unten).

Weltweit ist die Landwirtschaft mit Abstand der größte Wasserverbraucher: 92 Prozent gehen zu ihren Lasten. Die Produktion industrieller Güter trägt nur zu 4,4 Prozent, der häusliche Verbrauch nur zu 3,6 Prozent zum globalen Wasserverbrauch bei.

Bei der Herstellung von Fleisch werden beispielsweise enorme Wassermengen verbraucht. So müssen für die Produktion von einem Kilogramm Rindfleisch etwa 15 400 Liter Wasser aufgewendet werden, für Schweinefleisch 6000 Liter und für Hühnerfleisch 4300 Liter.

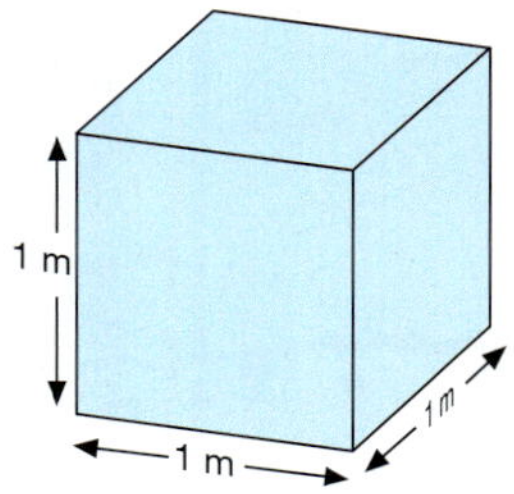

M 5 1 Kubikmeter (m^3) = 1000 Liter (l)

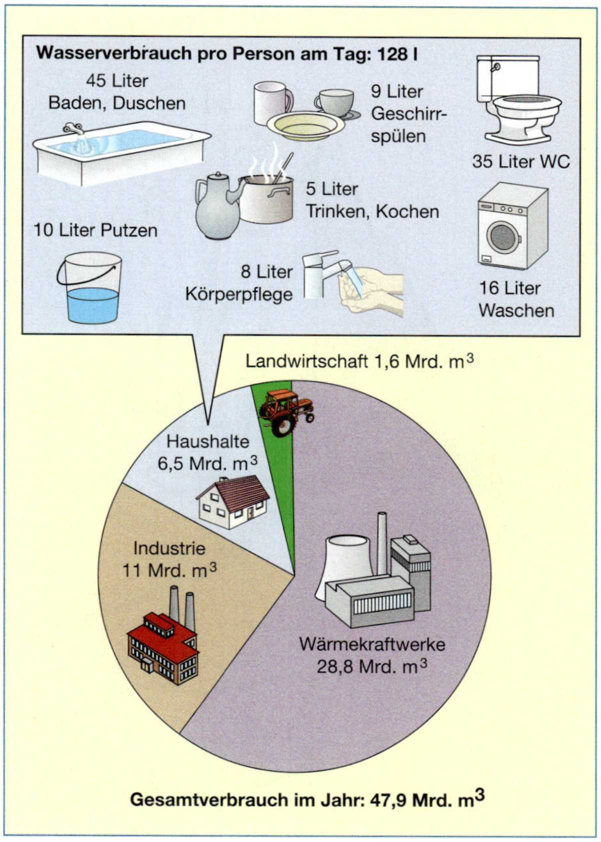

M 6 Wasserverbrauch in Deutschland

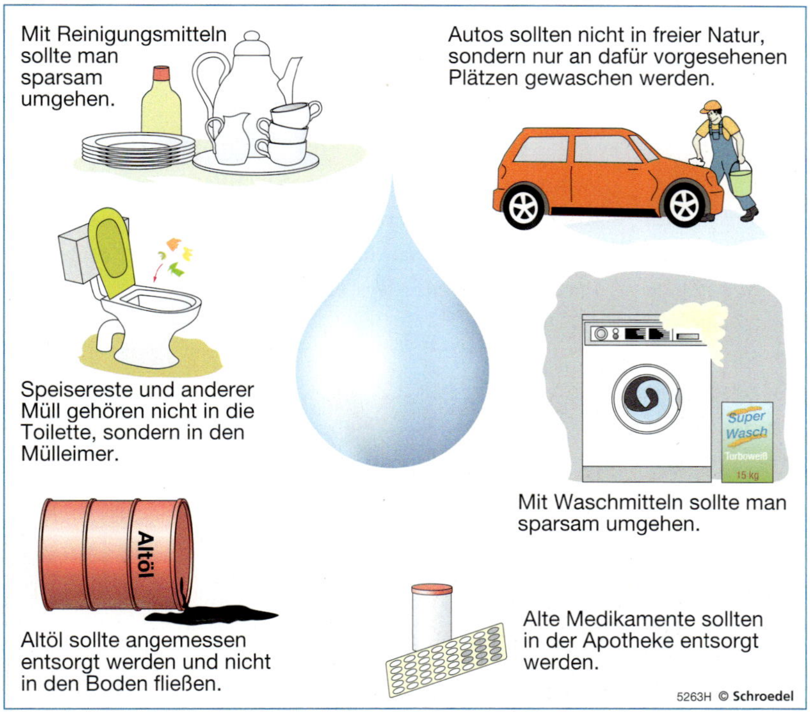

M 7 Tipps für sauberes Wasser

AUFGABEN

1 *Beschreibe, wofür wir in Deutschland Wasser benötigen (M 6).*

2 *Erstelle mithilfe des Textes eine Tabelle mit den Verbrauchern und deren einzelnen Anteilen am weltweiten Wasserverbrauch.*

3 *Vergleiche den Wasserverbrauch weltweit mit dem in Deutschland.*

4 *Zähle mindestens drei Dinge auf, die unser Wasser verunreinigen und überlege, was du selbst tun kannst, um diese Dinge zu vermeiden. (Tipps M 7).*

M 1 Schülerzeichnung zum Wasserkreislauf

Vom Meer bis zum Wasserhahn

Der Kreislauf des Wassers

In der Natur bewegt sich das Wasser in einem ständigen Kreislauf. Der Motor dieses Kreislaufs ist die Sonne. Durch die Sonneneinstrahlung steigt das Wasser als Wasserdampf aus dem Meer, aus Flüssen, Seen oder anderen Gewässern auf. Dabei verdampft bzw. verdunstet das Wasser und bildet Wolken. Als **Niederschlag** kehrt es schließlich in Form von Regen, Hagel oder Schnee zur Erde zurück, dabei kondensiert das Wasser.

In den Polargebieten und in den Hochgebirgen gefriert das Wasser. Es wird als Eis gespeichert und nur verzögert wieder freigegeben. Das andere Wasser sammelt sich in Bächen und Flüssen und setzt seine Reise Richtung Meer fort. Ein weiterer Teil versickert im Boden und bildet dort das Grundwasser, das oft erst nach vielen tausend Jahren wieder als Quellwasser an die Oberfläche gelangt.

Während dieses Kreislaufs geht kein Wasser verloren, es wechselt jedoch von einer Zustandsform in eine andere (M 2). Dabei bleibt allerdings die Gesamtmenge des Wassers auf der Erde stets gleich.

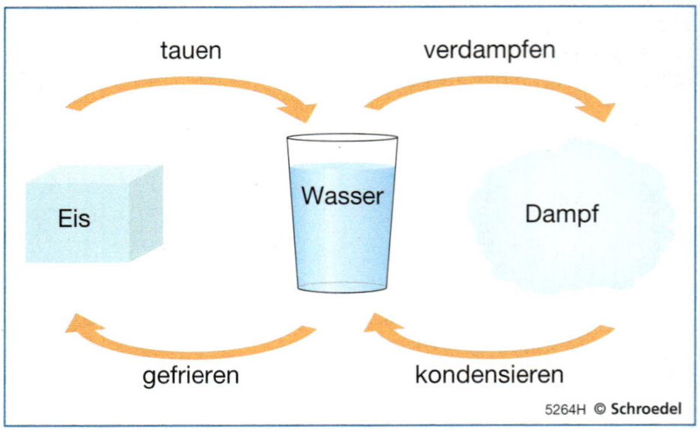

M 2 Die Zustandsformen von Wasser

Trinkwasser – Lebensmittel Nummer eins

Der Anteil des Süßwassers am Wasserhaushalt der Erde ist gering. Er beträgt nur knapp drei Prozent, der Anteil des Salzwassers hingegen mehr als 97 Prozent. Dennoch würde das wenige Süßwasser für alle Menschen reichen – wäre es gleichmäßig auf der Erde verteilt.
Täglich trinken wir Leitungswasser, säubern damit Obst und Gemüse oder waschen uns damit. Doch wie sauber ist unser Trinkwasser eigentlich?

Wir gewinnen das meiste Trinkwasser aus dem Grundwasser. Es besitzt in der Regel die beste Qualität. Dieses Wasser reicht allerdings für den hohen Verbrauch der Industrie, Landwirtschaft und der privaten Haushalte nicht aus (> S. 225). Daher wird zusätzlich **Oberflächenwasser** in Stauseen gesammelt. Auch unterirdische Wasser werden gefördert, z. B. durch einen Brunnen.

Das Süßwasser kommt allerdings nicht direkt zu uns nach Hause. Es wird zuerst zum Wasserwerk geleitet. Manchmal steht neben diesem Gebäude noch ein Wasserturm. In diesem Turm wird das Wasser nach oben gepumpt. Durch den Druck, der entsteht, wenn das Wasser aus dem Turm wieder abfließt, gelangt das Wasser zu uns in den Haushalt. Heute wird die Aufgabe der Wassertürme meist von elektrischen Pumpen übernommen.

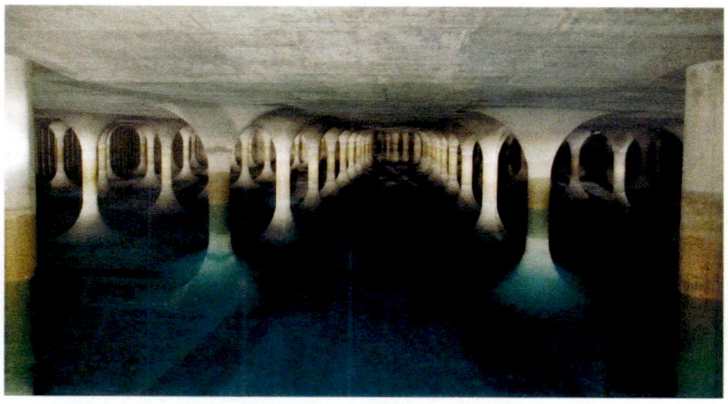

M 3 Unterirdischer Trinkwasserspeicher

Im Inneren eines Wasserwerks sieht es fast aus wie in einer Fabrik. Das Wasser muss aufwändig aufbereitet werden, da es noch keine Trinkwasserqualität aufweist. Es wird von Eisen und Kohlensäure gereinigt. Wasser aus Flüssen muss zusätzlich gereinigt werden. Regelmäßige Wasserproben garantieren uns, dass das Wasser von hoher Qualität und keimfrei ist. Trinkwasser ist in Deutschland das wohl meistkontrollierte Lebensmittel: Es müssen strenge Richtwerte eingehalten werden, bevor es in die Wasserleitungen darf.

Vor dem Verlassen des Wasserwerks wird das Wasser noch desinfiziert, damit es nicht nachträglich von Krankheitserregern verunreinigt wird. Über Rohre gelangt das Wasser dann in die Haushalte. Wir können das Trinkwasser direkt aus dem Wasserhahn trinken, in anderen Ländern müssen sich die Menschen ihr Trinkwasser teuer im Supermarkt kaufen. Oder sie müssen das Wasser aus Brunnen abkochen, damit es frei von Krankheitserregern ist.

Durch die Nutzung wird das Trinkwasser oft verunreinigt. Bevor unsere Abwässer in einen Fluss oder in einen See zurückgeleitet werden, müssen sie erst in einer Kläranlage gereinigt werden.

M 4 Überprüfung der Wasserqualität im Wasserwerk

AUFGABEN

1 *Beschreibe den Kreislauf des Wassers (Zeichnung M 1 und Text).*
2 *Erkläre, wie Trinkwasser gewonnen wird.*
3 *Erläutere, warum uns das Trinkwasser nicht kostenlos zur Verfügung steht und informiere dich über die Kosten.*
4 *Süßwasser gilt als kostbares Gut. Begründe diese Aussage.*
5 *Erkläre, wie man Wasser genießbar machen kann.*

Schon gewusst?

Mit der Wassermenge, die bei der Produktion eines Apfels verbraucht wird, könntest du deine Badewanne zur Hälfte füllen.

M 1 Wie viel Wasser steckt in einem Apfel?

Wie viel Wasser wird benötigt zur Herstellung von …

… einer Tasse Tee (0,25 l):	30 Liter Wasser
… einer Tasse Kaffee (0,125 l):	140 Liter Wasser
… einer Flasche Milch (1 l):	1000 Liter Wasser
… einer Dose Cola (0,33 l):	70 Liter Wasser

M 2 Wasserverbrauch bei der Herstellung von Getränken

M 3 Virtuelles Wasser

Wasser im Einkaufskorb?

Auf den ersten Blick ist bei den meisten Produkten nicht sofort erkennbar, wie viel Wasser darin enthalten ist – auch wenn bei der Produktion eigentlich viel Wasser verbraucht wurde. Es gibt also neben dem sichtbaren Verbrauch (**Konsum**) von Wasser immer auch einen versteckten. Dies gilt für alle Waren, die wir täglich brauchen – und zwar vom Apfel (M 1) über den Mikrochip bis zur Tasse Kaffee (M 2 und M 3).

Virtuelles Wasser – was ist das?

Virtuelles Wasser beschreibt die unsichtbare Menge Wasser, die in der Nahrung oder Bekleidung enthalten ist und zu deren Herstellung verwendet wurde. So siehst du deinem T-Shirt nicht an, dass darin im Schnitt 4100 Liter Wasser stecken (M 3). Bei der Herstellung einer Jeans werden sogar 11 000 Liter Wasser verbraucht. Der größte Teil davon fällt bei der Bewässerung der Baumwollpflanzen an – und zwar meistens in Staaten, die ohnehin unter Wassermangel leiden (M 5).
Der sogenannte **virtuelle Wasserverbrauch** gibt jeweils die Wassermenge an, die zur Herstellung sowie zum Transport eines bestimmten Produktes verbraucht, verdunstet oder verschmutzt wird. Virtuelles Wasser steckt also letztlich in jedem Produkt, da für die Herstellung immer auch Wasser benötigt wird.

Auf Seite 225 hast du erfahren, dass der Durchschnittsdeutsche täglich 128 Liter Wasser verbraucht. Allerdings beträgt der virtuelle Wasserverbrauch pro Person rund 4000 Liter! Deutschland importiert folglich mit jedem eingeführten Produkt indirekt das virtuelle Wasser. Besonders problematisch ist dabei, dass längst nicht alle Güter, die in einem Land verbraucht werden, dort auch produziert wurden.

Die Berechnung des sogenannten „**Wasserfußabdrucks**“, also der Wassermenge, die insgesamt von den Einwohnern eines Landes beansprucht wird, lässt sich an einer Tasse Kaffee zeigen:
Der Kaffeebauer in Brasilien benötigt Treibstoff und Maschinen, für deren Produktion ebenfalls Wasser erforderlich ist. Die Helfer auf der Plantage müssen kochen und waschen, der Kaffee muss gereinigt werden. Auch für die Veredlung, den Transport nach Europa und für den Zwischenhandel wird Wasser benötigt. Ganz am Ende steht dann das Trinkwasser, mit dem zu Hause der Kaffee gekocht wird.

M 4 Wasserfußabdruck einer Tasse Kaffee

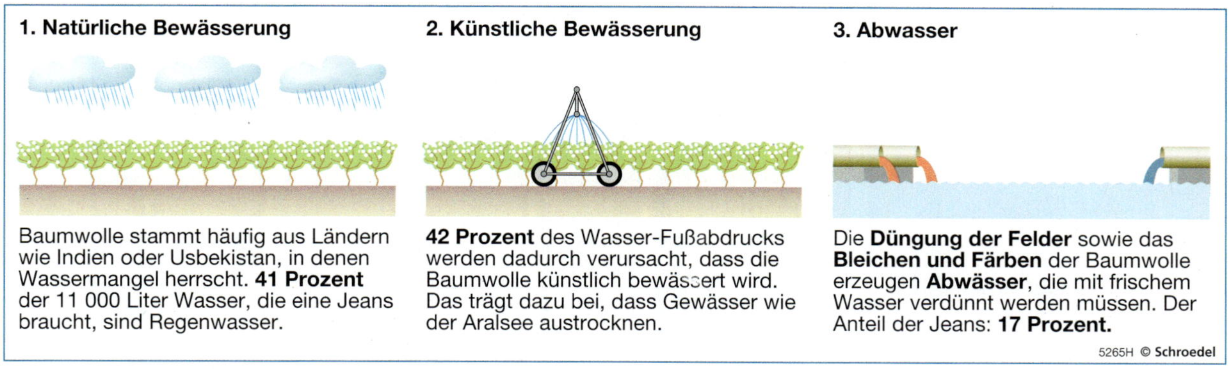

M5 So wird virtuelles Wasser berechnet (Beispiel Baumwolle)

Deutschland – ein Wüstenstaat?

Deutschland verbraucht viel mehr Wasser, als bei uns Niederschlag fällt. Müssten wir für unseren „virtuellen Wasserbedarf" in Zukunft selbst aufkommen, wäre unser Land eine Wüste! Es gäbe keine Flüsse und Seen mehr und keinerlei Grundwasserneubildung! Höchstens aus unseren Nachbarländern Tschechien, Österreich und der Schweiz würde noch etwas Wasser zufließen.

Bis auf den letzten Tropfen würde alles Wasser für den Gemüseanbau, für nachwachsende Rohstoffe, für Getreide und „Biosprit" benötigt. Es würde aber bei Weitem nicht reichen! Dass sich Deutschland, gemessen an seiner hohen Besiedlungsdichte, überhaupt Naturschutzgebiete, Wälder und Badeseen in relativ hoher Zahl leisten kann, liegt daran, dass wir unsere Wasserbereitstellung ins Ausland verlagert haben.

AUFGABEN

1 *Beschreibe in eigenen Worten den Begriff „virtuelles Wasser".*

2 *Die Produktion von Kleidung belastet die Umwelt, da Rohstoffe verbraucht werden. Es gibt aber Möglichkeiten, beim Kauf und Tragen von Kleidung umweltbewusst zu handeln. Sammelt eure Ideen in der Klasse und entwerft ein Plakat mit Umwelttipps zum richtigen Umgang mit Kleidung beim Kaufen, beim Tragen und beim späteren Entsorgen.*

3 *Überlege mit deinem Lernpartner, wie ihr euren eigenen „virtuellen Wasserbedarf" verringern könnt.*

4 *Erläutere, für welche Länder bzw. Regionen der Erde unser Verbrauch von virtuellem Wasser ein Problem darstellen könnte und warum. (Die Karte auf S. 235 hilft dir bei der Lösung.)*

5 *Nimm Stellung zu folgender Aussage: „Bei uns in Deutschland gibt es genügend Wasser. Darum muss nicht gespart werden."*

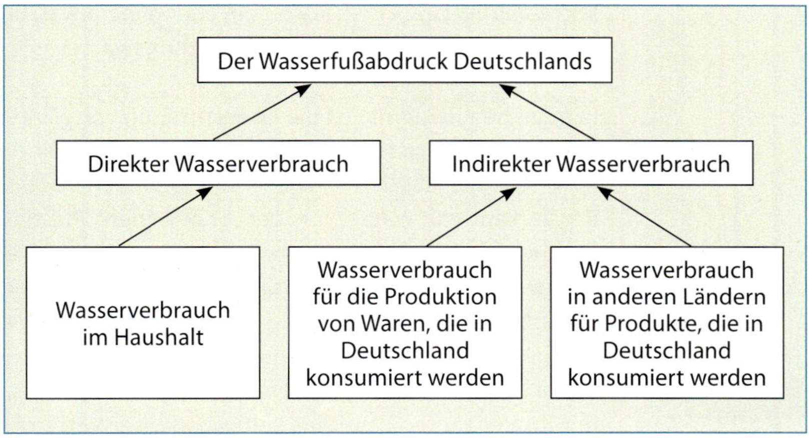

M6 Wasserfußabdruck Deutschlands

INFO

Ein Vergleich:
- Jeder Deutsche verbraucht rund 500 Kubikmeter virtuelles Wasser im Jahr.
- Die 80 Mio. Deutschen verbrauchen jährlich 40 Mrd. Kubikmeter Wasser (= 40 Kubikkilometer).
- Der größte deutsche See, der Bodensee, hat ein Volumen von 50 Kubikkilometern.
- Der Rhein transportiert bis zu 80 Kubikkilometer Wasser pro Jahr in die Nordsee.

M 1 Wasser aus der Flasche – ein Verkaufsschlager: Jeder Deutsche trinkt im Durchschnitt 136 Liter Mineralwasser im Jahr.

Qualität von Trinkwasser

Trinkwasser ist das am besten kontrollierte Lebensmittel: Es wird auf mehr gesundheitsschädliche Substanzen getestet als Flaschenwasser (M 3), da die Trinkwasserverordnung mehr Grenzwerte vorschreibt. Verunreinigungen treten höchstens in den Wasserleitungen auf: Dort können sich Bakterien und Pilze bilden oder gesundheitsschädliche Stoffe aus den Rohren anreichern.

Trotz der Trinkwasserverordnung können sich aber bis zu 1700 Stoffe im Wasser befinden. Nicht einmal 100 davon werden durch Wasserproben untersucht. So können Schadstoffe aus der Landwirtschaft oder Medikamentenrückstände ungefiltert ausgegeben werden.
In manchen Ländern ist das Leitungswasser allerdings gar nicht oder unzureichend aufbereitet. Durch Schadstoffe aus der Industrie und Landwirtschaft wird das Wasser stark belastet, was eine erhebliche Gefahr für die Gesundheit darstellt.

M 2

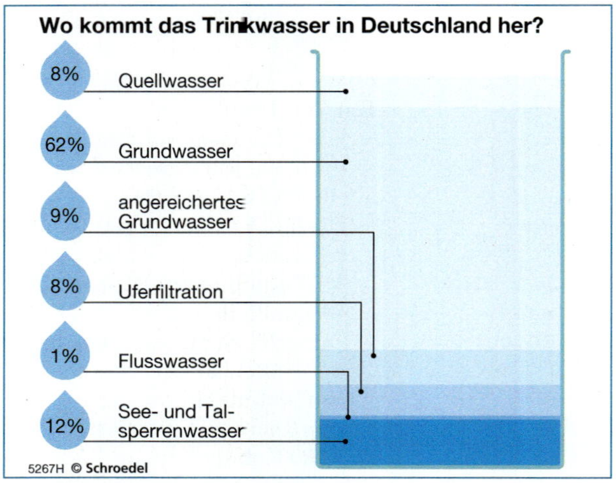

M 3 Woher kommt unser Trinkwasser?

Flaschenwasser – der große Schmu?

Der Verkauf von in Flaschen abgefülltem Wasser steigt jedes Jahr um rund 7 % – und zwar vor allem in den Ländern, in denen die Menschen kein Wasser in Trinkwasserqualität haben (M 4). Die Hersteller betonen die natürliche Reinheit des Wassers und locken geschickt mit Werbeversprechen wie „besonders bekömmlich", „weckt Vitalität" oder „ausgewogen mineralisiert". Untersuchungen belegen allerdings, dass die Qualität von Flaschenwasser manchmal sogar schlechter als die von Leitungswasser ist.

Hochwertiges Mineralwasser kommt meist aus dem Gebirge oder aus Quellen, die tief im Erdreich sitzen. Entsprechend rein ist das Wasser. Einige Mineralwasser weisen einen hohen Mineralstoffgehalt auf. Dieser trägt zur Versorgung des Körpers mit Calcium und Magnesium bei. Auf den Flaschen ist auch der Nitratgehalt angegeben, dieser liegt normalerweise deutlich unter dem von Leitungswasser. Im Unterschied zum Mineral- und Tafelwasser ist Leitungswasser aber bei uns im Haushalt leicht verfügbar. Zudem kostet ein Liter Mineralwasser etwa 200-mal so viel wie ein Liter Leitungswasser.

In manchen Regionen ist die Konzentration von Mineralstoffen in Leitungswasser sogar mit der von Mineralwasser aus Flaschen vergleichbar. Dennoch boomt der Verkauf von Wasser aus der „praktischen" Plastikflasche. Mit viel Kohlensäure, medium oder still, die Deutschen lieben Mineralwasser. Jeder Bundesbürger trinkt 136 Liter Mineralwasser im Jahr. Es ist einer der erfolgreichsten Werbetricks unserer Zeit. Denn dass sich hinter der Bezeichnung „Tafelwasser" ein überteuertes, mit Kohlensäure versetztes Leitungswasser verbirgt, ahnt kaum jemand.

Flaschenwasser und Umweltschutz

Das Verbrauchermagazin Ökotest hat Mineralwässer genauer untersucht. In einigen wurden Keime und gesundheitsgefährdende Stoffe nachgewiesen, z. B. Abbauprodukte von Pflanzenschutzmitteln. Leitungswasser gilt als nahezu keimfrei – auch wenn es zur Reduzierung der Keime Chlor enthalten kann, manchmal auch Kalk oder Medikamentenrückstände. Die Verbraucherschützer kommen in dem Test zum Urteil, dass Flaschenwasser gegenüber Leitungswasser keine Vorteile bietet.

In der Kritik stehen auch die Plastikflaschen, in die das Wasser oft abgefüllt wird. Denn die Flaschen geben Chemikalien und Schadstoffe ins Wasser ab. Demgegenüber ist das Trinken von Leitungswasser umweltfreundlich, weil die Herstellung von Kunststoffverpackungen und der Transport mit dem Lkw entfallen.

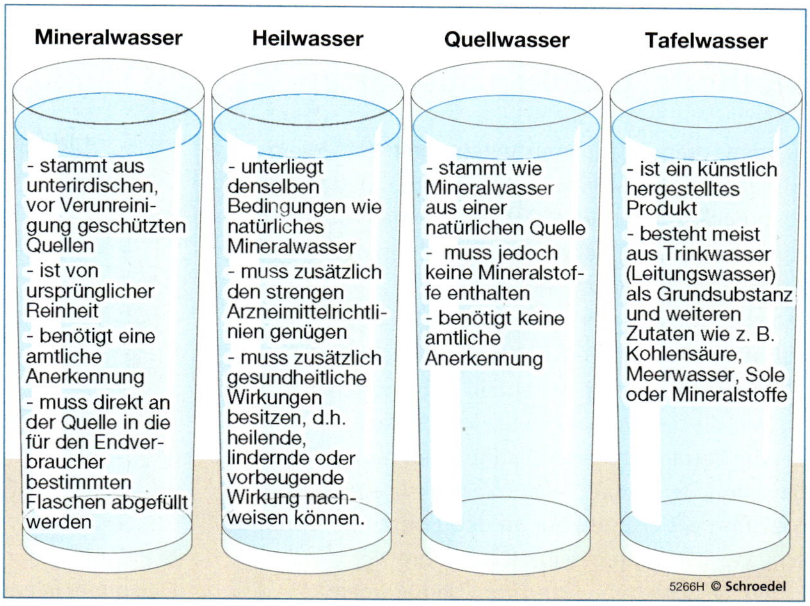

M4 Qualitätsstandards für Flaschenwasser

Für die meisten Plastikflaschen muss zwar Pfand bezahlt werden, doch das bedeutet nicht immer, dass die Flaschen auch recycelt werden. Neben der Produktion und dem Transport der Flaschen ist auch der zurückbleibende Plastikmüll ein Problem. Denn Plastik verschwindet nicht einfach. Vielmehr vermüllen Plastikflaschen die Landschaft und die Strände oder sie schwimmen im Meer und in den Flüssen (> S. 222).

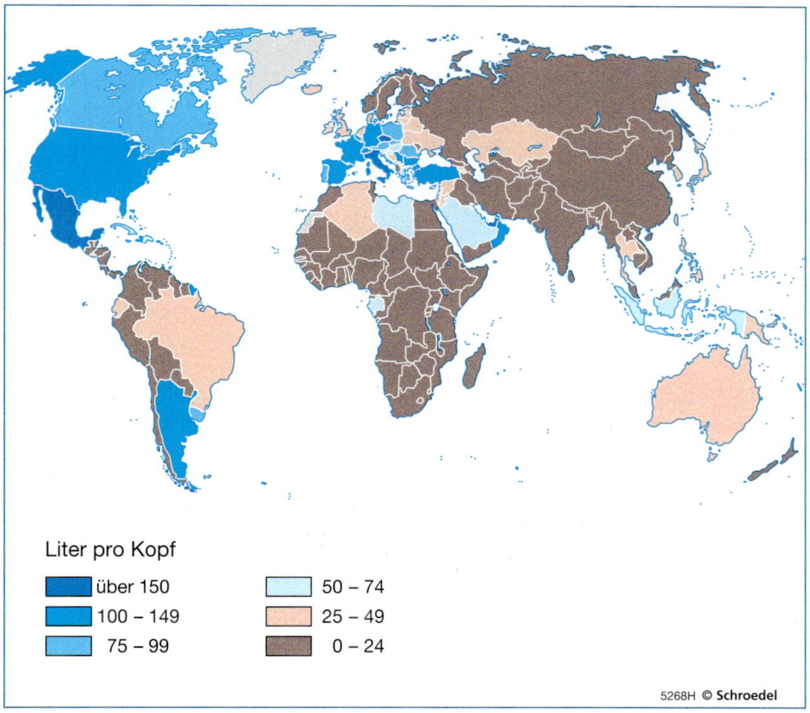

M5 Verbrauch von Flaschenwasser

AUFGABEN

1 *Beschreibe, wo unser Trinkwasser herkommt (M 3).*

2 *Benenne die Qualitätsstandards für Flaschenwasser (M 4).*

3 *Entwirf eine Tabelle mit Pro- und Kontra-Argumenten zum Flaschenwasser. Beurteile, ob Flaschen- oder Leitungswasser besser ist.*

4 *Diskutiert, welche Folgen der hohe Konsum von Flaschenwasser für die Umwelt hat.*

5 *Überlege, warum so viele Menschen bereit sind, Geld für Wasser auszugeben, obwohl es zu Hause billiger verfügbar ist.*

6 *Ermittle mithilfe von M 5, in welchen Staaten viel Flaschenwasser verbraucht wird. Finde Gemeinsamkeiten heraus (z. B. Industrieland, Lage in Trockengebieten?).*

M

Methode: Grafiken auswerten

Auf den vorangegangenen Seiten waren Zahlenangaben zum Thema „Wasserverbrauch" erhalten. Diese Angaben stammen aus Statistiken. Das sind thematisch geordnete Sammlungen, aus denen du Informationen in Form von Zahlen und Tabellen bekommst.
Tabellen sind aber oft wenig anschaulich. Die Größenverhältnisse lassen sich – z. B. bei einer Präsentation – auch als Diagramm oder als Schaubild zeichnerisch darstellen. So sind die Sachverhalte meist leichter zu erfassen.
Bei der Betrachtung von Diagrammen muss man genau hinsehen, denn manchmal spiegeln sie eine bestimmte Meinung wider und können den Betrachter durch geschickte Darstellungen in die Irre führen.
Es gibt verschiedene Arten von Diagrammen:

Säulendiagramme eignen sich besonders zur Veranschaulichung von Zahlenwerten in einer zeitlichen (z. B. nach Jahren) oder anderen Reihenfolge (z. B. nach Ländern). Dabei entspricht die jeweilige Säulenhöhe den absoluten Zahlen. Der Abstand der einzelnen Säulen ist immer gleich und die einzelnen Säulen werden nicht miteinander verbunden. **Balkendiagramme** sind ähnlich, sie sind nur ein gedrehtes Säulendiagramm (M 4).

Kurven- oder Liniendiagramme bestehen aus einer oder mehreren Linien. Die einzelnen Datenpunkte sind miteinander verbunden. Diese Diagrammform eignet sich zur Veranschaulichung von zeitlichen Entwicklungen. Die Zeitabstände zwischen den Werten sollten immer gleich sein.

Kreisdiagramme werden verwendet, um Anteile an einer Gesamtmenge darzustellen. Dabei stellt der ganze Kreis 100 % einer bestimmten Gesamtmenge dar. Die einzelnen Anteilsgrößen lassen sich hier allerdings nicht genau ablesen. Aus diesem Grund sind die Werte meistens in oder neben die Kreissegmente eingetragen.

TIPP

Beachte: Werden *absolute Zahlen* (= Zahlen, die genaue Mengen, Größen oder Häufigkeiten angeben) oder *relative Zahlen* verwendet (Prozentzahlen, die einen Zusammenhang zwischen einem Zahlenwert zu einer anderen Größe herstellen)?

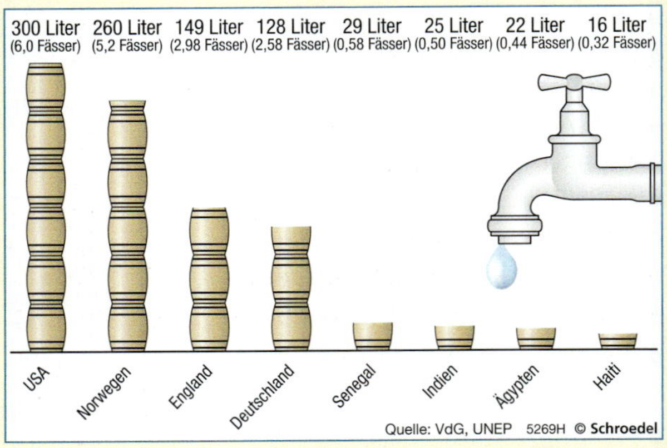

M 1 Säulendiagramm: Täglicher Trinkwasserverbrauch je Einwohner in ausgewählten Ländern

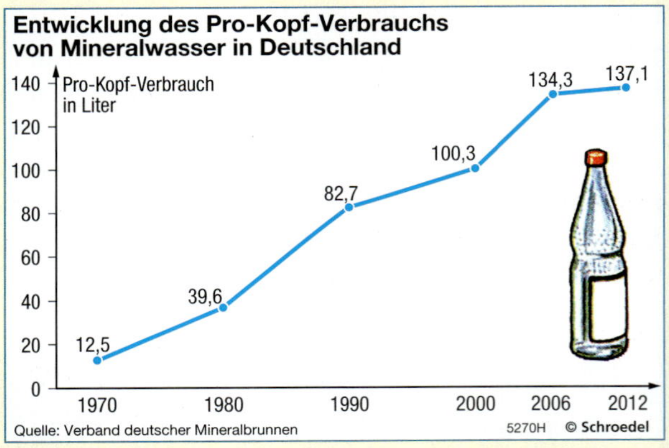

M 2 Kurvendiagramm: Entwicklung des Absatzes von Flaschenwasser in Deutschland

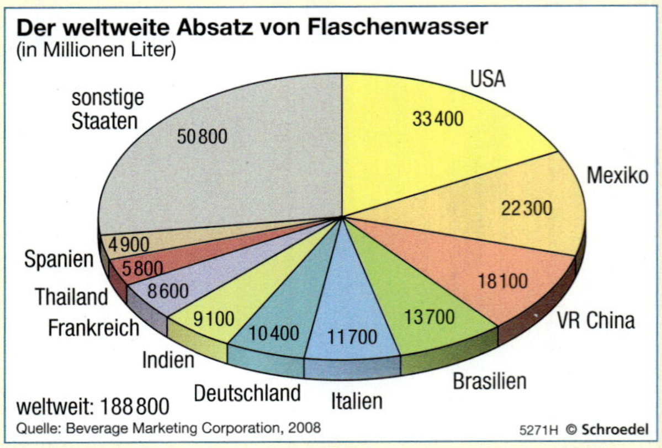

M 3 Kreisdiagramm: Weltweiter Absatz von Flaschenwasser

Die folgende Aufstellung gibt dir Hinweise zur Auswertung von Diagrammen. Allerdings lassen sich die Fragen nicht bei jeder Grafik immer vollständig beantworten:

Einordnung und Beschreibung

- Wer hat die Grafik erstellt oder veröffentlicht?
- Welches Thema wird in der Grafik dargestellt (Überschrift oder Untertitel)?
- Welche Zahlenarten werden verwendet (absolute oder relative Zahlen)?
- Auf welchen Zeitraum bezieht sich die Statistik?
- Wie wurden die Zahlen im Diagramm umgesetzt (Abstände, Maßeinheiten, Zeitsprünge, Verzerrungen ...)?

Auswertung

- Benenne Minimal- und Maximalwerte.
- Werden bestimmte Verlaufsphasen deutlich (Zu- und Abnahme, Stillstand ...)?
- Lassen sich die dargestellten Zahlen vergleichen?
- Zeigen die Zahlen Zusammenhänge auf?
- Wie lassen sich die Hauptaussagen der Grafik zusammenfassen?

Erklärung

Erst wenn die Statistik genau beschrieben und ausgewertet ist, können Schlussfolgerungen gezogen werden.

Beispiel: Beschreibung von M1
Die Zahlen der Grafik M 1 wurden von der Vereinigung Deutscher Gewässerschutz e. V. (VdG) und den United Nations Environment Programmen (UNEP) veröffentlicht. Es werden nur absolute Zahlen verwendet. Dargestellt wird der tägliche Wasserverbrauch in ausgewählten Ländern. Zur besseren Lesbarkeit sind die Zahlen mit Wasserfässern (1 Fass = 50 l) dargestellt.
Den höchsten Wasserverbrauch haben die Einwohner der USA mit 300 Liter am Tag. Auf Haiti hingegen verbrauchen die Einwohner im Durchschnitt nur 16 Liter, Deutschland liegt mit 128 Liter je Einwohner im Mittelfeld der ausgewählten Länder.

AUFGABEN

1 *Benenne die Vorteile der dargestellten Diagrammformen M 1 – M 3.*

2 *Werte die Grafiken M 2 und M 3 nach dem vorliegenden Muster aus.*

3 *Wertet auch die Grafik M 4 in Gruppenarbeit nach dem vorliegenden Muster aus.*

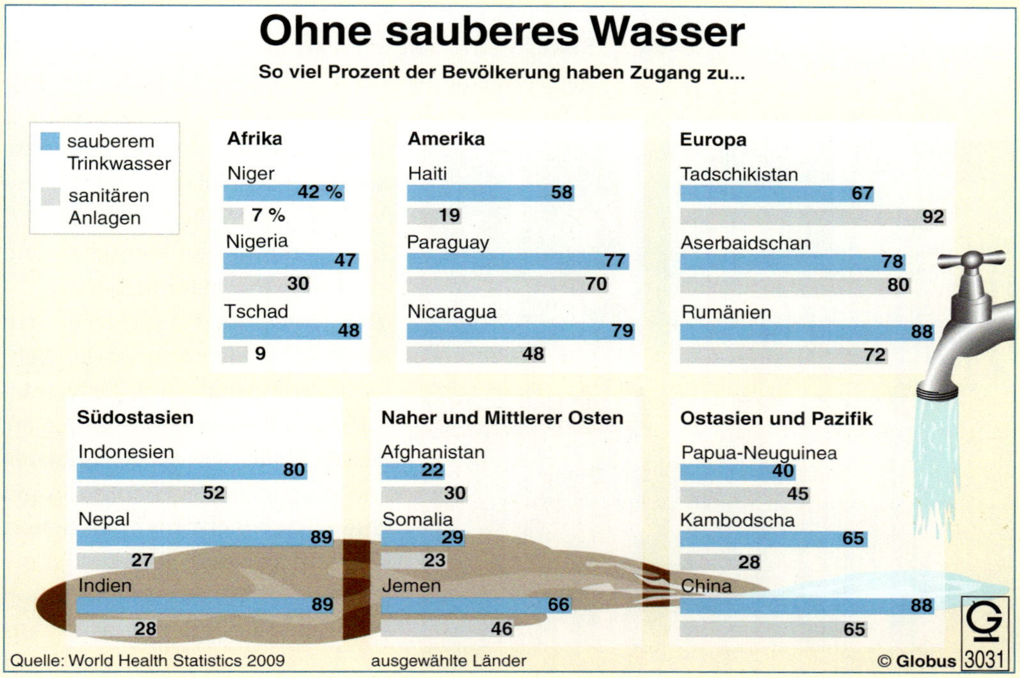

M4 Zugang zu sauberem Wasser

Wasser – ein Menschenrecht

Die Achtung der **Menschenrechte** ist ein zentrales Anliegen der deutschen Politik. Der Artikel 1 unseres Grundgesetzes nennt die Menschenrechte als Grundlage jeder menschlichen Gemeinschaft, des Friedens sowie der Gerechtigkeit.
Auch international sind diese Rechte zu schützen. So haben die Vereinten Nationen den Anspruch auf reines Wasser in die Allgemeine Erklärung der Menschenrechte aufgenommen (M 4). Die Versorgung mit Trinkwasser ist also ein Grundbedürfnis der Menschen. Doch ist dies überall auf der Welt gewährleistet?

M 1 Afrikanische Kinder holen Wasser vom Brunnen

Nach Schätzungen der Vereinten Nationen hat fast eine Milliarde Menschen kein sauberes Trinkwasser. Jeden Tag sterben 4000 Kinder durch verunreinigtes Wasser (> S. 116). Viele Krankheiten in den Entwicklungsländern sind auf schlechte Hygiene und mangelhafte Trinkwasserversorgung zurückzuführen. Oft sind dort die Menschen mehrere Stunden unterwegs, um sich in Kanistern Wasser von einem Fluss oder Brunnen zu holen (M 1). In dem afrikanischen Staat Kamerun stehen beispielsweise einem Menschen täglich nur 5 Liter Wasser zur Verfügung.

In Europa oder in Nordamerika ist der tägliche Wasserbedarf der Menschen hingegen gesichert. Durch ausreichende Niederschläge wird das entnommene Grundwasser meistens wieder ergänzt.
Jeder Deutsche verbraucht durchschnittlich rund 128 Liter Trinkwasser am Tag (> S. 225), jeder US-Amerikaner allerdings 300 Liter. In Las Vegas – das mitten in der Wüste liegt – sind es jeden Tag sogar 879 Liter pro Kopf (M 2). Ein großer Teil des Wassers wird dort zur Bewässerung von Golfplätzen und Grünflächen sowie für Swimmingpools verbraucht.

M 2 Wasserspiele in einem Hotel in Las Vegas – mitten in der Wüste

Doch die weltweiten Wasservorräte werden immer knapper. Nur 3 % des Wassers sind Süßwasser (> S. 227) und somit für den Menschen und die Landwirtschaft nutzbar.
Der weltweite Wasserverbrauch steigt durch den Anstieg der Weltbevölkerung und durch die Ausweitung von Bewässerungsflächen an. Bereits heute ist in einigen Gebieten die ausreichende Versorgung mit Süßwasser nicht mehr gesichert (M 3). In anderen Gebieten ist die Trinkwasserversorgung aufgrund des Entwicklungsstandes oft aus technischen Gründen gar nicht möglich.

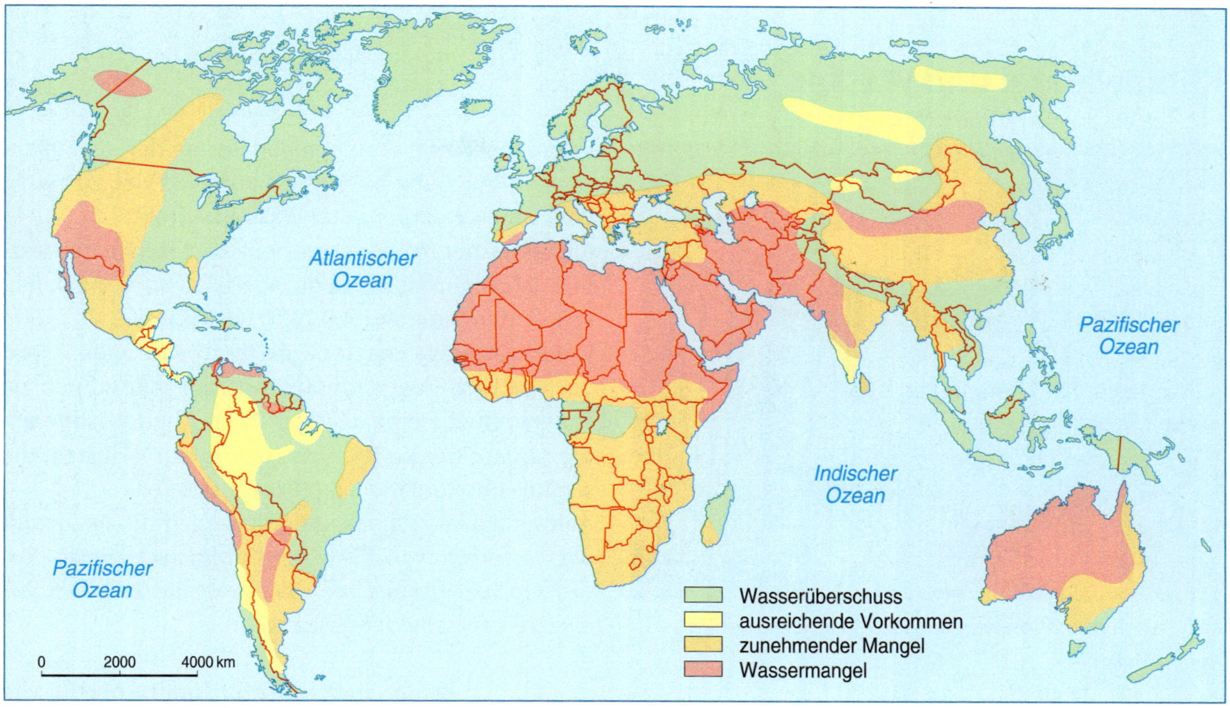

M3 Weltweite Wasserverteilung

Das knappe Gut Wasser ist daher ein umkämpfter Rohstoff. Während in großen Teilen Afrikas und des Nahen Ostens Wasser Mangelware ist, leiden Millionen Menschen Asiens vor allem an der Verschmutzung der Flüsse und Meere. Der zweitlängste Fluss Chinas, der Huang He (= Gelber Fluss) ist dermaßen verschmutzt, dass sein Wasser nicht einmal mehr für die Bewässerung der Felder eingesetzt werden kann.
2010 stimmte die UN-Generalversammlung zu, das Recht auf Wasser als allgemeines Menschenrecht anzuerkennen. 122 Staaten unterstützten den Antrag (M 4).

Die Generalversammlung ... [ist] tief besorgt darüber, dass 884 Millionen Menschen keinen Zugang zu einwandfreiem Trinkwasser und mehr als 2,6 Milliarden keinen Zugang zu einer sanitären Grundversorgung haben, und höchst beunruhigt darüber, dass jedes Jahr infolge von wasser- und sanitärbedingten Krankheiten etwa 1,5 Millionen Kinder unter 5 Jahren sterben und 443 Millionen Schultage verloren gehen ...
1. erkennt [sie] das Recht auf einwandfreies und sauberes Trinkwasser und Sanitärversorgung als ein Menschenrecht an, das unverzichtbar für den vollen Genuss des Lebens und aller Menschenrechte ist...

(Quelle: http://www.un.org/depts/german/gv-64/band3/ar64292.pdf, Zugriff 17.09.2013, gekürzt und sprachlich vereinfacht)

M4 Auszug aus einer UN–Resolution

AUFGABEN

1 * *Nenne die Folgen des Wassermangels in den* ***Entwicklungsländern****.*

2 *Deutschland ist wie andere* ***Industrieländer*** *mit verantwortlich für die Wasserknappheit. Erkläre diesen Sachverhalt mit Hilfe der Seiten 224 – 229.*

3 *Ermittle die Staaten und die Regionen, in denen Wassermangel herrscht (M 3).*

4 *Erläutere die Zielvorstellungen der Vereinten Nationen.*

5 *Erörtere, inwiefern der Umgang mit Wasser auch eine Frage der Gerechtigkeit ist.*

M5 Verschmutzung des Huang He

Z

Klimawandel und Wasser

M 1 Durch den Klimawandel werden Trockengebiete noch trockener.

Wasser bestimmt entscheidend unsere Tier- und Pflanzenwelt. Auch der Mensch ist durch zu viel, zu wenig oder durch verunreinigtes Wasser bedroht.
Klimaforscher haben festgestellt, dass sich in den letzten 100 Jahren das **Klima** geändert hat. So ist die Durchschnittstemperatur um 0,74 °C gestiegen.
Die Erwärmung unserer Erde (Fachleute sagen dazu auch globale Erderwärmung) wird ausgelöst durch die sogenannten Treibhausgase. Das sind unter anderem die Abgase der Kraftfahrzeuge und der Industrie, die schädliches Kohlendioxid (CO_2) ausstoßen.
Aufgrund dieser Klimaänderung werden sich in Zukunft die Wasserreserven, die in den Gebirgsgletschern, Flüssen und Seen gespeichert sind, sowie die Grundwasserreserven entscheidend verändern.

M 2 Gletscherschmelze durch Klimawandel: Am Piz Bernina (Schweiz) im Jahr 2010 und 1910 (rechts)

Bisher spielen Gebirgsgletscher für die Wasserversorgung, z. B. in den Alpen oder im Himalaya, eine wichtige Rolle. Doch seit Jahrzehnten schmelzen nahezu alle Gletscher der Welt ab (M 2). Außerdem ist zu beobachten, dass in den vielen Trockengebieten die Gewässer austrocknen (M 1).

Viele kleine Gletscher sind bereits verschwunden, sodass die davon gespeisten Flüsse nur während der Regenzeit Wasser führen. Die Versorgung mit Wasser entwickelt sich nicht nur für die Landwirtschaft, sondern auch für die Trinkwasserversorgung zum Problem. Missernten wegen Wassermangel und Krankheiten werden zunehmen. Dabei hat bereits heute ein Fünftel der Weltbevölkerung keinen Zugang zu sauberem Trinkwasser (> S. 234).

Durch den Klimawandel steigen die Niederschläge, aber auch die Verdunstung nimmt zu. Die Folge wird eine Intensivierung der Wasserkreisläufe sein (> S. 226). Aber kommt die Feuchtigkeit auch dort an, wo sie benötigt wird? Durch die Erwärmung der Erde wird sich der globale Wasserkreislauf ändern.

M 3 Auch durch Hochwasser und Überflutungen ist das Trinkwasser gefährdet.

„Zwei Milliarden Menschen droht Wassermangel“

Durch den Klimawandel könnten neuen Studien zufolge Ende des Jahrhunderts weit über zwei Milliarden Menschen unter Wassermangel leiden. Zusätzlich zu den mehr als einer Milliarde Menschen, die bereits heute in wasserarmen Gegenden leben, drohe bei anhaltendem Bevölkerungswachstum und einem weiteren Versagen der Klimapolitik mehr als einer weiteren Milliarde Menschen Wasserknappheit, teilte das Potsdam-Institut für Klimafolgenforschung (PIK) mit.

(http://www.welt.de/wissenschaft/article120746919/Zwei-Milliarden-Menschen-droht-Wassermangel.html, Zugriff 09.10.2013)

M 4 Zeitungsmeldung

Trübe Aussichten für die künftige Wasserversorgung?

Es wird erwartet, dass sich das Problem der Wasserversorgung in naher Zukunft weltweit verschärfen wird. Extreme Wettersituationen werden zunehmen, zum Beispiel werden häufiger Hochwasser und Überschwemmungen, aber auch längere trockene Perioden auftreten. Als Folge davon können in vielen Regionen Flüsse und Seen austrocknen.

Selbst in Gebieten, in denen mehr Niederschlag fällt, ist das Trinkwasser gefährdet: Denn durch Hochwässer können auch Trinkwasserbrunnen überschwemmt und verschmutzt werden (M 3). Mit hoher Wahrscheinlichkeit wird sich deshalb die Wasserqualität durch die steigenden Temperaturen verschlechtern.
Der Anstieg des Meeresspiegels, der durch steigende Temperaturen ausgelöst wird, kann ebenfalls zu einer Versalzung des Trinkwassers führen.

Zu Dürrekatastrophen kommt es, wenn sich innerhalb kurzer Zeiträume regionale Klimaverhältnisse ändern. Trockenperioden werden häufiger, da die Niederschläge abnehmen und das zur Verfügung stehende Wasser knapper wird. In den letzten Jahrzehnten haben Dürrekatastrophen zugenommen. Denn immer mehr Menschen siedeln in Trockengebieten und haben durch künstliche Bewässerung Landstriche erobert, die vorher nie genutzt werden konnten. Durch den globalen Klimawandel nehmen solche Gebiete besorgniserregend zu.

M 5 Gibt es aufgrund des Klimawandels in Asien häufiger Taifune und stärkere Regenfälle?

AUFGABEN

1 * *Nenne mögliche Folgen des Klimawandels für die Versorgung mit Trinkwasser.*

2 *Erkläre, ob die Aussichten für die künftige Wasserversorgung wirklich so trübe sind, wie im Text beschrieben.*

3 *Überlege zusammen mit deinem Lernpartner, wie man die Ausweitung der Wasserknappheit verringern könnte.*

Projekt Bachbegehung

Es gibt in Deutschland nur noch wenige natürliche Bäche wie der auf M 2 abgebildete. Das Wasser von vielen Bächen lässt sich nicht mehr als Trinkwasser nutzen. Vielleicht habt ihr auch schon selbst einen unangenehmen Geruch wahrgenommen, wenn ihr in der Nähe eines Baches unterwegs wart. Einige Bäche sind trübe, andere werden als Müllkippe missbraucht oder weisen ein vermehrtes Algenwachstum auf, manche sind sogar von einem grünen Schaumteppich bedeckt.

Die Verschmutzung der Bäche, Flüsse und Seen betrifft nicht bloß die Menschen. Lebewesen, die im Wasser oder am Rande des Bachbetts ihren Lebensraum haben, sind ebenfalls von der Verschmutzung durch Haushaltsabwässer, Düngemittel und Unkrautvertilgungsmittel aus der Landwirtschaft betroffen.
Doch auch wenn das Bachbett begradigt (M 3) oder einbetoniert wurde, führt dies zu einer Beeinträchtigung der Lebensmöglichkeiten von Pflanzen und Tieren.

Gewässeruntersuchungen

Gewässeruntersuchungen sind ein wichtiges Element im Naturschutz. Dazu findet ihr auf Seite 239 Hinweise. Für eine Gewässeruntersuchung müsst ihr mindestens zwei bis drei Stunden Zeit einplanen. Arbeitet bei der Erkundung in Gruppen und dokumentiert eure Beobachtungen und Ergebnisse. Ihr könnt die Untersuchung auch an unterschiedlichen Stellen des Baches oder an verschiedenen Bächen durchführen – denn so ergeben sich gute Vergleichsmöglichkeiten.

Schon gewusst?
Als natürlich werden Naturerscheinungen bezeichnet, die nicht vom Menschen verändert wurden. Naturnahes sieht lediglich so aus, als wäre es natürlich – in Wirklichkeit wurde es aber durch den Menschen verändert oder beeinflusst.

M 1 Schüler bei der Wasseruntersuchung

M 2 Natürlicher Bach im Harz

M 3 Vom Menschen begradigter Bachverlauf

Zur Untersuchung des Wassers braucht ihr:
- Gummistiefel
- Kescher oder Küchensiebe
- 2 oder 3 größere Teller/Schalen
- Sammelgefäße (kleine Behälter, Gläschen)
- Löffel, Pipetten und Pinsel
- Lupen
- Schreibzeug und evtl. Bestimmungshilfen

Tipps für Beobachtungen
- Ist der Bach durch menschliche Eingriffe beeinträchtigt? (z. B. betoniert oder nicht?)
- Fließt der Bach gerade oder mäandriert (schlängelt) er sich durch die Landschaft?
- Gibt es Steine oder Schotter im Bachbett?
- Ist das Ufer flach oder steil?
- Gibt es Stellen, wo das Wasser schnell fließt und Buchten ohne Strömung?
- Ist der Bach bewachsen oder nicht? Sind Bäume, Sträucher oder Schilf zu entdecken?
- Ist das Wasser klar oder trüb?
- Liegt Müll im Wasser oder am Rand des Baches?
- Gibt es Tiere im Wasser?

Untersuchung von Wassertieren
Sammelt in Gruppen Kleintiere am Ufer eines Fließgewässers in einem Teller oder einer Schale. Streicht dazu mit dem Kescher oder Teesieb durch die Wasserpflanzen. Dreht Steine um und streift die daran anhaftenden Tiere mit dem Pinsel in einen Teller. Sortiert nun alle ähnlich aussehenden Tiere. Verfahrt mit den anderen Tieren ebenso. So erhaltet ihr verschiedene Tiergruppen. Verwendet eine Lupe und Bestimmungstabellen, um die Tiere zu bestimmen. Setzt die Tiere anschließend zurück ins Wasser.

Gewässergüteklassen zeigen die Wasserqualität
Um die Güte von Gewässern zu bestimmen, kommt es darauf an, welche Organismen im Bach vorkommen. Kleinstlebewesen wie Larven von Insekten, sind gegenüber Verschmutzungen sehr empfindlich. Sie leben nur dort, wo ihnen die Gewässergüte genügt. Nicht alle Tiere sind gleich empfindlich. Man kann sie daher nach ihrer Empfindlichkeit in Gruppen einteilen. Anhand der Vielfalt und Art der Wassertiere lässt sich auf die Qualität des Wassers schließen. Für jede Güteklasse sind bestimmte Tiere typisch. Bezeichnet werden sie als Leit- oder Zeigerorganismen für diese Güteklasse (M 4).

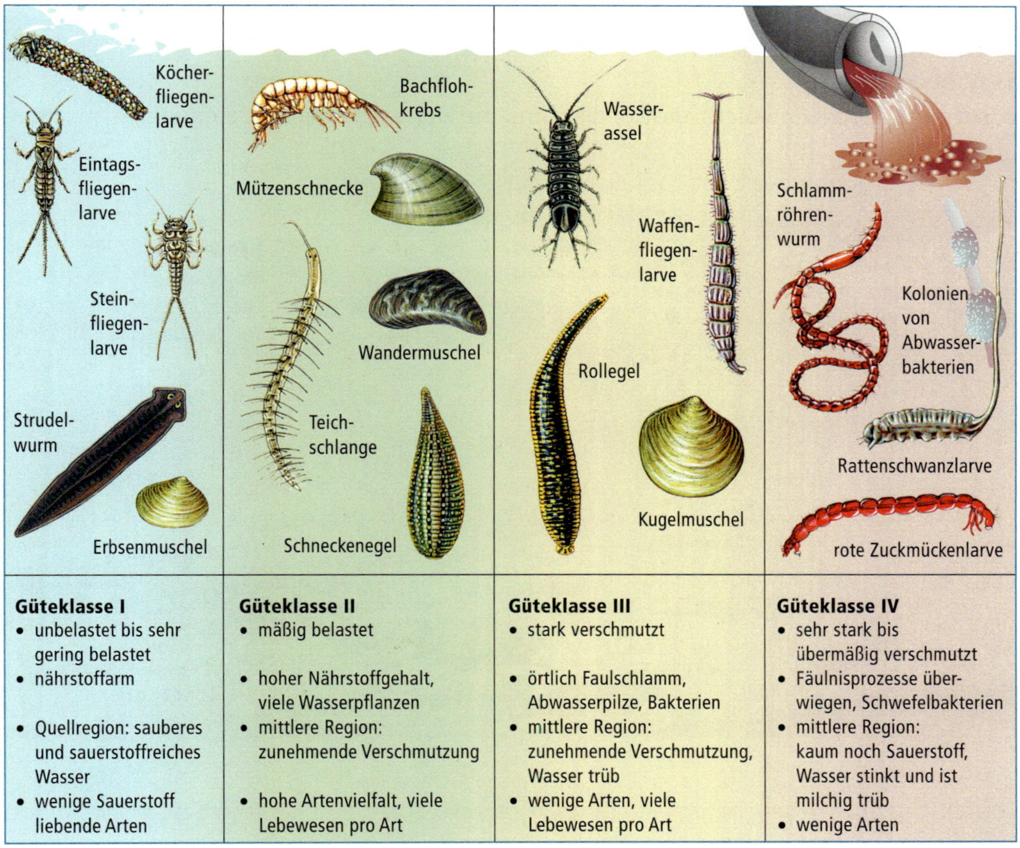

Güteklasse I	**Güteklasse II**	**Güteklasse III**	**Güteklasse IV**
• unbelastet bis sehr gering belastet	• mäßig belastet	• stark verschmutzt	• sehr stark bis übermäßig verschmutzt
• nährstoffarm	• hoher Nährstoffgehalt, viele Wasserpflanzen	• örtlich Faulschlamm, Abwasserpilze, Bakterien	• Fäulnisprozesse überwiegen, Schwefelbakterien
• Quellregion: sauberes und sauerstoffreiches Wasser	• mittlere Region: zunehmende Verschmutzung	• mittlere Region: zunehmende Verschmutzung, Wasser trüb	• mittlere Region: kaum noch Sauerstoff, Wasser stinkt und ist milchig trüb
• wenige Sauerstoff liebende Arten	• hohe Artenvielfalt, viele Lebewesen pro Art	• wenige Arten, viele Lebewesen pro Art	• wenige Arten

M 4 Zeigerorganismen und Gewässergüte

Wiederholen und Üben

Ein alltägliches Straßenbild

a) Das Foto M 1 wurde am Straßenrand aufgenommen. Ermittle, welche wertvollen Schätze auf dem Bürgersteig liegen. Welche Rohstoffe sind zu erkennen?

b) Verfasse zu dem Foto eine Stellungnahme.

M 1

Fehlersuche

In der Gelben Tonne wurden folgende Produkte entsorgt: Buttermilchbecher – Getränkekartons – Blechgeschirr – Glas – Konservendosen – Schokokusskartons –Spülmittelflaschen – Zahnpastatuben – Pappkartons – Windeln – Batterien – Klarsichthüllen – Papiertaschentücher – Eisverpackungen – Tapetenreste – verdorbenes Gemüse

a) Da ist etwas schief gelaufen! Notiere, welche Produkte nicht in die Gelbe Tonne gehören.

b) Ergänze bei den falsch entsorgten Gegenständen, wie sie richtig entsorgt werden müssen.

Urlaubsfreuden am Strand

Verfasse zu diesem Bild ein Flugblatt (Infoblatt), das auf die damit verbundenen Probleme aufmerksam macht.

M 2

Wasser in der Einkaufstüte?

a) Zähle einmal deine T-Shirts und Jeans in deinem Kleiderschrank. Rechne hoch, wie viel virtuelles Wasser für diese Kleidung verbraucht wurde (> S. 228).

b) Rechne aus, wie viele Badewannen mit 200 Litern Fassungsvermögen du mit der errechnetenWassermenge füllen könntest.

Weltweiter Wasserverbrauch

a) Werte das Diagramm M 3 aus:
- Wie hat sich der Wasserverbrauch entwickelt?
- Wie verteilt sich der Verbrauch von 1900 bis 1925?
- Wer verbraucht am meisten und wer am wenigsten Wasser?
- Erkläre deine Beobachtungen.

b) Werte das Diagramm M 4 aus:
- In welchen Erdteilen liegen die Staaten mit dem höchsten und dem niedrigsten Wasserverbrauch?
- In welchen klimatischen Regionen liegen diese Staaten?
- Überlege zusammen mit deinem Banknachbarn: Warum ist wohl dort der Wasserverbrauch so hoch bzw. so niedrig?

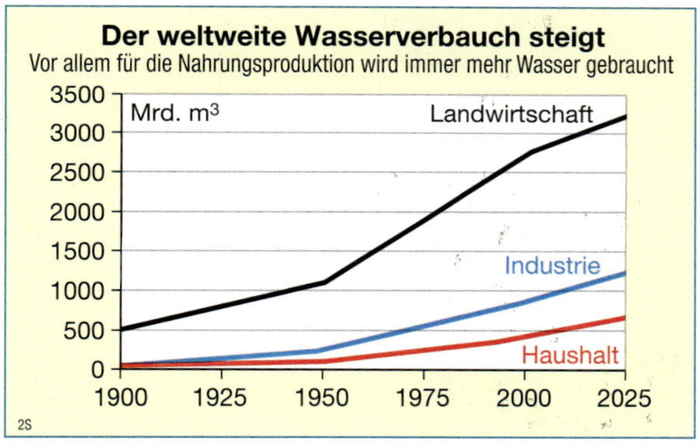

M 3

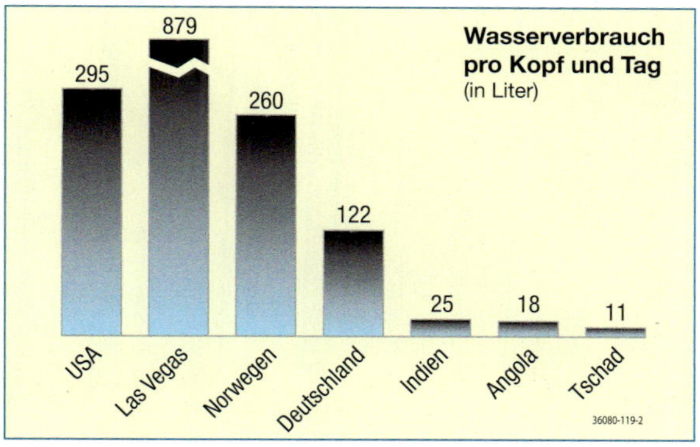

M 4

Prüfe dich nun selbst! Du kannst ...

- ✓ ... mindestens drei Produkte nennen, die nicht in den Hausmüll geworfen werden dürfen (> S. 210f);
- ✓ ... mindestens drei Produkte nennen, die recycelt werden können (> S. 212f);
- ✓ ... mindestens drei Produkte nennen, die durch Recycling entstanden sind (> S. 212-215);
- ✓ ... erklären, warum Recyclingpapier die Umwelt schont (> S. 214f);
- ✓ ... eine Umfrage durchführen und die Ergebnisse präsentieren (> S. 216f);
- ✓ ... darlegen, warum viele Lebensmittel im Müll landen (> S. 218f);
- ✓ ... Gründe dafür darlegen, dass viel Elektromüll auf Reisen geschickt wird (> S. 221f);
- ✓ ... den Wasserkreislauf beschreiben (> S. 226f);
- ✓ ... den Begriff „virtuelles Wasser" erklären (> S. 228);
- ✓ ... darlegen, welche Produkte viel und welche wenig „virtuelles Wasser" enthalten (> S. 228f);
- ✓ ... erklären, ob oder wann der Konsum von Mineralwasser sinnvoll ist (> S. 230f);
- ✓ ... verschiedene Diagramme auswerten und begründen, für welche Zwecke sie geeignet sind (> S. 232f);
- ✓ ... Folgen des Wassermangels für die Menschheit beurteilen (> S. 234f);
- ✓ ... den Einfluss des Klimawandels auf die Wasserversorgung erklären (> S. 236f).

9 Leben an der Nordseeküste und

M 1 An der Nordseeküste: Warft bei Sturmflut

in den Alpen

M2 In den Alpen: Berchtesgadener Alpen

- Das Wattenmeer – ein einzigartiger Lebensraum?
- Die Alpen – ein Lebensraum, der verändert „wird"?
- Küste und Alpen – täuschen die friedlichen Bilder?

Urlaub an der Nordseeküste

M1 Urlaubsplanung

„Endlich Ferien!", denkt sich Laura und freut sich auf den Urlaub mit ihren Eltern auf Norderney, einer der sieben Ostfriesischen Inseln. Der Arzt hatte ihnen geraten, an die Nordsee zu fahren, weil Laura an Bronchitis, an einer ernsthaften Erkrankung der Atemwege, leidet.

An der Nordsee, so hat der Arzt erklärt, ist die Luft viel sauberer als im Binnenland, weil der Wind meistens vom Meer her weht und daher nicht so viele Schadstoffe enthält. Norderney wird deshalb als Luftkurort bezeichnet. Die Luft ist hier sehr feucht und mit Bestandteilen von Salz angereichert, sodass Laura das Atmen dort leichter fällt. „Das Heilklima der Nordsee wird Laura bestimmt helfen", so der Arzt.

Weil sie noch nie an der Nordsee war, besorgt sich Laura verschiedene Karten und recherchiert ein wenig im Internet, denn sie möchte sich ein erstes Bild von ihrem Urlaubsziel machen. Lauras Vater erklärt ihr, dass sie mit dem Zug bis Norddeich fahren werden. Von dort aus setzen sie mit einer Fähre auf die Insel über. Die Überfahrt dauert 45 Minuten. Das Auto wollen sie zu Hause lassen, weil man auf Norderney alles mit dem Fahrrad erreichen kann und sie ja außerdem viel an der frischen Luft unternehmen wollen.

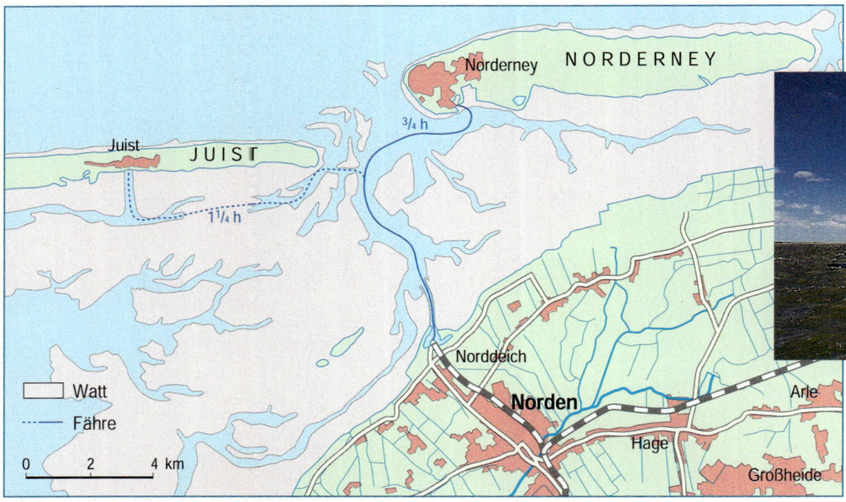

M2 Mit der Fähre nach Norderney

M3 Fähre

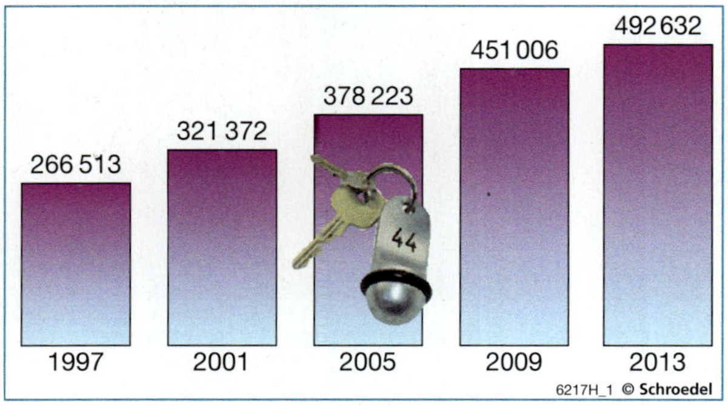

M4 Besucherzahlen auf Norderney

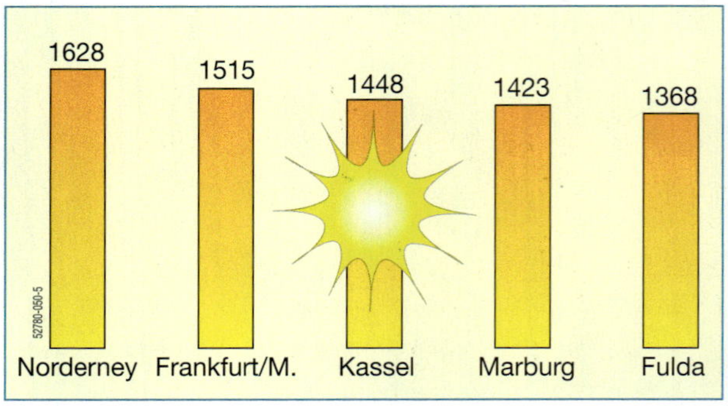

M5 Sonnenstunden pro Jahr im Vergleich

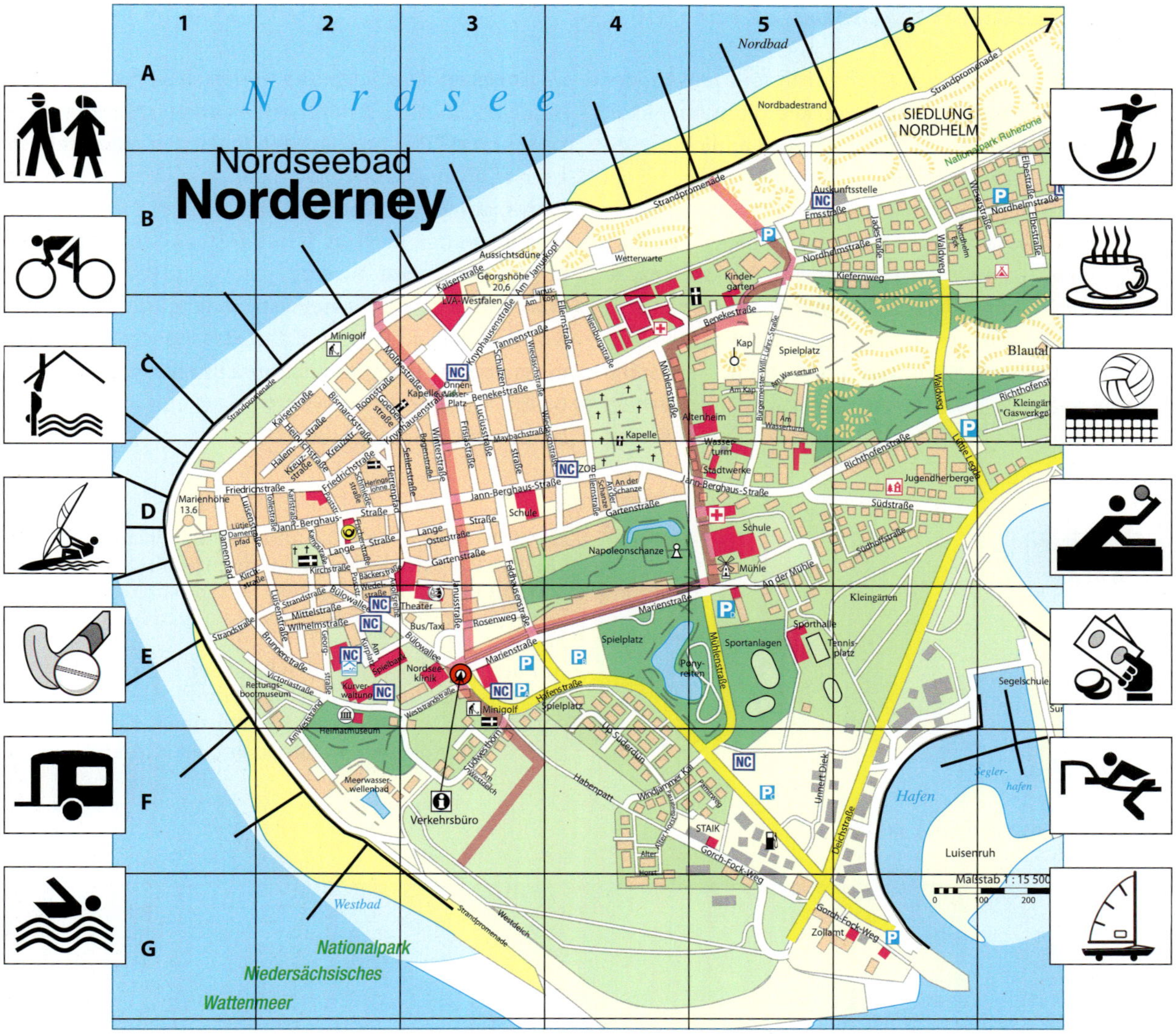

M6 Kartenausschnitt von Norderney

AUFGABEN

1 *Arbeite mit dem Atlas:*
a) Suche die Ostfriesischen Inseln heraus. Wie heißen sie? Um dir die Namen der Inseln (von Ost nach West) besser merken zu können, hilft dir vielleicht folgende „Eselsbrücke": Welcher Seemann liegt bei Nacht im (i = j) Bett?
b) Beschreibe den Reiseweg von deinem Heimatort nach Norderney.

2 *Ermittle Länge und Breite der Insel Norderney mithilfe der Maßstabsleiste in der Karte M 2.*

3 *Erkundige dich, ob es auch in deiner Nähe einen „Luftkurort" gibt.*

4 *Notiere die Freizeitmöglichkeiten, die du in Norderney hast (M 6).*

5 *Es gibt viele Sehenswürdigkeiten in Norderney. Schaue dir die Karte M 6 an und notiere Sehenswürdigkeiten mithilfe der Planquadrate. Beispiel: Heimatmuseum – E 2.*

M7 Surfer vor Norderney

Die Gezeiten – Ebbe und Flut

Heute besucht Laura den Fischer Hinnerk Jensen, der auf einem Krabbenkutter arbeitet. Allerdings hat er keine geregelten Arbeitszeiten. Er kann nämlich nur zu bestimmten Zeiten auslaufen. Das erklärt er so:
„Der Meeresspiegel, also die Höhe der Wasseroberfläche über dem Meeresboden, ist nicht immer gleich hoch. Im Laufe von etwas mehr als 12 Stunden hebt und senkt er sich einmal. Während der Ebbe sinkt der Meeresspiegel auf seinen niedrigsten Stand (Niedrigwasser: NW). Anschließend steigt das Wasser bis zu seinem höchsten Stand (Hochwasser: HW). Den Anstieg des Wassers bezeichnet man als Flut, das Absinken als Ebbe. Zusammen heißen sie ***Gezeiten*** *oder Tiden. Den Unterschied zwischen dem mittleren Hochwasser und dem mittleren Niedrigwasser nennt man Tidenhub. An der deutschen Nordseeküste kann er bis zu drei Meter betragen."*
Wann Hinnerk auslaufen kann, erfährt er aus einem Tidenkalender, den das Schifffahrtsamt für Monate im Voraus berechnet.
Während des Hochwassers ist Hinnerk draußen auf der Nordsee, um zu fischen. Läuft das Wasser wieder ab, muss er den Hafen bereits erreicht haben, denn sonst bleibt er irgendwo im Watt stecken und muss warten, bis die Flut erneut einsetzt.

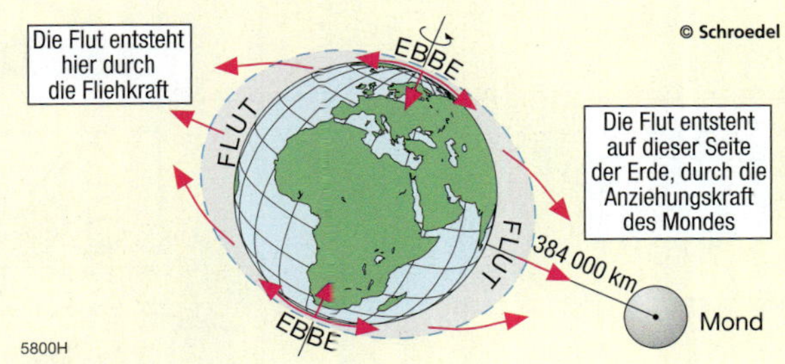

Die Entstehung von Ebbe und Flut hat zwei Ursachen: Die Drehung der Erde um die eigene Achse sowie die Anziehungskraft des Mondes. So zieht auf der einen Seite der Erde der Mond das Wasser an. Hier ist dann Flut.
Auf der gegenüberliegenden Seite der Erde entsteht ebenfalls ein Flutberg. Er kommt durch die Fliehkraft der Erde zustande (ähnlich wie bei einem Kettenkarussell). Zwischen den Flutbergen herrscht Ebbe.

M 1 Entstehung von Ebbe und Flut

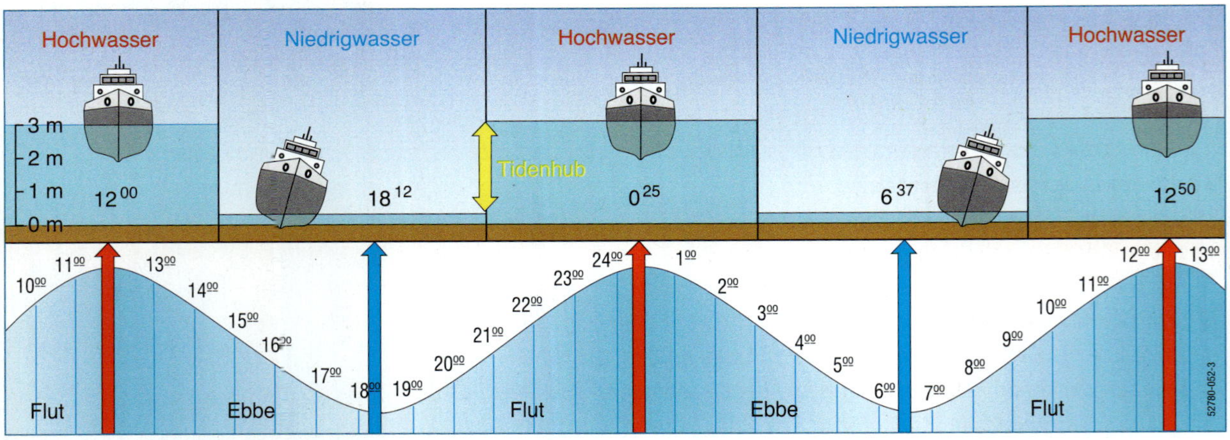

M 2 Der Gezeitenwechsel

AUFGABEN

1 * *Erkläre, wie Ebbe und Flut entstehen.*
2 *Erläutere den Begriff „Tidenhub".*
3 *Norderney hat einen tideabhängigen Hafen. Erkläre, was damit gemeint ist.*
4 *Ermittle im Internet (z.B. www.gezeiten-kalender.de), wie hoch der Tidenhub auf Norderney ist.*
5 *Überlegt, warum das Baden bei Ebbe gefährlich ist.*

Sturmfluten an der Nordsee

Die Ereignisse in der Nacht auf den 17. Februar 1962 in Hamburg-Wilhelmsburg schildert eine Schülerin:

Meine Eltern wurden von einem starken Brausen geweckt. Zuerst dachten sie, ein Rohrbruch sei die Ursache. Aber als meine Mutter aus dem Fenster sah, stand das Wasser bis zum Fenster. Da wusste sie, dass es ein Deichbruch war. „Steh auf, die Sintflut ist da!", rief meine Mutter. Entsetzt fuhr ich auf. Wir wollten aus dem Haus fliehen, kamen aber nicht aus der Tür, da das Wasser schon einen Meter hoch im Flur stand und der Druck zu stark war. Wir konnten nur durchs Fenster entkommen. Mein Vater stieß mit dem Fuß eine Scheibe ein. Eine Flutwelle schoss uns entgegen.

Ich stieg als Erste durchs Fenster, kletterte auf den Baum und dann aufs Dach. Dann wurde auch der Vorbau überflutet. Mein Vater legte die Leiter auf das Spitzdach und wir setzten uns darauf. Auf dem Dach war der Sturm noch stärker. Die Kälte ging durch Mark und Bein. Unsere Glieder wurden schnell steif. Aus dem Dunkel gellten von allen Seiten Hilferufe.

Es waren nur einige Stunden, die wir so verbringen mussten, aber es kam uns wie eine Ewigkeit vor. Bis heute erscheint es uns wie ein Wunder, dass wir alles gut überstanden haben.

Eine Sturmflut droht, wenn hoch auflaufendes Wasser und ein schwerer Sturm in Richtung der Küste zusammentreffen. Wegen des Sturmes kann das Wasser bei Ebbe nicht ablaufen, sodass es sich vor der Küste aufstaut.

1962 drückte ein starker Sturm 40 Stunden lang das Meerwasser in die Deutsche Bucht. Besonders betroffen waren die Flussmündungen. Obwohl Hamburg über 110 km von der Küste entfernt liegt, wurden viele Stadtteile überflutet. Wie konnte das geschehen?

Über die Elbe fließen ständig große Wassermassen zur Nordsee. Wegen des Sturmes aber wurden sie aufgestaut, konnten nicht abfließen und wurden sogar flussaufwärts getrieben.

In der Februarflut von 1962 starben 340 Menschen, allein in Hamburg wurden 34 000 Einwohner obdachlos. Seitdem gibt die Stadt Hamburg viel Geld für den Küstenschutz aus und erhöht die Deiche.

„Hier ist der Norddeutsche Rundfunk. Achtung, Sturmwarnung! Ein Orkan mit Windstärke 12! Für die gesamte deutsche Nordseeküste besteht die Gefahr einer schweren Sturmflut!"

M 1 und 2 Während der Sturmflut von 1962

1164	***Julianenflut:*** Entstehung des Jadebusens, über 20 000 Tote
1363	***Marcellusflut:*** Dollarteinbruch, schwerste Sturmflut aller Zeiten, über 100 000 Tote
1717	***Weihnachtsflut:*** 12 000 Tote, 5000 Häuser wurden weggespült
1962	***Februarflut:*** vor allem Hamburg betroffen, 340 Tote
1976	***Januarflut:*** höchste Sturmflut der Geschichte, aber keine Toten

M 3 Große Sturmfluten

AUFGABEN

1. *Beschreibe die möglichen Gefühle der einzelnen Familienmitglieder in der Sturmflutnacht.*
2. *Erkläre mit deinen Worten, warum es zu Sturmfluten an der Nordsee kommt.*
3. *Warum war die Hansestadt Hamburg bei der Sturmflut von 1962 besonders betroffen?*
4. *Stelle Vermutungen an, warum es bei der Sturmflut von 1976 keine Toten zu beklagen gab.*

M 1 Ringdeich

Küstenschutz und Landgewinnung

Seit 3000 Jahren schützen sich die Menschen an der Küste vor dem Meer. Zunächst schütteten sie Erdhügel auf, die Warften oder Wurten heißen. Dann bauten sie ihre Häuser darauf. Später verbanden sie die Warften durch Wälle aus Erde und Holzpfählen. Mit diesen kreisförmigen Deichen (Ringdeichen) begann der Deichbau. Im Laufe der Jahrhunderte wurde er immer weiter verbessert und die Deiche wurden erhöht (M 2).

Doch nicht nur der Bau von Deichen dient zur Sicherung der Küstenlandschaft. Als weitere Maßnahme wird neues Land aus dem Meer gewonnen. Dabei machen sich die Menschen einen natürlichen Vorgang zunutze. Jede Flut bringt große Mengen feinster Ton- und Schlammteilchen (Schlick) mit sich. Sie lagern sich bei ruhigem Wasser in Küstennähe ab. Diesen Vorgang beschleunigen die Menschen durch die Anlage von Lahnungen (M 3).

Auf dem neuen Land siedelt sich später Gras an. Bis es jedoch eingedeicht werden kann, vergehen Jahrzehnte. Diese eingedeichten Gebiete heißen in Niedersachsen Polder (in Schleswig-Holstein Koog). Sie werden als Viehweiden und teilweise als Ackerflächen genutzt.
Die Salzwiesen vor den Deichen schützen diese. Die Wellen des Meeres laufen hier aus und verlieren ihre Kraft.

Erste Schritte zur Landgewinnung

1. Pfahlreihen mit Flechtwerk aus Reisig (Lahnungen) werden in das Meer gebaut. Sie beruhigen das Wasser. Schlick setzt sich ab. Der Boden „wächst" um wenige Zentimeter pro Jahr.
2. Ist der Boden um 50 cm gewachsen, werden Entwässerungsgräben (Grüppen) ausgehoben. In ihnen sammelt sich neuer Schlick.
3. Auf den Beeten zwischen den Gräben siedelt sich der Queller an. Diese Pflanze verträgt Salzwasser. Sie hält den Schlick fest.

M 3 Landgewinnung

AUFGABEN

1 *a) Ordne die Begriffe Lahnungen – Grüppen – Queller den Bildern A bis C bei M 3 zu.*
b) Schreibe auf, wie an der Nordseeküste neues Land gewonnen wird.

2 *Beschreibe den Aufbau eines heutigen Deiches (M 2).*

3 *Vergleiche die Deichquerschnitte von 1599 und 1766 mit dem modernen Deiches (M 2).*

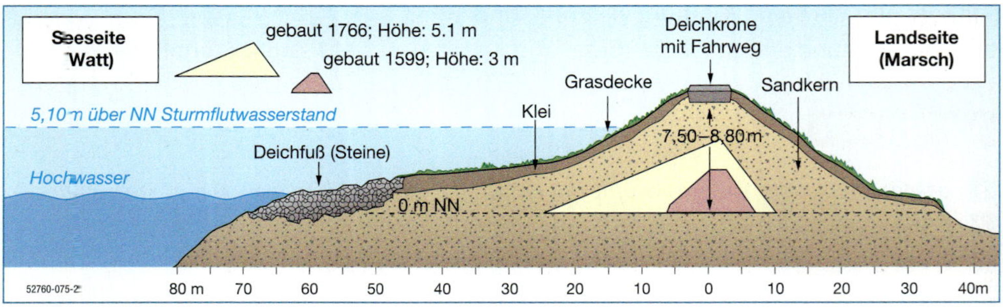

M 2 Modernes Deichprofil (im Vergleich mit älteren Deichprofilen)

M

Wir bauen ein Deichmodell

Deiche werden an der Nordseeküste seit vielen hundert Jahren gebaut und ermöglichen es den Menschen, überhaupt an der Küste zu leben. Es gibt sogar Landstriche, die unterhalb des Meeresspiegels liegen. Im Laufe der Jahrhunderte stieg das Hochwasser immer mehr an, sodass die Küstenbewohner gezwungen waren, den Aufbau ihrer Deiche immer wieder zu verändern. Die Deiche aus früheren Zeiten reichen gegen die heutigen Sturmfluten nicht mehr aus.
Im folgenden Experiment könnt ihr ausprobieren, wie sich die Kraft der Wellen auf das unterschiedliche Profil eines Deiches auswirkt.

M 1 Arbeitet in Gruppen: Hier seht ihr die Materialien, die ihr für euer „Deichexperiment" benötigt. Achtet darauf, dass die Pappe eingekerbt wird (siehe Pfeil).

M 2 Zuerst baut ihr eine Mauer mit den Bauklötzen. Sie soll den Kern des Deiches darstellen. Rollt jetzt den Ball auf die Mauer und beschreibt, was passiert.

M 3 Legt nun eine Pappe über euren „Deichkern". Sie soll die Befestigung und Kleiauflage eines modernen Deiches darstellen. Rollt erneut den Ball auf das Modell und beobachtet, was geschieht.

M 4 Wiederholt den Versuch erneut, indem ihr die Pappe deutlich kürzer zuschneidet. Das Modell soll das Deichprofil aus früherer Zeit darstellen. Vergleicht die Auswirkungen mit dem vorherigen Versuch.

AUFGABEN

1 *Beobachtet den Ball. Was passiert, wenn er auf die verschiedenen Deichprofile trifft?*
2 *Vergleicht nun die Bewegung des Balls mit der Kraft der Wellen, die gegen den Deich schlagen.*
3 *Notiert eure Beobachtungen als Merksatz: „Je steiler das Deichprofil ist, desto ..."*
4 *Vergleicht die Rückseite der Deiche in M 3 und M 4. Was hat sich verändert und warum?*

Lebensraum Wattenmeer

Das Wattenmeer entlang der Nordseeküste wurde durch das Zusammenspiel der Gezeiten geschaffen. Zweimal täglich wird das Watt durch das Hochwasser überflutet (> S. 246). Bei Ebbe fließt das Wasser über tiefe Ströme (sogenannte Priele) ab und legt den schlammigen Meeresboden frei. Dieser kann nun für einige Stunden betreten werden. Aber Vorsicht ist geboten: In wenigen Stunden kommt das Wasser schnell zurück!

Zum **Watt** gehören auch die Salzwiesen (> S. 248), die in unregelmäßigen Abständen vom Hochwasser überflutet werden. Hier können nur Gräser wachsen, die Salz vertragen können.
Das Wattenmeer ist eines der größten Feuchtgebiete der Erde und Lebensraum für Tausende von Tier- und Pflanzenarten sowie Durchgangsstation für Millionen von Zugvögeln.

Bei einer Wattwanderung

Heute erfährt Laura von einem erfahrenen Wattführer, dass der freiliegende Meeresboden mehr ist als nur dunkler Schlick. Der Boden ist nämlich reich an zahlreichen Nährstoffen; somit ist das Watt ein idealer Lebensraum. Im Watt kann Laura überall die Kothäufchen des Wattwurms sehen. Er frisst sich röhrenartig durch den Schlick und scheidet Unverdauliches wieder aus. Aber auch Algen, Krebse sowie verschiedene Muscheln kann Laura finden.
Sie erfährt von dem Wattführer, dass viele Zugvögel das Watt als Brut- und Rastplatz nutzen. Es gilt als das vogelreichste Gebiet der Erde. Aber auch viele Speisefische nutzen das Watt, um sich und ihren Nachwuchs vor Raubfischen zu verstecken. Auf den Sandbänken im Wattenmeer ruhen sich oft die Seehunde aus.

M1 Das Watt lebt!

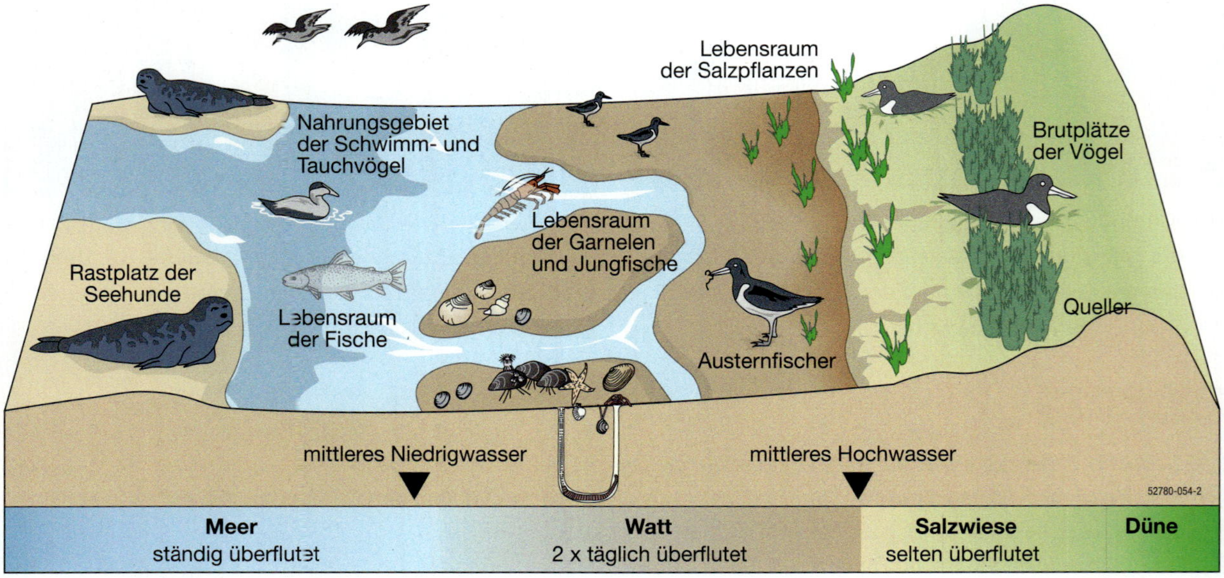

M2 Leben im Watt

M3 Seehunde auf einer Sandbank und Hinweisschilder

Ruhezone / Schutzzone I:
Hierzu gehören Salzwiesen, Seehundbänke, Brutgebiete der Vögel. Die Ruhezone darf nicht betreten werden, gewerblicher Fisch- und Krebsfang ist nur in bestimmten Gebieten erlaubt.
Zwischenzone / Schutzzone II:
Sie darf, mit Ausnahme der Brutgebiete von Vögeln, betreten werden. Autoverkehr ist auf wenige Straßen beschränkt. Baden, Fischerei und Jagd sind erlaubt.
Erholungszone / Schutzzone III:
Hier findet Ferien- und Kurbetrieb statt. Örtlich gelten verschiedene Einschränkungen. Häfen können errichtet und Erdöl darf gefördert werden.

M4 Schutzzonen im Wattenmeer

Der Nationalpark Wattenmeer

1986 wurden weite Teile des Wattenmeers zu **Nationalparks** erklärt (M 5). Seit 2009 gelten große Teile davon als Weltnaturerbe der Menschheit.
Das Wattenmeer soll sich daher weitgehend ohne Einfluss des Menschen entwickeln. Es muss aber beachtet werden, dass Fischerei, Landwirtschaft, Industrie und Tourismus die Lebensgrundlage der Küstenbewohner sind. Deshalb wurden für die Nutzung des Wattenmeeres Vorschriften erlassen. Es gibt drei verschiedene Schutzzonen, in denen unterschiedliche Beschränkungen gelten (M 3 – 6).

AUFGABEN

1. *Beschreibe die Anliegen des Nationalparks Wattenmeer.*
2. *Erkläre die Hinweisschilder aus dem Nationalpark (M 3). Was könnten die Folgen sein, wenn man sich nicht daran hält?*
3. *Gestalte Hinweisschilder mit den Geboten und Verboten für die drei Zonen.*

M5 Nationalpark Wattenmeer

M6

Z

Leben auf einer Hallig

M 1 Häuser auf einer Warft (Wurt)

M 2 Urlaub auf Hooge

M 3 Eine Warft/Wurt im Profil

Merle ist neun Jahre alt und lebt auf der Hallig Hooge. Dort besucht sie als einzige Schülerin die dritte Klasse. Es gibt nur ein Klassenzimmer, in dem alle Kinder gleichzeitig betreut werden. Der Lehrer ist Hausmeister und Schulleiter in einer Person. Das Haus von Merles Familie steht auf einem aufgeschütteten Hügel, auf einer Warft oder Wurt (> S. 248 und M 1).

M 4 Merle bei ihrer Einschulung

Etwa drei- bis viermal im Jahr heißt es auf der Hallig „Landunter". Dann schauen nur noch die Warften mit ihren Häusern aus dem Wasser hervor.

Beim „Halligkaufmann", dem einzigen Supermarkt, finden die Bewohner das, was sie für das tägliche Leben brauchen. Alles andere müssen sie auf dem Festland besorgen. Dazu fahren sie mit der Fähre.

Jährlich besuchen 120 000 Tagesgäste und 40 000 Übernachtungsgäste die Hallig. Sieben von zehn Halligbewohnern leben heute vom Tourismus. Zwar sieht man sehr viele Schafe und Kühe, doch es arbeiten nur noch ganz wenige Menschen in der Landwirtschaft. Das Vieh gehört den Landwirten auf dem Festland und weidet nur im Sommer auf den Salzwiesen der Hallig.
Wenn es wieder mal Sturm- und Orkanwarnungen gibt, sind die Männer vom Küstenschutz besonders gefragt. Denn dann ist gegenseitige Hilfe notwendig, um alle Tiere rechtzeitig in die sicheren Ställe auf der Warft zu bringen.

AUFGABEN

1 *Erkläre, was eine Warft/Wurt ist. Wozu ist sie da?*

2 *Du bist ein Halligbewohner, der aufs Festland fährt. Notiere, was du alles auf dem Festland erledigen musst.*

3 *Nenne Berufe, die es auf der Hallig gibt.*

4 *Vergleiche das Leben von Merle mit deinem Leben.*

5 *Beschreibe mithilfe der Abbildung M 1, wie die Menschen auf Hallig Hooge leben.*

M

Wir informieren uns im Internet über die Halligen

Das Leben auf einer Hallig ist völlig anders als auf dem Festland. Wenn du weitere Fotos von den Halligen sehen oder etwas über die Lebensgewohnheiten ihrer Bewohner wissen möchtest, bietet dir das Internet zahlreiche Informationen. Unter dem Link: www.hooge.de kannst du nachschauen.
Möchtest du mehr über das Leben von Merle und ihren Mitschüler erfahren, gib folgende Adresse ein: www.halligschule-hooge.de.

Achte darauf, dass du nicht nur die Wörter richtig schreibst, sondern auch die Satzzeichen (Punkte, Minus) an der richtigen Stelle setzt – der Computer verzeiht dir keinen Fehler und fordert ganz genaue Eingaben!
Wenn du allerdings noch keinen Link hast, musst du mit einer Suchmaschine gezielt suchen, sonst wirst du von der Fülle der Informationen „erschlagen". Um das zu vermeiden, gibt es die www-Regeln (M 1).
Hierzu ein Beispiel: Du kennst jetzt bereits eine der Halliginseln, nämlich Hooge. Wie heißen die anderen acht Halligen?

1. Was suche ich?
Überlege dir genau, was du suchst. Am besten machst du dir Notizen (eindeutige Begriffe).

2. Wo finde ich die Informationen?
Am Anfang deiner Suche helfen dir Suchmaschinen weiter. Die bekannteste ist Google. Daneben gibt es viele andere, manche sind sogar nur für Kinder und Jugendliche erstellt (z. B. www.blinde-kuh.de). Jede Suchmaschine hat ein Suchfeld, in das du einen oder mehrere Suchbegriffe eingeben kannst.

3. Welche Informationen sind für mich wichtig?
Als Ergebnis deiner Suche erhältst du alle Internetseiten, auf denen deine Suchbegriffe enthalten sind. Jetzt zeigt sich, wie genau du deine Anfrage formuliert hast: Gibst du bei Blinde Kuh „Halligen" ein, erhältst du vier Ergebnisse, bei „Hooge" sind es zwei. Anhand der Kurzbeschreibungen kannst du erkennen, ob eine Internetseite für dich geeignet ist. Meist helfen dir die zuerst aufgelisteten Seiten weiter.

M 1 Die www-Regeln

Hier gibst du die Internetadresse der Suchmaschinen ein, die für junge Schülerinnen und Schüler erstellt wurden: www.blinde-kuh.de, www.helles-koepfchen.de.

In dieses Suchfeld gibst du deine Suchbegriffe ein.

Hier listet dir die Suchmaschine alle Seiten auf, auf denen deine Suchbegriffe vorkommen.
Die Anzahl der Seiten steht darüber.

M 2 Internetsuche mit der Suchmaschine „Blinde Kuh"

Die Nordsee ist bedroht

M

Wir entwerfen eine Mindmap

Eine einfache Mindmap hast du bereits auf Seite 13 kennen gelernt. Mit einer Mindmap kannst du:
- Ideen entwickeln,
- Projekte planen und präsentieren,
- Wissen ordnen und wiederholen.

Ihr könnt eine Mindmap alleine oder auch in Gruppenarbeit erstellen.

Arbeitsschritt 1:
- Benutzt ein DIN-A-4-Blatt im Querformat.
- Schreibt in die Blattmitte das Thema.
- Verwendet Großbuchstaben.
- Zeichnet eine „Wolke" um das Thema.

Arbeitsschritt 2:
- Das Thema steht im Mittelpunkt der Mindmap.
- Überlegt, was euch zu diesem Thema einfällt.
- Ordnet eure Gedanken, indem ihr unterscheidet, welches Überschriften (oder Oberbegriffe) und welches Beispiele sind.
- Verwendet bei allen Gedanken oder Begriffen immer wenige Worte, denn eine Mindmap soll so aufgebaut sein, dass man sich die Inhalte schnell und leicht merken kann.
- Zeichnet vom Mittelpunkt aus Äste für die Oberbegriffe, die ihr farblich unterschiedlich gestaltet. Mit verschiedenen Farben könnt ihr euch die Inhalte besser merken.
- Beschriftet die Äste. Auch die Oberbegriffe werden groß geschrieben.
- Achtet darauf, dass genügend Abstand zwischen den Ästen ist.

Arbeitsschritt 3:
- Jetzt wird eure Mindmap nach und nach vervollständigt.
- Ordnet die Beispiele den Oberbegriffen zu.
- Zeichnet ausgehend von den Ästen kleinere Zweige.
- Beschriftet die Zweige mit den jeweiligen Begriffen. Verwendet nun die normale Schreibweise.
- Verwendet an geeigneten Stellen auch kleine Zeichnungen oder Bilder. Ihr könnt auch durch Umrandungen die wichtigsten Informationen hervorheben.

Arbeitsschritt 4:
- Übertragt die Mindmap auf ein Plakat und präsentiert das Ergebnis euren Mitschülern.

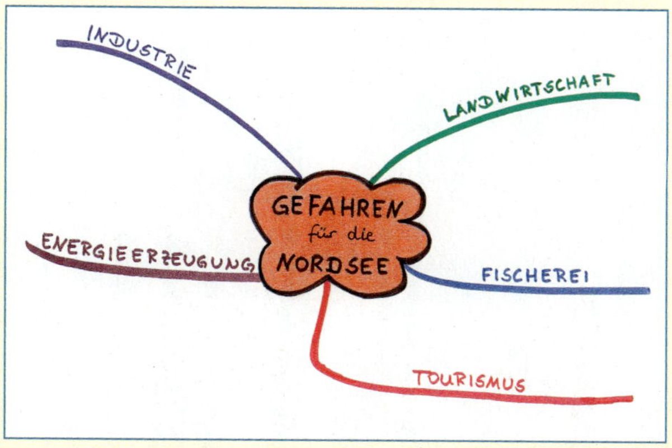

M 1 Schritt 1 und 2

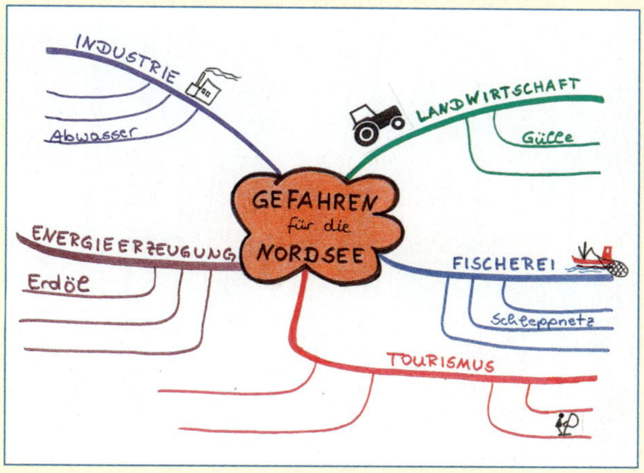

M 2 Schritt 3

AUFGABEN

1 *Erklärt mithilfe der Zeichnung auf Seite 254, welche Gefahren es für die Nordsee gibt.*

2 *Entwerft zu diesem Thema eine Mindmap und übertragt sie in euer Heft.*

3 *Erstellt eine Liste mit Forderungen zum Schutz der Nordsee.*

M 1 In den Alpen (Luftbild)

M

Bildbeschreibung – ein Bild sagt oft mehr als tausend Worte

Bilder begegnen dir jeden Tag: in Zeitschriften, auf Werbeplakaten, in der Zeitung und im Internet. Auch in deinem Gesellschaftslehrebuch findest du jede Menge Bilder. Viele von ihnen erzählen von fremden Kulturen, fernen Orten und historischen Ereignissen.
Damit du diese Bilder richtig nutzen kannst, bietet es sich oft an, das Bild nach bestimmten Regeln auszuwerten.
Um ein Bild zu beschreiben, gehst du am besten folgendermaßen vor:

M2–5

Arbeitsschritt 1: Dem Bild einen Namen geben
Zunächst sind deine Ideen gefragt! Überlege dir einen Titel für das Bild.

„Ich nenne das Bild …"

„Ich gebe dem Bild den Titel …"

Arbeitsschritt 2: Das Bild beschreiben
Die genaue Bildbeschreibung hilft dir, wichtige Einzelheiten zu erkennen. Beschreibe dabei das Bild z. B. von links nach rechts oder von oben nach unten. Hier gibt es mehrere Möglichkeiten. Du musst für jedes Bild neu überlegen, welche du wählst.

„Ich beschreibe das Bild von links nach rechts …"

Arbeitsschritt 3: Warum betrachten wir das Bild im Unterricht?
Oft enthalten Bilder wichtige Informationen über das Thema, das ihr gerade im Unterricht bearbeitet. Oder es wirft eine Frage auf, die ihr in den kommenden Stunden beantworten werdet. Versucht bei diesem Schritt, die Informationen herauszulesen oder die Frage zu finden.

„Das Bild wirft die Frage auf …"

„Wir schauen uns das Bild im Unterricht an, weil …"

Weitere Ideen, mit Bildern zu arbeiten

- eine Collage erstellen (> S. 202), beispielsweise zu den Alpen
- ein Bilderpuzzle anfertigen
- einen Text in ein Bild umwandeln (beispielsweise den Text auf der folgenden Seite)
- eine Geschichte zu einem Bild erzählen oder schreiben (Was könnte vor oder nach der Aufnahme passiert sein? Oder: Wie ging es beim Bronzeguss zu? > S. 154, M 4)

AUFGABEN

1 *Wendet die Methode der Bildbeschreibung auf das Bild auf Seite 256 an.*

2 *Sucht euch in diesem Buch ein Bild aus, das euch besonders interessant erscheint, und fertigt zu diesem eine Bildbeschreibung an.*
Gelingt es eurem Tischnachbarn, anhand eurer Beschreibung das richtige Bild zu finden?

M1 Der Tschierva-Gletscher gehört zur Berninagruppe in der Schweiz

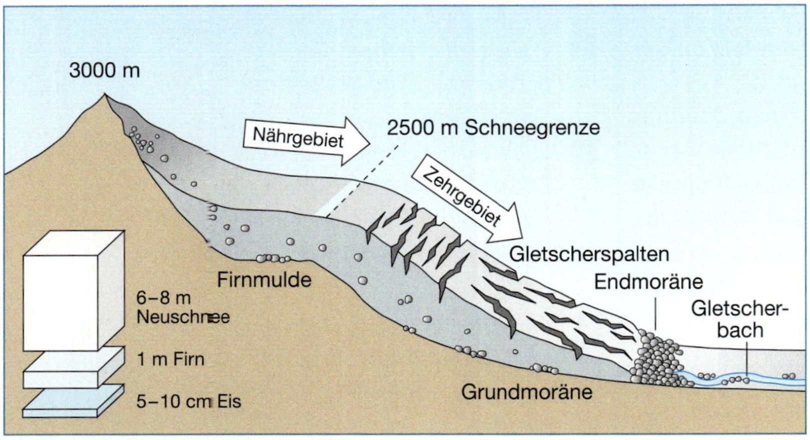

M2 Längsschnitt durch einen Gletscher

Die Alpen – ein Hochgebirge

Die Alpen sind das größte und das höchste Gebirge in Europa. Im Gegensatz zu den Mittelgebirgen in Deutschland, deren höchste Erhebungen kaum über 1500 m hinausreichen, gehören die Alpen zu den Hochgebirgen. Hier sind die Berggipfel zum Teil über 4000 m hoch.

In den höheren Regionen der Alpen gibt es mehr als 2000 **Gletscher**. Die Gletscher sind die Reste einer Eiszeit, die vor etwa 15 000 Jahren zu Ende ging.

Oberhalb der Schneegrenze von 2500 m fallen die meisten Niederschläge auch im Sommer als Schnee. Tägliches oberflächliches Auftauen und Gefrieren hat zur Folge, dass Schnee zu Firn (körniger Schnee) wird, der sich schließlich zu bläulichem Gletschereis umwandelt. Das Eis verhält sich durch den Gewichtsdruck plastisch (verformbar) und bewegt sich schon bei geringer Neigung langsam talwärts (> Gletschertour, S. 259).

AUFGABEN

1* *Erkläre den Unterschied zwischen einem Mittelgebirge und einem Hochgebirge.*

2 *Begründe, warum in den Mittelgebirgen (z. B. in der Rhön oder im Taunus) keine Gletscher zu finden sind.*

3* *Erkläre den Begriff „Schneegrenze".*

4 *Beschreibe, wie aus Neuschnee Gletschereis entsteht.*

5 *Suche die Berninagruppe in deinem Atlas. Ermittle weitere Gletscher in den Alpen.*

Eine Gletschertour im Engadin

Es ist sechs Uhr in der Frühe: Vor der Almhütte herrscht bereits viel Betrieb. Alle haben heute ein Ziel: Die Begehung des als schwierig eingestuften Tschierva-Gletschers. Herr Jung aus Marburg erzählt:

„Unser Bergführer führt uns nach Kontrolle unserer Ausrüstung dem Gletscher entgegen. Wir müssen auf unserem Aufstieg immer wieder Schutt, Steinen und riesigen Blöcken ausweichen, die der Gletscher abgelagert hat. Diese Ablagerungen, die auch an der Seite des Gletschers zu finden sind, bezeichnet man als Moräne.
Über einen spiegelglatten Fels erreichen wir das Gletschertor (1). So heißt die Stelle, an der der Gletscherbach (2) dem Gletscher entspringt. Der Bergführer nimmt uns jetzt ans Seil. Zur Ausrüstung gehören neben warmer Kleidung und Handschuhen auch Steigeisen, Pickel, Schneebrille und Sonnenschutz.

Im Bereich der Gletscherzunge (3) erkennen wir den Grund des Anseilens. Hier ächzt und knarrt das Eis schauerlich. Meterhohe Eistürme sind ineinander verkeilt und ragen vor uns auf. Die Oberfläche ist keine glatte, ebene Fläche, sondern von vielen Spalten (4) zerrissen. Diese können bis zu 40 m tief und von Neuschnee überdeckt sein, was besonders gefährlich ist. Der Bergführer erklärt uns, dass die Gletscher wie Flüsse sind. Sie fließen langsam talwärts, da Eis in der Tiefe wegen seines großen Gewichts verformbar ist.

Am oberen Ende des Gletschers blicken wir in eine große Firnmulde (5). Hier bleiben die Schneemassen auch im Sommer liegen. Durch Tauen und Gefrieren wird der Schnee allmählich zu Eis. Im oberen Bereich des Gletschers fällt jedes Jahr mehr Schnee, als im Sommer schmilzt. In diesem „Nährgebiet" (6) wächst der Gletscher. Im unteren Teil schmilzt aufgrund der höheren Temperaturen mehr Schnee und Eis, daher spricht man vom „Zehrgebiet" (7).

AUFGABEN

1 *Benenne die verschiedenen Bereiche des Gletschers mithilfe von M 1 und M 2 sowie des Textes auf S. 259.*

2 *Erkläre die Begriffe „Nährgebiet" und „Zehrgebiet".*

3 *Fasse zusammen, welche Ausrüstung ein Wanderer bei einer Gletscherbegehung benötigt.*

4 *Nenne Gründe, warum Gletscherwanderungen gefährlich sein können.*

5 *Zeichne eine Faustskizze eines Gletschers und beschrifte diese.*

M 3 Ausrüstung für eine Gletscherwanderung

M 4 Bei der Gletscherwanderung

M 5 Am Gletschertor

M1 Almabtrieb Ende September

Menschen nutzen die Höhenstufen

Marie verbringt ihre Sommerferien auf einem Bauernhof im Allgäu. Gleich nach ihrer Ankunft schaut sie im Stall nach, wie viele Tiere auf dem Hof leben. Doch dort staunt sie nicht schlecht: „Der Stall ist ja leer! Wo sind denn die Kühe?"
„Die sind gerade oben auf der Alm", erklärt ihr Martin, der 13-jährige Sohn des Bauern. Er erzählt weiter:

„Unser Vieh bleibt nur den Winter über im Stall. Im Mai kommt es zunächst auf die Weiden im Tal. Bis Juni ist das Gras dort abgefressen und die Kühe werden zur Voralm getrieben. Diese liegt in der Höhe, wo die Tannen stehen. Mitte Juli wird schließlich das Jungvieh hinauf zur Hochalm getrieben. Die befindet sich oberhalb der Waldgrenze, wo fast keine Bäume mehr wachsen und wo nur noch saftiges, grünes Gras zu finden ist. Noch weiter oben gibt es für unsere Kühe zu wenig zu fressen.

Die Milchkühe bleiben auf der Voralm, weil von dort aus die Milch leichter ins Tal gebracht werden kann. In den Sommerferien bin ich mit meinem Bruder einige Wochen dort oben, um die Kühe zu betreuen. Ende August wird auch das Jungvieh wieder auf die Voralm hinuntergetrieben. Hier bleibt die Herde bis zum Almabtrieb. Das wird immer ein richtiges Volksfest. Dazu ist das ganze Dorf auf den Beinen. Anschließend kommen die Tiere wieder in den Stall zum Überwintern. Diese Form der Viehhaltung heißt übrigens Almwirtschaft."

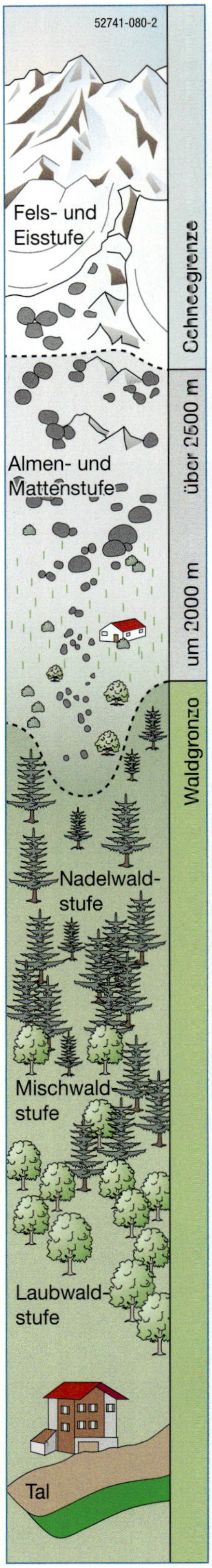

M2 Höhenstufen

INFO

Je höher – desto kälter
Oft ist auf Berggipfeln in den Alpen auch im Sommer noch Schnee zu sehen. Das liegt daran, dass es mit zunehmender Höhe kälter wird. Als Richtwert gilt, dass pro 200 m Höhenunterschied die Temperatur um etwa 1 °C abnimmt. Die Pflanzen- und die Tierwelt haben sich den veränderten Bedingungen der jeweiligen **Höhenstufen** angepasst.

AUFGABEN

1 *Beschreibe den jährlichen Arbeitsablauf in der Almwirtschaft.*

2 *Begründe, warum die Rinder nicht das ganze Jahr auf der Voralm bleiben können.*

3 *Im Tal, auf 500 m, beträgt die Temperatur an einem Sommertag 20 °C. Berechne die Temperatur auf einem Berggipfel in 2500 m Höhe.*

4 * *Vergleiche M 2 mit dem Foto auf Seite 256. Findest du dort die entsprechenden Höhenstufen?*

M

Wir bauen ein Modell der Almwirtschaft

Die Klasse 5c hat ein Modell der Almwirtschaft gebastelt. Ihr könnt das Modell nachbauen oder nach eigenen Ideen neu gestalten. Am einfachsten ist es, wenn ihr einen Berg aus Pappmaché bereits zu Hause erstellt.

In Gruppen könnt ihr dann im Unterricht das Modell bearbeiten. Alles, was ihr dazu braucht und wie ihr vorgehen müsst, ist hier genau beschrieben.

Gruppe 1

Materialien:
- Tonpapier (verschiedene Farben)
- Fähnchen
- Farbstifte

Vorgehensweise:
- Schaut euch das Bild auf Seite 256 und die Grafik M 2 auf Seite 260 noch einmal an.
- Malt auf das Tonpapier Symbole für die einzelnen Höhenstufen und schneidet sie aus.
- Schreibt auf die Fähnchen die Namen der einzelnen Stufen.
- Heftet die Symbole und Fähnchen an die entsprechende Stufe am Modell.

Gruppe 2

Materialien:
- 12 Karten (6 x 10 cm)
- Farbstifte
- 1 große Hütte = Voralm
- 1 kleine Hütte = Hochalm

Vorgehensweise:
- Lest den Text auf Seite 260 durch.
- Schreibt auf die zwölf Karten die einzelnen Monate.
- Überlegt, wo sich die Kühe in den einzelnen Monaten befinden, und malt die Karten an.
- Klebt die Karten an das Modell.
- Setzt die Hütten auf die entsprechende Stufe.

M 1 Die Schülerinnen und Schüler mit ihrem Modell

M1 Sölden um 1900

Sölden früher ... und heute

Bergbauer Wenger erzählt:

„Als ich ein kleiner Bub war, war noch Vieles anders in Sölden. Unser Leben war anstrengend, aber ruhig.

Im Sommer war ich früher Almhirte. In der Einsamkeit der Berge konnte man viele Tiere beobachten, die bis fast vor die Tür kamen: Steinböcke, Gämsen, Murmeltiere, auch Greifvögel gab es zu sehen. Ich wohnte dort in einer Hütte, die auch der Herde bei Unwetter Schutz bot.

Strom gab es dort nicht und das Wasser wurde aus einem Bergbach in einen Trog abgeleitet. Die Kühe wurden jeden Tag von Hand gemolken und die Milch musste gleich zu Käse und Butter verarbeitet werden. Das war eine sehr schwere Arbeit.

Früher kamen kaum Fremde zu uns, deshalb mussten viele aus der Umgebung ihre Dörfer verlassen, weil sie keine Arbeit hatten. Vor allem jüngere Dorfbewohner zogen in die Städte, um dort eine besser bezahlte Arbeit zu bekommen. Man nennt diese Erscheinung ‚Bergflucht'.

Aber trotzdem: Wir können froh sein, dass der Tourismus den Menschen wieder die Möglichkeit gegeben hat, in unserer Gegend Arbeit zu finden. Auch wenn sich dadurch viel verändert hat."

M2 Bergbauer Wenger

© Schroedel

Arbeitsplatz im Bereich ...	Von 100 Menschen arbeiteten 1971 in diesem Bereich:	Von 100 Menschen arbeiteten 2011 in diesem Bereich:
... Landwirtschaft		
... Industrie und Handwerk		
... Tourismus, Handel, Verwaltung		

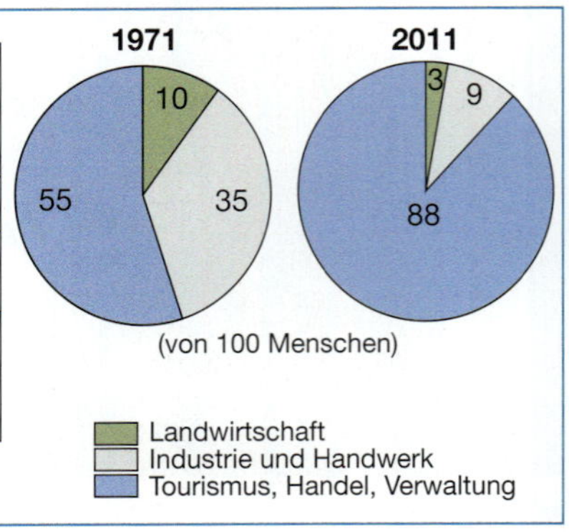

5801H

M3 Veränderungen der Arbeitsplätze in Sölden

M4 Sölden heute

M5 Pistenraupe

M6 Mittags auf der Skihütte

Jahr	Übernachtungen
1950	450 000
1960	650 000
1970	1 050 000
1980	1 550 000
1990	1 800 000
2000	2 180 000
2012	2 330 000

M7 Übernachtungen in Sölden

AUFGABEN

1 *Beschreibe die Lage von Sölden (Atlas).*

2 *Womit verdienten die Menschen in Sölden früher ihr Geld? Welche Veränderungen haben sich in Sölden ergeben? Verfasse dazu einen kurzen Text.*

3* *Erkläre den Begriff „Bergflucht".*

4 *Übertrage die Tabelle M 3 in dein Heft und ergänze sie mithilfe der Kreisdiagramme. Beschreibe die Entwicklung der Arbeitsplätze.*

5 *Viele Menschen arbeiten im Bereich des Tourismus/Fremdenverkehrs. Nenne einige Berufe.*

6 *Vergleiche die Abbildungen M 1 und M 4. Beschreibe die Veränderungen. (Nutze dazu auch die Seite 257.)*

M1 Wanderurlauber stehen an der Seilbahn an

Massentourismus gefährdet die Alpen

A Manche Skifahrer und Snowboarder fahren während des Winters abseits der Pisten und können Lawinen auslösen, die sie selbst und andere in Gefahr bringen.

B Im Sommer können sich nach starken Niederschlägen manchmal gefährliche Schlammlawinen bilden, die ins Tal fließen und Siedlungen und deren Bewohner gefährden.

C Lawinen sind große Massen von Schnee oder Eis, die sich von Berghängen ablösen und ins Tal gleiten oder stürzen. Lawinen werden bis zu 300 km/h schnell und können große Verwüstungen anrichten. Bäume und sogar Häuser werden zerstört. Wird ein Mensch von einer Lawine verschüttet, kann er in den Schneemassen ersticken, falls er nicht in kürzester Zeit gefunden wird.

D Durch Schneekanonen werden die Skipisten bis ins Frühjahr hinein präpariert. In der kurzen Zeit des schneefreien Sommers haben die Pflanzen nicht genügend Zeit, sich zu entwickeln. Der Boden ist dadurch nicht ausreichend mit Pflanzen bedeckt und kann bei starken Niederschlägen abgespült werden.

E Bei der Bearbeitung der Skipisten pressen schwere Pistenraupen den Schnee und den darunter liegenden Boden zusammen. In diesem Boden kann Regenwasser schlecht versickern und Pflanzen können kaum wachsen. Dadurch wird der Boden bei starken Regenfällen leichter abgeschwemmt. Diesen Vorgang nennt man Erosion. Bei ausgetretenen Wanderwegen ist dies noch stärker zu beobachten.

F Die immer stärkere Luftverschmutzung schwächt die Wälder. Starker Wind und Lawinenabgänge können dann die Bäume leichter niederreißen. Die Bannwälder können somit nicht mehr vor weiteren Lawinen schützen.

G Wanderer und Radfahrer bewegen sich öfters außerhalb markierter Bereiche. Sie zerstören so den Boden und die Pflanzen, die den Boden vor Abtragungen schützen. Auch Tiere werden in ihrer Ruhe gestört.

M2 Ausgetretener Wanderweg

M3 Schlammlawine (Mure)

M4 Bannwald

M5 Lawinenabgang

M6–8 Falsches Verhalten in den Bergen

AUFGABEN

1 *Ordne die Bilder der Seite 265 den Textbausteinen auf Seite 264 zu.*

2 *Erläutere, wie sich die Menschen in den Alpen vor den beschriebenen Gefahren schützen können.*

3 *Stelle Regeln für richtiges Verhalten in den Alpen auf.*

Wir führen ein Rollenspiel durch

Familie Guckenmoser muss über die Zukunft ihres Bergbauernhofes entscheiden

Der Bergbauernhof der Familie Guckenmoser liegt im Ennstal auf einer Höhe von etwa 1250 m und ist nur von Wald und Wiesen umgeben. Die Familie lebt vom Verkauf ihrer Produkte. Aber die Einkünfte für Milch und Rindfleisch sind in den letzten Jahren gesunken, obwohl der Arbeitsaufwand derselbe geblieben ist.

Deshalb muss sich die Familie Guckenmoser über ihre Zukunft Gedanken machen.

M 1 Bergbauernhof der Familie Guckenmoser/kleine Karte oben: Lage des Ennstals in den Alpen

1. ***Vorbereitung des Rollenspiels***
   In M 1 sind einige Vor- und Nachteile dargestellt. Ergänzt diese mit eigenen Argumenten. Welche drei Überlegungen sind die wichtigsten und sollten daher den Ausschlag für die Entscheidung geben?

2. ***Rollenspiel***
   Ihr arbeitet in Vierergruppen. Teilt die Rollen untereinander auf, sodass alle besetzt sind.
   Lies den Text deiner Figur durch und notiere dir die Argumente.
   Gestalte deine Rolle aus, indem du eigene Ideen hinzufügst.
   Setzt euch als Gruppe zum Familienrat (> S. 101) zusammen. Jeder Schüler schlüpft in seine Rolle und trägt als Familienmitglied seine Gründe und Forderungen vor. Sucht anschließend gemeinsam nach einer Lösungsmöglichkeit und haltet diese schriftlich fest.

3. ***Präsentation/Nachbesprechung***
   Tragt in der Klasse eure Lösung vor und besprecht eure Erfahrungen beim Rollenspiel:
   - Welche Argumente waren überzeugend, welche nicht?
   - Wie seid ihr zu einer Lösung gekommen?
   - Hat das Rollenspiel Spaß gemacht?

Claudia Guckenmoser, 41 Jahre
„Wenn Rudolf als Bergführer arbeitet oder eine andere zusätzliche Arbeit in der Gegend findet, dann muss ich die meiste Arbeit auf dem Hof allein erledigen. Die Kinder sind im Internat und können mir nicht helfen. Ich würde gerne in die alte Scheune Ferienwohnungen einbauen und an Urlauber vermieten. Für den Bau gibt es Zuschüsse vom Staat, Rudolf wäre den ganzen Tag auf dem Hof und wir könnten unsere Produkte an die Urlauber verkaufen. Ob wir davon leben können, muss sich natürlich erst noch zeigen."

Rudolf Guckenmoser, 42 Jahre
„Ich würde den Hof, den ich von meinem Vater geerbt habe, gerne weiterführen. Ich habe mein ganzes Leben auf dem Hof verbracht und bin an die schwere Arbeit gewöhnt. Aber wir brauchen zusätzliche Einnahmen. Ich werde versuchen, eine Stelle als Bergführer zu bekommen. Da habe ich bessere Chancen als in der Stadt, wo meine Kenntnisse und Fähigkeiten nicht gebraucht werden."

Max Guckenmoser, 11 Jahre
„Ich weiß noch nicht, was ich später werden möchte – vielleicht Fußballprofi. Ich möchte, dass wir in die Stadt ziehen. Dann hätten meine Eltern mehr Freizeit und wir könnten auch einmal in Urlaub fahren. Außerdem gehe ich gerne ins Kino, und in der Stadt hat man mehr Freunde. Hier ist es schön, aber das reicht mir nicht. Oft ist mir langweilig und ich weiß nicht, was ich machen soll."

Rita Guckenmoser, 17 Jahre
„Ich bin in der 12. Klasse am Gymnasium. Ich bin nur am Wochenende zu Hause, denn ich gehe ins Internat, weil der Schulweg zu weit ist. Ich liebe die ruhigen Wochenenden ohne Hektik und Stress, unsere Tiere und die ausgedehnten Wanderungen in der Natur. Ich würde gerne Tierärztin werden und nach dem Studium ins Dorf ziehen. Den Hof kann ich dann wohl nicht weiterführen. Außerdem glaube ich nicht, dass ich mich in einen Bergbauern verliebe."

Wiederholen und Üben

Die Gezeiten

a) Übertrage den Lückentext vollständig in dein Heft. Die Punkte zeigen dir an, wie viele Buchstaben das gesuchte Wort hat.

Die Gezeiten: E . . . und . . . .

Im Laufe von 12 Stunden und 25 Minuten hebt und . . . . . sich im Wattenmeer . . . mal der Wasserspiegel. Das Ansteigen nennt man . . . .; der später so erreichte Wasserhöchststand heißt . . . . Wenn wieder . . . . erreicht ist, ist die . . . . beendet.

b) Ordne nun den Bildern A und B den passenden Begriff zu.

Wie entsteht Neuland?

Ordne die folgenden Sätze in der richtigen Reihenfolge.

a) „Beete“ entstehen.
b) Tiere treten den Boden fest.
c) Entwässerungsgräben (Grüppen) werden ausgehoben.
d) Das Neuland wird eingedeicht.
e) Lahnungsfelder werden angelegt.
f) Queller siedelt sich an.
g) Schlick setzt sich ab.
h) Dadurch „beruhigt“ sich das Wasser.
i) Schafe grasen auf dem Vorland.

Gitterrätsel zum Thema Nordseeküste

In dem Rätsel sind zehn Wörter versteckt. Suche die Begriffe und schreibe sie heraus.

R	L	S	B	T	S	M	E	F	I	D	W	E	S	T	W	I	N	D	U	B	N	T	U	I
Z	U	S	A	L	Z	W	I	E	S	E	R	X	W	H	K	D	Y	U	S	K	A	E	E	N
K	C	H	Q	T	W	M	E	X	J	I	I	U	F	A	H	O	C	H	W	A	S	S	E	R
L	G	W	P	I	J	K	W	P	Y	C	S	I	E	L	T	O	R	H	N	I	W	G	G	E
J	A	T	V	D	H	S	K	V	T	H	L	C	K	L	I	S	C	I	U	D	P	Y	B	M
C	Z	Q	P	E	X	O	G	W	B	K	L	T	G	I	J	S	K	N	H	P	F	C	A	A
Q	X	G	Y	N	W	L	M	U	V	R	J	F	I	G	V	K	D	Q	C	F	S	N	Q	R
D	E	I	C	H	B	R	U	C	H	O	M	A	L	A	S	C	H	L	U	S	S	N	U	S
Z	W	P	S	U	D	G	A	V	U	N	U	I	M	L	O	U	O	F	F	J	O	I	R	C
O	B	O	F	B	Z	Y	Z	V	W	E	L	L	E	N	B	R	E	C	H	E	R	K	G	H

Prüfe dich nun selbst! Du kannst ...

✓ ... erklären, wie die Gezeiten entstehen (> S. 246);
✓ ... erklären, warum es an der Nordseeküste zu Sturmfluten kommt (> S. 247);
✓ ... beschreiben, wie neues Land an der Nordseeküste gewonnen wird (> S. 248);
✓ ... beschreiben, warum der Lebensraum Wattenmeer einzigartig ist (> S. 250);
✓ ... dich im Nationalpark Wattenmeer richtig verhalten (> S. 251);
✓ ... das Leben auf einer Hallig beschreiben (> S. 252);
✓ ... beschreiben, welche Gefahren für die Nordsee drohen (> S. 254/255).
✓ ... die Merkmale eines Hochgebirges beschreiben (> S. 258, 260);
✓ ... den Aufbau eines Gletschers erklären (> S. 258);
✓ ... beschreiben, wie die Höhenstufen genutzt werden (> S. 260/261);
✓ ... die touristische Bedeutung der Alpen darstellen (> S. 262/263);
✓ ... Probleme für Natur und Menschen durch den Tourismus benennen (> S. 264/265).

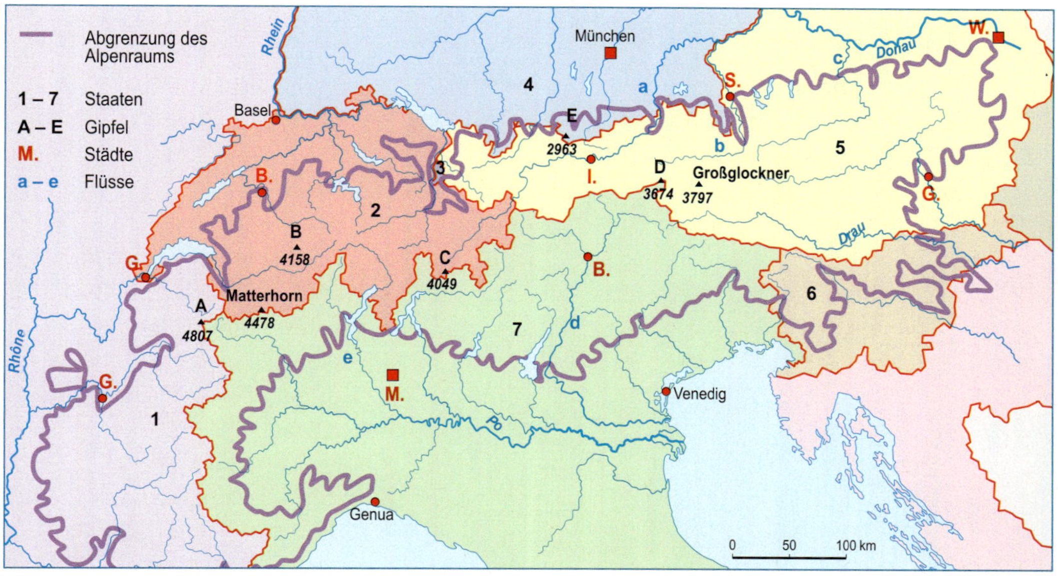

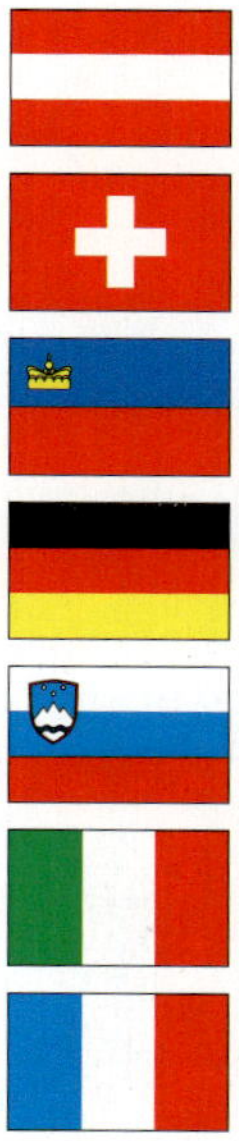

Orientierung im Atlas und auf der Karte

a) Benenne in der Karte die Staaten, Gipfel, Städte und Flüsse.

b) Ordne die Flaggen den jeweiligen Staaten des Alpenraumes zu.

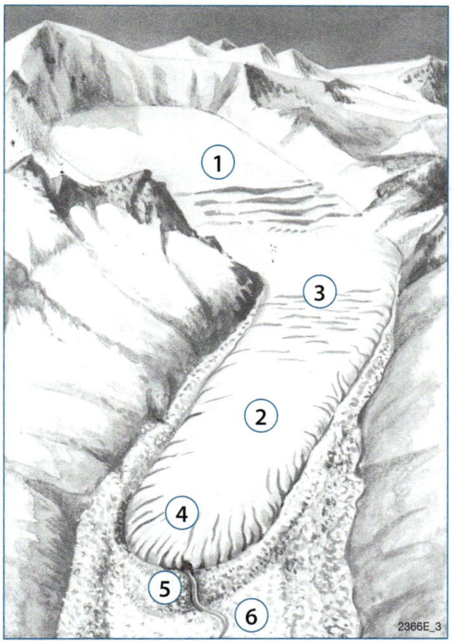

Bestandteile eines Gletschers

Ordne den Zahlen jeweils den richtigen Begriff zu: Nährgebiet, Schneegrenze, Gletscherbach, Gletschertor, Gletscherzunge, Zehrgebiet

Veränderungen im Alpenraum

Halte deinen Mitschülern einen kurzen Vortrag zu einer der dargestellten Abbildungen.

10 Leben in der Stadt und ...

M 1 Innenstadt von Frankfurt am Main

... auf dem Land

M 2 Dorf in der Rhön

- Ist das Leben in der Stadt und auf dem Land wirklich so gegensätzlich?
- Landwirtschaft in Deutschland – Warum hat sich in den letzten 60 Jahren so viel verändert?

Projekt: Wir erkunden unsere Stadt

Die meisten Schüler in Hessen, aber auch in Deutschland, leben heute in den Städten. Sie gehen dort zur Schule, verbringen ihre Freizeit, kaufen ein und nehmen am Verkehr teil. Jede Stadt hat viele Gesichter. Durch eine Erkundung lernt ihr am besten eure Stadt kennen und könnt dabei noch Unbekanntes entdecken. Ihr habt bereits gelernt, wie man sich mit dem Stadtplan orientiert (> S. 28 – 31).
Die Mindmap M 1 zeigt euch Themenbereiche, die ihr bei einer Erkundung genauer untersuchen könnt. Ihr könnt natürlich auch eure eigenen Ideen verwirklichen, denn jede Stadt sieht anders aus.

AUFGABEN

1 *Erstellt ein großes Plakat (vgl. M 1), auf dem ihr eure eigenen Ideen und eure Vorstellungen für eine Erkundung sammelt. Wie ihr bei der Erkundung am besten vorgeht, zeigt euch die Seite 273.*

2 *Zeichnet eure Traumstadt und stellt sie euren Mitschülerinnen und Mitschülern vor.*

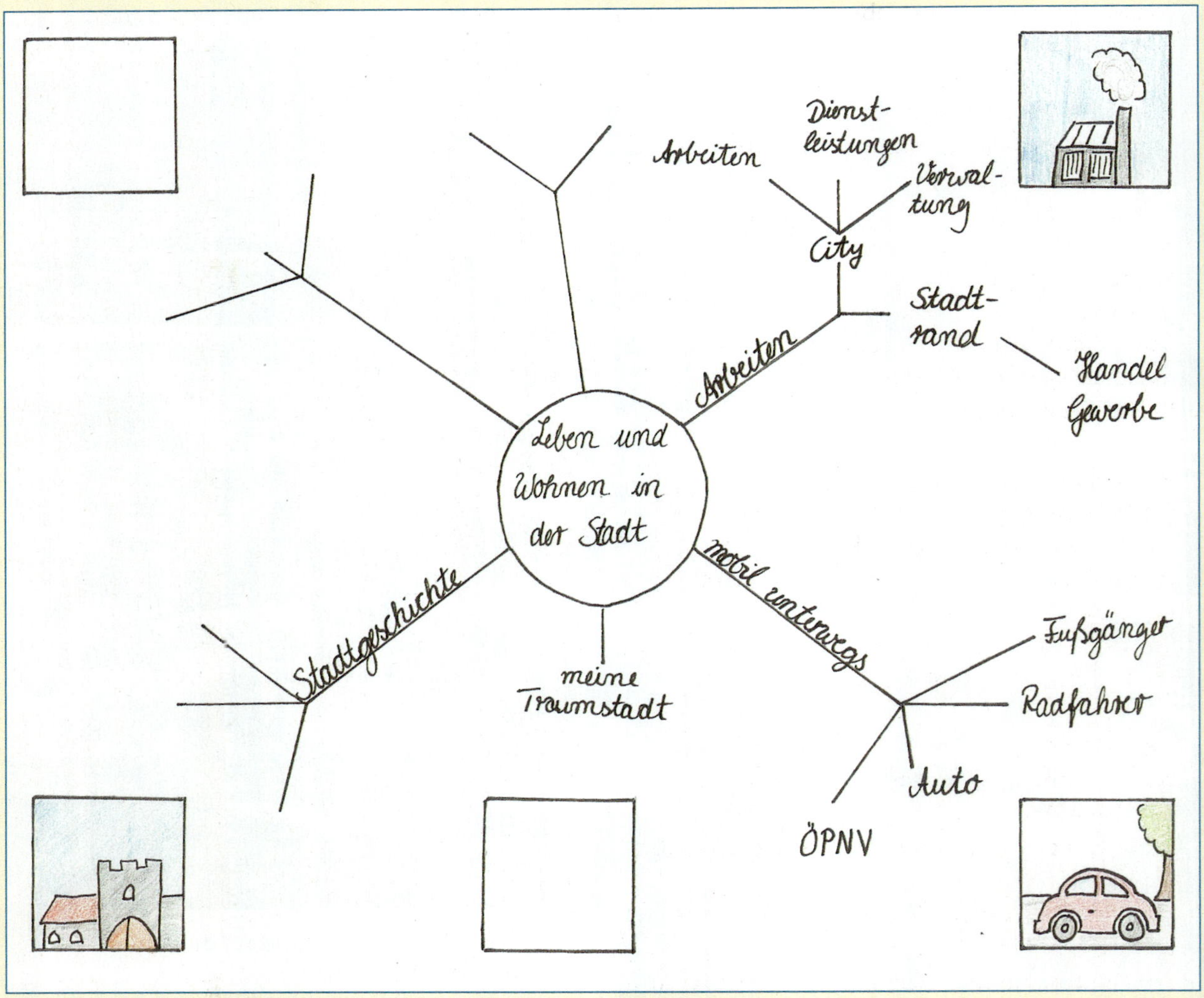

M 1 Eine angefangene Ideensammlung (Mindmap)

So führt ihr eine Stadterkundung durch:

1. Vorbereitung der Erkundung

- Einigt euch, welche Themenbereiche ihr genauer erkunden wollt (M 1).
- Stellt Gruppen zusammen und legt die Verteilung der Aufgaben fest.
- Welche Fragen wollt ihr beantworten?
- Legt zusammen einen Zeitplan fest.
- Welche Arbeitsmaterialien benötigt ihr (z. B. Stadtplan, Notizblock, Prospekte, Digitalkamera, Aufnahmegerät)?
- Welche Arbeitstechniken wollt ihr anwenden (z. B. Interview, Texte und Bilder auswerten, Internetsuche)?
- Welche Stellen und Ämter können euch weiterhelfen (z. B. Kulturamt, Verkehrsamt, Stadtwerke, Internet)?
- Wann müssen die ersten Ergebnisse vorliegen?
- Wie wollt ihr eure Einzelergebnisse zusammenstellen und präsentieren?

2. Durchführung der Erkundung

- Schaut euch die vorbereiteten Fragen an. Entwickelt aber nicht zu viele Fragen!
- Bestimmt in der Gruppe, wer mitschreibt.
- Bleibt während der eigentlichen Erkundung in der Gruppe zusammen.
- Passt auf den Verkehr auf!
- Seid höflich, wenn ihr Personen befragt oder Informationen bekommen wollt.
- Haltet den vorbereiteten Zeitplan ein.

3. Auswertung und Präsentation

- Stellt die Ergebnisse der einzelnen Arbeitsgruppen vor.
- Werden die Ergebnisse gut erklärt?
- Ist die von euch gewählte Form der Präsentation geeignet?

Tipp: Wie ihr eine Wandzeitung oder ein Plakat gestaltet, lernt ihr auf S. 283 kennen.

4. Beurteilung

- Was ist euch gut gelungen und was hättet ihr besser machen können?
- Beantworten die Ergebnisse die am Anfang gestellten Fragen?
- Hat die Zusammenarbeit innerhalb der Gruppen gut geklappt?
- Habt ihr für eure Erkundung die richtigen Arbeitsmethoden gewählt?

1

2

3

4

M1 Im Bankenviertel

Unsere Stadt hat verschiedene Viertel

Kira wohnt in Frankfurt im Westend. Heute hat sie Geburtstag und will deshalb mit ihren Freundinnen zu Hause Pizza essen. Die bestellt sie für 18.00 Uhr bei „Bella Roma" in der Kaiserstraße (1) im Bahnhofsviertel. Mario, der Fahrer der Pizzeria, fährt gleich mehrere Bestellungen aus.
Sein Weg führt ihn zunächst durchs Bahnhofsviertel mit vielen Geschäften, Lokalen und Banken bis zum 240 Meter hohen Main Tower. Hier in der Neuen Mainzer Straße liefert er seine erste Bestellung ab (2).

Sofort fährt er weiter durch die City in Richtung Römer (3), wo eine Angestellte der Stadtverwaltung für ihre Kollegen fünf Pizzen bestellt hat.
Kaum hat er diese abgeliefert, kommt es in der Innenstadt zu einem Stau. „Auch das noch", denkt Mario, „schon wieder alles dicht." Aber es ist 17.15 Uhr, also Rushhour. Um diese Zeit fahren viele Pendler von der Arbeit nach Hause in die Vororte, wo sie wohnen.
Mario kämpft sich an der Paulskirche vorbei über die Battonnstraße Richtung Zoo. Hier sieht er Menschenmassen zum U- und S-Bahn-Knotenpunkt Konstablerwache eilen. Er schafft es noch, um 17.45 Uhr in der Friedberger Anlage (4) die nächste Bestellung abzuliefern.

Weiter geht es am Bethmann-Park vorbei durch die Friedberger Landstraße, wo sich viele Wohn- und Geschäftshäuser befinden, zur Nibelungenallee und zur Adickesallee. Mario biegt links ab und dann rechts in die Bertramstraße, wo er beim Hessischen Rundfunk (5) eine Bestellung abliefert. Hier gibt es kaum noch Geschäfte, aber immer mehr Wohnhäuser.

Bis ins Westend dauert es jetzt nicht mehr lange. Über die Miquelallee fährt er weiter. Rechts sieht er die Deutsche Bundesbank und den 331 Meter hohen Europaturm. Nach der Miquelanlage fährt er südlich und folgt der Zeppelinallee. Links ist der Palmengarten zu sehen. Um 18:10 Uhr ist er am Senckenberg-Museum und biegt in den Kettenhofweg (6) ein, in dem Kira wohnt. Die Mädchen warten schon.
Der Rückweg zur Pizzeria führt Mario an der Festhalle und dem Messeturm vorbei.

AUFGABEN

1 *Verfolge mithilfe des Textes und des Stadtplans auf S. 275 die Fahrtroute von Mario.*

2 *Erläutere anhand der Bilder auf den Seiten 274/275 und des Textes wesentliche Unterschiede der Viertel.*

3 *Ermittle mithilfe des Textes Sehenswürdigkeiten, informiere dich näher über diese und beschreibe ihre Bedeutung. Beispiele: Main Tower, Messeturm.*

M2 Pizzeria Bella Roma in der Kaiserstraße

M3 Am Römerberg

M4 Marios Pizzaroute (Maßstab des Stadtplans: 1 : 20 000)

Die Stadt und ihr Umland

Die Stadt und das Umland stehen in einem engen Verhältnis zueinander. Die Stadt braucht das Umland und das Umland braucht die Stadt. Sie ergänzen sich und es gibt viele Verflechtungen. Einige dieser Verflechtungen sind auf diesen beiden Seiten dargestellt.

M 1 Vom Land in die Stadt

AUFGABEN

1 *Vervollständige die Abbildungen M 1 und M 2, indem du die Sprechblasen in dein Heft überträgst und ergänzt.*

2 *Fertigt anschließend in Partnerarbeit aus den Beispielen der beiden Seiten ein Schaubild an, auf dem ihr mit Zeichen und Pfeilen die Verflechtungen von Stadt und Land darstellt.*

M 2 Von der Stadt aufs Land

M

Projekt: Wir erkunden einen Bauernhof

M 1 Der Hof der Familie Fischer

Vor dem Hof liegt ein Misthaufen. Die Bäuerin sitzt in der Küche und rührt Jogurt. Die Kinder spielen im Schweinestall oder reiten auf der Wiese.
So sieht die Landwirtschaft aber nur in der Werbung aus. Lebt ihr auf dem Land und könnt manchmal Bauern bei der Arbeit zusehen? Aber vielleicht wohnt ihr ja in einer großen Stadt, beispielsweise in Frankfurt oder in Kassel, und ihr habt euch noch nie einen Bauernhof genauer angesehen.
Auf den nächsten Seiten findet ihr Beispiele für die Erkundung eines Bauernhofes. Und ihr erfahrt, wie sich die Landwirtschaft in den letzten 60 Jahren verändert hat. Herr Fischer ist gerne bereit, uns seinen Betrieb vorzustellen und unsere Fragen zu beantworten.

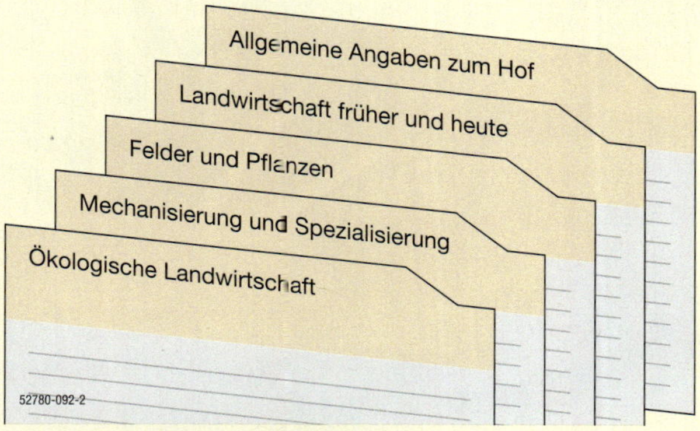

M 2 Vorschläge für Themenbereiche

AUFGABEN

1 *Beschreibt das Luftbild vom Bauernhof der Familie Fischer. Welche Gebäude könnt ihr erkennen? Überlegt, für was die Gebäude wohl genutzt werden. Benennt die Nummern 1 – 6 in der Abbildung M 1.*

2 *Notiert euch Fragen, die ihr dem Landwirt Fischer stellen möchtet.*

3 *Fertigt eine Lagebeschreibung für den Hof an, den ihr besuchen wollt (> S. 61).*

M3 Die Klasse hat sich auf ihren Besuch gut vorbereitet

Die erste Gruppe fragt Herrn Fischer nach seinem Hof und seiner Arbeit auf dem Hof. Er erzählt:

„Ich habe den Hof von meinen Eltern vor 30 Jahren übernommen. Seitdem hat sich viel verändert. Früher hatten wir Kühe, Schweine und Hühner und bauten verschiedene Pflanzen an. Heute sind wir ein reiner Ackerbaubetrieb. Wir bauen Getreide und Hackfrüchte an. Die Schweinemast läuft nur noch nebenher, für den Eigenbedarf und für den Privatverkauf.

Wir bewirtschaften eine Fläche von 45 Hektar. Davon sind 15 Hektar eigenes Land, der Rest ist Pachtland. Ein Hektar ist etwa so groß wie zwei Fußballfelder. Unser Bauernhof ist ein ‚Vollerwerbsbetrieb', das heißt der Großteil unserer Einnahmen kommt aus der Landwirtschaft.
Wir müssen schon früh um 6 Uhr aufstehen, damit wir alle Arbeiten erledigen können. Während ich den ganzen Tag auf dem Hof arbeite, übernimmt meine Frau die Arbeiten im Haushalt und kümmert sich um die zwei Ferienwohnungen, die wir vermieten. In der Erntezeit helfen meine Frau und beide Töchter auf dem Feld mit. Zusätzlich stellen wir für zwei Monate im Jahr einen Saisonarbeiter ein."

Gruppe 1
Allgemeine Angaben zum Hof
Landwirtschaft früher und heute

Betriebsspiegel 1950

Inhaber des Betriebes:
Familie Fischer
Betriebsform:
Mischbetrieb
Arbeitskräfte:
Herr Fischer, Frau Fischer
3 Kinder,
1 Knecht, 1 Magd,
Tagelöhner zur Erntezeit
Betriebsgröße:
17 Hektar (ha)
davon 16 ha Acker
1 ha Wiese/Weide
Tiere:
12 Kühe, 1 Bulle
15 Schweine
Hühner

Betriebsspiegel heute

Inhaber des Betriebes:

Betriebsform:

Arbeitskräfte:

Betriebsgröße:

Tiere:

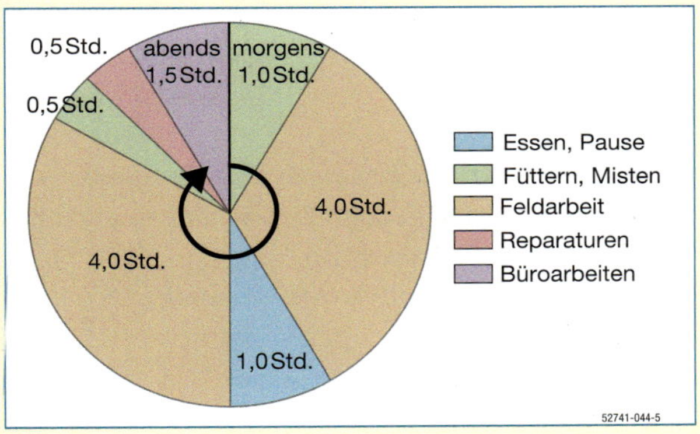

M4 Ein Arbeitstag auf dem Bauernhof

AUFGABEN

1 *Vervollständigt den Betriebsspiegel von heute in euer Heft. Ermittelt die Veränderungen seit 1950.*
2 *Berichtet, was ihr am Beruf des Landwirts gut findet, was nicht.*
3 *Nennt Arbeiten, die auf dem Bauernhof anfallen.*
4 *Erstellt eine Tabelle über den Tagesverlauf eines Landwirts.*
5 *Wann könnte Familie Fischer am besten in den Urlaub fahren? Begründet eure Antwort.*

Projekt: Wir erkunden einen Bauernhof

Gruppe 2
Mechanisierung und Spezialisierung

M1–5 Arbeiten auf dem Bauernhof

Die nächste Gruppe fragt Herrn Fischer nach seinen Geräten und Maschinen auf dem Hof. Interessiert strömen die Kinder nun in die große Halle und staunen über die vielen riesigen Maschinen und Geräte, die hier abgestellt sind.

Herr Fischer erläutert:
„Die Zahl der Beschäftigten in der Landwirtschaft ist stark zurückgegangen. Immer weniger Bauern ernähren immer mehr Menschen. 1950 arbeiteten von 100 Erwerbstätigen noch 23 in der Landwirtschaft, heute nur noch 2.
Das kommt durch die Mechanisierung: Durch den Einsatz von Maschinen und anderen technischen Geräten können größere Flächen bearbeitet werden. Auch im Stall können Melk- und Futtermaschinen viel mehr Tiere versorgen. Außerdem lassen besseres Futter und Dünger die Tiere und Pflanzen schneller und kräftiger wachsen.

Leider sind Maschinen sehr teuer. Deshalb sind viele Bauern Mitglieder in einer Maschinengemeinschaft.
Die Technik wird immer moderner: So gibt es inzwischen Traktoren, die beim Pflügen und Ernten durch einen Satelliten zentimetergenau gesteuert werden. Manche Maschinengemeinschaften vermitteln übrigens auch Ernte- und Betriebshelfer.
Die Erlöse für Getreide, Milch und Fleisch sind in den letzten Jahren immer weiter gesunken. Dennoch können Landwirte durch die Spezialisierung auf wenige Pflanzen- oder Tierarten größere Mengen produzieren und verkaufen."

AUFGABEN

1 *Beschreibt die Veränderungen in der Landwirtschaft, indem ihr die Begriffe „Mechanisierung" und „Spezialisierung" verwendet.*

2 *Erläutert die Vor- und Nachteile einer Maschinengemeinschaft.*

3* *Ermittelt Probleme, die sich durch die hohe Spezialisierung ergeben. Berücksichtigt dabei die Menge an Dünger und Gülle und die Massentierhaltung.*

Gruppe 3
Zuckerrübenanbau

Der Zuckerrübenanbau war früher für Herrn Fischer eine sichere Einnahmequelle. Das ist heute nicht mehr so. Er erklärt, warum:

„In den letzten Jahren habe ich an den Zuckerrüben immer weniger verdient. Denn die Preise für Zuckerrüben sind stark gefallen, die Preise für Düngemittel aber gestiegen. Ich kann auch nicht mehr Zuckerrüben anbauen. Jeder Bauer besitzt nämlich nur ein bestimmtes ‚Kontingent'. Das heißt, er kann nur eine bestimmte Menge an Zuckerrüben an die Zuckerfabrik abliefern.

Die Zuckerrübe ist eine anspruchsvolle Hackfrucht, denn sie benötigt besten Ackerboden. Weil sie dem Boden aber viele Nährstoffe entzieht, mache ich Fruchtwechsel mit weniger anspruchsvollen Pflanzen wie Roggen. Außerdem betreibe ich Zwischenfruchtanbau mit Ölrettich, der in die obere Bodenschicht eingearbeitet wird. Der Boden muss dann nicht gepflügt werden und ich muss weniger düngen.

Das Saatgut wird im Frühjahr auf den vorbereiteten Boden gebracht. Die Pflänzchen wachsen zu dicken Rüben heran und bauen mithilfe der Bodennährstoffe, des Sonnenlichts sowie der Feuchtigkeit Zucker auf. Der Boden muss immer locker und luftdurchlässig gehalten werden.

Im Oktober beginnt die Ernte mit dem Rübenvollernter. Der gehört der Maschinengemeinschaft. Damit werden die Rüben geköpft, gerodet, gereinigt und am Feldrand zwischengelagert. Dort werden sie von der ‚Rübenmaus' auf Lkws verladen und zur Zuckerfabrik gebracht. Die Rübenblätter bleiben meist als Gründüngung auf dem Feld und stehen so für den nachfolgenden Weizen bereit."

M6 Verladen der Zuckerrüben mit der „Rübenmaus"

AUFGABEN

1. *Die Wetterau ist Hessens wichtigstes Anbaugebiet für Zuckerrüben. Bestimmt ihre genaue Lage (Atlas).*
2. *Ermittelt auf einer Landwirtschaftskarte im Atlas weitere Gebiete in Deutschland, in denen Zuckerrüben angebaut werden.*
3. * *Beschreibt mit eigenen Worten den Weg von der Zuckerrübe zum fertigen Produkt.*
4. *Der Anbau von Zuckerrüben ist begrenzt. Erklärt, warum diese Begrenzung für die Landwirtschaft problematisch ist.*

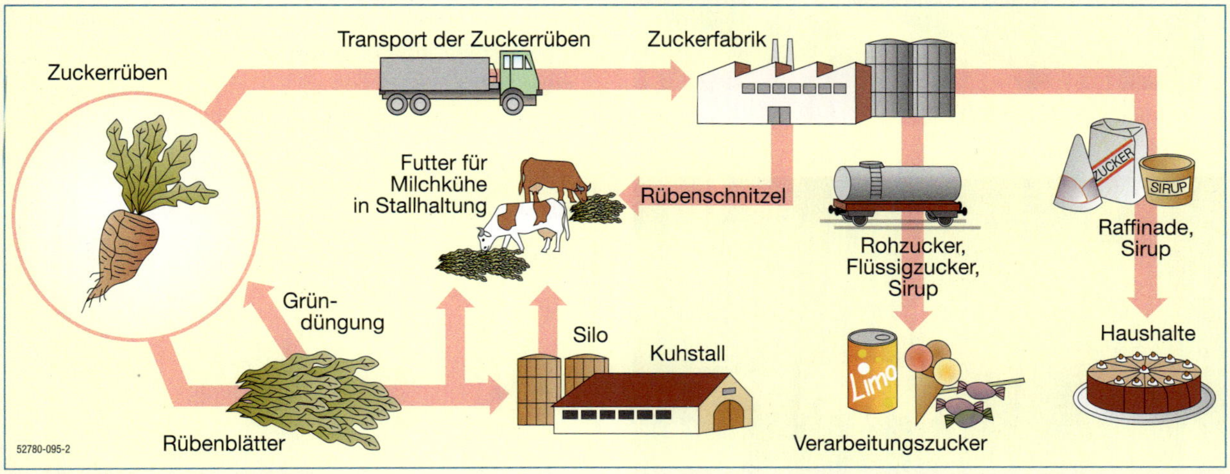

M7 Verarbeitung und Verwendung der Zuckerrübe

Auf einem „Ökohof“

Schüler einer Frankfurter Gesamtschule besuchen einen landwirtschaftlichen Betrieb, der ökologisch bewirtschaftet wird. Der Betriebsinhaber, Herr Meister, berichtet den Schülern ausführlich:

M 1 An diesen Logos erkennt ihr Bio-Produkte

„Die ***ökologische Landwirtschaft*** *hat sich in Deutschland seit den 1970er-Jahren ausgebreitet. Nachdem ich den Hof übernommen hatte, habe ich früh auf Ökolandbau umgestellt. Besonders achte ich darauf, schonend mit dem Boden, mit den Tieren und mit den Pflanzen umzugehen.*

So laufen bei uns die Schweine frei umher. Auf der Wiese können sie wühlen und sich suhlen. Dabei fühlen sie sich ‚sauwohl‘. Sie sind auch widerstandsfähiger gegen Krankheiten. Bei den Pflanzen, die ich anbaue, verzichte ich vollständig auf chemische Dünge- und Pflanzenschutzmittel. Allerdings habe ich dadurch etwas geringere Ernteerträge als die anderen Bauern. Andererseits kann ich für unsere Produkte höhere Verkaufspreise erlösen.

Ich gehöre dem Bio-Verband ‚demeter‘ an. Meine Erzeugnisse werden ständig überprüft. Sie müssen nach den EU-Bio-Richtlinien hergestellt sein.
Ich vermarkte meine Erzeugnisse direkt, das heißt, ich verkaufe sie über meinen Hofladen. Damit sich diese Direktvermarktung lohnt, bieten wir noch andere ökologisch hergestellte Produkte an, beispielsweise Käse oder Eier.
Viele meiner Kunden schätzen den direkten Kontakt zu uns auf dem Hof. Und sie vertrauen uns, weil sie wissen, woher ihr Essen stammt.“

M 2 Einkauf in einem Bioladen

AUFGABEN

1. *Sammelt gruppenweise Gründe für den Kauf von Bioprodukten. Vergleicht eure Ergebnisse.*
2. *Erkläre, warum viele Kunden die Direktvermarktung schätzen.*
3. *Fertige aus der Grafik M 4 eine Tabelle.*
4. *Erkläre, warum Produkte vom Biohof teurer sind als Produkte aus einem herkömmlich arbeitenden Betrieb. Begründe deine Antwort mithilfe der Grafik M 4.*

Internet-Tipp:
www.oekolandbau.de/kinder
www.bioerleben.at

M 3 „Glückliche“ Schweine

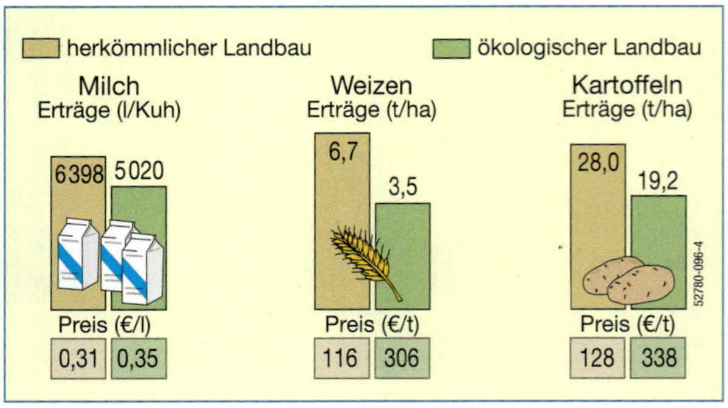

M 4 Ernteerträge im Vergleich

M

Darstellen der Ergebnisse auf einem Plakat

Nach der Erkundung der beiden Höfe haben die Schüler wichtige Ergebnisse auf Plakaten dargestellt. Plakate sind eine gute Möglichkeit, Informationen zu einem Thema zu verdeutlichen. Was bei der Plakaterstellung wichtig ist, zeigt M 1.

M 1 Das ist wichtig bei der Plakaterstellung

Wenn ihr eure Plakate in der Klasse vorstellt, dann müsst ihr auch das Folgende beachten:

Richtig vorbereiten
- Sprecht in der Gruppe ab, wer welche Teile vorträgt. Achtet darauf, dass die Beiträge ungefähr gleich lang sind.
- Erstellt euch einen Zeitplan, wann ihr eure Arbeitsschritte fertig haben wollt.
- Schreibt euch Stichwortzettel. Nehmt dazu am besten kleine Karteikarten.
- Übt in der Gruppe den Vortrag.

Richtig präsentieren
- Stellt euch neben das Plakat.
- Verwendet eure Karteikarten. Sie helfen euch weiter, wenn ihr ins Stocken kommt.
- Sprecht langsam, laut und deutlich.
- Schaut zu euren Mitschülern.
- Bedankt euch zum Schluss bei euren Zuhörern.

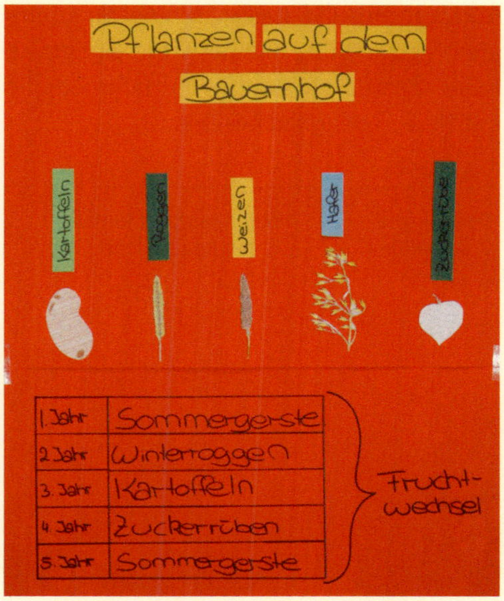

M 2 Das fertige Plakat

M1 Laufstall

M2 Melkanlage

Aus Milch wird Käse

Auf dem Hof: Die Kühe werden gemolken

Milchbauer Henning muss schon sehr früh aufstehen. Oft ist er bereits vor sechs Uhr morgens im Stall. Die Kühe sind zu dieser Zeit schon von ihren Liegeboxen zum Melkstand getrottet. Ganz geduldig stellen sie sich vor dem Melkautomaten an, um sich melken zu lassen. Jede Kuh hat in ihrem Halsband einen Computerchip, der dem Melkautomaten anzeigt, welches Tier gerade gemolken wird und wie viel Milch es gibt.

Herr Henning muss nur die Melkstutzen auf das Kuheuter setzen, den Rest macht die Melkmaschine. So können in der Anlage bis zu 40 Kühe in einer Stunde gemolken werden. Früher schaffte ein Bauer von Hand lediglich sechs bis acht Tiere in der gleichen Zeit.

Die Milchleistung der Kühe ist in den letzten Jahren deutlich gestiegen (M 3). Dies gelang durch die Entwicklung von besserem Futter und die Züchtung von Kühen, die besonders viel Milch geben.

Die frisch „gezapfte" Milch wird sofort nach dem Melken durch einen Computer auf Qualität und schädliche Keime untersucht. Vor allem ihr Fettgehalt ist für den Bauern wichtig: Je fetter die Milch ist, desto mehr zahlt die Molkerei. So weiß der Bauer sofort nach dem Melken, wie viel er mit seiner Milchlieferung verdienen wird. Die frisch gemolkene Milch wird als Nächstes über Rohre in die Milchkammer des Hofes gepumpt. Dort lagert sie in Kühltanks, bis ein Tankwagen die Milch abholt und zur Molkerei transportiert.

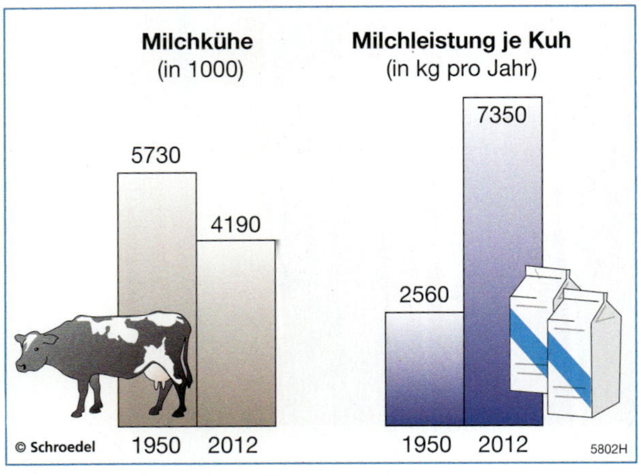

M3 Veränderungen in der Milchwirtschaft

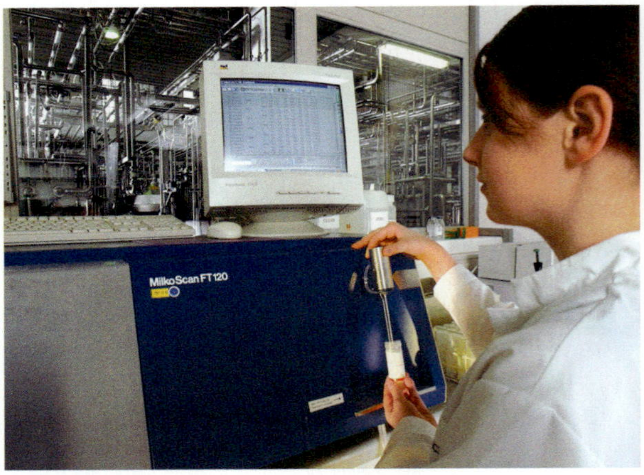

M4 Beim Prüfen der Milchqualität

M 5 und 6 Anlieferung und Abfüllung der Milch in der Molkerei

In der Molkerei

In der Molkerei wird die Milch aus den Tankwagen in Vorratsbehälter gepumpt, die so riesig sind, dass sie Platz für mehrere zehntausend Liter haben. Dort untersucht man zunächst noch einmal die Qualität der Milch. Ist alles in Ordnung, kann sie zu Frischmilch, H-Milch, Molke, Buttermilch, Kefir, Joghurt, Käse und noch vielen anderen Produkten verarbeitet werden.

Eure Schulmilch beispielsweise muss man zunächst pasteurisieren, das heißt auf etwa 65 °C erhitzen. Dadurch werden Keime in der Milch abgetötet. Die Milch ist jetzt länger haltbar. Bei der folgenden Homogenisierung presst man die Milch unter starkem Druck durch winzige Löcher, sodass die Fettkügelchen in der Milch auf die gleiche Größe gebracht und gleichmäßig in der Milch verteilt werden. So können sich keine Fettklümpchen mehr bilden und die Milch sieht länger frisch aus. Nach dieser Behandlung wird die Milch wieder auf 4 – 5 °C heruntergekühlt. Anschließend wird sie in die Abfüllanlage gepumpt und in die Schulmilchtüten gefüllt.

Die fertige Schulmilch und die anderen Molkereiprodukte stapelt man dann auf Paletten und lagert sie in riesigen Kühlkammern ein. Je nach Bestellung wird kurze Zeit später die gewünschte Ware auf Lkws verladen. Diese bringen ihre Ladung zunächst zu den großen Lagern der Supermarktketten. Hier wird die Ladung auf andere Lkws umgeladen und zu den Supermärkten in eurer Nähe gefahren. So kommen die Frischmilch, der Käse und die anderen Milchprodukte schließlich in die Regale der Geschäfte.

M 7 Endstation: Milchregal im Supermarkt

AUFGABEN

1 *Nenne alle Milchprodukte, die du kennst.*

2 *Beschreibe mithilfe der Grafik M 3 die Veränderungen in der Milchwirtschaft von 1950 bis heute.*

3 *Erläutere, wie die Milchleistung einer Kuh in den letzten Jahren gesteigert werden konnte.*

4 *Stelle in einem kurzen Text den Weg der Milch vom Melken bis zum Supermarkt vor.*

5 *Erkläre wichtige Verarbeitungsschritte bei der Milch (z. B. Pasteurisierung, Homogenisierung).*

M 1 und 2 Dorfstraße um 1960 und heute

Unser Dorf verändert sich

Viele Dörfer in Deutschland haben sich seit den 1960er-Jahren so verändert wie das Dorf oben (M 1 und M 2). Auf kleinen Bauernhöfen wurde Landwirtschaft zur **Selbstversorgung** betrieben. Es gab außerdem Handwerker, wie zum Beispiel Schmiede, Bäcker, Metzger, Schreiner oder Schuster. Nur wenige Leute arbeiteten außerhalb des Dorfes.

Dörfer mit 500 Einwohnern hatten meistens bloß eine Schule mit einem oder zwei Klassenzimmern: Klasse 1 bis 4 in einem Raum und Klasse 5 bis 8 im anderen. Nach der 8. Klasse war die Schulzeit zu Ende (> S. 24). Die wenigen Schüler, die zur weiterführenden Schule gingen, mussten mit dem Bus in die nächste Stadt fahren. Heute gibt es in Dörfern oft nur eine Grundschule, in kleinen Dörfern überhaupt keine Schule mehr.

Es gab meistens zwei oder drei Gemischtwarenläden, die die Bevölkerung versorgten. Für die Freizeitgestaltung standen den Bewohnern mehrere Gaststätten mit einem großen Saal für Versammlungen und Tanzveranstaltungen zur Verfügung. Das Bürgermeisteramt und eine Poststelle waren wichtige Einrichtungen.

M 3 Neues Wohngebiet auf dem Land

Weil immer weniger junge Menschen die landwirtschaftlichen Betriebe ihrer Eltern übernehmen wollten, gaben viele Betriebe auf. Die meisten Erwerbstätigen arbeiten heute außerhalb und fahren jeden Tag große Strecken. In vielen Dörfern leben heute nur noch ein oder zwei Landwirte. Manchmal bestellen sogar Landwirte aus anderen Gemeinden die Felder.

In vielen Dörfern nahmen die Bevölkerungszahlen dennoch zu, weil Einheimische ihre Höfe zu Wohngebäuden umbauten. Außerdem gab es oft günstigeres Bauland als in den Städten, sodass sich Familien hier neu ansiedelten. Am Rande mancher Dörfer, die ebenfalls günstiges Bauland anboten und gute Verkehrsanbindung hatten, siedelten sich Industrie und Gewerbe an (M 5).

Ehemals selbstständige Gemeinden wurden in den 1970er-Jahren Orts- oder Stadtteile von größeren Gemeinden. Manchmal schlossen sich auch mehrere kleinere Gemeinden zu einer Großgemeinde oder Stadt unter neuem Namen zusammen, zum Beispiel Maintal.

M4 Neu ausgewiesenes Gewerbegebiet auf dem Land

AUFGABEN

1 *Begründe, warum in den Dörfern heute die Bauern nur eine Minderheit darstellen.*

2 *Vergleiche beide Karten M 5. Benenne die Unterschiede.*

3 *Fertige anhand des Textes eine Tabelle an und trage die Veränderungen ein.*

	früher	heute
Einkaufen		
...		

4 *Beschreibe die Lage der Gewerbegebiete der Gemeinde Maintal. Achte dabei auf die Verkehrswege.*

5 *Gib an, welche Verkehrsanbindung dein Heimatort bietet.*

6 *Befragt in eurem Wohnort oder in eurem Schulort einen Erwachsenen, der hier geboren wurde, um Veränderungen des Lebensraumes in den letzten Jahrzehnten festzustellen (Befragung > S. 96).*

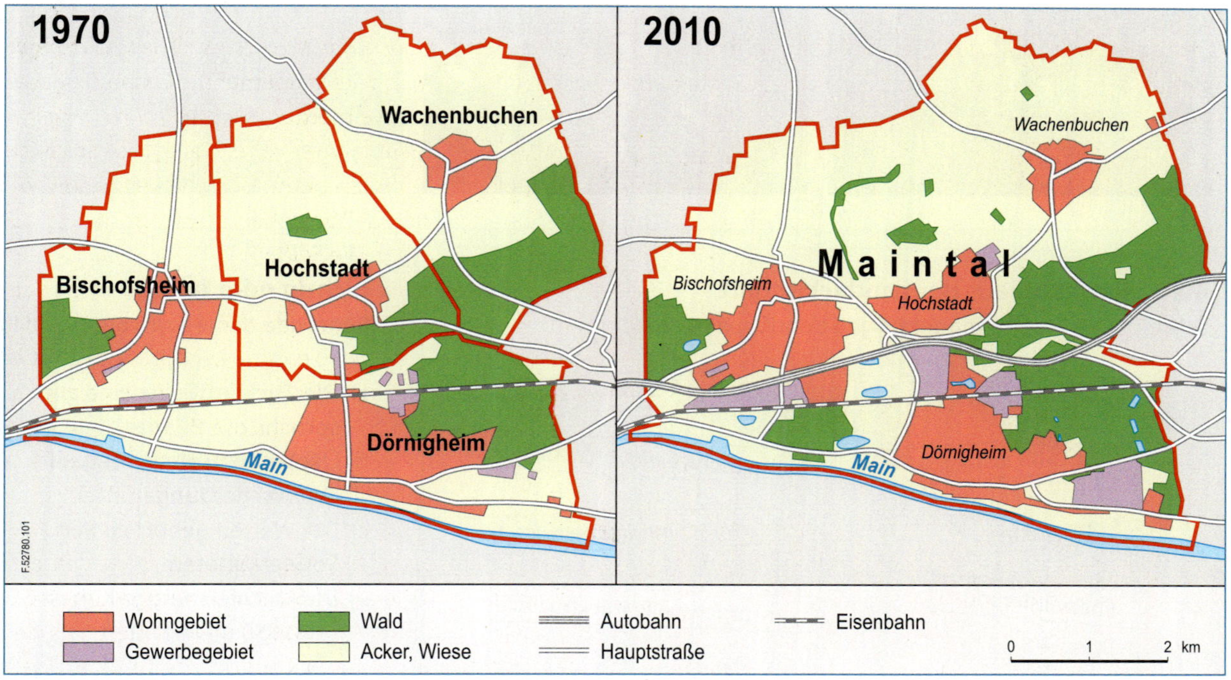

M5 Die Umgebung der heutigen Gemeinde Maintal um 1970 und 2010

Wiederholen und Üben

A

B

C

Was wächst wo?

Arbeite mit dem Atlas.

a) Ordne die Bildunterschriften der jeweiligen Abbildung zu.

b) Was wird nicht in Hessen angebaut?

1. Äpfel aus dem Vordertaunus
2. Viehzucht in der Rhön
3. Gemüse aus dem Hessischen Ried
4. Weinanbau im Rheingau
5. Hopfenanbau in der Hallertau
6. Zuckerrübenanbau in der Wetterau

D

E

F

Merkenswertes aus der Landwirtschaft

Schreibe die zusammengehörigen Begriffspaare in dein Heft.

Zuckerrübe	Sonderkulturen
Obstanbau	ökologische Landwirtschaft
Bioprodukte	Maschinengemeinschaft
Spezialisierung	anspruchsvolle Hackfrucht

Richtig oder falsch?

Begründe deine Antwort.

a) Die Zuckerrübe ist eine anspruchslose Pflanze.

b) Ökolandbau verzichtet auf chemische Düngemittel.

c) Der Weizen gehört zu den Sonderkulturen.

d) Die Milchleistung je Kuh ist seit 1950 unverändert.

Leben in der Stadt und auf dem Land

Füge die Sätze richtig zusammen und schreibe sie in dein Heft. In der richtigen Reihenfolge ergeben die Buchstaben einen Begriff zum Thema „Stadt".

a) Ich kaufe meine Kleider in der City, ...	... von kulturellen Veranstaltungen. **H**
b) Die meisten Wohngebiete ...	... zur Naherholung aufs Land. **R**
c) Viele Städte glänzen mit ...	... komme ich ohne Stau zur Arbeit. **O**
d) Die Städte bieten eine Fülle ...	... und das Umland braucht die Stadt. **H**
e) Die Stadt braucht das Umland ...	... haben oft lange Anfahrtszeiten in die Städte zur Arbeit. **U**
f) Wenn ich mit der Bahn fahre, ...	... weil ich da die größte Auswahl habe. **R**
g) Pendler aus dem Umland ...	... einer historischen Altstadt. **S**
h) Am Wochenende fahren viele Städter ...	... befinden sich in den Stadtteilen/Vororten. **U**

Von der Stadt auf das Land – und umgekehrt

Es gibt viele Gründe, warum Menschen aus der Stadt in die Umgebung fahren. Umgekehrt kommen Menschen aus den kleinen Orten häufig in die nahen Städte.

a) Welche Gründe fallen dir dafür ein? Schreibe sie in einer Tabelle auf.

b) Bewerte: Welche dieser Gründe sprechen deiner Ansicht nach für ein Leben in der Stadt, welche für ein Leben auf dem Land?

In die Stadt ...

- zum Kinobesuch
- ...

Auf das Land ...

- zum Reiterhof
- ...

Prüfe dich nun selbst! Du kannst ...

- ✓ ... Themenbereiche benennen, die du bei einer Stadterkundung bearbeitet hast (> S. 272f);
- ✓ ... verschiedene Stadtviertel beschreiben (> S. 274f);
- ✓ ... dich auf einem Stadtplan orientieren (> S. 275);
- ✓ ... Wechselbeziehungen zwischen Stadt und Land erkennen und kurz erläutern (> S. 276f);
- ✓ ... die herkömmliche und die ökologische Landwirtschaft unterscheiden (> S. 279 – 282);
- ✓ ... Probleme der landwirtschaftlichen Nutzung benennen und erläutern (> S. 279 – 282);
- ✓ ... die Begriffe Mechanisierung und Spezialisierung mit eigenen Worten erläutern (> S. 280);
- ✓ ... ein Plakat für eine Präsentation gestalten (> S. 283);
- ✓ ... einen Produktionsprozess am Beispiel der Milchwirtschaft darstellen (> S. 284f);
- ✓ ... an Beispielen erklären, wie sich das dörfliche Leben in den letzten 50 Jahren verändert hat (> S. 286f).

11 Die antike Welt der Griechen

M 1 Akropolis – ein religiöses und politisches Machtzentrum in der Antike

M2 Gebirge und Küsten prägen die griechische Landschaft.

M3 Mit ihren Frachtschiffen handelten die Griechen im gesamten Mittelmeerraum.

M4 Wagenrennen bei den Olympischen Spielen

- **Wettkampf – nicht nur ein sportliches Prinzip?**
- **Warum gilt Griechenland als ein Ursprung unserer Kultur und Wissenschaft?**
- **Griechenland – wirklich die älteste Demokratie der Welt?**

M 1 Rekonstruktion der Akropolis in Athen: 1 Eingangstor (Propyläen), 2 Bronzestandbild von Athene, der Beschützerin, 3 Parthenon-Tempel für Athene, 4 Erechtheion-Tempel, 5 Nike-Tempel für Athene, die Siegesgöttin

Im antiken Athen

Zwischen 600 und 400 v. Chr. wurde Athen berühmt. Dabei war es nur die Hauptstadt eines kleinen Staates, in dem 230 000 Menschen lebten. Die Bauern- und Fischerdörfer im Umland sowie der Hafen Piräus bildeten zusammen mit der Stadt eine Einheit – die „Polis Athen". Die Stadt selbst lag am Fuße der „Akropolis" (M 1), dem Burgberg.

Von den Athenern waren 100 000 „Stadtbewohner". Der Rest siedelte auf dem Lande um Athen herum. Viele Athener lebten am Rande der Stadt in ärmlichen Hütten. Eine Kanalisation gab es nicht. Daher hatten sie auch keine Toiletten. Man nahm einen Topf und leerte den Inhalt einfach auf die Straße. Doch in der Stadtmitte von Athen schaute es anders aus: Die Prachtbauten um die Akropolis hoben sich von den einfachen Häusern ab.

Wer soll die Macht haben?

Zunächst wurde Athen wie die anderen griechischen Stadtstaaten (griechisch **polis**, Mehrzahl poleis) von Königen beherrscht. Diese **Monarchie** wurde im 8. und 7. Jahrhundert v. Chr. von einer Herrschaft der Adeligen, also von einer **Aristokratie** (von griechisch „aristoi" = die Besten) abgelöst. Die Adeligen waren in der Regel reiche Großgrundbesitzer. Sie wählten einen Mann aus ihrem Kreis, der für eine bestimmte Zeit regieren sollte. In dieser Zeit verarmten immer mehr Kleinbauern, sie mussten sich bei den Adeligen verschulden. Konnten sie ihre Kredite nicht zurückzahlen, gerieten sie in eine Schuldknechtschaft. Sie wurden gewissermaßen zu Sklaven, bis sie ihre Schuld bezahlt hatten. Da viele das nicht konnten, führte dies zu sozialen Unruhen.

Von der Tyrannis zur Demokratie

Um die sozialen Konflikte zu überwinden, wurde um 600 v. Chr. die Schuldknechtschaft verboten. Dies änderte aber nichts an den ungerechten Besitzverhältnissen. Mit Unterstützung der „kleinen Leute" machte sich der Adelige Peisistratos um 560 v. Chr. zum Alleinherrscher. Diese Herrschaftsform wird als **Tyrannis** bezeichnet. Peisistratos beschränkte die Machtbefugnisse der Adeligen und schuf neue Arbeitsplätze für Kleinbauern, indem er z. B. prächtige Bauten errichten ließ. Nach dessen Tod regierten kurz seine beiden Söhne.

Um 500 v. Chr. experimentierten die Athener mit einer demokratischen Ordnung. Manche Historiker vermuten, dass auch während der demokratischen Herrschaft der Adel noch tonangebend war – obwohl nun viele Bürger Mitsprache erlangten (> S. 304).

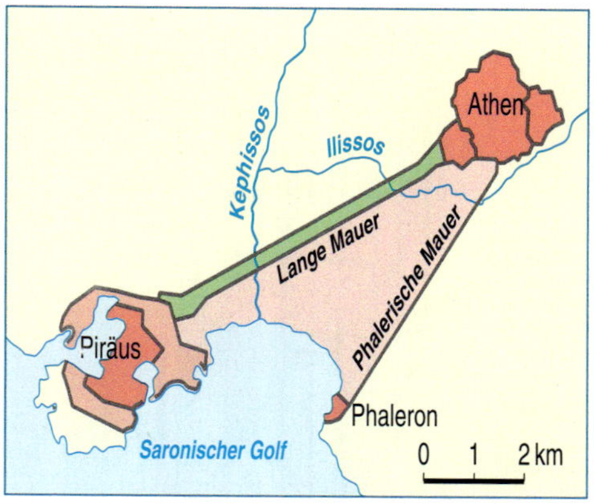

M 3 Athen und sein Hafen Piräus

M 2 (links) Die Stadt Athen und ihr Umland

Athen – Handelszentrum der damaligen Welt

Im Umland von Athen betrieben die Bauern Landwirtschaft. Sie konnten einen großen Teil von dem erzeugen, was die Bewohner der gesamten Polis Athen täglich benötigten: Fleisch, Fisch, Olivenöl, Wein, Wolle sowie Brennstoff.
Doch lebenswichtig war für die vielen Städter in Athen vor allem das Brotgetreide. Etwa zwei Drittel des Bedarfs, also über 3 Millionen Zentner, das sind 150 000 Tonnen, musste die Stadt jährlich einführen.

Neben der Landwirtschaft förderten die Athener deshalb das Gewerbe und den Handel.
Waren aus Athen waren im gesamten Mittelmeerraum begehrt. Auch Wein und Honig sowie kostbare Olivenöle und Salböle wurden in andere Städte ausgeführt. Im Austausch erhielten dafür die Athener, was sie sonst zum Leben brauchten, z. B. Gewürze oder Holz. Piräus, der Hafen von Athen (M 3), entwickelte sich zum zentralen Umschlagplatz für Waren aus der gesamten damaligen Welt.

In einer Komödie macht ein Kaufmann einem Bauern deutlich, welche Waren eingeführt werden:
„Aus Kyrene bringen uns die Schiffe ... Rindshäute, vom Hellespont Thunfisch und gepökelte Fischwaren aller Art, aus Italien Graupen und Rippenstücke vom Rind. Syrakus liefert Schweine und Käse, Ägypten Segel und Papyrusrollen, Syrien Weihrauch, Kreta Zypressenholz für die Götter, in Libyen gibt es viel Elfenbein zu kaufen, aus Rhodos kommen Rosinen und getrocknete Feigen, von Euböa Birnen und feiste Schafe, aus Phrygien Sklaven, Söldner aus Arkadien ..., aus Phönikien Datteln und feines Weizenmehl, Karthago Teppiche und bunte Kopfkissen."

(Aus: H. Bengtson: Griechische Geschichte von den Anfängen bis in die Römische Kaiserzeit; 1977, S. 207)

Der Handel füllte die Staatskassen und vermehrte den Reichtum der Bürger. Aus Handelsbeziehungen ergaben sich wissenschaftliche, kulturelle und politische Kontakte. Diese befruchteten den weiteren wirtschaftlichen Prozess. So wurde Athen zur beherrschenden Handelsmacht.

AUFGABEN

1 *Beschreibe mithilfe von M 2 die „Polis Athen": Aussehen, Ausdehnung des Stadtstaates, Bodenschätze, Erzeugnisse.*

2 *Ermittle mithilfe des Atlas, welche Waren nach Athen eingeführt wurden und aus welchen Ländern diese kamen.*

3 *Erkläre, inwiefern Gewerbe und Handel die Lebensbedingungen der Athener verbesserten und zum Reichtum der Stadt beitrugen.*

4 *Beschreibe den Wechsel der verschiedenen Regierungsformen in Athen. Beginne bei der Monarchie.*

5 *Erstelle einen Zeitstrahl zu den verschiedenen Regierungsformen (> S. 128f).*

① Vorratsraum oder Laden
② Wohnraum der Männer
③ Raum für Gastmähler
④ Wohnraum der Frauen
⑤ Schlafraum
⑥ Küche

M 1 Stadthaus in Athen

Alltagsleben in Athen

Zu Hause bei Familie Amos

Wie lebten die Menschen in Athen in den Jahren um 450 v. Chr.? Um eine Vorstellung zu bekommen, schauen wir uns den Alltag von Amos an.

Amos wohnt am Stadtrand von Athen. In dem einfach gebauten Haus gibt es je nach Zweck verschiedene Räume: Vorrat, Handwerk, Stall, Wohn- und Schlafraum (M 1). Für Amos ist der Gastraum sehr wichtig. Hier trifft er sich am Abend mit seinen Freunden, um Wein zu trinken, sich zu unterhalten und Lieder zu singen.

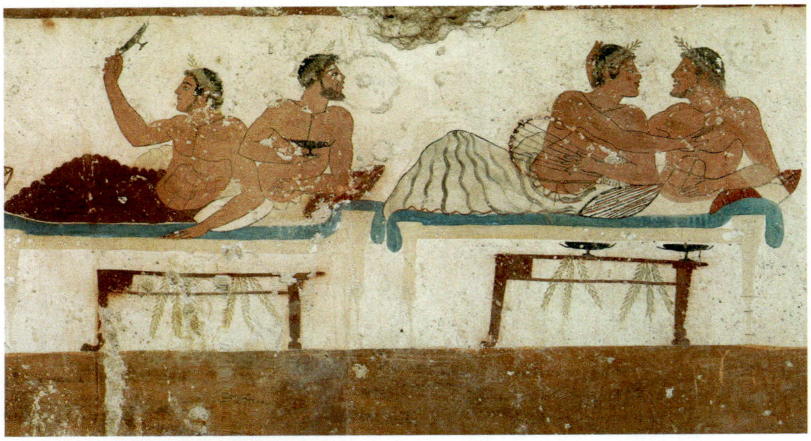

M 2 Männer bei einem Gelage

Seine Frau Kallia bewohnt im ersten Stock einen eigenen Raum. Männer dürfen ihn nicht betreten. Kallia ist für Haus und Hof zuständig. Sie überwacht die Arbeit der Sklaven, holt Wasser vom öffentlichen Brunnen, sorgt für das Essen, kümmert sich um die Vorräte, stellt Stoffe her, näht Kleidungsstücke und erzieht die Kinder.

Kallia hat zwei Kinder geboren. Lysia, das Mädchen, ist zehn Jahre alt. Der Sohn Kritias wird sieben Jahre alt. Amos ist stolz darauf, dass er seiner Frau ein Leben zu Hause ermöglichen kann. Denn in vielen Familien müssen die Frauen auf dem Feld mitarbeiten oder auf dem Markt Waren verkaufen.

Im Haus leben noch ein Sklave und eine Sklavin: Steiros und Herma. Sie sind Eigentum von Amos. Er hat sie auf dem Markt gekauft. Ist im Haus oder Garten nicht viel zu tun, nimmt Steiros eine Arbeit im Hafen an. Den Lohn muss er Amos abgeben.

Andere Sklaven haben es schwerer, insbesondere die „Staatssklaven". Sie müssen körperlich anstrengende Arbeiten auf den Feldern oder in den Silberbergwerken verrichten. Steiros hat jedoch die Aussicht, eines Tages von seinem Herrn freigelassen zu werden.

Amos ist nur selten zu Hause. Nach der Arbeit treibt er Sport oder schließt sich einer Gruppe an, die unter den Säulenhallen am Marktplatz oder vor einer Weinstube im Freien zusammensteht. Dort diskutieren die Männer über Politik, oder über Fragen der Wissenschaft. Manchmal werden sie von dem Philosophen Sokrates in nachdenkliche Gespräche verwickelt.

M 3 Arbeiten in einer Schmiede

M 4 Sklaven in einer Tongrube

Beruf und Arbeit von Amos

Amos ist Handwerker. Seine Werkstatt ist nicht im Haus, er muss ein ganzes Stück gehen, bis er zur Erzgießerei von Dimitrios kommt. Dort ist er als Gießmeister beschäftigt. Wenn der Schmelzofen angeheizt ist und das Metall flüssig wird, dann herrscht dort drückende Hitze. Dimitrios kommt jeden Tag vorbei, um die Arbeit zu kontrollieren. Denn nur mit erstklassiger Qualität kann er die anspruchsvolle Kundschaft halten.

Zur Zeit arbeiten Amos und seine fünf Mitarbeiter an einem besonderen Auftrag. Auf Beschluss der Volksversammlung (> S. 304) soll er eine große Figur aus Bronze fertigen. Amos ist voll bei der Sache. Die flüssige Bronze muss exakt die richtige Temperatur haben, damit er sie mit gleichbleibender Geschwindigkeit aus dem Schmelztiegel in die Form gießen kann.

Amos weiß, dass die Figur ein Geschenk sein soll. Die Athener wollen sie dem Gott Apollon in Delphi schenken. Tausende von Griechen aus vielen Städten werden dann die Figur bestaunen. Und sie sollen sagen: „Die Athener machen halt doch die schönsten Bronzefiguren." Amos ist stolz auf seine Arbeit. Sie ist zwar hart und schmutzig; doch es gibt nichts Schöneres, als auf seinem Gebiet der Beste zu sein.

Von den vornehmen Athenern freilich werden die Handwerker verachtet, denn Arbeiten schwächt den Körper. Und wenn der Körper nicht trainiert wird, leidet darunter auch der Geist. Doch die Athener brauchen eine Menge an Waren und Gegenständen, z. B. feine Lederwaren, kunstvoll verzierte Tongefäße, Musikinstrumente, Öllampen, Waffen. Um diese Produkte herzustellen, werden viele Arbeitskräfte benötigt.

Darüber berichtet der Schriftsteller Plutarch:
„Vielerlei Materialien wurden benötigt. Steine, Erz, Elfenbein, Gold, Eben- und Zypressenholz. Zu ihrer Bearbeitung brauchte es mancherlei Handwerker, so Zimmerleute, Bildhauer, Kupferschmiede, Steinmetzen, Färber, Goldarbeiter, Elfenbeinschnitzer, Maler, Graveure. Die Transporte zur See brachten den Reedern, den Matrosen und Steuerleuten Beschäftigung, die Transporte zu Land den Wagenbauern, Pferdehaltern und Fuhrleuten, den Seilern, Leinewebern ... Jedes Handwerk verfügte über eine Masse von ungelernten Hilfsarbeitern, welche als Handlanger dienten."

(Aus: Ziegler, Große Griechen und Römer, Band 2, Stuttgart 1954)

AUFGABEN

1. *Die Menschen in Amos' Haus haben verschiedene Aufgaben. Nenne die Personen und ihre Aufgaben.*
2. *Beschreibe, wie es in einer Bronzegießerei zugeht. Betrachte dazu Bild M 3.*
3. *Stelle mithilfe einer Tabelle dar, welche Gegenstände die Athener für ihr Leben brauchten, wer sie fertigte und welche Materialien dazu benötigt wurden. Ergänze diese mit den Schilderungen von Plutarch.*
4. *Erkläre am Beispiel von Amos, welche Einstellung viele Athener zu Beruf und Arbeit hatten.*
5. *Diskutiert die Einstellung der vornehmen Athener zu körperlicher Arbeit.*

Kindererziehung in Athen

Amos berichtet, was ihm bei der Erziehung seiner Kinder wichtig ist

Meine Tochter Lysia soll werden wie meine Frau Kallia. Deswegen finde ich es wichtig, dass alte Grundsätze eingehalten werden: Nach der Geburt wurde Lysia deshalb von einer Amme versorgt und großgezogen. Danach achten ihre Mutter, Großmutter und alle anderen Hausbewohner darauf, dass es ihr gut geht und sie behütet aufwächst. Ein Mann wird sie nämlich nur dann heiraten, wenn sie einen tadellosen Ruf hat, und dafür will ich als Vater natürlich sorgen.

Deswegen ist Lysia häufig zu Hause. Bei allen Arbeiten hilft sie mit. Sie lernt, mit Wolle umzugehen und ein Gewand anzufertigen, denn das ist eine hoch geschätzte Handarbeit. Außerdem lernt sie zu kochen. Die meisten Athener erziehen ihre Töchter nach diesen Regeln.

Ganz anders ist das bei Kritias. Er soll eine Schule besuchen. Eine Schulpflicht gibt es hier in Athen nicht, aber ich möchte, dass er ein Bürger wird, der einen guten Ruf hat. Ich möchte, dass er aufgrund seiner Tüchtigkeit und Bildung in der Öffentlichkeit ein hohes Ansehen genießt.

Ein angesehener Bürger muss
- körperlich fit sein, um mit der Waffe kämpfen zu können, wenn es erforderlich ist;
- sich für öffentliche Angelegenheiten interessieren und seine Meinung dem Volk verständlich machen können;
- die Fähigkeiten haben, eines der Ämter zu übernehmen, die es in der Polis gibt;
- Sinn für das Gute und Schöne im Leben haben.

Und damit Kritias das lernt, bezahle ich Schulgeld für seinen Unterricht. Das ist es mir wert. Ihm wird das Lesen und das Schreiben beigebracht, das Redenhalten lernt er von einem **Rhetoriker**. Außerdem muss er sich körperlich fit halten. Auch Musik steht bei Kritias auf dem Stundenplan. Bei einem Kitharisten lernt er das Spiel auf der Gitarre, denn Singen und Musizieren erfreuen das Herz.

Kleon ist der Lehrer von Kritias. Der junge Sklave hat dafür zu sorgen, dass der junge Schüler eifrig lernt. Er führt Kritias zur Schule, trägt ihm die Schulsachen, passt auf, ob er Fehler macht, übt mit ihm zu Hause, lobt ihn und weist ihn zurecht, wenn der Junge trödelt, unaufmerksam ist oder sich nicht anstrengt.

Wenn Kritias unachtsam ist, dann bekommt er hin und wieder Stockhiebe von Kleon. Denn Trödelei und Träumerei dulde ich nicht. Ich würde Kleon dafür bestrafen, wenn er meinen Sohn Kritias nicht zurechtweist."

AUFGABEN

1 *Vergleiche die Erziehung von Sohn und Tochter.*

2 *Verfasse eine Stellungnahme aus der Sicht der Tochter oder des Sohnes.*

3 *Begründe aus Sicht von Amos, warum diese Unterschiede sinnvoll sind.*

4 *Beschreibe den Unterricht, der auf M 1 dargestellt ist.*

M 1 Ausschnitt aus einer „Schulschale" (um 480 v. Chr.). Die Schulschale wird heute in der Antikensammlung in Berlin aufbewahrt.

Kindererziehung in Sparta

Mädchen und Jungen sollen sich anpassen
Spartanische Kinder wurden zu Unterordnung und gefühlloser Härte erzogen. Kränkelnde Kinder wurden von ihren Eltern ausgesetzt, wilden Tieren oder dem Hungertod überlassen. Nur gesunde und kräftige Kinder durften auf Beschluss des Ältestenrates leben.
Schon mit der Geburt begann die Ausbildung der spartanischen Jungen zum Krieger. Sie lebten außerhalb des Elternhauses in Gruppen zusammen. Die Arbeit überließen sie den Söhnen der **Heloten.** Diese waren Staatssklaven, also Eigentum des Staates.

Die Spartanerinnen überließen die Hausarbeit den Helotinnen, denn spartanischen Frauen stand nicht zu, Kleider zu nähen. Frauen beteiligten sich auch nicht am kulturellen Leben. Sie trieben viel Sport, um sich für das Gebären von Kindern gesund zu erhalten. Frauen, die bei der Geburt starben, waren hoch verehrt – was daran zu erkennen ist, dass sie ähnlich aufwändige Grabinschriften bekamen wie die im Kampf gefallenen Männer.

Im Zentrum des spartanischen Lebens standen Männerbünde: Je 15 Männer lebten zusammen. Sie widmeten sich der Jagd sowie Kampfspielen und erzogen die Heranwachsenden. Sie gehörten zu den Spartiaten, den Vollbürgern in der Polis. Ihre Ideale waren Wachsamkeit, Gemeinschaft, Unterordnung, Kampf und Tod. Den etwa 9000 freien Bürgern Spartas standen 150 000 versklavte Heloten gegenüber. Die Spartaner fürchteten deren Freiheitsdrang und übten daher ständig für den Krieg. Sparta glich einem Soldatenlager.
Über die Erziehung zur Zeit von König Lykurg (7. Jh. v. Chr.) schrieb der Geschichtsschreiber Plutarch (50 – 125 n. Chr.):

M1 Spartanischer Fußkämpfer (Bronzestatue)

„(Die Jungen wurden) dazu erzogen, nicht eklig und wählerisch beim Essen zu sein, keine Angst zu haben im Dunkeln oder wenn sie allein waren, und frei zu sein von Übellaunigkeit und Weinerlichkeit ... Niemand durfte seinen Sohn halten und erziehen, wie er wollte, sondern der König nahm selbst alle, sobald sie sieben Jahre alt waren, zu sich und teilte sie in Gruppen, in denen sie miteinander aufwuchsen ... Als Führer der Gruppe wählten sie denjenigen, der sich durch Klugheit und Kampfesmut auszeichnete. Auf ihn blickten sie, hörten auf seine Befehle und unterwarfen sich seinen Strafen, sodass die Erziehung wesentlich in der Übung im Gehorsam bestand ... Lesen und Schreiben lernten sie nur so viel, wie sie brauchten ...
Sobald sie zwölf Jahre alt waren, gingen sie stets nur ohne Unterkleidung, bekamen einen Mantel aufs Jahr, waren am ganzen Körper schmutzbefleckt und durften weder baden noch salben bis auf wenige Tage des Jahres."
(Aus: Lykurg, übersetzt von K. Ziegler, Zürich 1954)

M2 Sterbender spartanischer Krieger (Tempelfigur um 500 v. Chr.)

M

Auswerten einer Textquelle

Wichtige Arbeitsschritte bei der Arbeit mit Textquellen

- Lies den Text genau durch. Um welches Thema geht es?
- Kläre Begriffe, die du nicht verstehst.
- Fasse den Text zusammen.
- Wann wurde der Text geschrieben (z. B. Jahrhundert, Jahr), wo „spielt" der Text (z. B. Land)?
- Wer hat den Text verfasst? Informiere dich im Internet über den Autor.
- Untersuche, ob und welche Bewertungen der Autor vornimmt.
- Überlege, warum der Autor diesen Sachverhalt berichtet. Welche Botschaft will er vermitteln?

AUFGABEN

1 *Vergleiche die Erziehungsziele in Sparta mit denen von Athen.*

2 *Erläutere, warum diese Erziehungsziele aus der Sicht von Sparta notwendig erscheinen.*

3 *Werte den Quellentext auf dieser Seite mithilfe der Arbeitsschritte aus.*

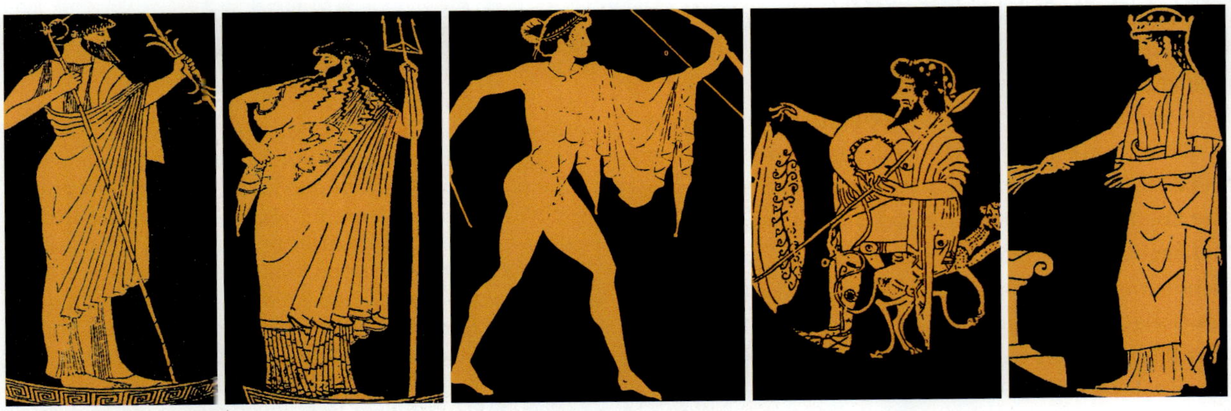

M 1 – 5 Wichtige griechische Götter und Gottheiten: Zeus, Poseidon, Apollon, Ares, Demeter

Götter und Heldensagen

„Der Sturm dauerte drei Tage. Endlich stillten die Priester mit Opfern für die Meeresgöttin am vierten Tag den Sturm. Es kann aber auch sein, er legte sich von selbst ...“
So können wir es bei dem griechischen Geschichtsschreiber Herodot über Naturgewalten lesen. Viele Griechen beobachteten genau die Naturereignisse. Sie fragten sich, woher eigentlich Regen, Donner und Überschwemmungen kommen. Bei Naturereignissen, die sie nicht so recht verstanden, glaubten sie, dass sie aus den Launen guter und böser Götter entstehen.
Nach Auffassung der Griechen waren die Götter nicht nur an den Naturereignissen maßgeblich beteiligt, sondern auch dann, wenn sich Menschen bekämpften. So verehrten und feierten die Griechen verschiedene Gottheiten. Sie stellten sie sich als Menschen vor, die jedoch immer jung, schön, vollkommen und unsterblich waren.

M 6 Ein König befragt das Orakel von Delphi. Schale aus dem 5. Jahrhundert v. Chr.

Als Vater der Götterfamilie betrachteten die Griechen Zeus. Er wohnte auf dem höchsten Berg Griechenlands, dem Olymp (> S. 300). Er schleuderte Donner und Blitze gegen die Feinde und sandte Regen und Sonnenschein. Seine Gattin Hera beschützte das Haus und die Familie. Ihr Sohn Ares war der Gott des Krieges. Über das Meer und über alle Gewässer herrschte Poseidon, ein Bruder des Zeus. Mit seinem Dreizack wühlte er das Meer auf. Athene galt als Göttin der Weisheit und Wissenschaft. Apollon verkörperte das Geistige: Er war Gott der Dichtung, Musik, Heilkunde und Weissagung. Demeter, die Schwester des Zeus, die Göttin des Ackerbaues, sorgte für Wachstum und für gute Ernten auf den Feldern.

Um die Gunst der Götter zu gewinnen, betete und opferte man in prachtvollen Tempeln (> S. 302). Vor wichtigen Entscheidungen wurden die Götter um Rat gefragt. So kamen die Menschen nach Delphi (nordwestlich von Athen), um Apollon zu befragen. Im Allerheiligsten des Tempels beantwortete eine Priesterin die Fragen, die dem Gott gestellt wurden (M 6).
Ihre Weissagungen (Orakel) waren aber oft sehr zweideutig oder wie ein Rätsel formuliert. Dadurch wurden die Menschen zu ernsthaftem Nachdenken angeregt. So bekam einmal der König der Lyder folgende Antwort: „Wenn du den Fluss Halys überschreitest, wirst du ein großes Reich zerstören.“ Er wagte den Krieg, verlor ihn und damit auch sein eigenes Reich.

Heldensagen erzählen von Göttern und Menschen

Homer ist der erste namentlich bekannte Dichter der griechischen Antike. Vermutlich lebte er im 8. Jahrhundert v. Chr. Er sammelte alte Erzählungen und setzte sie in Versform um, zum Beispiel in der „Ilias" sowie in der „Odyssee".
In der „Ilias" geht es um den Kampf um Troja. Paris, der Sohn des Königs von Troja, entführte die schöne Helena, die Gattin des Königs von Sparta. Unter der Führung des Königs Agamemnon schlossen sich daraufhin viele griechische Stadtstaaten zusammen und segelten nach Troja, um Helena zurückzuholen.

M 7 Trojanisches Pferd. Aus dem US-amerikanischen Spielfilm "Troja" (2004)

Es begann ein zehnjähriger Kampf. Die Stadt Troja wurde zunächst erfolglos belagert. Bei den Kämpfen siegten mal die Griechen, dann die Trojaner. Die Götter mischten sich immer wieder in den Kampf ein und unterstützten ihre Lieblingshelden.
Schließlich griff Odysseus zu einer List. Er ließ ein großes, hohles Holzpferd bauen. Mit seinen besten Kämpfern versteckte er sich im Bauch des Pferdes. Die anderen Griechen segelten zum Schein ab. Als die Trojaner das sahen, glaubten sie, die Griechen hätten die Belagerung aufgegeben. Trotz der Warnung eines Priesters zerrten sie das Holzpferd in die Stadt und begannen, ein großes Siegesfest zu feiern.
Nachts, als alle schliefen, kletterten die Soldaten aus dem Pferd und töteten die betrunkenen Trojaner. Mithilfe von Feuerzeichen hatte inzwischen Odysseus die Schiffe zurückgeholt. Auch die Soldaten dieser Schiffe griffen in die Kämpfe ein. Troja wurde in Brand gesetzt. Mit Helena, einer Menge Beute und den trojanischen Frauen kehrten die Griechen in ihre Heimat zurück.

Ausgrabungen belegen, dass es Troja wirklich gab

Noch zu Beginn des 19. Jahrhunderts glaubten viele Wissenschaftler nicht, dass an den Erzählungen von Homer etwas Wahres dran sei.

Mit der „Ilias" im Gepäck und im Kopf reiste im Jahr 1868 der reiche Kaufmann Heinrich Schliemann erstmals nach Griechenland, um Troja zu finden. An der Küste Kleinasiens, in der Nähe der türkischen Stadt Canakkale, stieß er nach langem Suchen 1873 auf einen Hügel, unter dem er Brandreste, Mauern und einen Goldschatz fand. Es waren allerdings ältere Reste als aus der Zeit des Trojanischen Krieges.

Inzwischen wurden in dem Gebiet weitere Reste ausgegraben. Aufgrund der Funde der letzten Jahre sind heute viele Fachleute davon überzeugt, dass Troja der Schauplatz des von Homer beschriebenen Krieges ist. Die Dichtung Homers ist also wohl Sage und wahre Geschichte zugleich.

AUFGABEN

1 *Erläutere, wie sich die Griechen ihre Götter vorstellten.*

2 *Untersucht in Gruppenarbeit M 1 – 5. Welche der im Text beschriebenen Erkennungszeichen der Götter erkennt ihr auf den Bildern? Legt eine Tabelle an.*

3 *Vergleiche die Götter der Griechen mit den Göttern der Ägypter (> S. 168).*

4 *Informiere dich genauer über die Ausgrabungen von Troja (Bücher, Internet).*

5 *Informiert euch in Gruppen über die verschiedenen Abenteuer von Odysseus. Stellt dann die Sagen in eurer Klasse vor.*

M 1 Modell der Spielstätten der antiken Olympischen Spiele

Olympische Spiele – alles für die Götter

Gemeinsames Fest zu Ehren von Zeus

Nach Vorstellung der Griechen war Zeus der Vater der Götter und Herrscher über die Welt. Er lebte auf dem Berg Olymp (> S. 298). Ihn zu verehren, einte alle Griechen. In Olympia, einem Heiligtum im Nordwesten des Peloponnes, kamen sie zusammen. Dort brachten sie Opfer dar, beteten gemeinsam, trieben Sport, sangen und tanzten zu seinen Ehren.

Daraus entwickelten sich Wettbewerbe nicht nur auf sportlichem Gebiet, sondern auch im Chorgesang, Instrumentenspiel, in Tanz, Dichtung und Theater.
Die Athleten kamen aus allen Regionen, in denen Griechen lebten. Sie verstanden sich als Vertreter ihrer Polis. Diese waren zwar oft verfeindet und führten sogar Kriege gegeneinander. Aber während der Spiele einte sie der friedliche Wettbewerb. Für diese Zeit herrschte Waffenstillstand, der sogenannte „Olympische Friede".

Wettkämpfe in verschiedenen Disziplinen

Die erste olympische Disziplin war der Form, dem Aussehen und der Größe des Stadions angepasst: der einfache Stadionlauf auf einer Bahn von 191 m Länge. Bald kamen neue Disziplinen dazu: der doppelte Stadienlauf und der Langstreckenlauf über 24 Stadien. Bei den Spielen im Jahr 708 v. Chr. wurde der Fünfkampf (Pentathlon) eingeführt. Er umfasste Laufen, Springen, Ringen, Diskus- und Speerwerfen. Schließlich wurden auch der Faustkampf und das Wagenrennen olympische Disziplinen.
An den Sportwettkämpfen durften nur Männer teilnehmen. Frauen waren nicht einmal als Zuschauer zugelassen. Die Sportler kämpften immer nackt. Einmal gelang es der Mutter eines Athleten, sich einzuschleichen. Sie hatte sich als Sportlehrerin verkleidet. Seit 402 v. Chr. mussten deshalb auch die Trainer nackt erscheinen. Auf Vasen sind die Sportidole der Antike ohne Hüllen dargestellt.

M 2 und 3 Vasenmalerei: Pankration, eine Mischung aus Faust- und Ringkampf (links)und Wettläufer (rechts)

Z

Die Olympischen Spiele der Neuzeit

Die Olympischen Spiele fanden zwischen 776 v. Chr. und 393 n. Chr. statt. Dann erließ der römische Kaiser Theodosius ein Gesetz, das die christliche Religion als einzig wahre anerkannte und heidnisches Brauchtum unter Strafe stellte.

Wiederbelebung der Olympischen Spiele

Dem Franzosen Pierre de Coubertin gelang es, die Olympischen Spiele der Neuzeit ins Leben zu rufen. Er glaubte, dass Sport die guten Eigenschaften der Menschen fördere. Als Fest der Jugend der Welt sollten sie zur Verständigung der Völker beitragen. 1896 wurden die Spiele erstmals in Athen ausgetragen.

Seitdem finden sie alle vier Jahre statt und locken Millionen Menschen vor die Bildschirme und in die Stadien. Alle Sportlerinnen und Sportler, gleichgültig welcher Nation oder Religion sie angehören, sind gleichberechtigt. „Schneller, höher, weiter" – das waren die Maßstäbe. Aber bald ging es bei den Wettkämpfen nicht nur um Medaillen, sondern auch um viel Geld. Immer neue Disziplinen kamen hinzu; seit 1924 gibt es auch Olympische Winterspiele.
Seit 1900 sind auch Frauen als Teilnehmerinnen zugelassen.

M4 und 5 Olympische Spiele 1896 und 2012: Start und Zieleinlauf zum 100-m-Lauf

AUFGABEN

1 *Beschreibe die antiken Olympischen Spiele. Gehe dabei z. B. ein auf Anlass und Grund für die Spiele, sportliche Wettkämpfe, Teilnehmer, Dauer, Ende, Sinn und Bedeutung.*

2 *Erläutere die Gründe, warum 1896 die Olympischen Spiele der Neuzeit ins Leben gerufen wurden.*

3 *Vergleiche, was den Griechen bei den Spielen wichtig war und was den Sportlern heute wichtig ist. Bewerte die Veränderungen.*

4 *Die Olympischen Spiele der Neuzeit – dazu könnt ihr ein Projekt durchführen. Als Bereiche bieten sich z. B. an:*
- *Wo fanden die Spiele jeweils statt? Wann und warum fielen Spiele aus?*
- *Wie viele Athleten nahmen teil? Aus welchen Ländern kamen sie? Warum nahmen manchmal bestimmte Länder nicht teil?*
- *Welche Wettbewerbe werden durchgeführt?*
- *Wer sind die erfolgreichsten Teilnehmer? Wie haben sich die Leistungen entwickelt?*

M 1 Viele Gebäude erinnern an griechische Tempel: das Fridericianum in Kassel

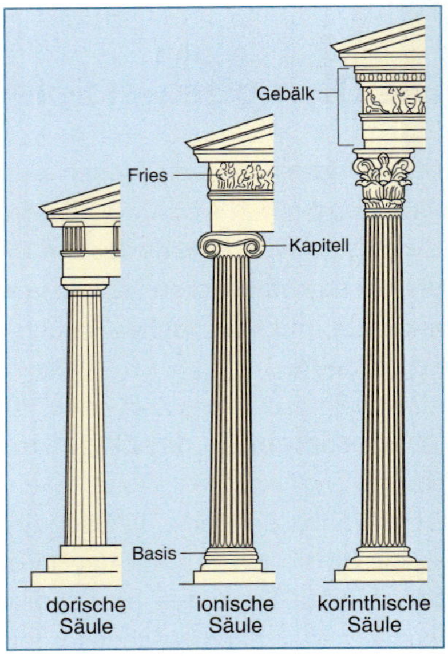

M 2 Griechische Säulen

Die Griechen – „Erfinder" der klassischen Kunst

Architekten bauen prachtvolle Tempel

Zu Ehren ihrer Götter bauten die Griechen aus hell leuchtenden Marmor prachtvolle und buntbemalte Tempel. Der berühmteste ist der Parthenon-Tempel auf dem Burgberg von Athen, der Akropolis (> S. 292). Er wurde zu Ehren von Athena, der Göttin der Weisheit und Handwerkskunst gebaut.
Der Tempel ist 70 m lang und 31 m breit. Über zehn Meter hohe Säulen tragen das mächtige Dach. An der Außenwand beschreiben Bildwerke den Festzug der Bevölkerung Athens auf die Akropolis (M 4). Dieser Tempel galt wegen seiner harmonischen Schönheit als Vorbild für die Architekten des Altertums.

So entwickelte sich die Form des griechischen Tempels: Um Schutz vor der Sonne zu bekommen, wurden an das Rechteckhaus Vordächer angefügt und mit mächtigen Säulen abgestützt (M 3). Diese waren fein gemeißelt und aufwändig gestaltet. Im Laufe der Zeit bildeten sich ionische, dorische und korinthische Säulen heraus (M 2).

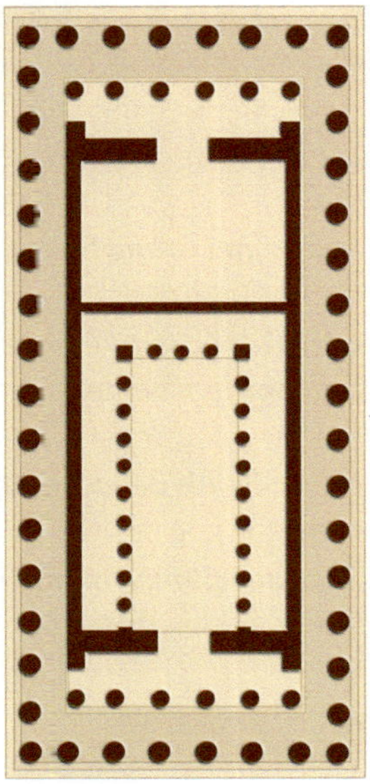

M 3 und 4
Grundriss und Fries des Parthenon-Tempels in Athen

Bildhauer und Maler gestalten Standbilder und Vasen

Für Gottheiten und Menschen, die sich besondere Verdienste erworben hatten, wurden Statuen aufgestellt. Diese waren aus Holz, Stein oder Bronze gefertigt und meist bunt bemalt. Eines der berühmtesten Standbilder stammt von dem Bildhauer Myron (M 5). Die Vollkommenheit in der Darstellung des Körpers wird bis heute bewundert und gilt als ein wesentliches Merkmal „klassischer Kunst".

Auf Tausenden von Vasen ist die Kunst der Maler zu bestaunen. Bildgeschichten und Alltagsszenen sind mit erstaunlicher Genauigkeit in die Vasen eingebrannt (M 6). Mit dieser Darstellung wollten die Künstler die Verbindung von idealer Schönheit und lebendiger Natur ausdrücken

M 5 Statue eines Diskuswerfers von Myron (um 450 v. Chr.)

M 6 Ein Maler bemalt ein Mischgefäß für Wein und Wasser (um 450 v. Chr.)

Dichter erzählen von Göttern und Helden

Die Griechen glaubten, dass ihr ganzes Leben von göttlichen Wesen bestimmt werde. Die einzelnen Götter und Göttinnen stellten sie sich in menschlicher Gestalt vor (> S. 298). Die Griechen hielten sie für unsterblich und sprachen ihnen ewige Jugend und Schönheit zu. Ihrer Meinung nach mischten sich die Götter unter die Menschen und beteiligten sich an allem, was auf der Erde und am Himmel geschah.

Zu den bekanntesten Dichtern zählt Homer. Er hat um 800 v. Chr. aufgeschrieben, was Jahrhunderte lang weitererzählt worden war. In der „Odyssee" schildert er zum Beispiel die abenteuerliche Fahrt des Helden Odysseus. Auch die „Ilias" (> S. 299) wurde von Homer erzählt. Niemand kann heute sagen, was von diesen Sagen Wirklichkeit und was hinzugedichtete Phantasie ist.

Die Geschichten der Götter und Schicksale der Menschen wurden nicht nur vorgelesen, sondern auch gespielt (M 7). Dichter verfassten dazu Texte für Tänze und Lieder, die von Schauspielern umgesetzt wurden.

Bis zu 30 000 athenische Bürger kamen am Tag zu den dramatischen Schauspielen ins Theater (Drama = griechisch: Handlung). Für ihre Tragödien (Trauerspiele) und Komödien (Lustspiele) erhielten die Dichter hohe Auszeichnungen.

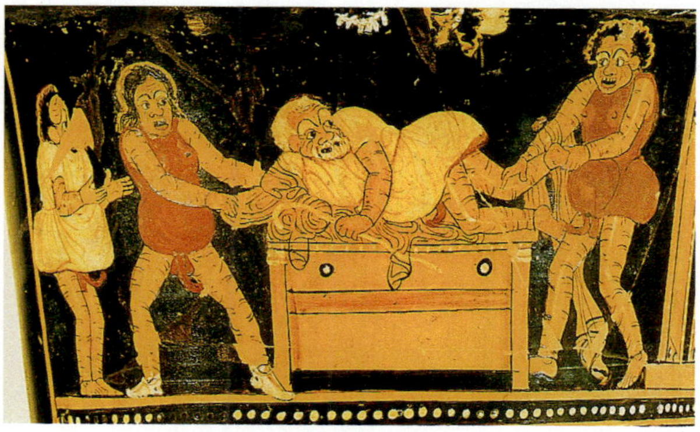

M 7 Schauspieler in einer Komödie

AUFGABEN

1* *Zeige an Beispielen auf, in welchen Bereichen der Kunst griechische Schöpfungen heute noch bewundert und nachgeahmt werden.*

2 *Nenne Merkmale des griechischen Tempels. Vergleiche die unterschiedlichen Säulen (M 2).*

3 *Betrachte den Diskuswerfer (M 5). Versuche, den Augenblick der Bewegung nachzustellen, den der Künstler für seine Darstellung gewählt hat.*

4 *Vasenbilder geben Auskunft über das antike Griechenland. Erstelle eine Übersicht, welche Themen in diesem Schulbuch auf Vasen dargestellt sind.*

M1 Mit einer solchen Wasseruhr wurde die Redezeit der Redner gemessen. Es dauerte 6 Minuten, bis das obere Gefäß leer war. Jeder Redner hatte die gleiche Redezeit.

M2 Platz der Volksversammlung in Athen (Modell)

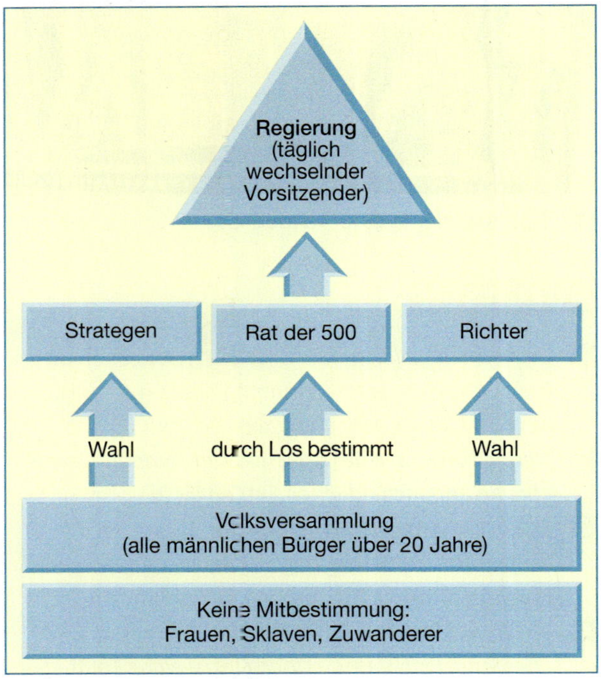

M3 Staatsaufbau in Athen (um 450 v. Chr.)

Anfänge der Demokratie in Athen

Amos in der Volksversammlung

Heute geht Amos nicht zur Arbeit. In Athen findet eine Volksversammlung statt. Denn heute steht eine wichtige Entscheidung an. Auf dem Versammlungsplatz sind mehr als 8000 Bürger zusammengekommen. Manche Bauern sind 30 Kilometer weit gelaufen, um dabei sein zu können.
Zuerst trägt ein Sprecher vor, worum es geht. Dann liest er den Antrag vor, den der Rat formuliert hat: „Die Volksversammlung möge beschließen: Eine Flotte mit vielen Soldaten soll sofort nach Ägypten geschickt werden, um dort die Aufständischen zu unterstützen."

Auf dem Versammlungsplatz wird heftig diskutiert. Einige Männer begrüßen das Vorhaben und schwärmen vom Reichtum Ägyptens, andere warnen vor den Gefahren. Für Amos ist es selbstverständlich: Wenn nötig, müssen alle erwachsenen Athener für ihre Vaterstadt kämpfen. Und wenn die Strategen (Feldherren) ihn dazu bestimmen, wird auch er seine Rüstung anlegen und mit seinen Mitbürgern in den Kampf ziehen. Die versammelten Männer hören aufmerksam zu, welche Seite die besseren Argumente vorbringt. Nun kommt es zur Abstimmung. Amos sagt „Ja". Die Mehrheit entscheidet sich ebenfalls dafür, den Aufständischen zu helfen.

Der Staatsaufbau in Athen (um 450 v. Chr.)

Für die Athener stand fest: Ein Gemeinwesen funktioniert dann am besten, wenn es die Bürger selbst gestalten. Nach ihrer Staatsordnung sollten

- die Bürger selbst die politischen Entscheidungen treffen können,
- die Mächtigen vom Volk kontrolliert werden,
- niemand alleine regieren können.

Durch die Verfassung hatten drei Einrichtungen die Macht: Die Volksversammlung, der Rat und die Volksgerichte. In der Volksversammlung hatten alle freien Bürger Athens das gleiche Stimmrecht. Die Anwesenden entschieden hier über Krieg und Frieden. Sie wählten die Richter, die Strategen und die höchsten neun Beamten auf die Dauer eines Jahres.
Der „Rat der 500" war für die laufenden Regierungsgeschäfte zuständig. In ihm waren Stadtbewohner, Bauern, Fischer und Seeleute gleichermaßen vertreten. Dieser Rat hatte dafür zu sorgen, dass die Beschlüsse der Volksversammlung umgesetzt und verwirklicht wurden.

Das Scherbengericht soll vor Tyrannen schützen

Große Angst hatten die Athener vor einem Alleinherrscher, der als Tyrann das Volk unterdrücken könnte. Daher durfte jeder freie Bürger einmal im Jahr den Namen eines solchen Verdächtigen auf eine Tonscherbe ritzen und diese bei der Volksversammlung abgeben.
Kam bei einem sogenannten Scherbengericht eine bestimmte Anzahl von Stimmen auf diesen Täfelchen zusammen, dann musste dieser Mann für 10 Jahre in die Verbannung. Das passierte beispielsweise dem Feldherrn Themistokles. Dieser hatte eine wichtige Seeschlacht für Athen gewonnen. Viele Bürger befürchteten jedoch, er könne und wolle aufgrund seines Ruhmes nach der Herrschaft greifen.

Staatsdiener erhalten für ihre Arbeit Geld

Alle Ämter in der Polis Athen waren zunächst Ehrenämter. Allerdings nahm die politische Arbeit in den Volksversammlungen viel Zeit in Anspruch. In dieser Zeit konnte man jedoch nichts verdienen. Die Richter, Soldaten und Beamten erhielten deshalb eine Besoldung (Diäten), die Räte Tagegelder als Entlohnung.
Es sollten sich also auch diejenigen politisch beteiligen können, die über kein Vermögen verfügten. Die finanzielle Entschädigung der heutigen Parlamentsabgeordneten nennt man immer noch „Diäten".

Wer bestimmte in Athen wirklich?

In Athen lag die Herrschaft in den Händen des Volkes: Die freien Bürger bestimmten das politische Geschehen. Wer aber war ein freier Bürger?
Frauen zählten nicht dazu und konnten an den Volksversammlungen nicht teilnehmen. Warum? Für die Athener setzte sich ihre Polis nicht aus einzelnen Personen zusammen, sondern aus den einheimischen Familien mit dem Mann als Familienoberhaupt. Und deshalb war durch ihn die gesamte Familie vertreten.

Auch Zuwanderer besaßen keine politischen Rechte. Meist hielten sie sich nur zum Arbeiten in Athen auf. Diese Mitbewohner, die Metöken, hätten demnach keinen Sinn für das politische Geschehen in der Stadt.
Von allen Rechten ausgeschlossen blieben die Sklaven. Meist waren sie Kriegsgefangene. Sie galten daher als unfrei und wurden als Ware betrachtet. Der Besitzer konnte einem Sklaven allerdings die Freiheit schenken.
Immer wieder verstanden es aber geschickte Politiker, die Bürger zu beeinflussen. Denn oft erreichten sie, dass die Mehrheit der Bürger so abstimmte, wie sie es wollten.

Aristides (Sohn des Lysimachos) unterstützte die Interessen der Großgrundbesitzer und wurde deshalb 482 v. Chr. verbannt.

Kimon (Sohn des Miltiades) war im Kampf gegen die Perser erfolgreich und wurde 461 v. Chr. verbannt, als er sich gegen die völlige Entmachtung des Adels wandte.

M 4 Funde von Scherbengerichten

AUFGABEN

1 *Erkläre, was die Athener mit ihrer Staatsordnung erreichen wollten.*

2 *Wie war die Macht in Athen verteilt? Nenne die drei Einrichtungen. Beschreibe mithilfe von M 3 die Aufgaben der Volksversammlung.*

3* *Erkläre, wie in Athen die Herrschaft eines Einzelnen verhindert werden sollte.*

4 *Nenne die Personengruppen, die in Athen keine politischen Rechte hatten.*

5 *Erläutere, warum in Athen diese Personengruppen keine politischen Rechte hatten. Nimm zu den Gründen Stellung.*

Bis ans Ende der Welt – die Eroberungszüge Alexander des Großen

M 1 Feldzüge des Alexander und Ausdehnung seines Reiches

Die griechischen Stadtstaaten wetteiferten nicht nur, sondern waren auch untereinander zerstritten. Dies nutzte der König von Makedonien, Philipp, aus. Er besiegte einige der Kleinstaaten und plante dann einen Feldzug gegen die Perser. Diese hatten vor langer Zeit Kriege mit den Griechen geführt und dabei auch Athen zerstört. Philipp fiel allerdings einem Attentat zum Opfer.

Sein hoch gebildeter Sohn Alexander (356 – 323 v. Chr.) folgte ihm im Alter von 20 Jahren auf den Thron und griff die Eroberungspläne seines Vaters auf. Er träumte davon, ein zweiter Achilles zu werden, der großen Ruhm bei den sagenhaften Kämpfen um Troja errungen hatte. Alexander gelang es, ein großes griechisches Heer gegen das gewaltige Perserreich aufzustellen.

Der Perserkönig Dareios III. verfügte zwar über mehr Truppen, diese waren jedoch aus vielen Landesteilen des Persischen Reichs bunt zusammengewürfelt, unterschiedlich ausgerüstet und ausgebildet. Alexander besiegte in mehreren Schlachten die Perser. Dareios wurde auf der Flucht ermordet, sein Leichnam wurde Alexander überbracht, doch Alexander ließ den Mörder hinrichten und Dareios würdig bestatten. Alexander durchzog mit seiner Armee, die ihn wie einen Gott verehrte, bis nach Ägypten und an den Indus, ans Ende der damals bekannten Welt (M 1). Dabei mussten die Soldaten unvorstellbare Strapazen erleiden. Nur wenige überlebten die wochenlangen Kriegszüge durch die Wüste.

Alexander und viele adlige Mitstreiter vermählten sich bei einer Massenhochzeit in der Stadt Susa mit persischen Ehefrauen. Alexander nahm sich gleich zwei, darunter eine Tochter des Dareios. Damit wollte Alexander die verfeindeten Völker zusammenführen. Die Heiraten dienten also politischen Zwecken.

Während der Vorbereitung neuer Kriegszüge starb Alexander. Es ist unsicher, ob an überhöhtem Alkoholgenuss, an verseuchtem Wasser oder an Medikamenten. Sein Sohn wurde bereits im Kindesalter ermordet. Alexanders Nachfolger teilten nach einigen Kämpfen das gewaltige Reich in drei Teile.

AUFGABEN

1 *Informiere dich im Internet über den „Gordischen Knoten“, den Alexander durchgeschlagen haben soll.*

2 *Nenne wichtige Ereignisse aus dem Leben Alexanders.*

3 *Ermittle mithilfe des Atlas und M 1, welche heutigen Staaten im Gebiet des Alexanderreiches liegen.*

4 *In den von Alexander eroberten Gebieten kam es in der Folgezeit zu einem regen wirtschaftlichen und kulturellen Austausch. Überlege, was dies für die Menschen bedeutete.*

5 *Diskutiert anschließend, ob Alexander den Beinamen „der Große“ zu Recht bekam. Begründet eure Meinung.*

Z

Hellenismus – Wie verbreitete sich die griechische Kultur?

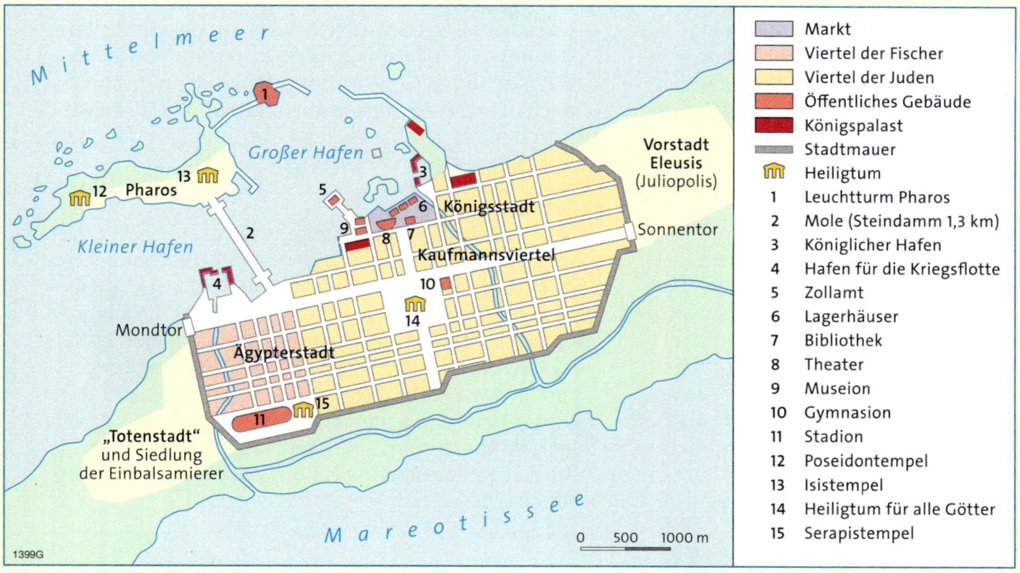

M 1 Stadtplan des antiken Alexandria

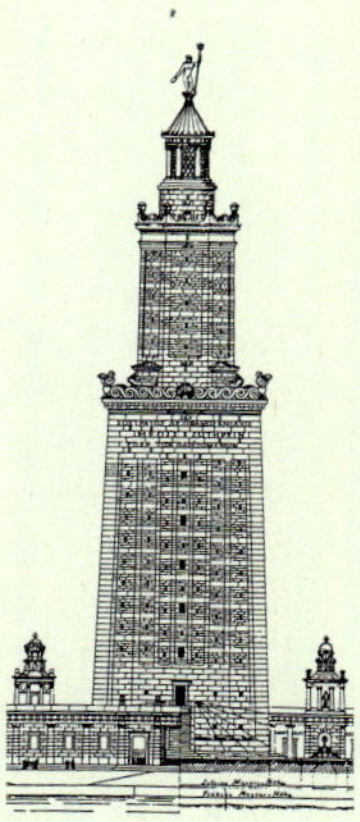

M 2 Leuchtturm von Pharos

Wer in der Antike als Mathematiker, Techniker oder Naturwissenschaftler Rang und Namen hatte, war wahrscheinlich auch einmal in Alexandria. Es war von Alexander dem Großen (> S. 306) gegründet worden. Mit einer halben Million Einwohner war die nordägyptische Stadt (M 1) die größte in der hellenistischen Welt. Aber auch andere Städte, die damals gegründet wurden, wiesen einen regelmäßigen Grundriss sowie bedeutende kulturelle und wissenschaftliche Einrichtungen auf.
In Alexandria gab es eine riesige Bibliothek mit Hunderttausenden von Schriftrollen, in denen das damalige Wissen gespeichert wurde.
In dieser Bibliothek, dem „Museion“, wurde nicht nur gelesen und studiert, sondern hier tauschten Wissenschaftler auch ihre Erfahrungen aus und sie diskutierten miteinander. Sie hielten Vorlesungen, forschten über mathematische und geometrische Probleme oder tüftelten, wie zum Beispiel Archimedes (um 285 – 212 v. Chr.), über technische Lösungsmodelle oder über mathematische und physikalische Probleme.
Griechisch entwickelte sich damals zur „Weltsprache“ der Gebildeten. Den Zeitraum, in der diese neue Kultur Anerkennung fand, bezeichnet man als **Hellenismus** (von griechisch: hellas = Griechenland).
Aber in diesen Forschungsstätten wurde nicht nur das griechische Erbe aufbewahrt und weiterentwickelt, die Griechen übernahmen auch viel von den einheimischen Kulturen. So verschmolzen das Denken und Wissen der Griechen mit den Erkenntnissen von Wissenschaftlern aus Ägypten und dem Orient.

AUFGABEN

1 *Recherchiere über den Leuchtturm auf der Insel Pharos bei Alexandria (M 2), der eines der „sieben Weltwunder“ darstellt.*

2* *Werte den Stadtplan von Alexandria (M 1) aus. Woran erkennt man, dass diese Stadt eine geplante Stadt war? Warum erscheint diese Stadt wie eine moderne Weltstadt?*

3 *Nenne mithilfe des Atlas weitere Städte, die einen ähnlichen Grundriss haben.*

4 *Recherchiere im Internet über die alte und die vor kurzem neu gegründete Bibliothek von Alexandria, in der das gegenwärtige Wissen auf neuartige Weise gespeichert wird.*

Wiederholen und Üben

Monarchie: Bei dieser Regierungsform steht ein König an der Spitze. Nach allgemeiner Überzeugung wurde er von den Göttern eingesetzt, das Amt vererbt er auf seine Nachfolger. Er hat weitreichende Vollmachten und Rechte. Bei wichtigen Entscheidungen muss er die Zustimmung anderer einflussreicher Menschen einholen. Ohne deren Unterstützung kann er seine Ziele kaum durchsetzen.

Tyrannis: Bisweilen erringt ein einzelner Adeliger – etwa durch einen Aufstand – die Macht. Um diese zu erhalten, muss er sich um eine Zustimmung zu seinen Maßnahmen bemühen. Er wird also Entscheidungen treffen, von der nun auch die Unterschichten profitieren, etwa durch den Bau von prächtigen Stadtanlagen. Das schafft nicht nur Arbeitsplätze, diese können auch zur Identifikation mit dem Staat dienen. Misslingt dem Tyrannen ein Unternehmen, z. B. ein Kriegszug, dann stellt dies seine Herrschaft in Frage.

Aristokratie: Bei der Adelsherrschaft, der Herrschaft „der Besten", teilten sich die reichen, angesehenen und mächtigen Großgrundbesitzer die politische Macht. Sie behaupteten, ihre Bildung und ihre militärischen sowie finanziellen Leistungen für den Staat berechtigten sie zur Herrschaft.

Demokratie: Bei dieser Regierungsform können die Bürger bei Volksversammlungen mitentscheiden und ihre Regierung bestimmen. In regelmäßigen Abständen wird eine neue Regierung gewählt. Allerdings waren nicht alle Menschen, die etwa in Athen lebten, zugleich Bürger der Stadt. Frauen, Zugewanderte und Sklaven hatten kein Stimmrecht. Und nicht jeder Bürger hatte die Zeit, an den regelmäßigen Volksversammlungen und Wahlen teilzunehmen. Einflussreiche Adlige konnten die Haltung der Bürger wirksam beeinflussen.

Welche politische Ordnung ist die beste?

Sollen wir Kriegsschiffe bauen oder die Stadtmauern verstärken? Gibt es einen Sinn, gegen einen anderen Staat zu kämpfen? In den griechischen Stadtstaaten wurden solche und andere Fragen debattiert. Wer sollte bei solchen grundsätzlichen Fragen mitbestimmen dürfen, die den Staat und alle Menschen betrafen?

Auch bei solchen politischen Streitfragen zeigten die Griechen eine große Experimentierfreude. Sie entwickelten verschiedene Modelle, wer bei wichtigen Fragen mitentscheiden sollte. Und sie diskutierten die Vor- und Nachteile der verschiedenen Regierungsformen.

a) Auch ihr könnt diese Frage diskutieren. Nutzt zur Vorbereitung der Diskussion die Tabelle unten.

	Monarchie	Tyrannis	Aristokratie	Demokratie
Wer bestimmt den Herrscher, wer die Regierung?				
Wer kann an die Macht gelangen?				
Wie lange herrscht der Regierungschef?				
Welche Regierungsform ist unsicher, welche stabil?				
Vor- und Nachteile für die Menschen?				
Lassen sich Entscheidungen rasch treffen? Ist das ein Vorteil?				

b) Stelle in einer Tabelle die Vorteile und die Nachteile/Gefahren einer politischen Ordnung gegenüber:

	Chancen/Vorteile	Gefahren/Nachteile
Monarchie		
Tyrannis		
Aristokratie		
Demokratie		

Aus der antiken Welt der Griechen

Richtig oder falsch? Korrigiere die falschen Antworten.

1. ***Die ägyptische Stadt Alexandria war in der Antike weltberühmt für***
   a) ihren gewaltigen Leuchtturm
   b) die Pyramiden
   c) ihre große Bibliothek
2. ***Den gordischen Knoten löste Alexander***
   a) durch ein nächtelanges Entwirren der Schnüre
   b) indem er den Knoten in ein Feuer warf
   c) durch einen Schwerthieb
3. ***Wie schätzte sich Alexander selbst ein?***
   a) Er hielt sich für einen Sohn der Götter.
   b) Er hielt sich für unverwundbar.
   c) Er wollte dem Sagenhelden Achilles nacheifern.
4. ***Wodurch hat Alexander historische Leistungen erbracht?***
   a) Er erfand das griechische Alphabet.
   b) Er hat Indien erobert.
   c) Er hat die griechische Kultur weit verbreitet.
5. ***Welche weltgeschichtliche Bedeutung haben die Griechen?***
   a) Sie entwickelten das lateinische Alphabet.
   b) Sie erprobten unterschiedliche Formen der Politik.
   c) Sie verfassten die Bibel.
   d) Ihre Architekten bauten die Pyramiden.
   e) Sie schafften die Sklaverei ab.
   f) Ihre Kunstwerke und Bauten wurden vorbildlich für viele spätere Kulturen.
   g) Sie setzten die Gleichberechtigung der Frauen durch.
   h) Ihre Olympischen Spiele dienten der weltweiten Völkerverständigung.
   i) Sie förderten das vernünftige Denken.

Das Wandmosaik zeigt Alexander den Großen in einem kampfentscheidenden Augenblick im Krieg gegen die Perser. Beschreibe die Situation.

Athen oder Sparta?

Erinnere dich an die Kindererziehung in Athen und Sparta.

a) Fertige eine Tabelle an, in der du die Regeln der Erziehung jeweils auflistest.
b) Beschreibe die Unterrichtssituation auf der Vase (vergrößertes Foto > S. 296).
c) Begründe, was sinnvoller wäre: Kinder nach athenischer oder nach spartanischer Art zu erziehen?

Prüfe dich nun selbst! Du kannst ...

✓ ... erklären, was „Aristokratie“ bedeutet (> S. 292);
✓ ... darlegen, was „Schuldknechtschaft“ meint (> S. 292);
✓ ... Unterschiede zwischen der Kindererziehung in Sparta und Athen beschreiben (> S. 296 f);
✓ ... den Begriff „olympischer Friede“ erklären (> S. 300);
✓ ... Eigenschaften, die die Griechen ihren Göttern gaben, benennen (> S. 303);
✓ ... erklären, warum viele Athener die Demokratie einführten (> S. 304);
✓ ... Gründe nennen, warum Griechisch in der Antike zur „Weltsprache“ wurde (> S. 306 f).

1 Zusammenleben in der Schule

Seite 12, Aufgabe 4:

Bevor ihr eure Verschönerungsaktion beginnt, solltet ihr in der Grundrissskizze (vgl. Aufgabe 3) kennzeichnen, was man im Klassenzimmer nicht verändern kann (z. B. Fenster, Tafel, Waschbecken). Wenn ihr die Wände eures Klassenzimmers verschönern wollt, könnt ihr vorher auf großen Papierbögen „Pläne" mit den Veränderungen anfertigen.

Seite 15, Aufgabe 1:

Überlegt euch zunächst Fragen, deren Antworten eurer Meinung nach wichtig sind, um sich in der Schule zurechtzufinden. Orientiert euch dabei an den Fragen aus dem Methodenkasten zum Interview. Beispiel: „Wo kann ich mich ausruhen, wenn es mir nicht gut geht?" → Mögliche Antwort: „Im Schulsanitätsraum neben dem Sekretariat im Hauptgebäude." Stellt diese Fragen euren Mitschülern. So erhaltet ihr nicht nur neue Informationen, sondern erkennt auch, wo noch Wissenslücken sind. Zudem erleichtert es die Frage, ob eine ausführliche Schulerkundung nötig ist oder nicht.

Seite 17, Aufgabe 1:

Ihr könnt auch aus z. B. folgenden Satzanfängen eine Klassenordnung zusammenstellen:

- Hat eine Schülerin oder ein Schüler Geburtstag, …
- Am Morgen beginnt der Unterricht damit, dass …
- Das Abwischen der Tafel …
- Kommt ein Schüler zu spät zum Unterricht, …
- An die Wände im Klassenzimmer …
- Muss jemand während des Unterrichts zur Toilette, …
- Wenn eine Schülerin oder ein Schüler einen anderen beschimpft, …
- Essen und Trinken …
- Für die Ordnung im Klassenzimmer …
- Jacken, Anoraks und andere Kleidungsstücke …
- Die Pflanzen im Klassenzimmer …
- Wer im Unterricht etwas sagen will …

Seite 17, Aufgabe 2:

Überlegt gemeinsam mit eurer Lehrkraft welches Amt für euch in Frage kommt. (So ist nur dann ein Verantwortlicher für Blumen nötig, wenn ihr auch welche im Raum habt.) Die Zuteilung der Ämter kann verschieden erfolgen: Ihr könnt eine „Reise nach Jerusalem" durchführen – entweder ein Spiel pro Amt oder für alle Ämter. Bei dieser Variante sucht sich der Erstplazierte ein Amt aus, dann folgt der Zweitplaziert usw. Der Vorteil ist, dass so alle Ämter vergeben in jedem Fall vergeben werden. Stehen mehr Personen als Ämter zur Verfügung, kann vorher festgelegt werden, dass sich zwei Personen für das gleiche Amt melden dürfen, sich dieses dann teilen oder nacheinander ausüben. Wichtig ist, dass alles fair verläuft.

Seite 19, Aufgabe 1:

Erinnert euch an Dinge, die euer alter Klassensprecher getan hat. Beachtet, welche Möglichkeiten er wirklich hat (Seite 19 und 20 helfen dabei). Es bringt nichts, Aufgaben festzulegen, die nicht zu erfüllen sind. Ein Klassensprecher kann beispielsweise nichts an den Abfahrtzeiten der Busse ändern.

Seite 19, Aufgabe 3:

Wenn ihr über die Fähigkeiten eines Klassensprechers diskutieren möchtet, könnt ihr euch zunächst an Eigenschaften der drei vorgestellten Kandidaten orientieren.

Seite 21, Aufgabe 2:

Lest euch zunächst die Gesetzestexte auf den vorangegangenen Seiten durch. So erkennt ihr, wo die SV mitreden darf. Versucht dann, mithilfe der genannten Beispiele auf Dinge zu schließen, die für eure Schule wichtig sind. Was stört euch, wo sollte sich etwas ändern? Auch hier ist es wichtig, nur solche Vorschläge zu formulieren, die von der SV zu leisten sind. So kann die SV nicht dafür sorgen, dass die Hausaufgaben abgeschafft werden.

Seite 21, Aufgabe 3:

Eine Quelle zur Recherche kann das Internet sein. Hier findet ihr zu diesem Thema viele Meinungen. Achtet darauf, dass ihr die Quellen notiert. Es ist hilfreich, wenn ihr die Frage nicht nur im Ganzen, sondern mithilfe von konkreten Fällen bearbeitet: Sollten Schüler bei der Frage nach einem Handyverbot beteiligt werden? Sollten sie mitreden dürfen, wenn es um die Einstellung von Lehrern geht? Versucht, eure Argumente immer mit passenden Beispielen zu verbinden.

Seite 22, Aufgabe 2:

Legt euch für die verschiedenen Pro- und Contra-Argumente eine Tabelle an. Notiert nicht nur, woher das Argument stammt, sondern versucht auch zu erklären, was ihr damit aussagen wollt und wie ihr diese Aussage begründen könnt.

Pro-Argumente:

Argument von	Aussage	Begründung / Beispiel
Frau Weiß, Lehrerin der 5b	Das Handy stört die Mitarbeit.	Wenn man im Unterricht damit spielt, kann man sich nicht konzentrieren und mitarbeiten. Florian tippt ständig darauf rum und meldet sich daher nie.
…	…	…

Contra-Argumente:

Argument von	Aussage	Begründung / Beispiel
Moritz, Schüler der 5b	Das Handy liefert mir Informationen.	Ich finde durch das Handy viele wichtige Informationen für die Aufgaben. Im GL-Unterricht konnte ich z.B. damit herausfinden, wann die Saalburg erbaut wurde.
...	...	...

Seite 30, Aufgabe 2:
Achte beim Erstellen deiner Schulwegskizze darauf, dass du genug Platz zum Zeichnen hast. Geeignet sind dafür beispielsweise Rückseiten von Plakaten.

Seite 37, Aufgabe 2:
Vielleicht hilft es dir, dich gedanklich in eine ähnliche Situation zu versetzen. Wie würdest du dich fühlen, wenn du jeden Tag von deinen Mitschülern ausgelacht werden würdest?
Beginne nun alle Adjektive zu sammeln und aufzuschreiben, die für diese Situation passend sind, z. B. traurig, ängstlich, wütend …

Seite 39, Aufgabe 1:
Folgende Fragen könnten bei der Lösung hilfreich sein:
- Wer oder was ist abgebildet? Welche Handlungen, Tätigkeiten, Beziehungen sind erkennbar?
- Welche Bedeutung haben Farben, Aussehen, Haltung, Gestik, Mimik der abgebildeten Personen?
- Soll ein bestimmter Eindruck vermittelt werden? Welcher?
- Wie empfinde ich die Szene? Welchen Eindruck vermittelt sie mir?
- Welche Informationen brauche ich noch, um das Bild verstehen zu können?

Seite 45, Aufgabe 4:
Bei einer Recherche im Internet ist es hilfreich, Schlagwörter wie „Braille-Schrift im Alltag", „Blindenschrift" oder „Leben mit Braille-Schrift" einzugeben.
Vielleicht kennst du aber auch eine blinde Person befragen? Im Rathaus deiner Stadt kannst du dich außerdem erkundigen, wie und ob die Braille-Schrift verwendet wird.

2 Orientierung in Nah und Fern

Seite 57, Aufgabe 2:
Lege das Lineal so an, dass du von der Mitte der Symbole für die Städte (= rote Kreise) aus messen kannst.

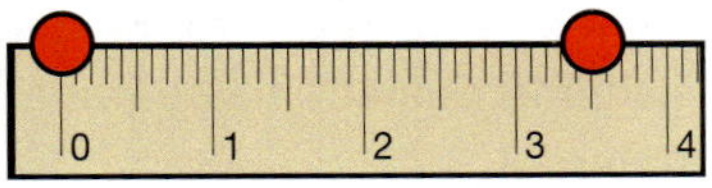

= 3,5 cm

Seite 58, Aufgabe 2:
Formulierungshilfe Höhenschichten:
- Die Flächen zwischen den Höhenlinien sind mit … ausgemalt.
- Bei tiefen Landflächen werden … Farbtöne benutzt.
- Bei mittleren Höhen werden … Farbtöne benutzt.
- Bei Hochland und Gebirge werden … Farbtöne benutzt.

Je tiefer die Landschaft … Je höher die Landschaft …
Formulierungshilfe Höhenlinien:
Höhenlinien verbinden …, die in … liegen.
Je enger die Höhenlinien gezeichnet sind, …

Seite 64, Aufgabe 4:
Bedenke, welche Kontinente zur Zeit von Christoph Kolumbus den Europäern bekannt waren. Eine Karte im Atlas (z. B. Trio Atlas S. 134) hilft dir weiter.

Seite 68, Aufgabe 3:
Zeichne deine Tabelle so:

Name	Größe (in Mio. km^2)
Asien	44
…	…
…	…

Seite 71, Aufgabe 1a und b:
Beachte: Bei den Gradnetzangaben wird immer zuerst der Breitengrad und dann der Längengrad genannt. Suche daher auch zunächst den angegebenen Breitengrad. Suche anschließend den angegeben Längengrad. Gehe dann mit den Fingern entlang dieser Linien, bis sie sich treffen.

Seite 77, Aufgabe 3:
Deine Tabelle könnte so aussehen:

	Ich	Makubaisi	Mary	Alexeij
Wohnung	4-Zi-Wohnung			
Schule				
Essen				
Spielen				
Arbeiten				

3 Zusammenleben in der Familie

Seite 87, Aufgabe 1:
Du kannst folgendermaßen anfangen:

Luca	11 Jahre alt, neue Schule, er freut sich schon	Er ist traurig, dass Vater nur am Wochenende da ist; er ist froh, bei der Oma Mittag essen zu können
Charlotte	…	…

Seite 89, Aufgabe 1:
Um eine Vorstellung von den Zahlen zu bekommen, könnt ihr bei der Lösung zunächst damit anfangen, Durchschnittszahlen im Klassenverband auszurechnen, z. B. Haushaltsgrößen eurer eigenen Familien oder die Zahl eurer Geschwister.

Seite 91, Aufgabe 4:
Wenn du eine Grafik auswertest, beginnst du bei den wichtigsten Informationen, zum Beispiel den größten Zahlen. Die Zahlen kannst du zusammenfassen. Beginne in unserem Fall so: Mehr als 920 000 Kinder leben mit ihren geschiedenen Müttern zusammen, über 650 000 Kinder haben eine ledige Mutter ...

Seite 91, Aufgabe 5:
Bei der Auswertung der Grafik M 4 ist es wichtig, gleiche Informationen zu vergleichen – z. B. das Alter der Kinder, die bei ihren Müttern und Vätern leben. So wachsen 30 % der unter 6-jährigen Kinder, die nur bei einem Elternteil leben, bei ihrer Mutter auf. In diesem Alter leben dagegen nur 11 % der Kinder bei den Vätern ... Welche Gründe könnte es dafür geben?
Außerdem solltest du beachten, wie viele Kinder insgesamt bei ihren alleinerziehenden Müttern oder Vätern leben (Zahl im Kreis).

Seite 93, Aufgabe 3:
Wenn ihr mit der Think-Pair-Share-Methode arbeitet, könnt ihr so vorgehen:

1 THINK: Macht euch Notizen, ob homosexuelle Ehepartner ein Kind adoptieren sollten, z. B.: Alle Menschen sollen gleich behandelt und ein Kind adoptieren dürfen, egal, ob sie alleine leben oder nicht. – Es ist besser für ein Kind, wenn es mit einer Mutter und einem Vater aufwächst, da es dort den Umgang mit beiden Geschlechtern lernt. ...
2 PAIR: Vergleicht zu zweit eure Argumente. Welche sprechen für eine Adoption, welche sprechen dagegen? Welches sind gute Argumente?
3 SHARE: Diskutiert in der Klasse. Ihr könnt eure Argumente austauschen und auf die Argumente des anderen reagieren.

Seite 94, Aufgabe 1:
Beginne bei der Auswertung der Grafik M 1 mit der Lebensform in der Mitte und beschreibe dann die weiteren Familienmodelle im Uhrzeigersinn.
Unterscheide bei der Auswertung von Grafik M 2 zwischen Kindern unter 18 und über 18 Jahren. Beginne mit deiner Beschreibung bei den größten Zahlen.

Seite 99, Aufgabe 2:
Bei der Unterscheidung zwischen relativer und absoluter Armut kannst du sagen, wie viel Geld die Personen jeweils zur Verfügung haben und wofür es ausreicht.

Seite 99, Aufgabe 4:
Du findest im Folgenden Gründe für Armut und Auswege aus der Armut. Ordne sie ins Schaubild M 4 ein.
Gründe für Armut:

- trotz Ausbildung keine Arbeitsstelle
- ADHS/psychische Krankheiten
- Mobbingerlebnisse aus der Kindheit

Auswege aus der Armut:

- Zweiter Bildungsweg oder Schulabschluss nachholen
- lebenslanges Lernen, Fortbildung, eigene Firma
- gesunde, aber kostengünstige Ernährung ohne Fastfood

Seite 100, Aufgabe 4:
Das Besondere an Methode 3 ist, dass Eltern und Kind miteinander nach einer Lösung suchen, also niemand als „Verlierer" aus dem Konflikt geht und sich deshalb niemand schlecht fühlt.
Lösungsmöglichkeit für Konflikte nach Methode 3:
Konflikt: Kind will nicht das Zimmer aufräumen.

4 Kinder weltweit

Seite 107, Aufgabe 2:
Du kannst zum Beispiel folgendermaßen anfangen:

	Herkunftsland	**Familien- und Wohnverhältnisse**	**Hobbys**	**Zukunft**
Ben	Kalifornien (USA)	lebt mit Eltern, Schwester und Au-pair	American Football	wegen Schulbesuch, Beruf oder Studium möglich
Olinda	...	...	...	...
...	...	...	...	...

Seite 117, Aufgabe 4:
Wassermangel bedeutet oft, dass man unsauberes Wasser trinkt. Das kann zu Krankheiten führen. Einige dieser Krankheiten findest du auf den S. 116 und 117.

Seite 121, Aufgabe 4:
Überlege dir zur Lösung der Aufgabe, was China Keitetsi Schlimmes erleben musste und ordne dann die verletzten Kinderrechte zu, z. B.
Sie wurde von ihrem Vater geschlagen und missbraucht.
– → Kinderrecht „Recht auf Schutz" wurde verletzt.

Seite 123, Aufgabe 2:
Hier kannst du auch in einem Wörterbuch für Kinder nachschlagen, das es sicher in deinem Klassenraum oder in der Schulbibliothek gibt.

5 Frühe Kulturen

Seite 133, Aufgabe 2:

Mögliche Fragen, die einen Vergleich ermöglichen:

- Was hat ein Archäologe mit einem Kriminalisten zu tun? Beide arbeiten bisweilen in ähnlicher Weise.
- Überlege dir, was sie tun, um den „Tatort" zu sichern.
- Dürfen andere den „Tatort" betreten? Warum nicht?
- Wie verhindern Sie, dass fremde Spuren, z. B. Fingerabdrücke, an die untersuchten Objekte gelangen?
- Warum arbeiten Sie mit kleinen Spachteln und nicht mit dem Spaten?
- Wie sichern sie die aufgefundenen Objekte?
- Welche Spezialisten/Experten könnten sie heranziehen? Denke an Kriminalfilme: Wer untersucht die Leichen? Wie dokumentieren sie ihre Ergebnisse?

Seite 147, Aufgabe 4:

Bedenke bei der Lösung auch Folgendes:

- Wie ändert sich die Stellung eines Menschen in der Gemeinschaft, der über besondere Qualifikationen verfügt.
- Wie verändert sich die soziale Stellung und Macht eines Menschen oder einer Menschengruppe, die über Besitz verfügen?
- Wie veränderten sich möglicherweise die Überlebenschancen?

6 Ägypten – eine Hochkultur

Seite 169, Aufgabe 1:

Informiere dich über die Tiere und deren besondere (positive) Eigenschaften.

Überlege, warum die Menschen von diesen Tieren fasziniert waren. Bedenke auch, welche übermenschlichen Eigenschaften diese Tiere (und damit die Götter) hatten.

Seite 169, Aufgabe 5:

Entscheidend sind die groß dargestellten Figuren. Betrachte die einzelnen Stationen des Bilds von links nach rechts. Die Stationen können folgendermaßen beschrieben werden:

- Anubis führt Hunefer zum Totengericht.
- Das Herz – der Sitz der Seele – von Hunefer wird gewogen, was könnte das bedeuten? Hätte Hunefer schwere Sünden begangen, wäre das Herz schwer …
- Das Ergebnis zeigt die nächste Station.
- Hunefer wird nun zum Thron des Osiris geführt.

Ergänze nun deine genauen Beobachtungen mit dem Text oben im Buch, dann wird dir eine Deutung des Bildes nicht schwer fallen.

7 Räumliches Orientierungswissen

Seite 181, Aufgabe 1:

Berlin ist Hauptstadt, Wirtschaftsstandort, Verkehrsknotenpunkt und ein Ziel vieler Touristen. Schreibe Informationen zu diesen Stichworten auf.

Seite 186, Aufgabe 2:

Folgender Lückentext hilft bei der Lösung:

Deutschland liegt im „Herzen Europas", in Mitteleuropa, und hat die meisten Nachbarländer, nämlich: ... (Zahl): Die Nachbarländer heißen Dänemark, Polen, ...

Vorteile der Lage sind gute Handelsbeziehungen, gute Verkehrsanbindungen in die Nachbarländer und ... .

Nachteile sind das hohe Fahrzeugaufkommen auf unseren Autobahnen während der Urlaubszeit (Staus) und ... .

Seite 190, Aufgabe 4:

Beginne deine Antwort so: Die Adria ist ein Teil des Mittelmeeres und liegt zwischen ... und dem Balkan (Slowenien, Kroatien, Bosnien-Herzegowina, ... , ...)

Seite 199, Aufgabe 2:

Dieser Lückentext hilft bei der Lösung: M3 zeigt, dass die Einwohnerzahlen Mallorcas seit 1920 sehr gering ... sind, die Touristenzahlen hingegen sind stark ..., von ca. 1 Million in den 70er-Jahren bis zu ... Millionen im Jahre 2013.

8 Nachhaltig leben

Seite 207, Aufgabe 1:

Zunächst solltest du eine Liste mit Stichwörtern zusammenstellen. Überlege Antworten zu folgenden Fragen:

- Welche Sachen hätte man nicht wegwerfen sollen?
- Welche Sachen im Müll könnten gefährlich sein?
- Welche Sachen im Müll könnten nützlich sein?
- Was könnte man tun, damit die Müllberge langsamer wachsen?
- Warum entsteht eigentlich immer mehr Müll?
- Wer verdiente einmal gut daran, wer hat einmal für diese Sachen bezahlt?
- Warum wollen die Menschen dauernd immer mehr neue Produkte kaufen?

Seite 219, Aufgabe 2:

Die Geschichte kann sehr spannend werden. Bedenke dabei vielleicht folgende Aspekte:

- Eine neue Müllladung kommt an, was geht Kwaku durch den Kopf?
- Kwaku denkt über sein Leben nach: Warum arbeitet er auf dem Müllplatz? Hat er andere Chancen?
- Welche Bildungsmöglichkeiten hat er? Hat er Eltern, die sich um ihn kümmern, muss er Geschwister versorgen? Von wem wird er versorgt? (Einzelheiten hierzu kannst du dir selbst ausdenken, also frei erfinden.)

- Ist Kwaku stolz auf seine Fähigkeiten? Kennt er die Gefahren seiner Arbeit?
- Was könnte ihm durch den Kopf gehen, wenn er im Müll anderer Menschen nach Wertsachen sucht?
- Wird er selbst einmal solche Gegenstände besitzen, die andere Leute wegwerfen?

Seite 235, Aufgabe 1:
Die Folgen des Wassermangels sind in den Entwicklungsländern so weitreichend, dass Menschen sterben müssen. Überlege, was die Menschen dort tun, um an Trinkwasser zu kommen. (Nimm den Text als Hilfestellung.)
Beginne folgendermaßen: Die Menschen müssen jeden Tag zahlreiche Kilometer zurücklegen, um Wasser aus Flüssen oder Brunnen zu holen.
Stelle dir nun die Frage, ob eine ausreichende Versorgung mit Süßwasser gewährleistet ist?

Seite 237, Aufgabe 1:
Eine mögliche Folge des Klimawandels könnte die Erwärmung der Erde sein. Überlege welche Zusammenhänge daraus entstehen.
- Was passiert mit den Gletschern der Erde? Steigt der Meeresspiegel? Gibt es Gebiete mit Wassermangel? Was passiert bei Überschwemmungen? Kommt es zu Dürrekatastrophen?
- Arbeite mit dem Text und beantworte die einzelnen Fragen. Beginnen kannst du mit den Gletschern.

9 Leben an der Nordseeküste und in den Alpen

Seite 246, Aufgabe 1:
Beginne deine Erklärung zum Beispiel so:
Flut gibt es dort, wo ein „Wasserberg" (Flutberg) entsteht. Der Wasserberg entsteht dadurch, dass …

Seite 258, Aufgabe 1:
Deine Erklärung könnte so anfangen:
Mittelgebirge und Hochgebirge unterscheiden sich zunächst in der Höhe (Mittelgebirge: ... m; Hochgebirge: ... m).
Weitere Unterschiede sind z. B. die Temperaturen (... °C, ... °C) sowie ...

Seite 258, Aufgabe 3:
Beginne deine Erklärung so:
In den Alpen liegt die Schneegrenze bei etwa … Metern. Oberhalb dieser Grenze bleibt der …

Seite 260, Aufgabe 4:
Formuliere so: Auf dem Foto S. 256 finde ich die entsprechenden … wie auf M 2. Ich sehe deutlich …, …, … .

Seite 263, Aufgabe 3:
Bei der Erklärung des Begriffes „Bergflucht" hilft dir der folgende Text: Vor dem Beginn des Massentourismus in den Alpen verließen viele junge Leute die Bergdörfer, weil sie ... Arbeit hatten. Sie gingen in die ... in den Tälern oder sogar ins ... .

10 Leben in der Stadt und auf dem Land

Seite 280, Aufgabe 3:
Unterscheide bei den Problemen zwischen den Folgen für die Natur und für den Menschen.

Seite 281, Aufgabe 3:
Unterscheide zwei Verarbeitungswege:
- Was geschieht mit der Zuckerrübe?
- Was geschieht mit den Rübenblättern?

11 Die antike Welt der Griechen

Seite 303, Aufgabe 1:
Denke bei den Beispielen vor allem an die zahlreichen Kurorte in Hessen oder an Städte, in denen im 19. Jahrhundert viel gebaut wurde. Betrachte den Baustil des Kurhauses, des Theaters oder von Regierungsgebäuden, schaue dir im Kurpark die Plastiken an oder betrachte in Stadtteilen mit älteren Villen die Gebäude.
Frage auch deine Kunstlehrerin oder deinen Kunstlehrer, ob auch in eurem Schulgebäude die griechische Kunst zum Vorbild genommen wurde.

S. 305, Aufgabe 3:
Wie verhinderten die Griechen, dass ein Einzelner die Macht ausübt? Kläre hierzu folgende Fragen:
- Auf welche Weise werden Menschen für eine bestimmte Zeit aus der Gemeinschaft ausgeschlossen?
- Welche Rechte müssen Mitmenschen bekommen, um mitbestimmen zu können?
- Wie wurden viele Menschen veranlasst, sich während ihrer Arbeitszeit politisch zu betätigen?
- Sollen „einfache" Menschen auch Mitspracherechte bekommen? Wie wurde das in Athen geregelt?

Seite 307, Aufgabe 2:
- Überlege zunächst, wie sich ein kleiner Ort allmählich zu einer Großstadt entwickeln könnte. Was würde in der Ortsmitte stehen, wie würden die Straßen verlaufen, wo wäre Platz für größere Neubauten?
- Stelle zusammen, welche Einrichtungen und Gebäude es in Alexandria gab, die in kleineren Orten nicht vorhanden sind.
- Betrachte dann den Plan von Alexandria erneut: Woran erkennt man, dass hier ein Stadtplaner am Werk war?
- Betrachte im Internet den Stadtplan von New York oder der Residenzstadt Mannheim. Vergleiche mit Alexandria.

Ackerbauer (S. 144): Ackerbauern betreiben Landwirtschaft indem sie Pflanzen auf bearbeitetem und gedüngtem Boden anbauen. Ackerbau wird schon seit der → Jungsteinzeit betrieben.

Antibabypille (S. 88): Pille mit Hormonen, die einer Frau ermöglicht, Schwangerschaften zu verhindern.

Äquator (S. 66): Linie auf Karten oder auf einem → Globus, welche die Erde in eine Nord- und in eine Südhalbkugel teilt. Der Äquator ist etwa 40 000 km lang.

Arbeitsteilung (S. 145): Bei der Herstellung eines Gegenstandes werden die einzelnen Arbeitsschritte von verschiedenen Personen erledigt, die auf ihren Arbeitsschritt spezialisiert sind. Dies spart Zeit und man kann mehr herstellen. Die Entwicklung zu immer mehr Berufen wird als gesellschaftliche Arbeitsteilung bezeichnet.

Archäologe (S. 132): Wissenschaftler, der aufgrund von Bodenfunden und Ausgrabungen alte Kulturen erforscht.

Aristokratie (S. 292): Staatsform bei der die Adeligen die Macht haben.

Brandrodung (S. 73): Um neue Flächen für die Landwirtschaft zu gewinnen, werden Bäume und Sträucher niedergebrannt. Die Asche dient dabei als Dünger. Bei der Brandrodung wird jedoch die oberste Humusschicht zerstört und der Nährstoffkreislauf unterbrochen. Die Böden erschöpfen sich deshalb schnell.

Breitengrad (S. 70): Linien auf Karten und Globen, die parallel zum → Äquator verlaufen. Der Abstand zum Äquator wird in Grad angegeben und reicht von 0° (Äquator) bis 90° nördl. bzw. südl. Breite (Nord- bzw. Südpol).

Bundesland (S. 178): Gliedstaat eines Bundesstaates. In Deutschland gibt es insgesamt 16 Bundesländer.

Einbaum (S. 146): Ausgehöhlter Baumstamm der als Boot zum Transport benutzt wurde.

Entwicklungsland (S. 235): Länder, die gegenüber → Industrieländern wirtschaftlich weniger entwickelt sind. Merkmale sind z. B. unzureichende Nahrungsmittelversorgung, hohes Bevölkerungswachstum, niedriges Einkommen, schlechte ärztliche Versorgung.

Epoche (S. 128): Zeitabschnitt in der Geschichte der Menschheit mit grundlegenden Gemeinsamkeiten.

Erdrotation (S. 67): Die Drehung der Erde in etwa 24 Stunden (genau: 23 Stunden, 56 Minuten und 4 Sekunden) von West nach Ost um die eigene Achse. Dadurch wird der Wechsel von Tag und Nacht hervorgerufen.

Europäische Union (S. 189): Zusammenschluss von bislang 28 europäischen Staaten, durch den eine wirtschaftliche und politische Zusammenarbeit erreicht werden soll.

Fries (S. 167): Ein Fries ist ein waagrechter linienförmiger Zierstreifen, der z. B. ägyptische Gebäude schmückt.

Genfer Flüchtlingskonvention (S. 119): Verbindliches Abkommen von Staaten, das den Umgang mit Flüchtlingen regelt.

Gezeiten (S. 246): Die ständig wiederkehrenden Wasserstandschwankungen des Meeres. Das abwechselnde Steigen (Flut) und Fallen (Ebbe) wird durch die Anziehungskraft des Mondes und die Fliehkraft der Erde hervorgerufen.

Gleichberechtigung (S. 43): Die Gleichberechtigung ist ein Zustand bei dem jeder Mensch gleich behandelt und keiner bevorzugt oder benachteiligt wird.

Gletscher (S. 258): Eismasse im Hochgebirge bzw. in den Polargebieten. Sie entsteht, wenn über Jahre hinweg mehr Schnee fällt als wegschmelzen kann. Aufgrund des Gefälles fließt der Eisstrom talabwärts und gerät damit unter die Schneegrenze, wo er langsam abschmilzt. Beim Fließvorgang bilden sich Gletscherspalten.

Globus (S. 66): Verkleinerte Nachbildung der Erdkugel. Der Globus kann um eine schief gestellte Achse gedreht werden.

Hellenismus (S. 307): Die Ausbreitung der griechischen Kultur (Kunst, Sprache, Wissenschaft) im Mittelmeerraum.

Heloten (S. 297): Als Heloten wurden Männer und Frauen bezeichnet, die in Sparta als Staatssklaven arbeiteten. Sie waren offiziell Eigentum des Staates und keine Bürger.

Hieroglyphen (S. 166): Schriftzeichen (Bildzeichen) aus dem alten Ägypten.

Höhenlinien (S. 58): Werden in Karten benutzt, um das Gelände darzustellen. Hierzu werden in bestimmten Abständen alle Punkte gleicher Höhe durch eine Kurve verbunden.

Höhenschichten (S. 55): Durch verschiedene Farbtöne herausgehobene Flächen zwischen zwei → Höhenlinien.

Höhenstufe (S. 260): Mit zunehmender Höhe ändern sich im Gebirge Klima, Boden und Pflanzendecken. Diese unterschiedlichen Stufen nennt man Höhenstufen.

Hünengrab (S. 149): Große Steingräber aus der Jungsteinzeit, die vor allem in Norddeutschland errichtet wurden. Sie werden Hünengräber genannt weil man glaubte, dass sie von Hünen (Riesen) errichtet wurden.

Industrieland (S. 235): Staat, in dem die Industrie, der Handel und der Dienstleistungsbereich weit entwickelt ist, in der es ein funktionierendes Bildungs- und Sozialsystem gibt und die Ernährung gesichert ist.

Jungsteinzeit (S. 146): Teil der Menschheitsgeschichte, benannt nach dem Stein als wichtigstem Material zur Werkzeugherstellung. In dieser Zeit wurden die Menschen sesshaft und lebten als → Ackerbauern und → Viehzüchter. Die Jungsteinzeit dauerte von 10 000 bis 3000 v. Chr.

Klassenordnung (S. 16): Enthält Regeln für das Verhalten der Schüler einer Klasse untereinander und während des Unterrichts

Klima (S. 140, S. 236): Klima ist das über Jahre gemessene Wetter an einem Ort oder Gebiet. Durch die jahrelange Messung und Aufzeichnung der Wettererscheinungen Temperatur und Niederschlag können Klimadiagramme erstellt werden.

Köhler (S. 155): Beruf, der in der Eisenzeit entstand. Der Köhler stellt Holzkohle her. Bei der anschließenden Verbrennung der Holzkohle werden Temperaturen erreicht, die hoch genug sind, um Erz zu Metall zu schmelzen.

Konflikt (S. 34): Auseinandersetzung, die durch das Aufeinandertreffen entgegengesetzter Interessen, Wünsche oder Verhaltensweisen entsteht

Konsum (S. 228): Unter Konsum versteht man den privaten Geh- oder Verbrauch von Gütern bzw. → Ressourcen und → Rohstoffen.

Kontinent (S. 68): Die sieben Erdteile werden als Kontinente bezeichnet. Sie heißen Asien, Afrika, Nord- und Südamerika, Europa, Australien und Antarktis. Die größten dieser Landmassen liegen auf der Nordhalbkugel.

Lagerstätte (S. 141): Anreicherung von nutzbaren Mineralen oder Gesteinen, die abgebaut werden können.

Landgewinnung (S. 248): Auf dem Schlick, das sich an Flussufern und Wattküsten ablagert wächst später Gras. So kann neues Land aus dem Meer gewonnen werden.

Längengrad (S. 70): Längengrade (Meridiane) sind Halbkreise die vom Nordpol zum Südpol verlaufen. Man unterteilt die Erdkugel in 360 Längenhalbkreise, die von 0° bis 180° in westlicher bzw. östlicher Richtung gezählt werden.

Legende (S. 29): Zeichenerklärung einer Karte.

Massentourismus (S. 200): Die Touristenströme steigen durch mehr Urlaub, mehr Autos und Geld an und gefährden in hohem Maße die Umwelt. Verkehrsstau, Zersiedelung, Lärm und Luftbelastung, Landschaftsschäden sind die Folgen von Massentourismus.

Maßstab (S. 56): Gibt an, wie vielmal kleiner eine Stecke auf der Karte als in der Natur ist. Beispiel 1:100 000: 1 cm in der Karte = 100 000 cm (1 km) in der Natur.

Menschenrechte (S. 234): Jeder Mensch hat Rechte, die ihm von Geburt an zustehen, z. B. das Recht auf Leben. Menschenrechte sind unantastbar, d. h. keine Regierung darf einem Menschen diese Rechte absprechen. Sie sind im Grundgesetz der Bundesrepublik Deutschland oder in der Deklaration der → Vereinten Nationen garantiert.

Monarchie (S. 292): Die Monarchie ist eine Staatsform, in der ein König oder Kaiser die Macht hat.

Nationalpark (S. 251): Eine Landschaft, die besonderen Schutzbedingungen unterliegt. Nationalparks werden von Menschen wenig beeinflusst und dienen zum Schutz der natürlichen Lebensräume für Pflanzen und Tiere. Dieser Schutz hat Vorrang gegenüber der wirtschaftlichen Nutzung und Erholung.

Niederschlag (S. 226): Wasser, das aus der Atmosphäre die Erdoberfläche erreicht (z. B. Regen, Schnee, Hagel).

Nomade (S. 72): Nomaden sind nicht sesshaft. Sie ziehen mit ihrem Besitz und ihren Tieren von einer Futter- oder Wasserstelle zur nächsten.

Nullmeridian (S. 70): → Längengrad (Meridian), den man durch Greenwich (Ortsteil von London) gelegt hat. Er ist der Längenhalbkreis bei dem die Zählung der Meridiane beginnt.

Oase (S. 160): Stellen in der Wüste, an denen es Wasservorkommen und somit ein Pflanzenwachstum gibt. Man unterscheidet Quell-, Grundwasser- und Flussoasen.

Oberflächenwasser (S. 227): Wasser, das sich auf der Erdoberfläche befindet. Zum Oberflächenwasser zählen z. B. Seen und Flüsse.

Ökologische Landwirtschaft (S. 282): Sie hat zum Ziel, unbelastete Nahrungsmittel zu erzeugen. Deshalb verzichten die Landwirte z. B. auf chemischen Dünger und Mittel zur Schädlingsbekämpfung. Die Erträge sind gegenüber der herkömmlichen Landwirtschaft geringer. Für die Erzeugnisse lassen sich aber höhere Preise erzielen.

Ozean (S. 68): Die drei großen Ozeane sind der Pazifische, Atlantische und Indische Ozean. Zusammen machen sie etwa drei Viertel der Erdoberfläche aus.

Papyrus (S. 166): Papyrus wurde aus Schilfpflanzen hergestellt und im alten Ägypten als Papier verwendet.

Pendler (S. 87): Menschen, die regelmäßig ihren Wohnort verlassen, um in einem anderen Ort zu arbeiten, zur Schule zu gehen oder einzukaufen.

Pharao (S. 164): Bezeichnung für den König im alten Ägypten. Der Pharao besaß eine gottgleiche Stellung.

Physische Karte (S. 55): Auf einer physischen Karte wird die Oberflächengestalt dargestellt. Die verschiedenen Farben kennzeichnen die → Höhenschichten.

Planet (S. 66): Himmelskörper, die sich in einer festen Umlaufbahn um eine Sonne bewegen.

Polis (S. 292): Griechisch = Stadtstaat. Bezeichnung für selbstständige Stadtstaaten wie Athen oder Sparta.

Profil (S. 58): Querschnitt durch eine Landschaft, z. B. zur Veranschaulichung der Gesteinsabfolge.

Pyramide (S. 170): Grabstätte der ägyptischen Herrscher.

Quelle (S. 133): Überlieferungen, die Kenntnisse aus vergangener Zeit vermitteln. Dies können Schriftquellen (z. B. Urkunden, Bücher), Sachquellen (z. B. Werkzeuge, Münzen) oder Bildquellen (z. B. Gemälde, Fotos) sein.

Recycling (S. 212): Englisch = Rückführung. Verfahren, um die rest- und Abfallstoffen den Produktionsprozess zurückzuführen und damit wiederzuverwerten, z. B. Glas, Metall, Kunststoffe oder Papier. Dazu müssen die Materialien getrennt gesammelt und aufbereitet werden.

Ressource (S. 214): Als Ressourcen bezeichnet man Mittel, die man braucht, um bestimmte Aufgaben zu erfüllen. Meist wird der Begriff im Zusammenhang mit → Rohstoffen (z. B. Holz, Agrarprodukte, Erze) verwendet. Aber auch Geld, Zeit oder Personen können mit R. gemeint sein.

Rhetorik (S. 296): griechisch = Redekunst

Rohstoff (S. 207): Ausgangsmaterial, das zur Herstellung von Gütern benötigt wird. Je nach Herkunft wird in pflanzliche, tierische Rohstoffe und Bodenschätze wie Energieträger unterschieden.

Rolle (S. 35): Erwartungen, die an das Verhalten einer Person in einer bestimmten Situation gerichtet werden.

Sanfter Tourismus (S 199): Eine Form des Fremdenverkehrs, der die Belange von Natur und einheimischer Bevölkerung weitgehend berücksichtigt.

Savanne (S. 74): Die Savannen befinden sich zwischen der Wüste und dem Tropischen Regenwald. Es gibt Feucht- (hohe Gräser und Bäume), Trocken- (Gräser, Sträucher, einzelne Bäume) und Dornstrauchsavanne (anspruchslose Pflanzen, kurze Gräser).

Schülervertretung (S. 21): Die Schülerschaft hat das Recht, Leben und Unterricht an ihrer Schule mitzugestalten. Die Schülervertretung, die gewählten Vertreter der Schüler, setze sich für deren Interessen ein.

Schulpflicht (S. 24): In Gesetzen geregelte Pflicht zu einem Mindestschulbesuch. Sie kann auch durch Zwangsmaßnahmen durchgesetzt werden. In Deutschland beginnt die Schulpflicht mit dem 6. Lebensjahr und ist nach neunjährigem Schulbesuch erfüllt.

Selbstversorgung (S. 286): Wirtschaftsform, bei der die Menschen alles selbst erjagen, anbauen oder herstellen, was sie zum Lebensunterhalt brauchen.

Seltene Erden (S. 220): Metalle, die häufig in elektronische Geräte verbaut werden. Sie sind sehr schädlich für die Umwelt.

Sonnensystem (S. 78): Alle Planeten und die Sonne bilden zusammen das Sonnensystem. Die Erde ist der einzige Planet auf dem Leben möglich ist.

Streitschlichtung (S. 34): Verfahren zur Bereinigung von → Konflikten durch Gespräche und Vorschläge zur Verständigung

Thematische Karte (S. 55): Die thematische Karte stellt ein bestimmtes Thema auf der Karte dar, z. B. das Vorkommen von Rohstoffen in einem Gebiet oder die Bevölkerungsdichte.

Tourismus (S. 185): Wirtschaftszweig dessen Einnahmen aus Reisen und Freizeitausgaben bestehen.

Tropischer Regenwald (S. 72): Immergrüner Wald in den Tropen. Das Klima zeichnet sich dort durch hohe Temperaturen und → Niederschläge aus. Charakteristisch ist der Stockwerkbau der Pflanzen. Der Regenwald ist für den Sauerstoffhaushalt der Erde wichtig.

Tyrannis (S. 292): Die Tyrannis bezeichnet eine Staatsform bei dem ein Alleinherrscher die Macht hat. Im Unterschied zur → Monarchie ist der Alleinherrscher aber nicht offiziell anerkannt.

UNICEF (S. 98): UNICEF ist das Kinderhilfswerk der Vereinten Nationen. Es unterstützt vor allem in → Entwicklungsländern Kinder und Mütter in den Bereichen Gesundheit, Ernährung, Familienplanung, Hygiene sowie Bildung und leistet Hilfe in humanitären Notsituationen.

Vereinte Nationen (UN, UNO) (S. 108): Die Vereinten Nationen (engl. United Nations, UN) ist eine 1945 gegründete weltumspannende Vereinigung von Staaten zum Zweck der Zusammenarbeit und der Sicherung des Friedens.

Viehzüchter (S. 144): Bauern, die sich um die Haltung, Nutzung und Züchtung von Vieh, z. B. von Rindern, Pferden, Schweinen und Geflügel kümmern. Viehzucht wird schon seit der → Jungsteinzeit betrieben.

Virtueller Wasserverbrauch (S. 228): Die Menge an Wasser die zur Herstellung eines Produkts verbraucht wird. Da der v. W. nicht direkt sichtbar ist (z. B. Wasserverbrauch durch Bewässerung und Transport bei der Herstellung von Kleidung) wird er als virtuell bezeichnet.

Volksschule (S. 24): Vorläufer der heutigen Schulen, nach dem Vorbild kirchlicher Schulen. Sie dauerte zunächst acht Jahre, wobei erstmals eine Schulpflicht bestand und die Kinder in erster Linie Lesen und Schreiben lernen sollten.

Wasserfußabdruck (S. 228): Der Wasserfußabdruck ist die Wassermenge die insgesamt von einem Land beansprucht wird. Je mehr Wasser gebraucht wird, desto größer ist der Fußabdruck.

Watt (S. 250): Meeresboden aus Sand und Schlick, der im Wechsel der Gezeiten trocken fällt und überspült wird.

Wesir (S. 165): Vom → Pharao eingesetzter Regierungschef und höchster Beamter im alten Ägypten.

Windrose (S. 51): In einer Windrose sind die Himmelsrichtungen mit ihren Abkürzungen eingetragen. Sie wird zum Beispiel unter der Kompassnadel bei einem Kompass verwendet.

Zweistromland (S. 144): Das Gebiet um die beiden Flüsse Euphrat und Tigris. In diesem Gebiet wurden die Menschen in der → Jungsteinzeit erstmals sesshaft und arbeiteten als → Ackerbauern und → Viehzüchter.

Nordsee
Ostsee
DÄNEMARK
SCHWEDEN
NIEDERLANDE
BELGIEN
LUXEMBURG
FRANKREICH
SCHWEIZ
LIECHTENSTEIN
ÖSTERREICH
TSCHECHIEN
POLEN
ITALIEN
ALPEN
Sylt
Nordfriesische Inseln
Helgoland
Deutsche Bucht
Ostfriesische Inseln
Westfriesische Inseln
Flensburg
Kieler Bucht
Fehmarn
Kiel
Nord-Ostsee-Kanal
Rügen
Kap Arkona
Stralsund
Rostock
Usedom
Wollin
Stettiner Haff
Stettin (Szczecin)
Lübeck
Wismar
Hamburg
Cuxhaven
Wilhelmshaven
Bremerhaven
Emden
Jadebusen
Dollart
Groningen
Oldenburg
Bremen
Küstenkanal
Mecklenburgische Seenplatte
Müritz
Schwerin
Neubrandenburg
NÖRDLICHER LANDRÜCKEN
SÜDLICHER LANDRÜCKEN
BERLIN
Potsdam
Frankfurt
Landsberg (G. Wielkop.)
Celle
Hannover
Mittellandkanal
Wolfsburg
Braunschweig
Magdeburg
Minden
Osnabrück
Dortmund-Ems-Kanal
Enschede
Apeldoorn
Arnheim (Arnhem)
Nimwegen
Münster
Bielefeld
Paderborn
WESERBERGLAND
Brocken 1142
Harz
Göttingen
Dessau-Roßlau
Cottbus
Halle
Leipzig
Dresden
Görlitz
Gelsenkirchen
Duisburg
Essen
Dortmund
Düsseldorf
Wuppertal
Köln
Aachen
Bonn
Siegen
Eindhoven
Maastricht
Lüttich (Liège)
Rothaargebirge
841 Kahler Asten
Kassel
HESSISCHES BERGLAND
Eisenach
Erfurt
Jena
Gera
Chemnitz
Zwickau
Thüringer Wald
Gr. Beerbg 982
Erzgebirge
1215 Fichtelberg
Aussig (Ústí n.L.)
RHEINISCHES SCHIEFERGEBIRGE
Koblenz
747
Gießen
774
Fulda
950
Rhön
Hof
880
Wiesbaden
Frankfurt
Mainz
Darmstadt
818
Trier
Luxemburg (Luxembourg)
Kaiserslautern
Ludwigshafen
Mannheim
Heidelberg
Saarbrücken
Schweinfurt
Bamberg
Bayreuth
1051
Würzburg
Erlangen
Fürth
Nürnberg
SCHWÄBISCH-FRÄNKISCHES STUFENLAND
Fränkische Alb
Böhmerwald
Pilsen (Plzeň)
Metz
Nancy
Heilbronn
Karlsruhe
Pforzheim
Stuttgart
Aalen
Regensburg
1456 Gr. Arber
Main-Donau-Kanal
Altmühl
Ingolstadt
Passau
Straßburg (Strasbourg)
Rhein-Marne-Kanal
Tübingen
Reutlingen
Schwäbische Alb
Ulm
Augsburg
ALPENVORLAND
München
Oberrheinisches Tiefland
Schwarzwald
Vogesen
Épinal
1015 Lemberg
Freiburg
1493 Feldberg
1424
Mülhausen (Mulhouse)
Vesoul
Konstanz
Bodensee
Rosenheim
Salzburg
2713 Watzmann
Garmisch-Partenkirchen
Zugspitze 2962
Lechtaler Alpen
Basel
Zürich
St. Gallen
Besançon
Schweizer Jura
BERN
Luzern
VADUZ
Innsbruck
Brennerpass 1372
3797 Großglockner
3674
Ötztaler Alpen
3774
Chur
Glarner Alpen
Rätische Alpen
Berner Alpen
Finsteraarhorn 4272
3899 Ortler
Bozen (Bolzano)
Lausanne
1607
Odense
Fünen
Seeland
Lolland
Falster
Mön
Trelleborg
Bornholm (dän.)
© Schroedel 390829
Zeichenerklärung
Landhöhen
1500 m
1000 m
700 m
400 m
200 m
100 m
50 m
0 m
Watt
Gletscher, Eisregion
Sumpf, Moor
• 1493 Höhe in Meter
Staatsgrenze
Orte (Einwohner)
über 1 000 000 E.
500 000 - 1 000 000 E.
100 000 - 500 000 E.
unter 100 000 E.
BERLIN Hauptstadt
0 50 100 km

Jan Mayen
Nowaja Semlja
Barentssee
Europäisches Nordmeer
Nordkap
Hammerfest
REYKJAVIK
Island
2119
Nördlicher Polarkreis
3970
Halbinsel Kola
Weißes Meer
Archangelsk
Lappland
Skandinavisches Gebirge
Skandinavien
Luleå
Tornealv
Umeälv
Bottnischer Meerbusen
Dwina
Karelien
Nordrussisches Tiefland
3008
ATLANTISCHER OZEAN
Trondheim
Finnische Seenplatte
Ladogasee
Suchona
Petschora
Shetland-Inseln
2469
Bergen
OSLO
STOCKHOLM
HELSINKI
St. Petersburg
Finnischer Meerb.
TALLINN
Jaroslawl
Wolga
Britische Inseln
Glasgow
243
Nordsee
Skagerrak
Kattegat
Jütland
Göteborg
Gotland
459
Ostsee
Nischni Nowgorod
Irland
DUBLIN
Cork
13
KOPENHAGEN
RIGA
Memel
VILNIUS
Königsberg
MOSKAU
Oka
Mittelrussische Platte
Birmingham
Hamburg
Danzig
Stettin
MINSK
Brjansk
Don
LONDON
AMSTERDAM
BERLIN
Ärmelkanal
Dortmund
Posen
Weichsel
Oder
Elbe
Brest
Pripjet
BRÜSSEL
Köln
1142
WARSCHAU
Brest
LUXEMBURG
Frankfurt
Breslau
KIEW
Charkiw
PARIS
Seine
Rhein
PRAG
Krakau
Donez
Nantes
Loire
Straßburg
Donau
Lemberg
5365
Golf von Biscaya
Dijon
München
2663
Karpaten
Dnipropetrowsk
Donezk
Dnister
Bug
Dnipro
La Coruña
Limoges
Zürich
WIEN
BRATISLAVA
BERN
3797
Theiß
1886
Lyon
Zentralmassiv
4807
Alpen
BUDAPEST
KISINAU
Odessa
Bilbao
Bordeaux
3899
LJUBLJANA
Klausenburg
Krim
Porto
Toulouse
Rhône
Mailand
Drau
ZAGREB
2544
Duero
Ebro
Pyrenäen
Genua
Venedig
Save
BELGRAD
BUKAREST
Iberische Halbinsel
3404
Zaragoza
Marseille
Po
Apenninen
Dinarisches Gebirge
SARAJEVO
Donau
Schwarzes Meer
2211
Tejo
LISSABON
MADRID
Barcelona
3072
Korsika
2710
Adria
PRISTINA
SOFIA
Balkan
Tajo
Valencia
Balearen
4389
2914
ROM
PODGORICA
SKOPJE
Rhodopen
Istanbul
Pontisches Gebirge
ANKARA
Sivas
Sevilla
Mallorca
Sardinien
1834
Neapel
Bari
TIRANA
Saloniki
3785
Bursa
Hochland von Anatolien
3481
Mittelmeer
Cagliari
2911
Olymp
Ägäis
Tanger
RABAT
Oran
ALGIER
3255
Palermo
3340
Ätna
Sizilien
ATHEN
Peloponnes
Izmir
Adana
Taurus
Antalya
Fes
Tellatlas
Hochland der Schotts
TUNIS
Hoher Atlas
2328
Malta
5121
Kreta
2456
4486
NIKOSIA
Zypern
BEIRUT
TRIPOLIS
JERUSALEM
3147
Gaza
Misurata
Alexandria
Sahara
Tripolitanien
Bengasi
Cyrenaika
KAIRO
Sues-Kanal
-134
Nil
© Schroedel 390125
0 250 500 km

A1PIX - Your Photo Today, Taufkirchen: 138 M2 (D), 180 M3 (STB); Adolf Reichwein Schule, Neu-Anspach: 14 M4; adpic Bildagentur, Bonn: 274 M1 (R. Naumann); agrar-press, Koblenz: 280 M1 (miglbauer) akg-images, Berlin: 24 M1 (A. Neumann), 114 M1, 127 M2, 127 M3 (Science Photo Library), 133 M2, 133 M4 (Bildarchiv Steffens), 139 M7, 150 M4 (Erich Lessing), 174 M3, 291 M4 (Erich Lessing), 294 M2 (Erich Lessing), 299 M7 (WARNER BROS. / Album), 300 M1, 300 M3 (Erich Lessing), 301 M4, 302 M4 (Nimatallah), 305 M4, 309 o.; Aktion Mensch e.V., Bonn: 42 M1, 43 o.re.; alamy images, Abingdon/Oxfordshire: 39 M5 (Andia), 110 M3 (Mike Goldwater), 212 M2 (FLPA), 223 M3 (Ambient Images Inc./ Peter Bennett), 237 M3 (Lothar Steiner), 258 M1 (INTERFOTO); Alber, Jürgen, Stuttgart: 238 M1; Alice Springs School of the Air, Alice Springs, NT: 75 M4; Antikensammlung Berlin: 304 M2; Arco Images, Lünen: 224 M3 (W. Dieterich); argus Fotoagentur, Hamburg: 17 M4 li. (Hartmut Schwarzbach); Askani, Bernhard Dr., Schwetzingen: 292 M1; Astrofoto, Sörth: 66 M1, 67 M1, 70 M1; Baaske Cartoons, Müllheim: 95 M1 (E. Rauschenbach), 100 M2 (Erich Rauschenbach); Berger, Markus, Braunschweig: 194 D; Berghahn, Matthias, Bielefeld: 44 M2; Bildagentur Huber, Garmisch-Partenkirchen: 72 M1 (Mehlig); Bildagentur Schapowalow, Stuttgart: 53 M8 (Zoellner); Bildarchiv Monheim, Krefeld: 139 M6 (Achim Bednorz); Bioland e.V., Mainz: 282 M1 re.m.; Birkacher Notizen/Günter Seyfferth , Stuttgart: 286 M2; Blickwinkel, Witten: 138 M3 (L. Fohrer); Bok, Reinhard, Frankfurt/M.: 220 M2; Bösch, Stolzenau: 78 M3; bpk - Bildagentur für Kunst, Kultur und Geschichte, Berlin: 133 M3, 135 M3, 148 M2 (Jürgen Liepe), 150 M2 (RMN/J. Schormans), 159 M4, 164 M1, 174 M2, 179 M2, 295 M4 (SMB/Antikensammlung/J. Liepe), 296 M1 und 309 u., 297 M1 (Antikensammlung, SMB/Johannes Laurentius), 298 M6 (SMB/Antikensammlung/Johannes Laurentius), 303 M7 (Antikensammlung/SMB/I. Geske), 307 M2; Brameier, Ulrich, Hamburg: 41 M3; Bridgeman Art Library Ltd. Berlin: 168 M2 (Deir el-Medina, Thebes/ Giraudon); Buchverlage LangenMüller , München: 115 u.; Bulls Pressedienst GmbH, Frankfurt/Main: 95 M2 (Jim Unger); Busching, Ulrike, Maxdorf: 261 M1, 278 M1, 279 M3, 280 M2, 280 M3, 280 M5, 281 M6, 283 M1, 283 M2, 288 B; Caro Fotoagentur, Berlin: 33 M3 (Frank Sorge), 105 M2 (Stefan Trappe), 208 M2 (Andreas Riedmiller), 240 M1 (Oberhäuser), 288 E (Scheffbuch), 289 B (Frank Sorge); Centrum Cartographie Verlag GmbH, Varel: 245 M6; Colorphoto Hinz, Allschwil/Basel: 148 M1 und 157 Religion li.; Corbis, Berlin: 4 u. und 104 M1 (Will & Deni McIntyre), 77 M6 (Staffan Widstrand), 106.4, 217 M4 (Reuters/Wolfgang Rattay); creativ collection Verlag GmbH, Freiburg: 56 M1; Das Luftbild-Archiv, Wennigsen: 184 M3 und 187 D; Deiseroth, Dieter, Niederaula: 111 M5, 137 M2, 137 M4, 137 M7; Demeter e.V., Darmstadt: 282 M1 re.u.; Deutsche Lufthansa AG, Frankfurt/Main: 202 M1 Flugzeug; Deutsche Lufthansa AG , Köln: 81 m. (Kröner); Deutsches Architekturmuseum, Frankfurt/Main: 156 M2; Deutsches Jugendherbergswerk, Hamburg: 196 M1; Dietz, Joachim, Bad Bergzabern: 3 u. und 48 M1, 49 o., 61 M2, 62 A+ B, 63 C+D, 189 M3, 202 M1 Collage u., 202 M2; Dittmann, Eberhard, Stuttgart: 286 M1; dreamstime.com, Brentwood: Titel u.re. (Bruce Robbins), 44 M3 (Djburrill), 85 M2 (Pavel Losevsky), 85 M3 (Pavel Losevsky), 106.2 (Olga Polyakova), 107.5 (Pavel Losevsky), 140 M2 (Art33art); DRK Generalsekretariat, Berlin: 224 M4 (Conny Häusler); Druwe & Polastri, Cremlingen/Weddel: 135 M4; Ebersdorfer Schulmuseum e.V., Chemnitz: 25 M3; Elbert, Christina, Mülheim: 13 M2; epd-bild, Frankfurt/Main: 131 u.; ergobag GmbH, Köln: 213 M5; Estudio Lamela, Madrid: 194 C; euroluftbild.de, Berlin: 287 M4 (GRAHN); Europäische Kommission, Luxemburg: 282 M1 re.o.; Eyferth, Konrad, Berlin: 17 M4 m.; F1online digitale Bildagentur, Frankfurt/M.: 97 M1 (Imagebroker/Ulrich Niehoff), 212 M1 (euroluftbild.de); Fabian, Michael, Hannover: 13 M5, 102 o., 224 M2; Falk Verlag, Ostfildern: 29 M2, 275 M4; Fanroth, Andreas, Braunschweig: 60 A; Forstdienst Uri/Forsthütte Äbnenegg, Altdorf: 265 M4; Forster, Christa, Hofheim: 63 M1, 274 M2, 302 M1; Fotex Medien Agentur, Hamburg: 60 B (Dietrich Rose); fotolia.com, New York: 17 M4 o. (awfoto), 27 M3 (Svetlana Shapiro), 85 M4 (Gina Sanders), 122 M1 (Artem Furman), 137 M3 (Circumnavigation), 137 M5 (Kristan), 137 M6 (Kristan), 191 M4 (Liugen Cheng), 206 M1 (FUMA), 211 o. (Klaus Eppele), 230 M1 (monticellllo); Fotostudio Henke, Salzkotten: 31 M4; Fraport AG, Frankfurt/Main: 192 M3, 193 M5, 193 M6, 193 M7, 192 M2 und 257 M2; Gamma Press, Vanves: 152 M2; Geißler, Ch., Maintal/Bischofsheim: 13 M4; Gemeinde Sölden: 262 M1 (Ewald Schöpf), 263 M4 (Ewald Schöpf); Gesellschaft für ökologische Forschung e.V., München: 236 M2 o. (Sylvia Hamberger), 236 M2 u. (Sammlung); Getty Images, München: 92 M1 (Mercè Bellera), 212 M3 (AFP/Vanderlei Almeida), 257 M3 (Taxi/Schultheiss Selection GmbH & CoKG); GNAPS Illustration und Bildstellerei, Karlsruhe: 203 A-C; Greiner, Alois, Braunschweig: 238 M3; Hafen Hamburg Marketing e.V.: 183 M5; Hänel, Gerald, Hamburg: 259 M5; Härle, Josef, Wangen: 139 M5; Helga Lade Fotoagenturen, Frankfurt/M.: 6 u.li. und 242 M1 (Tetzlaff), 286 M3 (Kirchner); Herzig, Reinhard, Wiesenburg: 181 M5; Hessisches Landesamt für Bodenmanagement und Geoinformation, Wiesbaden: 28 M1; Hinke, Hildesheim: 65 M2; Höges, Clemens/DER SPIEGEL, Hamburg: 221 M8; i.m.a - Information.Medien.Agrar e.V., Berlin: 282 M3, 288 D, 288 F, 288 A; images de. digital photo GmbH, Berlin: 38 M1 (PhotoAlto/Odilon Dimier); Imago, Berlin: 110 M1 (Friedrich Stark), 218 M3 (Niehoff); INTERFOTO, München: 96 M1 (TV-Yesterday), 150 M3 (Science & Society), 227 M3 (imagebroker/Moritz Wolf); iStockphoto.com, Calgary: 22 M1 (funstock), 257 M5 (Rafael Ramirez Lee), 269 B (abey); Iverson, Barry, New York: 167 re.; John, Lütjenburg: 282 M2; JOKER: Fotojournalismus, Bonn: 26 M2 (Walter G. Allgoewer), 234 M2 (Gloger); Junge, Bernd, Wolfenbüttel: 216 M1, 289 A; Kahlert, Georg, Bliesransbach: 184 M1; Katzberg, Wittmund: 268 A, 268 B; Kesper, Ingrid, Salzkotten: 149 M4 o.li., 149 M4 o.re., 149 M4 u.li.; Keystone Pressedienst, Hamburg: 213 M4 (Volkmar Schulz); Kiefersauer, Wolfratshausen: 265 M2; Knigge, Hannover: 81 O; Kohnen, Bremerhaven: 76 M1; Kopetzky, Abtsteinach: 271 M2; Krupp Stahlwerke, Essen: 257 M4; Kurt Fuchs - Presse Foto Design, Erlangen: 259 M3; Kurverwaltung Ruhpolding: 269 a; laif, Köln: 106.3 (H. Meyer), 111 M4, 221 M4 (Kai Loeffelbein), 221 M5 (Sandra Hoyn), 221 M6 (Kai Loeffelbein), 221 M7 (Kai Löffelbein), 252 M4 (Melanie Dreysse); Landeshauptarchiv Koblenz: 58 M1; Landesmedienzentrum Baden-Württemberg, Stuttgart: 256 M1 (Albrecht Brugger); Landesmuseum für Natur und Mensch, Oldenburg: 151 M6, 156 M1; Lange, München : 182 o., 265 M6-8; Langner & Partner Werbeagentur GmbH, Hemmingen/Hannover: 94 M1; Libera, Renate, München: 11 M4, 45 u., 201 M2; Lotos Film, Kaufbeuren: 159 M3, 161 M4, 165 M4; Luftbildverlag Hans Bertram, Memmingerberg: 185 M5 und 187 B; Lyß, Guido Dr., Wolfenbüttel: 228 M1; Mager, Franz-Peter, Gengenbach: 5 u. und 176 M1; MairDumont GmbH & Co. KG, Ostfildern: 190 M1; mauritius images, Mittenwald: 53 M9 (Hiroshi Higuchi), 72 M2, 73 M4 (Cubolmages), 73 M5 (Cubolmages), 74 M1 (Cubolmages), 74 M2 (Cubolmages), 74 M3 (Cubolmages), 75 M5 (Cubolmages), 196 M3 (Uwe Umstätter), 202 M1 Radfahrer (Marc Gilsdorf), 202 M1 Ski, 207 M5 (John Warburton-Lee); mediacolors Bildagentur & -Produktion, Zürich: Titel u.li. (Index Press), 81 N; Mertins, Harald, Vollbüttel, Gemeinde Ribbesbüttel: 51 M2, 51 M3, 53 M5, 69 M1, 247 o., 273.2; Mitschke, München: 194 A, 194 E; Möller, Heike, Rödental: 239 M4; Müller, Annegret, Lich: 30 M1, 30 M3, 34 M2, 35 M1, 35 M2, 36 M1, 37 M2, 39 M4; Müller, Bodo, Bartensleben: 52 M1, 52 M2, 53 M4, 53 M6, 53 M7, 128 B, 132 M1, 141 M4 und 157 Wohnung li., 142 M1, 143 M1, 147 M4, 147 M5, 147 M6, 147 M7, 155 M5, 157 Lebensraum li., 157 Lebensraum re., 157 Wohnung re., 171 M2, 171 M3, 171 M4, 173 M3, 186 Illus Kinder, 20C Illus, 248 M1, 254, 276 M1, 277 M2, 296 o.li., 296 o.re.; Museum Wiesbaden: 136 M1; Museumslandschaft Hessen Kassel, Sammlung für Vor- und Frühgeschichte, Kassel : 148 M3 (A. Hensmanns/U. Brunzel); Musée du Louvre, Paris: 164 M2 (Photo RMN/H. Lewandowski); NASA, Houston/Texas: 237 M5; Naturland - Verband für ökologischen Landbau e.V., Gräfeling: 282 M1 li.u.; Neumann, Kirsten, Gelsenkirchen: 6 o.re. und 205 M2; Niedersächsisches Landesmuseum, Hannover: 146 M1, 154 M1, 157 Erfindungen re.; NORDMILCH AG, Bremen: 284 M4, 285 M5; Nummer gegen Kummer e.V., Wuppertal: 39 M7; Ochsenwadel, Möckmühl: 77 M4; OKAPIA-Bildarchiv, Frankfurt/M.: 45 M6, 73 M6 (David M. Phillips/Science-Source), 210 M2 (Hildebrand), 236 M1 (A. Ishokon/UNEP/Still Pict); Ökoprüfzeichen GmbH & Informationsstelle Biosiegel bei der ÖPZ-GmbH, Bonn: 282 M1 li.o.; Pandel, Hans-Jürgen, Halle: 134 M1; Panther Media GmbH (panthermedia.net), München: 8 M2 (Jan Balster), 20 M1 (Alexander Kharchenko), 194 B (Joachim Zowislo), 263 M5 (Peter Pfändle); Pfahlbaumuseum Unteruhldingen: 145 M2 (Mende); Pflüger, Eckart, Bennigsen/Springe: 288 C; PhotoAlto, Berlin: 18 Kand. 1 (Odilon Dimier); Picture Press Bild- und Textagentur, Hamburg: 162 M1; Picture-Alliance, Frankfurt/M.: 4 o. und 84 M1 (photononstop/onoky/Julien de Wilde), 5 o. und 126 M1 (dpa/Rolf Haid), 6 o.li. und 204 M1 ( ), 6 u.re. und 243 M2 (Bildagentur Huber/Römmelt), 9 M4 (CHROMORANGE / P. Widmann), 39 M6 (Jens Schierenbeck), 41 M4 (Gero Breloer), 41 M5, 41 M6 (dpa/Oliver Berg), 60 C (Bildagentur Huber/Gräfenhain), 60 D (CHROMORANGE), 61 M1 (Dominique Ecken/Keystone), 87 M2 (dpa-Report), 89 M4 (Bruce Coleman/Photoshot/bill Bachmann), 90 M1 (Design Pics/LJM Photo), 98 M1 (Sueddeutsche/Andreas Heddergott), 100 M1 (BSIP/MENDIL), 105 M4 (EPA/S.J. Sabawoon), 107.7, 118 M2 (Photoshot), 119 M3 re. (dpa/B. Roessler), 121 M3 (dpa/Wolfgang Kumm), 124.1 (Khaled el Fiqi), 124.2 (Carsten Schmidt), 124.3, 124.4 (dpa/Stoppelmann), 124.5 (dpa), 134 M2 (Witschel), 144 M1 (dieKLEINERT.de/Rudolf Schupple), 149 M4 u.re. (dpa/Koch), 170 M1 (dpa/Scholz), 174 M4 (akg/Werner Forman), 180 M2 (Rainer Jensen), 181 M4 (dpa-Zentralbild/Jan Woitas), 185 M6 und 187 A Bildagentur Huber/R. Schmid), 189 M2 Flagge (dpa/Jörg Schmitt), 194 F (dpa/PA B. Curtis), 199 M4 (dpa/U. Deck), 199 M5 (R. Schmid/Bildagentur Huber), 199 M6 (Kreder/Bildagentur Huber), 202 M1 Strand (Bildagentur Huber), 214 M3 (dpa/Franz-Peter Tschauner), 216 M2, 218 M1 (Antonio Pisacreta/ROPI), 218 M2 (AFP), 222 M1 (dpa-Zentralbild/Stefan Sauer), 224 M1 (ZB/Wolfgang Thieme), 227 M4 (dpa/ZB/Patrick Pleul), 233 M4 (Globus), 234 M1 (Jansen), 235 M5, 240 M2 (Reinhard Kungel), 252 M1 (euroluftbild.de), 252 M2 (Sabine Lubenow), 259 M4 (Thomas Härtrich/Transit/ZB), 263 M6 (Dieter Klöppel/Okapia), 265 M3 (epa Keystone Balzarini), 265 M5 (AP/Fabrice Coffrini), 274 M3 (PWI-McPhoto/Bildagentur-online), 284 M2 (dpa-Zentralbild), 285 M6 (ZB/M. Bein), 301 M5 (augenklick / firo Sportphoto); plainpicture, Hamburg: 88 M1 u. (Johner), 105 M3 (fritz); Presse- und Informationsamt der Stadt Frankfurt: 60 E (Bernd Wittelsbach /Kontrast Fotodesign); Quedens, Kai, Hamburg: 244 M3; Rieke, Michael, Hannover: 251 M6; Robel, Bad Dürkheim: 80 E; Römerkastell Saalburg, Bad Homburg: 8 M1; Römisch-Germanisches Museum, Köln: 146 M3 (S. Siegers); Römisch-Germanisches Zentralmuseum, Mainz: 152 M1; ROPA Fahrzeug- und Maschinenbau GmbH, Herrngiersdorf: 280 M4; Röwer, Gertrud, Neulehe: 264 M1; Rua - Hilfe für Straßenkinder e.V., Mannheim: 111 M6; Ruckenbrod/Sutor, Karlsruhe: 163 M3; Rupprecht, Hartmut, Frankfurt/Main: 7 o. und 270 M1, 275 Fotos o.; Rüther, Frank, Bielefeld: 273.3, 285 M7; Scala Archives, Bagno a Ripoli/Firenze: 167 M3, 303 M5; Schlaf, Marcus: 108 M1; Schlegel, Monique, Budenheim: 18 M1, 238 M2; Schlottmann, Guenther, Paderborn: 32 M2; Schlußnus, Heiner, Gilserberg: 244 M1, 249 M1-4; Schmidt, Marianne, Teningen: 195 M2, 266 M1, 267 Claudia, 267 Rita, 273.1, 273.4, 284 M1; Schmidtke, Kurt-Dietmar, Melsdorf : 72 M3, 163 M2, 248 M3 C, 250 M1, 251 M3 Foto, 252 M3; Schuchardt, Petra, Bovenden: 81 A; Simper, Manfred , Wennigsen: 17 M4 u.; SKN - Bildarchiv, Norden: 245 M7; Staatliche Antikensammlungen und Glyptothek, München: 297 M2; Stadt Berlin: 181 M6; Stadtwerke Düsseldorf AG: 209 M3; Stadtwerke Hannover AG: 209 M4; Steffens Bildarchiv, Mainz: 5 m. und 158 M1, 7 u. und 290 M1, 159 M2, 303 M6; Stewen, Frank, Unna Mühlhausen: 109 M4; Stiebritz, A., Karlsruhe: 102 u.li.; Stiftung UNESCO-Bildung für Kinder in Not, Düsseldorf: 124 o.; still pictures, Berlin: 113 M4 (JORGEN SCHYTTE); Studio Schmidt-Lohmann, Gießen: 208 M1; Sutor, Karlsruhe: 214 M1, 214 M4, 262 M2, 291 M2; © The Trustees of the British Museum, London: 291 M3; TopicMedia Service, Putzbrunn: 76 M3, 117 M5; Tourismusverband Radstadt/Salzburger Land, Radstadt: 260 M1; ullstein bild, Berlin: 88 M1 o., 146 M2 (Archiv Gerstenberg), 149 M5 und 157 Religion re. (Archiv Gerstenberg), 210 M1 (MEDIUM), 247 M2 (Günther Krüger), 300 M2 (Granger Collection); UNICEF Deutschland, Köln: 116 M1 (Pirozzi), 116 M2 (Pirozzi), 116 M3 (Pirozzi), 120 M1 (Giacomo Pirozzi), 125 o.; vario images, Bonn: 93 M3, 106.1; Visum Foto GmbH, Hamburg: 67 M3 (Andreas Reeg), 87 M1 (Stefan Kiefer); Weinhold, Sven, Lich: 3 o. und 10 M1, 11 M2, 11 M3, 12 M1, 14 M1, 14 M2, 15 M5, 16 M1, 46 m.; Wernicke, Dagebüll: 248 M3 B; Westfälische Volkssternwarte und Planetarium, Recklinghausen: 79 M2; Wetzel, Jürgen, Freiburg: 80 Z; Wiedenroth, Götz/www.wiedenroth-karikatur.de, Flensburg: 102 u.re.; Wilhelm-Foerster-Sternwarte e.V. mit Planetarium am Insulaner, Berlin: 79 M1; Witzigmann, Klaus, Karlsruhe: 130 M1; Wolf, H.-U., Steinheim: 18 Kand. 2, 18 Kand. 3, 267 Max, 267 Rudolf; Wostok Verlag, Berlin: 76 M2, 77 M5; WWF Deutschland, Berlin: 228 M3; XertifiX e. V., Freiburg: 107.6 (Benjamin Pütter/Misereor).

Staatenkarte

Amerika

Europa